数字经济系列教材

U0863534

数字金融

主　编◎马昕田　付　琼
副主编◎李博瑞　王　毅　靳雨佳

首都经济贸易大学出版社
Capital University of Economics and Business Press
·北　京·

图书在版编目(CIP)数据

数字金融 / 马昕田，付琼主编. -- 北京 ：首都经济贸易大学出版社，2024. 10

ISBN 978-7-5638-3696-3

Ⅰ. ①数… Ⅱ. ①马… ②付… Ⅲ. ①数字技术-应用-金融体系-研究 Ⅳ. ①F830. 2-39

中国国家版本馆 CIP 数据核字(2024)第 101176 号

数字金融
SHUZI JINRONG
主　编　马昕田　付琼
副主编　李博瑞　王毅　靳雨佳

责任编辑　佟周红
封面设计　砚祥志远 · 激光照排 TEL: 010-65976003
出版发行　首都经济贸易大学出版社
地　　址　北京市朝阳区红庙（邮编 100026）
电　　话　(010)65976483　65065761　65071505(传真)
网　　址　http://www. sjmcb. com
E-mail　publish@cueb. edu. cn
经　　销　全国新华书店
照　　排　北京砚祥志远激光照排技术有限公司
印　　刷　唐山玺诚印务有限公司
成品尺寸　170 毫米×240 毫米　1/16
字　　数　457 千字
印　　张　24. 75
版　　次　2024 年 10 月第 1 版　2024 年 10 月第 1 次印刷
书　　号　ISBN 978-7-5638-3696-3
定　　价　62. 00 元

前言

党的十八大以来，在以习近平同志为核心的党中央坚强领导下，我国经济转向高质量发展，并取得了历史性成就。高质量发展是全面建设社会主义现代化国家的首要任务。党的二十大报告明确提出，助力高质量发展，加快发展数字经济，促进数字经济与实体经济深度融合。数字金融是数字经济的重要组成部分，是数字经济的核心动力和发展基础。数字金融的发展有助于推动我国经济实现高质量发展，助力全面建设社会主义现代化国家。发展数字金融是把握科技革命和产业变革新机遇、推动我国经济高质量发展的重要手段。

在数字金融的发展过程中，新兴信息技术的支持至关重要。大数据、人工智能、云计算、区块链等诸多技术与传统金融业务的不断融合，出现了数字货币、数字信贷、数字保险、大数据征信等一系列金融创新。数字金融是改变传统金融业务模式、重塑数字化金融业态、优化金融市场资源配置的关键性推动因素。习近平总书记强调，数字技术、数字经济是世界科技革命和产业变革的先机，是新一轮国际竞争的重点领域。

数字金融是金融与信息科技的深度融合，是金融的未来发展趋势，但数字金融的本质仍是金融，而发展金融是为发展实体经济服务。作为国民经济的重要组成部分，发展数字金融具有重大意义。我们应抓住先机、抢占未来发展制高点，将数字金融发展作为国家战略，不断提升我国在全球数字金融领域的竞争力。数字金融利用数字技术重塑了金融商业模式，扩大了金融服务覆盖面，优化了服务流程，提高了服务效率，降低了交易成本。尽管发展数字金融存在许多风险与挑战，但数字金融已成为传统金融的重要补充和扩展，具有广泛性、快捷性和便利性等诸多优点，是为实体经济提供资金支持和金融服务的有力工具。

本书从数字金融的起源、数字金融的内涵与发展、数字金融行业变革、数字货币、数字支付、数字信贷、数字化资产管理、数字保险、大数据征信、物联网金融、数字金融基础设施、数字金融创新、数字金融监管等视角，全方位地阐述分析数字金融发展的历程、数字金融的发展现状、数字金融面临的发展瓶颈、数字金融的风险承担、数字金融的发展对策和建议等内容。本书适合作为高等财经类院校的专业教材，或综合类高等院校相关专业的课程教材，也可作为金融从业人员和相关研究人士的参考书目。我们希望本书能帮助读者理解数字金融的内涵、创新与发展趋势，了解创新金融模式与传统金融模式的根本差异，在百年未有之大变局中牢牢把握数字金融的发展机遇。

本书主编为吉林财经大学金融学院马昕田、付琼，副主编为吉林财经大学金融学院李博瑞、王毅、靳雨佳。全书共分为十二章，其中第一章、第九章、第十一章由马昕田撰写，第二章、第三章、第四章由王毅撰写，第五章由付琼撰写，第六章、第七章、第十二章由李博瑞撰写，第八章、第十章由靳雨佳撰写。吉林财经大学金融学院硕士研究生赵亚晨、刘璇瑶、魏铭炜、贾昊天、孙志丹、张金铭、陈梦云、李欣阳为本书做了文献搜集、数据整理等一系列工作。

本书参考、借鉴了诸多专家建议和学者观点，在此郑重感谢。

由于作者水平有限，编写时间仓促，差错在所难免，欢迎广大读者提出批评和修改意见。

目 录

第一章 绪论

导入案例

2004 年，为解决在线交易中买卖双方的信任问题，阿里巴巴成立了支付宝公司。支付宝的诞生不仅使淘宝平台的商品销量大增，而且为阿里金融生态圈的布局奠定了基础。2007 年，阿里巴巴与国有银行合作，向淘宝商户开放小额信贷申请服务。2011 年，支付宝获得中国人民银行颁发的国内首张《支付业务许可证》。与此同时，阿里巴巴开始独立开展小贷业务。2013 年 6 月，阿里巴巴推出互联网货币基金“余额宝”，引爆市场。2014 年，在支付宝业务基础上，蚂蚁金融服务集团（以下简称“蚂蚁金服”）正式成立。当前，蚂蚁金服已提供支付、小贷、征信、理财等多类金融服务。在蚂蚁金服的诸多数字金融产品中，芝麻信用、蚂蚁花呗及蚂蚁借呗具有代表性。芝麻信用是对外推出的评分产品，目前已经被应用于衣、食、住、行多个场景。其中，基于芝麻信用分而开展的消费金融业务是最直接的应用方向，蚂蚁花呗和蚂蚁借呗正是蚂蚁金服为大众设计的互联网消费金融产品。根据个人芝麻信用分，蚂蚁花呗能够为用户提供 500~5 万元不等的消费贷款，以便其在淘宝平台购物时使用。与蚂蚁花呗不同，蚂蚁借呗能够为用户提供现金消费贷款，这意味着消费场景不再局限于指定线上平台，也可以是任意线下商户。据统计，蚂蚁花呗和蚂蚁借呗的主要使用人群为 80 后、90 后，尤其受低收入人群青睐①。

① 数字金融创新案例调研组．数字金融创新思考与案例精选［M］．北京：中国金融出版社，2022（11）．

第一节 数字金融的起源与发展

数字金融的起源可以追溯到20世纪90年代，那时出现电子商务和网上银行，并随着互联网一起快速发展。互联网革命主要以电子计算机的发明和应用为标志，是继蒸汽机发明和电力发明之后，人类文明史上的又一次重大革命，对世界经济和社会生活产生了深刻的影响。区块链、人工智能、云计算等信息技术日新月异的快速发展，不断促进着传统金融模式变革，数字金融作为金融与科技深度融合的革命性产物应运而生。数字金融基于物联网、云计算、大数据、人工智能等数字技术的相互促进、整合，萌芽而生。

一、数字金融的起源

数字金融起源于1998年美国的一款线上支付工具——PayPal。自此之后的2004—2006年，中国阿里集团的支付宝、英国网络借贷平台Zopa、美国线上借贷平台Prosper相继诞生。美国次贷危机之后，由于传统金融机构向实体经济输送资金的渠道受阻，网络金融平台趁势而起填补这一短板，加快了信息技术与金融信贷业务的融合。数字金融以一种令人惊叹的速度助力了金融行业发展。

数字金融是金融与科技深度融合的革命性产物，金融与科技的结合由来已久，先后产生了"金融科技""电子金融""在线金融""互联网金融""数字金融"等概念。1972年，贝廷格（Bettinger）最早提出"金融科技"概念，指出金融科技是计算机技术与银行专业知识和现代管理科学的结合。20世纪后期，金融与科技结合最突出的表现是利用信息技术推进传统金融业务流程电子化，从而产生了"电子金融"概念①。之后，互联网技术逐渐在金融领域得到广泛应用，从而催生了"互联网金融"概念。互联网金融是一种集移动支付、信息处理及资源配置于一体的新型金融模式，它与银行的间接融资和资本市场的直接融资都存在本质区别。美国贸易发展委员会最开始称之为在线金融，包括在线银行、在线经纪和在线保险等在线金融服务。金融与科技的进一步融合在促进金融创新的同时，颠覆了传统金融服务方式，发展形成了数字金融业态②。首先出现

---

① 韩梅．数字金融发展的现状分析［J］．经济研究导刊，2022（11）：113-115.

② United States international trade commission. Digital trade in the U. S. and global economies: part. [R/OL] (2013-07-30) [2023-11-01]. http: //www. usitc. gov/publications/332/pub4415. pdf.

的是“数字普惠金融”概念，2016 年 G20 峰会强调利用数字技术推动普惠金融发展。2020 年 4 月，世界银行发布的《数字金融服务报告》对数字金融做了定义，数字金融是传统金融部门和金融科技企业利用数字技术进行金融服务的金融模式。数字金融是数字技术与传统金融的相互融合与相互渗透，是在传统金融的基础上表现出来的新技术、新模式。

2004 年，支付宝横空出世，标志着数字金融在中国资本市场出现；2013 年，余额宝快速抢占市场，则是国内数字金融市场蓬勃发展的开端。我国数字经济在金融严监管和互联网平台去金融化的浪潮下，数字技术与金融行业融合加深，数据已经成为金融行业最重要的生产要素。基于智能与生态的数字金融是金融科技的未来，金融业态和产品创新步伐显著加快。2019 年 10 月 24 日，习近平总书记在中共中央政治局就区块链技术发展现状和趋势进行第十八次集体学习时第一次使用“数字金融”概念。自 2019 年以来，监管层逐步完成了对以 P2P（peer to peer）为代表的互联网金融治理整顿。金融创新回归本源、服务实体经济，开启了数字金融创新发展之路，运用数字技术和金融数据推动金融业数字化转型成为时代的主旋律①。

二、数字金融的概念

随着科技的发展，世界金融体系也经历了一场“科技革命”。自 20 世纪 60 年代以来，金融领域先后经历了最初的以 ATM 为代表的电子化、20 世纪末以网上银行为代表的互联网化和现今以人工智能、大数据、区块链协作为代表的数字化的发展路径。这些以人工智能、大数据、云计算、区块链、物联网为代表的技术手段可以对大量数据轻松实现收集、处理、共享等操作，而当这些技术与传统的金融领域相结合时，便实现了从“信用”框架向“数据”框架的一次跨越与转型，于是数字金融这一概念便诞生了。

“数字金融”这一概念是在近几年互联网技术和金融同时高速发展的背景下形成的。数字金融为经济的发展带来了许多益处。首先，它提高了金融服务的效率。通过数字化技术的应用，金融服务可以更高效地实现，例如电子支付、网上银行等产品和服务节省了时间和成本，提供了更快捷、更便利的金融服务。其次，数字金融的普及应用促进了实体经济的发展。企业可以通过互联网平台直接

① 王定祥，胡小英．数字金融研究进展：源起、影响、挑战与展望［J］．西南大学学报（社会科学版），2023，49（1）：101-110.

获得融资，解决了传统金融服务中的融资难、融资贵问题，从而促进了实体经济的创新和成长。再次，数字金融可以实现普惠金融的目标，让更多人受益。通过移动支付和线上金融服务，边远地区的居民也能够享受到便捷的金融服务，推动金融服务的普及化。最后，数字金融支持经济的高质量发展。在经济高质量发展的背景下，数字金融可以促进经济结构的优化升级，提升金融服务的质量和水平，支持经济的可持续增长。然而，数字金融的发展也面临一些挑战和风险。一是信息安全和隐私保护问题。随着数字金融的快速发展，个人和机构的敏感信息在互联网上的传输和存储也面临着被黑客攻击和被泄露的风险，因此，加强信息安全和隐私保护至关重要。二是监管与规范问题。数字金融的创新模式和业务形态可能会超出传统金融监管的范畴，监管部门需要制定相关政策和法规，确保数字金融的发展在合规的框架下进行，防范金融风险的发生。三是发展不平等问题。虽然数字金融可以促进普惠金融目标的实现，但在数字金融发展较为落后的地区，仍存在数字金融服务普及度低的问题。因此，需要加强对数字金融技术的普及和培训，缩小数字鸿沟，确保更多人能够享受到数字金融带来的好处。数字金融的发展为经济社会带来了广泛的益处，但也需要关注相关风险，并采取相应的措施和监管手段来规范其发展，以实现数字金融的可持续发展。

数字金融类似于金融科技，但是还须有所区分。金融科技的重点在科技层面，其目的是利用高科技来赋能金融，所以金融科技并未改变金融与信用之间的本质。但是数字金融则有所不同，其内涵更偏向于金融层面，最终目的在于通过运用数字技术来完善金融体系，使之更具有包容性，换句话说就是“数字金融服务于实体经济，金融科技服务于科技”。

2019 年 10 月 24 日，习近平总书记在中共中央政治局就区块链技术发展现状和趋势进行第十八次集体学习时指出，“区块链技术应用已延伸到数字金融、物联网、智能制造、供应链管理、数字资产交易等多个领域”，要求“推动区块链和实体经济深度融合，解决中小企业贷款融资难、银行风控难、部门监管难等问题”。这是“数字金融”的概念第一次出现在中共中央政治局会议文件中。

数字金融是指利用互联网和数字技术，运用信息技术手段对传统金融行业进行创新和改造的一种金融形态。它包括电子支付、虚拟货币、区块链、大数据分析、云计算、人工智能等技术的应用，以及金融机构的数字化转型和智能化服务等方面。数字金融的核心是通过运用数字化技术，提高金融服务的效率、便捷性和安全性，改变传统金融行业的商业模式和运营方式。它使得用户可以随时随地进行金融交易和查询，不再受时间和空间的限制；同时也为金融机构提供了更多的数据支持和风险管理手段，从而提升金融业的稳定性和可持续发展能力。数字金融具有广泛的应用场景，包括但不限于在线支付、P2P 网络借贷、众筹、跨境支付、虚拟货币交易、智能投顾、区块链金融等。

迅猛发展的数字金融冲击着现有的金融体系竞争格局，对很多传统经营模式形成了巨大挑战。首先，在业务层面，通过数字金融创造的包括互联网理财、网络借贷、网络众筹、移动支付在内的诸多业务都在不断冲击着金融业最为基础传统的存贷和结算业务，并且打破了传统银行业的信息优势壁垒。其次，在价格竞争层面，数字金融推进了利率市场化的进程，加剧了金融机构之间的竞争。最后，数字金融在提升客户的服务体验的同时又创造了新的客户需求，突破了很多过去时间和空间的限制。传统的金融业依靠过去物理网点积累的优势受到了数字金融的不断挑战，以商业银行为例，现如今的城商行甚至也要利用数字技术争抢跨区域的金融资源，导致区域竞争更加白热化①。

数字金融还处在一个发展的阶段，所以数字金融的健康发展很关键。只有监管部门和金融业共同努力，才能更好地建立一个完善运行、高效便利的数字金融模式。新型的数字金融，风险与机遇并存。

三、数字金融的发展历程与现状

（一）全球数字金融的发展历程

全球数字金融发展经历了数字金融“1.0 时代”、数字金融“1.0+时代”和数字金融“2.0 时代”三个阶段②。

数字金融“1.0 时代”是金融机构运用数字技术推动金融创新的初始阶段。早期传统的金融服务体系主要依靠银行网点的工作人员为客户提供服务。如果金融机构想要持续扩大业务，就需要不断增加服务网点，增加银行的基础设施建设和熟练的工作人员。金融机构为此需要付出较高的成本，且无法精准地满足客户的个性化需求。随着互联网技术的不断发展，金融机构不断利用新兴的数字技术进行金融产品的创新，逐渐实现了业务流程的数字化和线上化，大大提升了为客户服务的效率。

数字金融“1.0+时代”是金融机构的数字金融平台逐步完善的阶段。随着

① 封思贤，郭仁静．数字金融、银行竞争与银行效率［J］．改革，2019（11）：75-89.

② 黄益平，黄卓．中国的数字金融发展：现在与未来［J］．经济学（季刊），2018，17（3）：1489-1502.

数字技术的不断发展，金融机构纷纷开始建立符合自己经营特点的业务平台、数据平台等，逐渐搭建起体系完善的数字金融基础平台。金融机构通过业务平台推出创新型金融产品，不断满足客户多样化的金融需求。通过运用数据平台，金融机构能够较为快速地记录日常交易数据信息，数字化的录入方式大大提升了金融机构工作人员的工作效率。金融机构通过数字技术平台构建风险模型，大大提升了自身风险预警的能力。

数字金融“2.0时代”是数字金融监管逐渐完善的阶段。互联网技术的出现在极大丰富和便利人们生活的同时也蕴含着技术风险和操作风险等。数字金融依托互联网技术，这要求金融机构不断地强化数字金融体系的安全性。监管部门也应时刻关注金融机构在数字金融方面的风险控制能力，促进数字金融发展逐渐规范化。

（二）我国数字金融的发展历程

我国数字金融发展主要经历了四个阶段。

第一个阶段是20世纪90年代末至2007年。在这一阶段，传统金融机构逐渐利用互联网技术展开线上服务。2003年，阿里巴巴推出了目前中国最大的第三方在线支付平台——支付宝，它为用户提供了“简单、安全、快速”的在线支付方式，极大地促进了网上消费。支付宝的出现也促进了传统金融机构创新自身服务方式，相继推出网上银行、网上证券等，为客户提供网上办理在线开户、查询账户信息、转账、汇款和理财等金融服务。

第二个阶段是2008年至2013年。2008年全球金融危机对我国传统金融业造成了一定程度的冲击。传统金融机构纷纷利用互联网技术不断创新金融产品以提升自身的市场竞争力。此外，在这一阶段出现了P2P网贷、众筹、第三方支付等许多新型的互联网金融形式。这些新型的互联网金融平台不断创新金融服务，提升金融数字化服务水平和服务效率，一定程度上缓解了小微企业和个人融资困境，帮助改善了金融服务供需不平衡的情况。2013年，阿里巴巴推出了余额宝。人们可以通过余额宝直接进行线上购物、转账、缴费还款，存在里面的资金还有一定的收益。人们还可以利用余额宝进行理财。

第三个阶段是2014年至2017年。互联网金融不断发展的同时也出现了很多问题。依托互联网金融发展起来的新型金融机构出现了不法经营的情况，如P2P网贷平台的暴雷，许多平台卷钱跑路，给投资者带来了巨大的损失。在这一阶段，监管部门不断加强监管，出台了一系列针对互联网金融的规定。对于一些新型互联网金融机构的准入、创建和运营都进行了严格的规定，取缔了一些不合规的平台。

第四个阶段是 2018 年至今。随着监管机构不断完善和加强对互联网金融行业的监管，数字金融的发展也逐渐趋于规范化。在这一阶段，我国的数字金融不断发展且不断获得全球的认可。根据 2019 年毕马威公布的全球金融科技 100 强公司排名，我国的金融科技公司在排名前 12 名中占了三分之一。其中，蚂蚁金服、京东数科和度小满金融等公司排名靠前。蚂蚁金服作为中国最大的金融科技公司之一，通过支付宝、蚂蚁财富等产品在移动支付、互联网金融等领域具有强大的影响力。京东数科则是京东集团旗下的金融科技子公司，主要从事供应链金融、智能风控等领域的创新业务。度小满金融是 360 集团旗下的金融科技公司，以互联网保险、智能投顾等业务闻名。中国金融科技公司的发展得益于我国网络技术、移动支付和电子商务的迅速发展，同时也受到政府对金融科技的支持和推动，在全球的竞争力和影响力不断增强。这些金融科技公司的崛起为中国金融行业带来了创新和变革，推动了金融服务的数字化和智能化，也反映了中国市场庞大的消费群体和巨大的商业潜力，吸引了国内外投资者的关注和投资。随着大数据和人工智能技术的发展，金融机构也在不断进行智能化、个性化和场景化的探索①。

（三）我国数字金融发展的现状

数字金融是金融机构运用互联网技术，通过数据之间的相互整合、协作为客户提供智能化的金融服务，被广泛应用于生活的各个方面。数字金融的发展现状有如下几个方面。

1. 数字金融在农村地区的发展

数字金融给人们带来的影响首先体现在对数字支付的使用广度和使用频次方面。有研究调查表明，北京地区数字支付在农户之间使用率高达 88. 73%，并且数字支付的使用频率较高，其中 76. 19%的农户每天都在使用数字支付。在互联网理财购买方面，农户综合教育水平不高，在数字金融出现之前很少有农户具有理财观念。在数字金融出现之后，调查发现，有 35. 68%的农户参与理财，购买互联网理财产品的家庭占 11. 84%，农村地区存在潜在的互联网理财市场。在信贷需求方面，38. 03%的农户有信贷需求，这说明大部分农户并没有信贷需求，

① 黄益平，黄卓．中国的数字金融发展：现在与未来［J］．经济学（季刊），2018，17（3）：1489-1502.

少部分有信贷需求的农户主要将信贷用于买房和买车方面，因此，经营性用户并不青睐该群体[①]。

2. 数字金融助力企业发展

数字金融的企业种类目前可分为业务型、技术型及综合型三类，都是以强大的数据库作为基础，依托数字技术，为企业提供全面的数字化服务、产品、工具，数字技术贯穿企业整个产业链。数字金融为企业提供数据和AI技术，分析每一个客户的偏好并将其进行数字化处理存档，根据客户偏好开启特定化服务模式，提高客户满意度并且增加客户数量，这种技术在企业发展的运用和技术在运用过程中不断完善，为企业带来了潜在的利润，进一步促进了企业的转型升级。另一方面，中小微企业融资难、发展停滞不前一直是一个难题，而数字金融的出现为破解这一难题带来了契机。中小微企业发展过程中，除了融资问题还涉及运营、管理、产业链是否完整以及环境等问题，这些问题之间相互关联，任何一方面的不足都会限制其他方面的发展。借助数字金融，可以优化中小微企业的金融产品与金融机构生态，并且更加精准地解决现有矛盾，为企业发展提供良好的产融生态。

3. 数字金融服务居民生活

数字金融凭借自身跨地域性的特点，利用线上优势，不断拓宽金融服务边界，还可以以低成本服务传统金融惠及不到的群体。例如，传统金融提供信贷服务首先需要搭建网点，但搭建成本高，即使搭建成功也可能面临交通等各种问题，无法惠及偏远地区的群体，而数字金融只用一部手机就可以在网上进行相关金融操作，使用户可得性大大提高。除此之外，数字金融包括基金、投资等金融服务，可以让各种金融理财产品发挥各自的优势，展现在大众的视野中，实现资源高效配置的同时增加投资者收益进而拉动消费，带动社会经济增长。不仅如此，正因为数字金融的出现，人们获得了更多信息，拓宽了信息渠道，这可以激发创业热情。运用大数据还可以进行企业风险测评和控制，有利于稳定财务状况，一定程度上降低创业失败概率，促进实体经济发展[②]。

截至目前，数字金融发展为各行各业都带来了新的发展契机。2022年印发的《金融科技发展规划（2022—2025年）》与《中国银保监会办公厅关于银行业保险业数字化转型的指导意见》明确了金融数字化转型的总体思路、发展目

---

① 杨涛，高峰，吕仲涛，等．数字金融发展现状与展望［J］．金融理论探索，2022（1）：30-38.

② 钱海章，陶云清，曹松威，等．中国数字金融发展与经济增长的理论与实证［J］．数量经济技术经济研究，2020，37（6）：26-46.

标、重点任务和实施保障。党的二十大报告再一次提到我国要加快发展数字经济，促进数字经济与实体经济深度融合。这些都表明了我国开展数字化道路的决心。但数字金融在蓬勃发展的同时，出现了数据垄断、监管套利以及数据滥用等一系列问题，因此还需要根据数字金融发展过程中出现的问题具体分析，相关监管部门及时出台相应的对策、措施。

第二节 数字金融的内涵与特征

一、数字金融的内涵

提起数字金融，通常会联想到第三方支付、P2P、水滴筹、智能投资顾问等金融与科技相融合的新型业务模式。然而，数字金融的内涵远不止于此，实际上，它涵盖了所有以互联网为代表的现代信息科技在金融领域的应用。数字金融最早被解释为"互联网金融"①。发展至今，数字金融已将所有能够对人类金融模式产生根本影响的、以互联网为代表现代信息科学技术在金融领域中的应用，都囊括其中，这当中包括大数据、数字货币、云计算、第三方支付、社交平台、人工智能、区块链等新颖的信息技术应用，这些信息技术的兴起为数字金融的发展提供了丰富的资源和多元化的选择。

数字金融、互联网金融和金融科技之间存在一定的关联性，但又有区别。首先，数字金融是指借助数字技术和信息通信技术对传统金融业务进行改造和创新的一种形态。它强调的是在金融行业中应用数字技术，提高金融服务效率和便利性，例如电子支付、网上银行等。数字金融注重的是利用数字技术来优化现有金融服务模式，提升用户体验和操作效率。互联网金融是指通过互联网平台和技术，实现金融服务的开展和交付。互联网金融更侧重于金融服务的线上化和互联网化，利用互联网技术和在线平台，提供金融产品和服务，包括 P2P 网络借贷、股票交易、众筹等。互联网金融强调的是通过互联网的便利性和高效性，打破传统金融服务的时空限制，为用户提供更加灵活和个性化的金融选择。金融科技（FinTech）则是综合了数字技术和互联网技术的金融业务创新发展领域。金融科技不仅包括数字金融和互联网金融的范畴，还涵盖了更广泛的应用领域，如人工智能、区块链、大数据分析等。金融科技的核心是通过创新技术和模式改造金融

① 谢平，邹传伟．互联网金融模式研究［J］．金融研究，2012（12）：11-22.

业务，提高效率、降低成本、增加价值，并开拓新的金融服务领域。因此，尽管数字金融、互联网金融和金融科技之间存在一定的关联性，但它们的侧重点和范围有所不同。数字金融注重数字技术在金融领域的应用，互联网金融强调互联网平台和技术的运用，而金融科技则是一个更广泛的概念，集合了数字技术、互联网技术以及其他前沿科技在金融领域的创新应用。

2018 年，中国人民银行等十部委对数字金融给出的官方概念为：传统金融机构与互联网企业利用互联网技术和信息通信技术实现资金融通、支付、投资和信息中介服务的新型金融业务模式。金融稳定理事会将金融科技定义为通过技术手段推动金融创新，形成对金融市场、机构及金融服务产生重大影响的商业模式、技术应用、业务流程和创新产品。这一概念更加强调科技手段在金融领域的应用和实践。总之，数字金融、互联网金融和金融科技都是新型金融业态，它们利用现代信息科技实现金融业务的创新。虽然三者的概念范畴略有差异，但三者之间并无本质区别。这些新型金融业态正在对传统金融市场产生深远影响，为融资、支付、投资等业务带来新的可能性。

采用数字技术实现投资、融资、理财、保险、信用消费等一切新型的金融业务模式，都可以泛泛地归类于数字金融。数字金融的内涵随着科技的发展不断产生更多的外延，涉及的范围愈来愈广。

数字金融作为一种新兴的金融服务模式，通过融合大数据、云计算、人工智能和区块链等技术，打破了传统金融服务的局限。这种新模式优化了金融服务的环境，扩大了服务范围，降低了交易成本，为金融行业带来了全新的发展机遇。数字金融最大的优势之一在于推动普惠金融的发展。通过数字技术，弱势群体可以获得和使用金融服务，破除了传统金融服务的障碍。无论是在城市还是农村，通过移动终端，人们可以方便地进行贷款、汇款和理财等金融业务，从而实现了金融资源的共享。移动终端的普及使得金融服务更加便利，降低了商业银行的经营成本，提高了金融活动的效率。这种共享性的金融服务模式，使得更多的人可以享受到金融服务的便利，促进了经济的发展和社会的进步。在中国，数字金融模式主要分为银行类、电商类、运营商类和社交类。银行类模式主要由传统金融机构提供，电商类模式是通过电子商务平台提供金融服务，运营商类模式是由电信运营商提供金融服务，而社交类模式则是通过社交媒体平台提供金融服务。在国外，数字金融的发展模式主要集中在征信类和借贷服务类。无论是国内还是国外，数字金融的发展都离不开对征信数据的积累与分析。征信数据是数字金融发展的基础，它用于评估个人和企业的信用状况，为金融机构提供风险评估和决策支持。然而，国内的征信数据存在孤岛问题，不同金融机构之间的数据无法共享，这形成了数字金融的垄断发展格局。解决这个问题，需要建立起统一的征信体系，实现征信数据的互联互通，促进数字金融的良性发展。

总的来说，数字金融在推动普惠金融、降低金融服务障碍和提升金融资源共享性等方面发挥了重要作用。然而，数字金融的发展也面临着征信数据孤岛等问题。只有通过建立统一的征信体系，实现征信数据的共享和互联互通，才能够进一步推动数字金融的发展，为更多人提供更便利、更普惠的金融服务。

科技正在改变金融业态，成为金融领域不可或缺的重要角色。以大数据、云计算、人工智能、区块链、物联网等为代表的前沿技术正在与金融领域深度融合，共同塑造数字金融新生态。“ABCD”的核心技术主要包括人工智能（AI）、区块链（Block Chain）、云计算（Cloud Computing）以及大数据（Big Data）。人工智能主要通过语言和图像识别、神经网络等方式模拟人类的逻辑思维和判断能力，属于模仿人类的智能应用。区块链是一种基于分布式账本的数据应用模式，可用于降低金融交易成本、控制信用风险、提升信息认证与支付结算效率。云计算是一种开放式网络计算服务，能够协助金融机构整合信息系统、消除数据孤岛、快速应对突发需求。基于云计算的金融云服务还能提供大数据分析，助力精准获取客户和有效风险控制。物联网是数字科技成果转化的新热点之一，通过各类传感器、监控器、计算器和实时定位系统，实现对物品及其过程的智能化感知、识别与管理。在5G时代，物联网推动制造、物流、城市管理等领域的降本增效。在金融领域，物联网将重新定义和规划传统物理渠道，如银行网点，并使抵质押物、融资租赁标的物的监测、管理等更趋轻型化。

数字科技在提升金融服务效率、创新产业发展模式方面具有重要作用，可以更有效赋能实体经济，创造智慧生活新未来。在数字科技的推动下，金融领域正经历着一场革命性的创新。大数据技术的广泛应用使得金融机构能够从庞大的数据中获取有价值的信息，从而更准确地评估风险、制定投资策略。同时，云计算的出现使得金融机构能够更高效地处理和存储海量数据，提升了数据处理的速度和效率。这些技术的应用不仅提高了金融机构的运营效率，也为用户提供了更快捷、便利的金融服务。人工智能的发展为金融行业创造了更多的机遇。通过机器学习和自然语言处理等技术，金融机构能够更好地获知用户需求，个性化地定制金融产品和服务。人工智能还能够帮助金融机构进行风险控制和反欺诈检测，提高金融安全性。另外，区块链技术的应用也为金融行业带来了更高的透明度和安全性，降低了金融交易的成本和风险。物联网技术的发展使得金融服务能够更好地融入人们的日常生活。通过物联网设备的连接，金融机构能够实时获取用户的消费行为和偏好，为用户提供更精准的金融服务。例如，智能家居设备可以与金融机构的系统进行连接，实现智能支付和智能理财等功能。这些技术的应用使得金融服务更加智能化、便捷化，为用户带来更好的体验。

中国在支付、网络借贷等领域的市场规模和世界领先的地位尤为显著。中国金融业务规模持续增长，技术和产品不断创新。中国是世界上人口最多的国家之一，拥有巨大的消费市场和潜在用户群体，这为支付和网络借贷等金融服务提供了广阔的发展空间。中国是全球移动支付市场最发达的国家之一。通过智能手机和移动应用，中国消费者可以方便地进行各种支付活动，如扫码支付、手机银行等。移动支付发展迅速，已经深入人们的日常生活中，成了中国居民支付习惯的一部分。中国的支付和网络借贷市场得益于技术创新和政府政策的支持。中国的科技企业在支付领域积极探索新技术，如二维码支付、移动支付、区块链等，推动了支付方式的革新与升级。政府也出台了一系列政策和规范，鼓励创新和发展，为支付和网络借贷行业提供了良好的环境。中国有许多领先的金融科技公司，如阿里巴巴旗下的支付宝和蚂蚁集团、腾讯旗下的微信支付等。这些公司凭借强大的技术实力和广泛的用户基础，在支付和网络借贷等领域取得了巨大成功，并拓展到其他国家和地区。它们提供便捷、安全的支付和借贷服务，满足了消费者和企业的需求。中国在支付、网络借贷等领域的市场规模和世界领先的地位，是由于庞大的人口基数、移动支付的普及、技术创新与政府支持，以及金融科技公司的崛起等多方面因素起到的综合作用。

商业银行与金融科技企业共同探索新的业务模式，以提高服务效率、降低成本、提升客户体验。此外，金融监管部门也在不断加强对互联网金融的监管，以保障金融市场的稳定和可持续发展。随着监管政策的完善和技术的不断创新，中国数字金融持续发展，为全球金融市场带来新的机遇。

随着数字技术的不断进步，我国数字金融持续发展，为金融服务实体经济提供更多便捷、高效的解决方案。例如，移动互联网和大数据分析技术的应用，使得金融机构能够精准了解客户需求，推出个性化的金融产品和服务。人工智能和云计算技术则在金融风险管理、反欺诈、客户服务等方面发挥重要作用，提高了金融服务的效率和安全性。

此外，数字金融还推动了金融服务的普及，降低了金融服务门槛，让更多人享受到便捷、低成本的金融服务。例如，第三方支付、网络贷款、在线理财等业务的发展，为广大用户提供了一种全新的金融服务体验。在此基础上，数字金融还助力实体经济转型升级，为中小企业融资难、个人信贷难等问题提供了解决途径。

综上所述，数字科技在金融领域的发展具有重要意义。它不仅提高了金融机构的运营效率和风险控制能力，也为用户提供了更好的金融服务体验。数字科技的不断创新和应用将进一步推动金融行业的发展，赋能实体经济，创造智慧生活新未来。

二、数字金融的特征

数字金融体现了信息技术和传统金融业务的深度融合，极大地提高了产业数字化转型升级的速度，促进了金融行业的高质量发展，数字金融的特征具体表现为资产数字化、金融大众化、低成本高效益化等几方面。

（一）资产数字化

资产数字化是数字金融的显著特点。资产数字化，经常会和数字资产化的概念联系在一起，甚至将两者混为一谈。实际上，数字资产化和资产数字化这两个概念虽然密切相关，但内涵却各有侧重。数字资产化主要是指将实物或非物质资产转化为数字形式，这一过程提升了资产的流动性、便捷性和交易速度，为资产的流通和交易提供了新的可能。在转化过程中，资产拥有了更高的灵活性和更广阔的应用空间。资产数字化更注重利用数字技术和区块链技术等手段，将资产的所有权和价值转化为数字形式。这一过程强化了资产的可验证性、可溯源性和透明度，为资产的管理和交易提供了更为坚实的基础。资产数字化不仅提高了资产的信任度，也为金融领域的发展带来了新的机遇。

数字资产化是资产数字化的前置条件和基础，只有实现了资产的数字化，才能进一步推动资产的智能化和高效化。而资产数字化则是数字资产化的深化和发展，它将数字化的概念应用于资产价值领域，为资产的管理和交易提供了全新的解决方案。值得注意的是，虽然两者都与数字技术和区块链技术密切相关，但应用场景却各有不同。数字资产化的应用范围更广泛，涵盖了实物资产、非物质资产等各种类型资产；而资产数字化则更侧重于金融领域，旨在利用数字技术提升资产的价值和信任度。

现实世界资产通证化（RWA）是一种将现实世界中有实际价值的资产（如房地产、债券等）数字化，并在区块链上实现链上交易的过程。它旨在提高资产流动性、降低交易成本，并为投资者提供更多投资选择。RWA 通证化的成功案例包括 USDT 等，它把美元映射到链上并实现代币化。前段时间中银国际发行的 2 亿数字票据就是 RWA 一次非常成功的应用。

比如，在房地产交易当中，可以通过数字资产化将实体商品房转化为数字商品房，把商品房的权益信息、产权证书、交易历史等记录在区块链上，实现资产的数字化、可溯源性和透明度。资产数字化通过智能合约实现数字商品房的所有权和价值交易，使商品房交易更便捷、快速和安全。智能合约可进行数字商品房的分割、交易和共享，为商品房所有人和投资者提供更多投资机会和选择。

同样的，在知识产权交易中，数字资产化将实体版权转化为数字版权，通过区块链技术记录版权信息和交易历史，实现版权的数字化、可溯源性和透明度。资产数字化则通过智能合约，将数字版权的所有权和价值实现数字化交易，提高了版权交易的便捷性、快速性和安全性。智能合约还可实现数字版权的分割、转让和授权，为版权所有人和用户提供更多灵活性和利益共享。

因此，数字资产化是将实物或非物质资产转化为数字形式，而资产数字化则是将资产的所有权和价值转化为数字形式。总的来说，数字资产化和资产数字化是两个相似但却不同的概念。数字资产化提升了资产的流动性和交易速度，为资产数字化创造了条件。而资产数字化则通过提高资产的可验证性、可溯源性和透明度，为金融领域的发展带来了新的机遇。

数字资产的发展动力主要来自其调控经济的能力和资产数字化的趋势。数字资产分为由政府主导的非实物货币和非政府主导的数字资产。资产数字化旨在提高交易效率，实现更精准的经济调控。目前，国家需要保障非实物货币的主权，并在纸币发行的同时加入非实物货币，并以加密算法为基础。政府主导的中心货币电子化代表了政府的公信力，背后对应公共服务。通过去中介化，非实物货币与公共服务结合，使数字资产需求不断增加。区块链的去中介化解决了公共服务问题，推动全球数字化时代。未来，区块链将呈现数字化趋势，对数字资产进行管理，实现分布式网络。无论是去中介化还是中心化，都能代表数字资产。传统资产数字化使股权等交易模式化为数字交易，房屋买卖实现数字化转移。随着数字金融时代到来，个性化设计将成为主流，人们可以根据自己的个性创造符合自己想法的数字化产品。在互联网快速变化下，个性化产品会更受欢迎，客户需求驱动产品优化。

数字金融的崛起使得金融资产的数字化变为现实，从而推动了资产流动性的提升和价值的实时变化。这是一种全新的金融模式，产生了诸多深远影响。首先，数字金融通过资产全生命周期的上链记录，构建了信任传导机制，将原本不可拆分的金融资产（如票据）数字化，大大提高了资产的流动性。这不仅使得资产的运用更加灵活，也进一步推动了金融市场的活跃度。其次，资产数字化使价值变化更加实时，投资者可以随时掌握资产价值的变化，及时调整投资策略，从而提高投资的精准度和有效性。再次，数字金融简化了交易流程，提高了交易效率，降低了交易成本，为金融市场的快速发展提供了有力支持。此外，资产数字化有助于金融科技创新，推动金融产品和服务应用于更广泛的场景，为经济发展注入新动力。同时，资产数字化提高了金融市场的透明度和信任度，降低了信息不对称的问题，为市场的公平竞争创造了有利条件。最后，资产数字化降低了金融服务门槛，使更多人能够享受到便捷的金融服务，推动了金融普惠的实现。数字金融的崛起使得金融资产的数字化成为可能，带来了更高的流动性、实时价值变化、便捷的交易和更广泛的应用场景。这无疑为金融市场的发展和创新提供了有力支持，也为我国金融业的转型升级注入了强大动力。资产数字化是金融的未来发展方向，是必然趋势。

（二）金融大众化

大众化是数字金融的明显特点之一。数字金融利用互联网和移动通信技术，使金融服务更加普及。相比传统金融，数字金融可以透过在线平台、手机应用等渠道，将金融服务带给更广泛的人群，无论用户身处城市还是农村地区。数字金融通过在线平台和移动设备提供便捷的金融服务。用户可以随时随地进行账户查询、转账支付、投资理财等操作，无须前往实体银行机构，节省了时间和精力。数字金融降低了金融服务的准入门槛。对于传统金融服务，例如开设银行账户或办理贷款，经常需要提供一系列文件和资质；而数字金融则通过在线渠道，简化了许多流程，以更灵活的认证方式使更多人能够轻松获得金融服务。数字金融推动了金融产品和服务的创新。通过应用技术和数据分析，数字金融可以提供个性化、定制化的金融产品，满足不同用户的需求。例如，P2P 网络借贷平台、第三方支付工具、虚拟货币等都是数字金融的创新产品。数字金融通过社交媒体和共享经济模式与社交行为相结合。用户可以通过数字金融平台进行社交支付、社交理财等活动，与他人共享金融资源和信息，增加金融服务的互动性和参与感。大众化是数字金融的明显特点之一，体现在数字金融的可普及性、便利性、降低门槛、创新产品和服务，以及社交化和共享性等方面。数字金融的发展使更多人能够享受到全面、便捷、个性化的金融服务，促进了金融包容和普惠金融的推广。

例如，在数字金融背景下，我国保险业务就呈现出大众化的特征。数字金融技术使得保险产品的购买和理赔变得更加便捷。通过在线平台和移动应用，消费者可以随时随地购买保险产品，并且方便快捷地进行理赔申请，无须亲自前往保险公司的实体网点。这使得更多人能够轻松获取保险保障，提高了保险的普及性。数字金融技术使得保险公司能够更好地了解客户需求，并根据客户的风险偏好和保障需求为其定制个性化的保险产品。通过数据分析和算法模型，保险公司可以为客户提供更精准、全面的保险保障方案，满足不同群体的需求。传统上，一些保险产品的购买门槛较高，需要较高的保费或复杂的审批流程。而在数字金融背景下，保险公司推出了更多低门槛的保险产品，例如微型保险、互助保险等。这些保险产品通常保费较低，购买流程简单，使更多人能够参与到保险事务中来。数字金融技术为保险公司带来了创新的服务模式。例如，一些保险公司推出了在线健康管理和智能理赔服务，通过移动应用和智能设备收集用户的健康数据，提供个性化的保健建议和定期的健康评估，同时加速理赔流程。这种基于数字技术的创新服务模式提高了保险业务的用户体验，并增强了大众对保险业务的接受度。中国数字金融背景下的保险业务体现了大众化的特征，表现在便捷的购买和理赔渠道、个性化的保险产品定制、低门槛的保险产品参与以及创新的保险服务模式等方面。这些特征使更多人能够轻松进入保险市场，获得全面、个性化的保险保障，推动保险业向着更为普惠和可持续的方向发展。

互联网消费信贷是数字金融大众化发展的另一个重要表现形式。互联网消费信贷通过在线平台提供快速、便捷的申请和审批流程。借款人只需填写简单的信息并提交申请，往往可以在短时间内得到审批结果。相比传统银行的贷款申请，互联网消费信贷省去了繁琐的纸质材料提交的过程和长时间等待，使得借款更加便利。互联网消费信贷对于借款人的准入门槛相对较低。传统银行贷款通常需要较高的信用评级和担保要求，而互联网消费信贷则更注重借款人的消费行为和个人信用记录。利用大数据和算法模型，互联网消费信贷可以更好地评估借款人的信用风险，给予更多人贷款机会。互联网消费信贷利用数据分析和机器学习等技术，可以根据用户的需求和消费习惯，推荐个性化的产品。借款人可以根据自身需求选择适合的贷款额度、期限和利率，并获得更加定制化的金融服务。这种个性化的推荐能够更好地满足用户的需求，提升了消费者对互联网消费信贷的接受度。互联网消费信贷通过引入创新的风控技术和模型，在风险控制方面取得了较大突破。通过大数据分析、人工智能和机器学习等技术，可以更准确地评估借款人的信用风险，降低违约风险。这种创新的风控技术使得互联网消费信贷能够为更多人提供信贷服务，并为借款人提供更加安全可靠的信贷环境。消费信贷的快速发展，不仅刺激了消费者的消费需求，也为金融机构带来了丰厚的利润。

（三）低成本高效益化

金融服务线上化在数字金融的运作过程中，通过运用先进技术如人工智能、大数据等，许多繁琐的人工流程得以用自动化或半自动化取代。这不仅有效地降低了运营成本，还极大地提高了服务效率。借助数字化金融服务，金融服务的门槛得以降低，让更多用户能够享受到便捷的金融服务。数字金融通过引入自动化和智能化技术，实现了许多传统金融活动的自动化处理，如在线申请、电子支付、自动风控等。这种自动化和智能化的特点使得数字金融在处理大量金融交易时能够极大地提高效率，降低了人工成本和错误率。数字金融推动了金融服务的无纸化操作。传统金融需要大量的纸质文件和手工处理，而数字金融通过在线平台和电子文档流程，降低了纸质材料的使用，节省了物料和人工成本。同时，无纸化操作还提升了操作速度和用户体验，进一步提高了效率。数字金融利用大数据分析和人工智能等技术，能够更准确地评估风险、识别欺诈行为，并进行个性化的产品定价和推荐。这种数据驱动的决策可以降低风险，提高效率，促使金融机构做出更明智的决策，减少了不必要的成本和损失。数字金融鼓励各方通过开放的合作模式共享资源和技术，降低了运营成本。金融科技企业可以与传统金融机构合作，充分利用对方的资源和渠道，实现互利共赢。这种开放的合作模式使得数字金融在成本控制上具有优势，并能够更好地满足用户需求。数字金融低成本高效益的特征主要体现在其自动化与智能化、无纸化操作、数据驱动的决策以及开放的合作模式等方面。这些特点使得数字金融能够提高金融服务的效率，降低成本，并为用户提供更加便捷、快速和个性化的金融服务。

数字金融的发展对传统金融业态产生了深远影响，推动了金融交易的“脱媒化”。数字金融引入了在线支付和电子货币等技术，使得传统的纸币和硬币在一定程度上被替代。通过使用手机、电脑等设备进行电子支付，人们可以方便地进行各类金融交易，如购物、转账、投资等，无须依赖实体的现金或银行卡。数字金融推动了银行业务的电子化和移动化。人们可以通过电子银行系统或移动银行应用程序进行账户查询、转账、理财等金融操作，无须亲自前往银行柜台办理。这种便捷的方式减少了纸质流程和实体接触，实现了金融交易的“脱媒化”。数字金融提供了在线投资和交易平台，使得投资者可以通过网络参与股票、债券、期货等金融市场的交易，而不再需要亲自前往实体交易所。这种方式不仅降低了交易成本，还提供了更广泛的投资机会和便捷的交易环境。数字金融的另一个重要推动者是区块链技术。区块链是一种去中心化的分布式账本技术，可以确保交易的安全性、透明度和效率。通过区块链，人们可以实现点对点的交易，无需传统的中介机构。这种去中心化特性使得金融交易更加独立于传统媒体和机构，推动了金融交易的“脱媒化”。数字金融的发展推动了金融交易的“脱媒化”，主要通过在线支付和电子货币、电子银行和移动银行、在线投资和交易平台以及区块链等技术实现。这些技术和平台使得用户的金融交易更加便捷、高效，减少了对传统媒体和机构的依赖。

三、数字金融的分类

数字金融涵盖了传统金融交易、互联网保险、网络信贷、第三方支付、金融科技行业等多个领域，并且随着信息技术的不断进步，数字金融应用场景发展日益迅速，其内涵也在不断扩展。目前市场规模较大、普及程度较高的数字金融的种类主要有数字货币、数字支付、数字信贷、数字化资产管理、数字保险、大数据与大数据征信、物联网金融以及数字金融监管等。

（一）数字货币

数字货币即数字化的货币，它是基于互联网并通过计算机技术和通信技术的手段，将价值的数据表现形式以数字的形式（二进制数据）储存在网络或相关的电子装置中，用数据传输的方法借助包括智能卡在内的网络体系来完成流通和支付的功能。它具有货币最基本的交易、流通等职能。

由于数字货币发行与交易成本相对较低，可追溯性强，伪造成本高，所以将是未来的发展方向。在区块链技术的支持下，数字货币可以在全国乃至世界各地流通的过程中，建立一个统一的账目，所有的资金动向都会被记录下来，偷税漏税、洗钱等违法事件都会被监控。

（二）数字支付

对于“数字支付”的概念可以从金融学、电子商务学、计算机科学等角度进行综合考量，但迄今为止，学术界和实务界对于“数字支付”的定义并没有达成较为一致的意见。数字支付是由传统的电子支付发展而来，其覆盖的范畴是极为广泛的，数字支付更贴近一个概念体系，至少包含以下内容：

1. 移动支付

移动支付主要是指用户使用智能手机，通过移动应用程序作为支付端口进行各类消费、交易的支付活动。移动支付有机结合了互联网、移动客户端、各类金融机构与服务商，使支付体系形成一个生态系统。受限较少、便携快捷的特点使移动支付具有良好的用户体验，是数字支付的代表形式。移动支付在我国的典型方式是利用支付宝、微信支付。

2. 互联网支付

广义的互联网支付可以理解为非现金支付的网上支付方式。狭义的互联网支付通常指“第三方互联网支付”，用户通过计算机等设备，连接互联网发送相关交易指令进行支付。第三方非银行支付机构发展迅猛，逐渐成为产业代表。

3. 条码支付

条码支付是移动支付的一种具体方式。用户利用智能终端扫描指定条码传送特定的支付命令，运营商与受理商户在规定时效内结算交易款项，实现交易双方资金转移的过程。条码支付无须安装额外的收银系统程序，关键在于运营商应用技术向收款方或者付款方提供加密且设置好金额、账户的条码。

4. 刷脸支付

刷脸支付是生物识别技术在数字支付上的创新应用。该支付技术结合了机器视觉、在线支付、人工智能、3D 传感等，整个支付过程无须用户携带任何设备，仅仅通过扫描用户面部，认证通过即可完成整个支付环节。

（三）数字信贷

中国人民银行征信中心与金融研究所联合课题组提出了互联网信贷的概念：互联网信贷是利用互联网技术，消除信贷市场中广泛存在的信息不对称，促成信贷交易达成，因此互联网信贷本质上仍然是信贷交易。互联网信贷依托互联网为小微企业和非传统信贷市场借款人开辟了一个新的融资渠道。我国互联网信贷的主要模式包括 P2P 借贷平台、众筹融资以及网络供应链融资等三种类型①。

（四）数字化资产管理

国内数字化资产管理的典型形式就是智能投顾。智能投顾是互联网金融发展的产物。作为一种基于算法程序和数字技术的资产管理服务在线工具，智能投顾能够以互联网平台为媒介为客户提供个性化的投资建议，在线评估客户的投资偏好，运用大数据分析、定量模型、智能算法等技术手段，科学分析出客户的最佳投资方案，进而针对不同客户的需求，提供个性化、智能化的投资理财服务。

关于智能投顾的定义，目前并没有统一明确的表述。美国证券交易委员会

---

① 中国人民银行征信中心与金融研究所联合课题组．互联网信贷、信用风险管理与征信［J］．金融研究，2014（10）：133-147.

(Securities and Exchange Commission, SEC) 对智能投顾的定义是“基于网络算法的程序，运用现代科技为客户提供全权委托式的账户管理服务的注册投资顾问”。而美国金融业监管局（The Financial Industry Regulatory Authority, FINRA）则将智能投顾定义为利用大数据分析、量化金融模型以及智能化算法，根据投资者的风险承受水平、财务状况、预期收益目标以及投资风格偏好等要求，运用一系列智能算法、投资组合优化等理论模型，为用户提供智能化和自动化的资产配置建议。我国对智能投顾业务的相关表述为“运用人工智能技术开展投顾业务”①。

（五）数字保险

数字保险指保险行业各参与主体以数字技术为核心驱动力，以数据资源为关键要素，一方面对现有的产品与服务进行改造，优化保险全价值链；另一方面挖掘保险需求未被满足的新兴场景，打通行业上下游产业链，共同构建数字保险生态圈的行为②。

大模型技术带来的金融服务提升前所未有。与数据收集、计算、交换相关的技术目前被广泛认为是增强金融业安全性、协同性以及提高效率、及时性的技术。人工智能在提升金融主体内外效应、提升客户全流程体验以及提升金融服务数智化程度方面作用是非常明显的。在金融客户个性化服务方面，人工智能可以通过分析客户的行为、偏好和需求，为每位客户量身定制服务方案。

作为靠数据起家的保险业，数字保险的内容更丰富、效果更明显。根据咨询机构高德纳（Gartner）最新调查报告，40%的保险业首席信息官表示，智能科技是他们在 2023 年计划大幅增加投资的首要领域之一。智能科技已成为保险公司在创新业务模式、改善客户服务、提高运营效率上最强大、最重要的方式之一。以人工智能为代表的新的科技革命将为以风险管理为核心的保险行业带来根本性的变革，不仅影响行业的业态，而且可能改变行业的底层逻辑。以客户为中心、以科技为链接，保险业正在构建内外开放的合作生态，为保险行业创造新的发展生机。

（六）大数据与大数据征信

大数据的定义目前尚未统一。Gartner 给出如下定义：“大数据需要新处理模式才能具有更强的决策力、洞察发现力和流程优化能力来适应海量、高增长率和多样化的信息资产。”麦肯锡全球研究给出如下定义：“一种规模大到在获取、

---

① 见 2018 年 4 月《关于规范金融机构资产管理业务的指导意见》（银发〔2018〕106 号）。

② 曾燕．数字保险导论［M］．北京：高等教育出版社，2023.

存储、管理、分析方面大大超出了传统数据库软件工具能力范围的数据集合，具有海量的数据规模、快速的数据流转、多样的数据类型和价值密度低四大特征”。大数据实际上是一种规模庞大、复杂多样的数据集合，无法通过传统的数据处理技术和工具进行处理和分析。这些数据集合通常包含结构化数据（如数据库中的表格数据）和非结构化数据（如文本、图像、音频和视频等）。

大数据征信是指通过收集、整理企业和个人的信用信息，运用大数据技术为金融机构提供风险控制和决策参考的征信方式。简单来说，大数据征信就是利用互联网、云计算、人工智能等新一代信息技术，对企业、个人的信用信息进行深度分析和挖掘，以实现对信用主体的精准画像，并为金融机构提供科学、严谨的风险定价、授信审批等服务。

大数据征信的范围包括企业和个人的财务信息、行为信息和社交网络信息等，它能够帮助征信机构全面地了解授信对象的信用状况，减少信息不对称，增加反欺诈能力，提高征信效率和征信成本。大数据征信能够根据不同金融机构的需求，为机构提供定制化的服务，例如风险评估、客户画像、市场预测等。大数据征信的业务范围主要包括个人信用征信、企业信用征信、互联网征信、社交征信、行为征信等方面。

（七）物联网金融

物联网金融（Internet of Things，IoT Finance）是将物联网技术与金融业务相结合的新型金融服务模式。它利用物联网技术，将各种智能设备、传感器和网络连接起来，实现设备之间的数据交互、信息共享和远程控制，从而为金融行业提供更加智能化、便捷化的服务。通过将智能设备与金融支付系统相连接，实现无人工干预的支付功能。例如，智能手表、智能手机等设备可以与支付终端或 POS 系统进行无线连接，实现快速支付和移动支付。利用物联网技术对风险进行实时监测和评估，提供更精准的风险管理和保险服务。例如，车联网技术可以实时监测车辆的行驶状况，保险公司可以根据车辆数据为客户制定个性化的保险方案。通过物联网设备对资产进行实时监测和管理，提高资产利用效率和安全性。例如，智能传感器可以实时监测设备的运行状态，并对其进行提醒维护，减少损失和故障。通过物联网设备收集的大数据，进行数据分析和挖掘，为用户提供个性化的金融服务。例如，根据家庭智能设备收集的数据，银行可以提供个性化的理财建议和消费分析。结合区块链技术和物联网，可以实现设备之间的价值交换。例如，智能合约和区块链可以确保物联网设备之间的可信交互，并推动设备之间的价值转移和共享。物联网金融将物联网技术与金融服务相融合，通过实时数据交互和智能化的服务方式，使得金融业务办理更加高效、便捷和个性化。这种模式的发展可以促进金融行业的数字化转型，提升用户体验，并带来新的商业机会和增长潜力。

（八）数字金融监管

数字金融监管框架由三部分组成，分别为监管规则、创新监管工具和监管能力。监管规则包括数字金融发展顶层规划、数字金融风险管控和业务规范的规则、金融行业标准。创新监管工具主要指金融科技创新监管工具，即中国版监管沙盒，监管机构秉承包容、审慎的监管理念，旨在守住金融安全刚性底线，拓宽监管的柔性边界，预留足够的创新空间。监管能力指企业平台基于数字技术进行风险防控，以及监管机构依托数字化的监管手段来实现监管的智能化和程序化，发展监管科技。

目前，在顶层设计上我国已经出台了大量数字金融发展规划和监管规则，数字金融监管制度也日趋精细化和具体化，一定程度上为监管机构的监管决策提供了更坚实的制度保障。数字技术的强渗透性导致金融行业混业跨界趋势明显，金融产品、金融机构和金融市场的监管边界逐渐模糊。以蚂蚁金服为例，其金融服务的业务范围包括支付、基金、保险、银行、征信等众多领域。金融行业混业跨界这一新特征可能会导致出现监管真空和监管漏洞，甚至引发严重的金融风险事件，这给监管政策和规则带来了巨大冲击。因此，监管机构跨部门、跨领域的沟通、协调和监管是必然趋势，数字金融监管规则和政策的制定也将更加精细化、专门化，监管制度化进程进一步加快。

第三节　数字金融的发展趋势与意义

一、数字金融的发展趋势

当前世界正处于大变革时代，金融业态和商业模式正在发生颠覆性转变，对经济社会生活产生重大影响。这是人类发展史的机制转换，或称历史的跃迁。随着人类社会商品化程度的提高，越来越多的家庭互助活动如餐饮、家政等也开始商业化，进一步提升了社会经济总量。商品交换的方式也在发生变化，从传统的产权交换转变为以使用权交换为主导，共享经济逐渐崛起。支付创新是当前金融领域的一个重要趋势，它产生了巨大的影响。传统的支付手段逐渐被新兴的移动支付、电子支付等技术所取代，提供了更便捷、高效的支付方式。同时，客户信用评估也发生了变革，从过去单一维度的评估转变为全方位、多维度的评估。大数据技术的应用推动了信贷机构对借款客户信用评判的多维度化，通过分析客户的消费行为、社交网络等信息，更准确地评估客户的信用状况。这些变革不仅在金融领域带来了巨大的变化，也对整个社会产生了深远的影响。它们改变了人们的消费习惯、商业模式和社会经济结构，推动了数字化转型和创新发展。随着科技的不断进步和应用，未来的金融业态和商业模式还将继续演变，不断为经济社会发展带来新的机遇和挑战。

数字金融和传统金融在产品、服务、运营方面都存在着巨大的区别。数字金融借助科技和互联网平台，能够提供更加创新和多样化的金融产品。传统金融主要以传统的银行业务为主，而数字金融则通过技术手段，开发了许多新型金融产品，如移动支付、虚拟货币、P2P 借贷等。这些产品满足了人民日益增长的个性化和便捷化需求。数字金融注重用户体验和个性化服务，通过在线平台实现快速、便捷的服务交付。传统金融通常依赖于实体网点和面对面的服务模式，交易、咨询等需要用户到银行或其他金融机构进行。数字金融则通过移动设备、互联网等渠道，实现了随时随地的金融服务，用户可以通过手机 App、网页等方式进行交易、查询、咨询等操作。数字金融具有强大的数据处理能力和分析能力，可以基于大数据技术进行风险控制、个性化定制等方面的运营。传统金融则相对较为传统和保守，在风险控制、产品创新等方面可能受限于传统的运营模式和观念。数字金融领域通常面临着不同于传统金融的监管挑战。由于数字金融的创新性和技术特点，监管机构需要制定适应性的政策和法规，以平衡创新发展与风险防控的关系。传统金融则有着相对成熟和稳定的监管框架。数字金融和传统金融在产品、服务、运营方面都存在巨大的区别，数字金融的创新性和便捷性使其在满足用户需求和推动金融业务发展方面具有更大的潜力，但也面临着技术风险、信息安全等挑战，需要相关各方共同努力解决。

大变革背景下，数字金融在中国的未来发展将得益于普惠金融和监管容忍两大逻辑。普惠金融方面，数字金融通过增加资金获取机会，将金融需求群体纳入金融服务体系，对弱势群体和中小企业的金融资源获取具有积极意义。在监管容忍方面，中国监管部门对数字金融发展持宽容态度，激发了数字金融创新活力。

数字金融未来发展的理论基础主要涉及网络外部性理论和信息经济学理论。网络外部性理论体现在金融产品与服务供给方的规模经济和互联网的结合，降低了单位成本，提升了金融服务的能力。网络外部性包括需方网络外部性和自网络外部性，使数字金融平台具有吸引更多用户的优势。信息经济学理论关注信息不对称问题，互联网发展使主动搜索替代被动获取金融服务信息，提高了市场透明度。大数据分析为用户提供个性化信息搜寻手段，使数字金融能够提供更精准、个性化的服务。声誉机制在资本市场博弈中起到促进双方合作的作用，尤其在P2P借贷市场，信用资质是声誉的主要形式，有助于维护市场秩序，提高市场效率。这两大理论从规模经济、成本、网络效应、信息不对称等方面阐述了数字金融发展的内在逻辑和动力。

（一）场景化

数字金融通过运用数字技术的优势，提升资源配置和服务渠道等方面的创新能力、服务水平和效率，对推动实体经济的持续增长起到了重要的促进作用。“场景+金融”模式将金融服务融入各种场景中，满足多层次的实体经济需求，打破了传统金融服务模式的局限性，提高了服务的有效性。数字技术的应用为金融服务注入了全新的活力，如外卖、出行等领域的应用已经融入了金融服务，为用户提供了更高效、更便利的金融服务体验。场景金融优化了传统金融业务中的繁琐流程，提升了工作效率，如保险业务通过数据分析和风险评估实现了对客户需求的精准匹配，提高了用户对理财业务的认可。医疗、房地产、教育等行业也积极建立数字金融服务体系，提高了服务的质量和效率，提供了更加灵活和个性化的方案，并为行业提供了方便的购物和支付方式。数字金融的发展推动了实体经济的增长，催生了“场景+金融”模式，优化了传统金融业务流程，提高了工作效率，并且通过在各个领域的广泛应用，使人们的日常生活变得更加便捷和智能化。

（二）数字化

数字资产价值的挖掘和利用正逐渐成为提升社会经济资本水平的关键因素。在数字经济的发展目标中，我们可以看到实现数字资源到数字资产再到数字资本的演进的重要性。以企业数据为例，这些原本看似平常的数据，经过登记确权、价值化之后，便能转变为企业的资产。这一转变并非简单的数字变化，而是实实在在的企业资产规模的提升、资产负债率的降低、收入的增加、利润的提高、现金流的改善。这些变化不仅提升了企业的竞争力，同时也带动了地区经济各项指标的提升，成为经济增长的新动力和新引擎。在这个过程中，数据得到了真正的释放，转化为生产性数字资本，为社会经济发展贡献了巨大力量。在整个过程中，金融创新的介入为数字资产的转化提供了强大的支持，使得数字资产的价值得以最大化。数字资产的挖掘和利用，正在改变我们的经济形态，推动社会经济的快速发展。在人力管理的数字化和组织管理的数字化两方面，采用智能柜机、自动聊天机器人、RPA 人力技术等，可提升服务实效并降低成本。组织管理方面，建立 SaaS/投资服务平台，实现员工招聘、考勤管理等自助云应用，利用 AI 知识管理技术与平台激发人才潜力。此外，内部管理采用数字量化模型，优化内控效果。金融业务流程也实现了显著数字化，通过技术、算法和场景驱动，整合分散业务，提升业务能力。数字化手段不仅提高了金融服务的效率，还降低了运营成本，使得金融服务更加便捷、智能。同时，数字化管理模式激发了员工潜力，提升了整体组织的协同效率。金融业务流程的数字化重塑了业务模式，为金融机构提供了更广阔的市场空间和更多元化的服务方式。在数字化浪潮下，金融机构应持续加强技术创新和人才培养，以适应不断变化的金融市场，为客户提供更优质的金融服务。

（三）智能化

生成式 AI 大模型技术的发展将对各行业产生深远影响，尤其是金融领域。未来金融机构的竞争力将受到数据库规模和算力强弱的影响。随着数据的不断增长和变化，金融机构需要具备足够的数据库规模来储存和处理大量的金融数据。同时，算力强弱也是评估金融机构技术实力的重要指标之一，它决定了金融机构能够以多快的速度进行数据分析、训练模型和决策制定。通用大模型的出现为金融机构构建金融专业模型提供了新的选择。与传统的基于规则和经验的模型构建方法相比，通用大模型能够通过学习大规模语料库中的知识和信息，自动学习并融合各类金融数据的特征，从而构建更加准确和智能的金融专业模型。借助通用大模型构建金融专业模型可以替代传统业务的标准化和重复性部分。金融机构在运营过程中常涉及大量的标准化、重复性业务，例如风险评估、信用评级、投资组合优化等。传统金融需要耗费大量的人力和时间来开发和维护这些模型，而通用大模型可以通过自动学习和迁移学习的方式，快速构建出符合金融机构业务需求的专业模型，从而极大地提高效率和准确性，降低人力成本。

未来，金融行业将越来越依赖于 AI 大模型技术。这些技术能够快速处理大量数据，提供更精确的预测和分析，从而为金融机构带来更高的效益。通用大模型可以构建金融专业模型，替代传统业务的标准化、重复性部分，进一步提高工作效率。在这个过程中，数据库规模和算力将成为金融机构竞争力的关键因素。

只有拥有庞大的数据库和强大的算力，金融机构才能充分利用 AI 大模型的优势，实现业务的快速发展和创新。为此，金融机构需要不断投入资源，提升数据和算力的水平。然而，发展人工智能大模型面临着数据和算力两大瓶颈。在数据方面，金融机构需要获取更多高质量的数据，以便训练 AI 大模型。这不仅需要投入大量资金，还涉及数据安全和隐私保护等问题。在算力方面，当前的计算资源尚不能满足 AI 大模型的发展需求。为了实现更强大的算力，科研人员和工程师需要不断研发新型计算设备和优化算法。未来应建设公共多模态人工智能训练大数据集，解决数据涉及的知识产权合规性问题，提高训练用数据集的可用度。缺乏多模态数据集会限制人工智能技术的应用和发展；如果数据来源的合法合规性无法保证，就会给企业带来巨大的法律风险。此外，政府应发挥引导作用，制定相关政策，鼓励企业积极参与数据共享与合作，降低知识产权风险。未来可以提高训练用数据集的可用度，为企业提供更多高质量的数据资源。

在数字化金融服务的发展中，金融风险管理体制需要适应新的形势和要求。积极利用大数据和智能化风险控制模式，可以对金融风险进行更准确、高效的管理。人工智能在金融风险控制中的应用主要包括运算智能、感知智能和认知智能。运算智能可以进行数据分析和模型计算，帮助金融机构识别潜在的风险因素；感知智能利用传感器和设备收集实时数据，监测风险动态；认知智能则通过机器学习和深度学习等方法，帮助理解和预测风险事件的发生规律。大数据技术可以获取海量数据，并进行分类和关联分析，从而进行更准确的风险评估，及时采取相应的控制和应对措施。区块链技术提供了可信的交易数据和身份验证，增强了数据的安全性和可靠性，在金融风险控制中具有重要作用。物联网技术通过各种设备和传感器，实现设备识别和信息收集，可帮助金融机构提高风险的感知能力和反应速度。云计算技术基于互联网平台，提供弹性的计算和存储资源，可以支持海量信息的精确计算和分析，为金融机构的风险模型训练和优化提供支撑。积极利用大数据和智能化风险控制模式可以有效完善金融风险管理体制。通过应用人工智能、大数据、区块链、物联网和云计算等技术，金融机构可以提高风险的感知和分析能力，为风险的控制管理提供更加精准的依据。

二、数字金融的意义

随着科技飞速发展，我国金融行业正面临数字化转型新机遇。科技企业与金融机构携手共进，共同探索创新，推动金融行业迈向数字化、绿色化、智能化新篇章。在安全领域，双方要加强金融网络安全防护，保障用户信息安全。在绿色金融方面，推动绿色金融产品创新，加大对绿色产业支持力度。金融机构借助科技企业技术优势，优化业务流程，提升服务效率，降低运营成本。科技企业通过金融服务拓展市场，实现业务领域多元化。双方相互促进，推动金融行业数字化发展。在产融结合方面，双方深化合作，创新金融产品和服务，助力实体经济发展。通过金融科技手段，提高产业链企业融资效率，降低融资成本，实现产业与金融深度融合。金融机构调整组织架构，提升员工数字化素养，实现管理模式转型升级。科技企业发挥技术优势，推动组织管理创新与变革。科技与金融携手，共同推动金融行业数字化转型，为我国金融业务的稳健发展奠定基础，为实现可持续发展目标贡献力量。数字金融的发展对经济创新和发展有着重要推动作用。它通过大数据、人工智能等先进技术，为企业和个人提供精准、高效的金融服务，激发市场活力，推动产业结构升级。数字金融不仅促进金融行业变革，培育新型金融科技公司，还丰富了金融产品和服务体系，为广大用户提供多元化、个性化的服务。此外，数字金融改变了传统借贷模式，如 P2P 网贷平台，使融资更加便捷。它的发展也提升了金融风险管理能力，借助先进技术手段，金融机构能实时监测和分析市场数据，提前发现风险隐患，为金融市场的稳定发展提供保障。数字金融已成为金融行业的新趋势，越来越多的国家和地区开始关注并发展数字金融，预示着数字金融在未来金融市场中将占据更加重要的地位。

数字金融的发展降低了金融服务门槛，让更多小微企业和个人享受到便捷的金融服务。借助大数据、云计算等技术，数字金融能够精准定位到有潜力但尚未得到充分发展的企业和个人，为他们提供资金支持，助力实体经济转型升级。同时，数字金融的发展推动了金融市场的创新，借助互联网+、区块链等技术，金融产品和服务不断创新，为实体经济提供多元化的融资渠道。数字金融不仅有助于防范金融风险，可通过大数据分析、人工智能等技术实时监控风险，提高金融监管效率，还能促进金融资源的优化配置，弥补传统金融服务的不足。这有助于推动城乡协同发展，缩小地区差距，为实体经济提供广泛的支持。数字金融利用人工智能、云计算、大数据和区块链等新兴技术，提高了运营效率。相比传统金融业，数字金融可以通过技术溢出、金融创新和市场竞争等方式提供更快速、更精准的客户获取、交易处理和风险管理等能力，从而对传统金融机构的运营模式构成了直接挑战。

数字金融不仅在运行效率上有优势，还具备拓展业务范围的能力。通过数字化技术，数字金融可以打破传统金融的地域和时间限制，实现全球范围内的金融服务。例如，互联网银行、P2P借贷和虚拟货币等新型金融业态的兴起，重新定义了金融服务的边界，使得传统金融机构面临来自新兴数字金融机构的竞争。数字金融的发展离不开技术创新。传统金融机构可以通过引入数字技术，提高自身的运营效率和服务质量，从而在数字化转型中找到新的机遇。例如，商业银行可以利用人工智能和大数据分析技术提供个性化的金融产品和服务，提升客户体验，提升竞争力。数字金融的发展可以促进金融服务的普惠化，让更多的人能够获得金融服务。通过数字渠道，金融机构可以提供更便捷、更灵活的金融服务，并将金融服务拓展到偏远地区和低收入人群。这有助于促进社会经济的包容性发展，提升金融机构的社会形象和品牌影响力。数字金融的发展促使传统金融机构与科技公司、互联网企业等进行合作创新。通过与科技公司合作，传统金融机构可以借助科技公司的技术能力和用户基础，推动金融产品和金融服务的创新。这种合作可以实现优势互补，拓展业务边界，为传统金融机构带来新的增长点。数字金融的发展给传统金融业带来了挑战与机遇。面对挑战，传统金融机构要加强技术创新能力，提高运营效率和服务质量；同时，传统金融机构要抓住机遇，积极拓展业务范围，推动金融服务的普惠化，并通过创新合作找到新的增长点。

2022年，中国人民银行会同市场监管总局、银保监会、证监会联合印发《金融标准化“十四五”发展规划》，提出夯实金融标准化发展基础。优化金融标准化运行机制，提升金融机构标准化能力，推动金融标准化工作数字化转型。党的二十大报告也对数字经济和实体经济的深度融合作出重大部署，提出“加快发展数字经济，促进数字经济和实体经济深度融合，打造具有国际竞争力的数字产业集群”。在党中央、国务院的高度重视和决策部署下，我们应当积极拥抱数字金融，抓住发展机遇，推动数字金融的健康发展，为经济社会的繁荣作出贡献。同时，也要关注数字金融发展过程中可能带来的风险，加强监管，确保金融市场的稳定和可持续发展。

案　例

中国工商银行手机银行7.0版

2021年11月18日，中国工商银行（以下简称“工行”）正式发布手机银行7.0版（图1-1），新版本实现了财富、服务、个性、互动、权益的全方位升级，为用户提供更智慧、便捷的线上金融服务。

图 1-1 中国工商银行手机银行 7.0 版

一、打造智慧引擎，建设科技赋能的智能平台

工行手机银行客户规模已突破 4.6 亿名。这 4 亿多名客户信任的背后正是工行强大科技实力的支撑。近年来，工行已经建立起一支涵盖开发、测试、运维等于一体、规模达到数万人的科技队伍，先后成立了云计算、大数据、人工智能、区块链、物联网等七大创新实验室，其技术实力长期以来处于银行业领先水平。手机银行 7.0 版是工行金融科技实力的又一次直接体现。

采用领先的“智慧大脑+旅程引擎”技术，工行以强大的 GPU 服务器算力和数据存储管理能力以及数百种智能算法为支撑，在客户使用手机银行的核心栏目、交易功能时，为客户提供个性化、引导式的旅程服务，如定向配置合适的信息、资讯、权益等内容推送。

全面升级随心查功能，工行在银行系 App 中率先实现跨度长达 10 年的历史明细查询与分析；细分 4 大维度、19 类收入、23 类支出，并支持客户上传图文备注，进行个性化定制，精准管理账务信息，成为能汇总、能分析、能检索、能提醒的“数智账本”。

在安全方面，工行建立超高维 AI 反欺诈模型，采用 650 万个特征值、2000+个风控模型、4000+个风险指标嵌入每笔交易，实现事中毫秒级反欺诈识别处理。最新的生物识别技术，运用 3D 检测和多算法决策，准确率已超过 99%。工行推出“我的协议”服务，汇总分析九大类、48 种协议，为客户提供与工行签订协议的全视图，方便客户查询与管理。

在生态建设方面，工行搭建了自己的“工银微应用”云平台，利用强大的SaaS云服务能力，向第三方合作伙伴开放API接口，输出金融科技服务能力和平台流量资源，与合作伙伴共建生态圈，目前已经入驻50余个微应用。

二、聚焦薪金规划，打造专业的财富管理平台

代发工资客户，是商业银行的一个庞大客户群体。他们有相对稳定的薪金收入，往往被各大银行视为优质客户。以往，银行寄希望于通过发行一系列优质的投资理财产品来抓住这个客户群，沉淀代发资金。工行手机银行7.0版则从代发工资客户的财富管理需求入手，提出了薪资规划的理念，推出“工银薪管家”专区，聚焦客户发工资、查工资、用工资的旅程，通过打造“薪金通、薪金溢、薪金惠、薪金享、薪金贷”以及专属理财、专属权益、专属活动“三专五薪”服务，集中满足客户的工资查询、收支记录、投资理财、贷款融资、优惠权益等一系列金融服务需求，提供全旅程、一站式的薪资规划服务体验。这既让客户的薪酬管理变得简单，也为银行提升了客户黏性、沉淀了资金，实现了双赢的良性循环。

三、创新沉浸式交互模式，打造极致体验平台

服务体验的提升是手机银行每一代升级的重中之重。据了解，工行在2019年就启动了手机银行极致体验工程，提出打造“人无我有，人有我优”的专业级线上金融服务平台的目标。工行手机银行7.0版通过打造众多极具创新性的特色服务，实现了服务体验的又一次跃升。

同屏引导，“屏对屏”解决了客户痛点。工行手机银行7.0版首家推出实时同屏辅导服务。客户在手机银行转账汇款中遇到困难时，可一键联系远程客服，远程客服以“视频查看页面，语音讲解引导”的方式，“屏对屏”进行辅助，在线实时辅导帮助客户完成全业务流程操作。

全新消息中心，连接客户的互动枢纽。工行手机银行7.0版全新升级消息中心，作为工行与客户的互动中枢，聚合客户关注的动账提醒、生活缴费、投资收益等八大类消息，按时间卷轴、卡片式展现，提供高质量的消息陪伴。

服务上“云”，“云”端重塑服务体验。工行手机银行7.0版推出云网点、云工作室和云客服，引入工行1.6万家网点“线上店”，2.3万名理财经理，客户可在线查看附近网点、营业信息、金融产品、营销活动等资讯，预约业务办理，理财经理、客服经理可以在线提供“一对一”服务。工行手机银行还推出了在线视频审核服务，涵盖借记卡密码修改、借记卡挂失记挂、预留手机号修改、U密码重置等高频常用交易。其中，在线借记卡密码修改是在同业中首家实现了面向全量客户的服务。

精选生活服务，聚集线上平台流量。除了传统金融服务，工行手机银行7.0版还对生活场景类服务做了全面升级，推出全新“生活”页签，集合了政务专区、积分兑换、车主服务等丰富的场景化生活服务，以生活场景切入客户的金融服务需求。同时，工行手机银行7.0版还推出了“工银星礼遇”权益中心，精选悦享、尊享私享三重好礼，集中展现积分、电子券等虚拟资产、各类惊喜福利和热门活动，用丰富的权益聚集客户流量。

四、立足多元化客户需求，打造个性化服务平台

中国工商银行作为国有大型商业银行，在为客户带去优质服务的同时，还肩负着服务社会的使命。手机银行作为银行距离用户最近的触点，成为工行践行社会责任的重要载体。工行聚焦社会的热点问题，从当前社会上的痛点、难点出发，通过在手机银行建立千人千面的个性化服务体系，针对有特殊需求的客群提供差异化服务，满足客户多元化金融服务需求的同时，也有效帮助了一系列社会问题的解决。

幸福生活版，让银发客群享受数字生活便捷。针对老年人因为眼花、看不清手机字体，办理线上金融业务困难的情况，工行手机银行7.0版特别升级了幸福生活2.0版（大字版）。按照老年人的身心特点，提供了独有的交互界面，对字体进行放大，支持纯语音交互，屏蔽广告类弹窗，同时界面凸显老年人关注的查账、转账等常用功能以及客服中心、安全中心等客户服务入口，帮助老年人跨越“数字鸿沟”，享受数字化生活的便捷，以实际行动践行国家关于商业银行适老化改造的工作要求。无障碍改造，解决视障人群痛点。针对视障人群使用手机App不便的情况，工行手机银行7.0版推出了无障碍服务，在主要功能界面实现了读屏功能，支持对屏幕文字进行语音报读。

美好家园版，把金融服务更好地下沉到县域乡村。针对县域地区金融网点少、获取金融服务难的现状，工行手机银行7.0版升级推出了美好家园2.0版，提供极简的注册功能，打造“惠民、惠商、惠农”专属产品，特别是推出了“工银兴农贷”普惠贷款产品，精准满足县域客户金融服务需求，延伸金融服务触角，增强金融普惠性，也助推了国家乡村振兴战略的实施。

普惠版，降低小微企业主服务门槛。针对小微企业主融资难的痛点，工行手机银行7.0版推出了小微普惠版1.0版，提供以融资为核心的“一站式”普惠金融服务，覆盖信用类、抵质押类、数字供应链等一系列“小微e贷”产品，在线开放测额，精准匹配客户的融资需求，申请、管理、还款，全旅程在线服务，极大地降低了小微企业主使用银行贷款服务的门槛。

定制换肤，让服务更具个性。工行手机银行7.0版还推出个性定制手机银行“皮肤”服务，涵盖北京、上海等十一个城市系列的“皮肤”，提升手机银行的潮玩属性，更好地满足了年轻客户需求。

工行手机银行7.0版推出后赢得客户赞誉与良好的社会口碑。截至2021年末，工行个人手机银行客户达到4.69亿户，成为首个实现月活跃用户人数（MAU）破亿的银行业App，移动端月活用户超过1.5亿户，客户规模与活跃度同业领先。根据客户问卷调研，手机银行体验水平由原6.0版本的“B+”级提升至7.0版本的“A-”级，达到“易用”水平，位列行业第一梯队，系统性能、交互设计、运营等客户打分明显提升，斩获《亚洲银行家》“中国最佳手机银行技术应用奖”、中国金融认证中心（CFCA）“2021中国数字金融金榜奖最佳个人手机银行奖”、“2021年度中国移动互联网TOP50赛道用户规模No.1App奖”等12个大奖。

小　结

本章探讨了数字金融的起源、发展及其在我国经济转型中的重要地位。首先，介绍了数字金融的内涵、特征，强调了新一代技术对金融行业的颠覆性影响。其次，分析了数字金融的发展趋势及意义，指出数字化转型是我国经济未来发展的关键方向。数字金融的发展将带动整个社会经济的发展，带来的机会包括金融业、制造业、服务业等各个领域。数字金融的发展也将带来更多的创新机会，促进经济的增长和转型升级。同时，数字化转型也提高了我国经济的国际竞争力，使中国在全球经济中更具影响力。

习　题

1. 简述数字金融的起源。
2. 举例说明一个数字金融的场景应用。
3. 简述数字金融的优势。
4. 简述发展数字金融的意义。

第二章 科技赋能数字金融

第一节 科技驱动传统金融变革

党的二十大报告明确指出："加快发展数字经济，促进数字经济和实体经济深度融合。"稳妥推进数字化变革对加快发展数字经济、加快建设数字中国至关重要。有媒体曾撰文称，数字科技进步必将导致包括现金支票在内的五大类日常用品或活动被淘汰①。其中，以现金支票为代表的传统金融工具及业务销声匿迹的可能性最大。金融科技的快速发展正在全方位、多维度地冲击传统金融业。事实上，部分传统金融工具和金融业务的消失只是冰山一角，整个金融行业的变革才是金融科技给传统金融业带来的根本性冲击。

今天，纸币、支票等现金支付行为不断弱化，因为借记卡、信用卡结算已经实现全业务覆盖。但这同样带来不少麻烦，同一持卡人名下拥有多张借记卡或信用卡，支付效率难见提高。直到移动支付出现，用户可以使用移动设备便捷完成包括支付在内的所有银行业务，金融业务效率显著提升。以中国市场为例，2022 年我国第三方支付业务交易量达到 10 241.81 亿笔，交易金额约为 337.87 万亿元，回首第三方支付发展的初期阶段，2015 年的交易量仅为 821.45 亿笔，交易金额为 49.48 万亿元，短短 7 年的飞速发展可见一斑。

对移动在线支付群体进行分析后发现，中国的 80 后、90 后、00 后消费群体成为移动在线支付的主力军，其中有相当一部分用户从未使用过现金进行支付。从消费习惯和氛围来看，即便在移动支付相对中国欠发达的欧洲地区，现金支票支付已经十分少见。在欧洲，以往租金支付是支票的常用场域，如今在这一领域的支票使用率也在不断下降，因为在房地产经理看来，移动支付提升了支付效

---

① 引自科技博客 TechCrunch 的文章，这五类日常用品或活动包括现金支票、U 盘、口令密钥、遥控器、纸媒体。

率，他们更有意愿使用这一便捷支付形式。移动支付正在覆盖全球越来越多的地区。

可以预见，绝大部分线下金融业务在未来都将成为历史：没有了现金，ATM提款机将随之消失；移动支付设备的普及意味着可以覆盖消费甚至透支领域，物理属性的借记卡、信用卡将失去意义；如果可以在线办理所有银行业务，甚至包括远程开户，那么所有物理网点都可能消失，随之将出现大量银行职员被解雇，银行员工队伍将进一步整合。这些改变意味着商业银行经营管理成本将不断被缩减，银行业将迎来前所未有的变革。对于消费者而言，小额现金可以直接通过微信、支付宝钱包等 App 进行收支，即便是大额转账也将告别物理网点和柜台，只需凭借移动支付设备即可完成所有收支活动。

除日常生活中的金融活动外，金融科技革命同样在高端金融领域带来革命性变革。美国高盛、摩根大通等世界顶级银行都在研制金融机器人分析师，就已有结果看，金融科技在高精尖金融领域可以得到超出预期的良好效果。不仅如此，各国央行也已经成为金融科技“进军”的重要场域。各国央行数字货币的开发已经进入白热化阶段，以区块链技术为代表的金融科技正在不断被应用于各国央行数字货币的研发中，一场全球货币发行和流通的颠覆性革命正在悄然酝酿。

面对金融科技革命的迅猛之势，不禁提出疑问：传统金融，你准备好转型了吗？

一、金融科技公司横空出世

FinTech 一词起源于美国。2015 年，随着蚂蚁集团、京东金融、众安保险、宜信等几家金融业巨头重新定义自己为“金融科技公司”，FinTech 一词便成为国内外几乎所有金融、科技、互联网相关主题的高端论坛的“常驻嘉宾”。我们熟知的金融家、银企高管、专家学者无不在谈金融科技，这一火爆场景似乎与多年前的互联网金融、P2P、众筹相似，但为什么一夜之间“互联网金融”消失了，却被“金融科技”“金融科技公司”取而代之了呢？

首先，出于对监管压力的缓解。“金融科技”出现于中国互联网金融行业监管工作的调整时期，2015 年 7 月发布的《关于促进互联网金融健康发展的指导意见》明确中国互联网金融业开始进入标准化、正规化发展阶段，2016 年，国务院正式开启对互联网金融业的风险转型整治行动，互联网金融监管步入常态化。其中最重要的一项内容是金融与 FinTech 的区分，我国央行在 2016 年明确提出 FinTech 不能直接参与金融业务，需要与持牌机构合作才能进入市场①。不难发现，金融科技的落脚点在技术而非金融业务本身，偏重于大数据、云计算、区块链、人工智能等金融科技在金融业务及产品中的应用。与之不同，互联网金融的重心在金融，是互联网科技出现后传统金融的升级版，其本质仍归于金融行业。因此，在金融业强监管之下，在手续和流程方面，做一家科技型公司远比做一家经营金融业务的公司简单；在经营合规性方面，做一家科技型公司也远比做一家经营金融业务的公司安全。

其次，金融科技有利于提升估值空间。互联网及相关产业的属性决定了对其价值的评估倚重于流量和用户，无信用风险；而金融业经营风险的本质则决定了其价值评估依据的是风控，其发展规模越大意味着风险越大。从资本投资角度看，显然互联网公司更容易获得投资者青睐。

最后，技术创新成为趋势。从市场发展和需要来看，以技术驱动创新带来企业差异化竞争优势是市场未来的发展方面和竞争核心，以大数据、云计算、区块链、人工智能为代表的金融科技对金融业效率的提升有目共睹，必然成为金融业未来的转型趋势。在这一背景下，真正的技术创新投入是企业的竞争之本，而以往互联网金融公司的实际创新性落后于其表象，因而退出市场、让位于金融科技类企业是市场选择的必然结果。

一言以蔽之，那些简单复制商业模式而贴上技术创新标签的时代已经过去，时代和市场真正需要的是能为传统金融业做大数据风控、机器人理财、区块链底层技术铺设的技术性、创新型金融科技公司，从而使金融业成为走在创新、发展之路的“领头羊”。

二、科技实力决定金融科技发展的前景

在历经监管锤炼和“改头换面”后，2016 年底，中国首个金融科技学院——百度金融学院正式设立，这标志着金融业创新发展由互联网金融时代正式进入金融科技时代。金融科技时代的到来意味着互联网与金融不仅产生了关系，而且代表科技已成为金融业的未来方向。金融诞生于经济之中，经济条件决定了金融的发展程度，进入 21 世纪后，世界经济步入互联网经济时代，互联网与金融的合作是时代发展的意外之喜，也是必然结果。

百度金融学院是首家由企业设立的金融科技学院。作为其创立者的百度金融

① 在中国，从事金融业务的公司或机构需持牌经营。

在经营理财、信贷、支付等传统金融业务的同时，还基于百度人工智能等技术，搭建起了金融科技公司的基本框架。另一个重要的代表性案例是支付宝。支付宝成立初衷是为买卖双方提供第三方担保以保证电商的正常运营。2013 年余额宝的出现是由于支付宝平台积累的资金过剩，从而用户产生了对理财的需求。随后成立的浙江网商银行、深圳前海微众银行等，也都是在互联网经济发展到一定阶段、用户数据积累到一定规模后出现的新型银行组织形式。

中国金融科技巨头们的发展可以用“弯道超车”来形容。金融业发展到今天，企业比拼的已经不再是谁的历史悠久，而是谁更契合时代的创新需求，谁就能领跑世界。回溯历史，中、农、工、建四家国有专业银行在 20 世纪 90 年代转型为国有商业银行，体量庞大、历史悠久却难以在利润增长、回报率等数据上保持骄人成绩，甚至不及后来者股份制商业银行。究其原因，股份制商业银行历史包袱少、机构设置灵活、创新能力卓越，保证了它们在互联网科技出现后能够及时接纳并快速吸收。放眼世界，这样的例子也并非中国特有。成立于 1784 年的美国银行曾是全球第三大银行，后来却被比它晚成立 15 年的摩根大通超越，摩根大通在创新发展和机制变革中表现优异，因此在收购、并购和重组业务中屡屡击败美国银行。

今天，金融科技的出现加速了金融业的变革。互联网日新月异的发展使得只在消费、理财、支付领域发挥作用的互联网金融很快就成为新的趋势，只有不断推陈出新、领航前沿科技才能不被市场淘汰。在金融科技的发展中，成就与问题同在，金融科技实现对传统金融的全覆盖并不意味着人人都能办金融，“全民”金融的乱象是金融业风险加大的主要原因，而过度金融化则让风险进一步升级。例如，部分网贷平台就是简单地将民间借贷挂上网，披上互联网金融外衣，却完全看不到大数据、云计算等底层科技的支持。互联网金融从兴起到迅速崩盘的根源就在于金融科技的概念被“门外汉”误用。解决这一问题的关键在于要弄清什么是真正的金融科技。

真正的金融科技是以大数据、云计算为基础，利用互联网平台收集海量用户和交易数据，借助区块链技术保证数据的透明和安全并达到获取信用数据高效、全面的要求，同时在人工智能的辅助下提高服务效率，帮助金融机构解决安全和效率这两大关键问题。一方面，这一内涵决定了金融科技离不开互联网平台，并由互联网、电子商务发展而来，我们熟知的支付宝钱包、蚂蚁小贷、网商银行等线上金融产品都是如此。另一方面，由互联网发展而来却不是要让所有互联网企业都去涉猎金融，金融行业的特殊风险性决定了对金融科技要有敬畏之心，同时要正视监管对金融科技的极端严苛。

2019年，中国人民银行印发《金融科技（FinTech）发展规划（2019—2021年）》，明确指出要健全金融科技监管体系，指定行业基本规则，着力打造包容审慎、实时有效的金融科技监管工具，创新监管手段和思维，营造金融科技完善的监管环境。在此规划中，明确提出利用优胜劣汰的市场退出机制以净化金融科技市场，优化金融科技营商环境。目前，国家金融监管总局对中国金融业的监管仍遵循机构监管模式，通过约束持牌金融机构及其与金融科技公司的合作行为达到精准、高效监管金融科技发展的目的。

三、正视金融科技对传统金融业的冲击

金融科技的发展带给金融业的意义毋庸置疑，但与此同时，政府监管部门对“金融科技”四个字的态度更加谨慎，“创新不能跑在制度前面”似乎成了金融科技监管的主旋律。

但“创新不能跑在制度前面”并非要打压创新，只是要求在创新的同时保证安全，做到监管到位。就已有的实践来看，在保证监管的前提下，中国金融创新仍有相当一段路要走。2020年我国证券公司总技术投入为262.87亿元，这一数字远低于美国证券公司的科技研发投入。而华为一年1 300亿元的研发投入也与之形成了鲜明对比。

在从业人员方面，当前我国证券公司从业人员数量实现历史新突破，但存在人员分布和结构不合理的严重问题。根据中国证券业协会发布的《中国证券业发展报告（2022）》，我国证券从业人员主要集中在头部城市的大型公司及总部，且业务部门人员比重超过技术部门，呈现结构不均、头部过度集中的特征，不利于技术创新的实现。技术创新的落后以及技术人员占比不足导致中国线上理财规模和使用频率远落后于网上支付、网上银行的使用频率。根据中国互联网络信息中心的调查数据，在互联网理财、网上支付、网上银行的使用对比数据中发现，互联网理财在各类数据中均处于尾端。

除技术创新不足外，监管问题同样成为我国证券业发展的困境之一。中国证券监督管理委员会原主席肖钢曾指出：“证券市场各方总体上对于科技创新应用持积极态度，但经历了HOMS①场外配资、ICO叫停等事件后，出于对大数据隐私保护、人工智能的责任划分等方面的考虑，制约了创新的发展。采用‘回应

① HOMS系统是恒生电子为私募基金开发的一种软件系统。

式’监管的模式应对科技创新，可以指明科技创新的应用方向和方式，打消市场各方的顾虑。而采取‘运动式’监管的模式，其特点为监管碎片化，往往出现由视而不见到猛踩刹车的急转弯，缺乏对金融科技创新的包容度，相关交易制度也一定程度制约了技术创新。①”

在金融科技的冲击中，证券业问题不断，却难以阻挡资本市场科技转型的步伐，未来，5G、虚拟现实、物联网、工业互联网技术的应用将在金融业实现进一步突破，资本市场运行效率将进一步提高。金融业已经迎来新一轮技术变革，资本市场的传统运行逻辑将重新洗牌、实现重塑。

第二节 科技塑造金融行业新生态

数字科技已经成为金融业态发展不可缺少的因素，甚至在某些领域，“科技金融”或“金融科技”已经成为金融业的代名词。在实践应用中，大数据、云计算、人工智能、区块链、物联网已经深度融合在银行、证券、保险、支付等领域，科技赋能成为金融业发展的重要标签。数字科技通过金融服务效率的提升、产业模式的创新支持，正改变着传统金融现状，进一步助力金融支持实体经济、实现智慧生活的全面打造。

一、科技服务金融的底层逻辑

数字科技之所以能在众多应用领域表现亮眼，得益于其基础设施的及时跟进。大数据作为其他技术的底层基石，它的可被获取难度、广度及深度深刻影响了计算机技术在应用领域的贡献值。近年来，这一重要的基层技术建设已经取得阶段性进展。从数据获取角度分析，机构内部、机构之间、金融业与实体经济及社会生活各领域间逐步实现了数据资源的互联互通，拥有多种数据样本的一个完整数据空间正在形成，从而保证了数据的全面性、真实性。从数据算法方面看，包含有监督、半监督和无监督的机器学习算法，正在推动模型走向应用，即将结构化数据与文本、图像、音频、视频等非结构化数据结合，同时将金融强维数据与用户行为、社交关系等多维数据结合，从而在应用阶段更好服务于用户。

大数据（Big Data）、人工智能（Artificial Intelligence）、区块链（Block

---

① 财联社．证监会原主席肖钢：应采用“回应式”监管的模式应对科技创新［EB/OL］．(2019-05-25)［2022-11-30］．https：//baijiahao. baidu. com/s？ id=1634501080091062291&wfr=spider&for=pc.

Chain）、云计算（Cloud Computing）这四种新兴技术合并称为“ABCD”核心技术。

利用“ABCD”核心技术，物联网的出现帮助科技成果实现更有效转化，成为当前科技进步的新热点。物联网助各类传感器、感应器、监控器、计算器及实时定位系统，实现对所有物品及生产、交易、流通过程的数智化感应，并在其中进行针对性的识别和管理。在对物品及全流程实施跟踪管理的基础上，5G 时代加速了网络扩容和环境拓展，人人互联、人物交互、物物相联的万物互联状态正在成为现实。具体而言，物联网应用在金融业，传统物理形态的银行网点被重新定义，基于抵质押物的标的物金融管理模式中存在固化模式问题被有效解决，一种轻型化、智能化金融管理模式已经出现①。

二、数字科技赋能金融实践

数字科技赋能金融，主要表现在对获客能力的显著提升。首先，数字科技的应用帮助金融机构精准锁定目标客群。金融机构可从社会公共服务、用户生活缴费、企业日常经营和纳税、房产等固定资产、客户历史资金往来和地理位置变更、高端或境外消费、社会关系网等大量数据样本中挖掘并提取存量用户新信息及潜在用户可用信息。结合数字手段设定具体模型，有助于金融机构顺利获得营销提示，将潜在用户转化为新生用户，将存量用户中的睡眠用户转变为活跃用户，将用户群体中的低资产群体转变为高资产群体，将固定、单一产品用户转化为交叉、多元化、高黏性用户。其次，数字科技的应用有助于金融机构迅速发现潜在商机。通过数据信息的呈现和分析，用户出现的各类变动性行为均能被识别，如出现工资入账、业务回款、资产变现等资金活动说明客户存在财富管理的金融服务需求，金融机构可基于此做出营销跟进的判断并及时尾随；当客户出现频繁浏览国外新闻和信息的情况则说明大概率存在跨境支付、结售汇业务需求的可能，主动接触将为金融机构优先争取到业务代理权；当其客户关系网中出现亲友购买某种基金，这类情况说明该客户大概率已经对该种基金具备了一定程度的认知和信息储备，在此基础上开展的基金销售将大幅度提高业务定位的准确性；当电话客服或电话销售中获得了客户对某业务的需求时，第一时间获取其地理位置并联网跟进将提高业务的成功率。

除具有锁定目标客群和推广业务方面的优势外，数字科技还可以切实提升获

---

① 沈建光，金天．共塑“无界金融”新生态［EB/OL］．（2019-09-09）［2023-11-30］．https：//www.financialnews.com.cn/ll/gdsj/201909/t20190909_167585.html.

客转化率。一是流量漏斗有利于优化产品和业务的触达以及营销手段和权益的实现，优化设计流程、减少节点漏损；二是通过行为分析法能够对已经发生偏离和漏损的客户实施回捞工作；三是针对明确拒绝信贷的客群，通过分析原因、风控识别将他们进行分流处理，从而避免了流量损耗；四是在对主动交互或优质客户的维护中，充分借助语感和情绪识别功能，及时发现并处理不良情绪等因素带来的潜在风险，有效防范风险。

数字科技不仅在获客能力指标中表现优异，而且有助于金融机构实现精准风险防控，提高业务安全性，这表现在以下几个方面。

第一，数字科技在防伪、防诈方面表现突出。现阶段，数字科技主要通过人体的生理和行为特征执行风控，人脸、虹膜、指纹、声色、笔迹、步态识别以及OCR① 等机器学习技术通过申请人照片、视频的认证，识别并筛选有效证件和伪造证件完成客户身份认证的简化、优化客户体验，同时对全网的黑产设备、可疑号段、高危地区等信息进行归类，有效避免虚假用户的申请和黑客攻击。

第二，数字科技有效降低了信用风险发生的可能。具体途径包括：①抓取全网现存的申请行为，锁定并截获多头和过度授信。②分析客户收入、投资和现金流等资金状况，判断客户的资金现状、借贷情况以及还款能力。③对客户消费习惯、消费实力、消费场景、消费频次和消费偏好等信息的精准甄别能够判断客户交易行为的真实性，对客户不良癖好以及其他可能影响还款的因素进行筛查，评估客户质量。④加强客户社会关系的跟踪检测，有效阻断风险在社会网络中的传播可能。

第三，除信用风险，数字科技还能够有效降低业务的操作风险、合规风险。数字科技能够实现线上采集客户证件和照片、资金流水、征信证明并快速完成验证真伪、实时传输，大幅降低了金融机构的沟通成本，提高业务效率，特别是针对人工信息和数据采集、录入过程中存在的操作风险进行有效规避；数字科技支持金融机构对客户经理在工作中的地理位置、行动轨迹、操作流程等业务指标进行追踪、监测，加强了客户尽调流程的监管力度；此外，通过数字科技展开的包括但不限于心率、脑电波、微表情测试辅助测谎技术在风险防范中的应用实现了对风险发生的事前拦截以及降低内外勾结出现的概率。

第四，数字科技手段优化了对风险资产的处置。通过对用户贷后活动、异常交易行为等关键活动的实时监测，能够有效探查业务异常，做到及时发现和防范

① OCR 是一种光学字符识别技术。

风险，从而迅速处理具有高风险性的抵质押物，最大程度减少贷款损失出现的可能；通过完成对客户现金流、历史行为等模块的跟踪、分析，可以对客户被动逾期或主动逾期做出判断，采用针对性的催收策略；智能外呼机器人能够有效增加催收频次，提高清收工作效果；区块链技术可以改进现有 ABS① 中的现金流管理策略及流程，提高资产出售效率。

第五，数字科技通过助推产业链整合，提高了普惠金融在服务实体经济中的作用价值。利用数字技术可掌握上下游企业间的供货和资金状况可以在存货和仓储管理、物流和货物调配方面实现流程和作业优化；利用数字科技对各经营主体资金情况的全面掌控可以在企业营运资金管理、投融资业务、现金管理以及公司理财等方面实现改进；通过搭建信用评价和管理平台，分解核心企业授信，促进核心企业优质授信的高效流动，有利于破解中小微企业的融资困境；通过预测产业链内企业的预期经营和风险状况，为企业在融资阶段给定准确的价格预测；数字科技在票据识别和贴现业务中运用区块链、大数据等技术可以帮助企业完成快速到账；以机器学习为基础的财务分析系统有助于在账户管理、资金往来、财务风险识别、员工账目服务等环节实现优化。

三、数字科技助力构建金融新生态

数据赋能是未来金融业转型发展的重要基础和财富。传统金融业以庞大用户数量和规模为业务主要优势，但在信息采集、存储以及客户声纹、影像、浏览痕迹、行为轨迹、关系图谱等数据信息的维护方面存在困境。数字技术在这一方面能够有效实现指数升级，使数据处理成为维护金融机构业务稳定和安全的重要保障。此外，数字科技公司可以帮助金融机构在分布式架构、加密脱敏处理等技术支撑下，进一步打通底层数据，使数据分析在业务决策中发挥更大作用。

在万物互联互通的时代，包括但不限于金融领域内数字科技的应用场景正进一步扩大，重塑着现有的业务标准。在最常见的金融场景——银行网点内，传统线下渠道的面签业务正在逐步消失，取而代之的是以数字化服务体验、数字化产品营销为核心的新型模式。今天，扫码已经被可穿戴设备甚至可进行生物识别的无感技术取代，数字支付行为遍及公共生活的各个角落，与垂直场景产生深度融合。数字化接口连接产品、服务与用户，在不断扩大应用领域的基础上提升了用户体验和流量转化效率。

① ABS 指以项目所属资产为支撑的证券化融资方式。

伴随数字科技公司在传统应用领域的深入融合，强金融属性产品和服务基本实现了全线上化和全数字化转型。除部分企业融资和小微金融业务受客观条件限制仍主要依赖线下渠道外，数字科技依托线上开放平台为企业特别是金融企业提供全流程数字化、全业务一体化解决方案，保证了任意一种渠道、资质客户都能匹配到相应的金融服务。这也有助于生态内各家机构基于各自资源禀赋，实现优势互补、融合共生。

在数字科技应用场景不断扩展、业务融合不断深化的同时，相应的监管手段、法规体系应能适应数字化变革中出现的新问题，目前需要着重从以下三方面着手：一是坚持数据在数字化时代的“石油”地位。数字科技必须站在推动社会发展的立场，通过数据确权、流转、共享、传输、保存等方面加强规则制定，更好地实现数字化背景下对个人隐私与商业机密的有效保护。二是数字监管既要遵循行业规律，又要重视数字化转型背景下的新变化、新要求。就金融领域而言，一方面要坚持底线原则、永葆初心使命，另一方面要在面对新兴技术带来的复杂应用环境下适度运用数字化监管手段加以应对。例如，为新兴数字化科技企业量身定制相应监管方法以帮助这类企业高质量发展；对已经从事部分金融业务的科技公司划归为“类金融”机构，按照行业准则颁发市场准入证明或经营执照，同时在资本市场上参照对金融机构的估值办法认定其市场价值。三是强化数字监管对数字科技行业的作用力度。在数字化转型的商业环境中，科技手段的应用程度成为平衡监管有效性与成本收益性的重要标志，并且随着创新技术的日益迭代，科技监管方式需要同步更新。另外，社会各主体间的协作共治是保障数字监管有效运作的关键。监管部门、企业主体及其他相关社会主体要更多合作，以实现更早、更快、更好地推动创新与风险防范的同步进行，助力行业持续健康发展。

第三节　科技赋能金融机构数字化转型

一、银行转型

商业银行的数字化转型包含多方面内容，这里选择三个角度进行分析，从典型案例中了解当前商业银行在数字化进程中的求新求变。

（一）中台模式加速银行敏捷化转型

中台的概念来自互联网公司。在互联网公司组织架构中，前端通过产品营销、业务推广完成价值转化；中台负责为公司业务运营中的全部数据、技术、部门提供全面的技术和平台支撑；后台主要负责公司的内部管理与底层支持。在互联网公司的中台运行实践中，中台的运营跳出了单一业务范围，站在企业发展的整体视角审视、控制业务运作的全景，对支持企业创新、减少不必要投入、优化公司战略具有重要意义。

金融机构与互联网企业一样在业务运行中存在诸如业务效能不高、多业务线协同不佳、客户体验较差、客户反馈不好等问题，中台能够提供以下解决方案。

1. 技术中台

在数字化转型过程中，技术层面的困境成为传统银行机构的主要障碍。譬如，商业银行长期存在IT架构庞杂、效率低下的问题，不同的技术线、业务分支各行其是，形成一个个“孤岛”，产品线和功能模块间的大量重复建设问题严峻；在外部业态扩张中，自建系统由于技术落后难以实现系统及产品、服务的及时更新迭代，而系统升级则面临开发成本高、建设周期长等问题，拖延了外部业态扩张进度；技术的外包支持是多数商业银行的被动选择，但受制于采购成本过高、系统兼容性不稳、长期可控能力弱、政策合规等问题，外包合作未能实现对系统升级、维护的有效保障；金融机构需要精细化风险管理，在技术升级改造中须兼顾数据分析、客户管理、流程再造和效率提升等要求，从自身精细化管理角度来看，现有的技术支持能力也难以充分满足数据分析、客户管理、流程再造和效率提升的现实需要，以上因素成为数字化转型升级的重要掣肘。

2. 数据中台

在数据资产化的今天，大数据已成为经营机构最为重要的生产要素和战略资产之一。作为企业数据资产、数据服务的重要提供者，“数据中台”的概念正在受到业内的广泛关注。数据中台可以简单理解为“数据服务工厂”，它一端连接数据开发后台，另一端连接业务应用前台，具有优化数据模型、提升数据质量的重要作用，以及高性能、高安全、快速提供服务等重要特征。通过加强跨域数据治理、构建企业级数据中台、将数据封装成规范服务，可以帮助前台人员以应用程序接口等形式获取创新数据支持，从而充分挖掘底层数据资产价值，缩短新业务、新产品的创意设计、开发测试与落地推广周期，特别是利用数字化的强大计算能力、快速搜索能力与数据预测能力，实现业务模式的不断优化。

数据中台应该能够为银行机构提供从采集数据到建立数据生态的一整套服务。在数据采集阶段，通过建立数据中心，实现对多源、多类、多层次的海量数据的全面、实时、高质量的获取；在数据治理阶段，可以对各种类型的数据资产进行高性能、高效率的管理；在数据分析方面，利用各种智能化的分析技术，实现对多源数据的实时协同分析；在此基础上，通过对数据中的商业价值的迅速发现与验证、数据输出的标准化治理、数据资产的交易与变现，形成一个从数据到价值、最后在价值实现的全过程中累积大量数据的闭环（见图 2-1）。

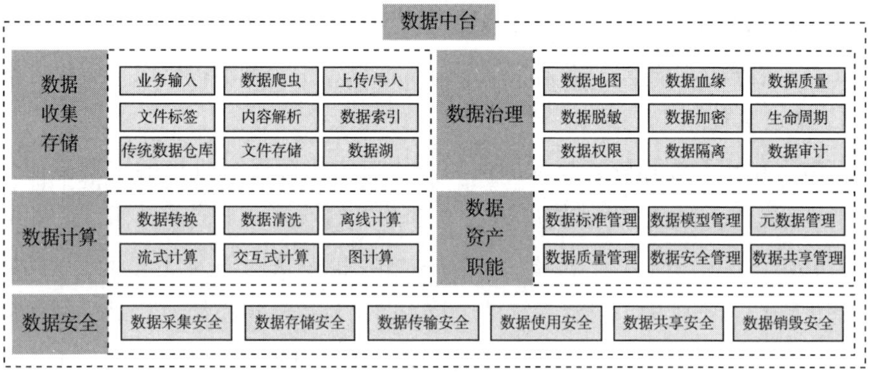

图 2-1　数据中台示意

3. 移动终端

移动终端作为触达客户和外部客户的主要通道，是实现数字化转型的关键载体。随着大量的线下业务转移到了线上，在数字技术的帮助下，银行机构打破了时间和空间的限制推广产品和服务，帮助客户在任何时候都能感受到移动端提供的金融服务的可得性和便利性。通过构建一个移动框架，移动终端能够将适用于不同场景和不同端口的部件系统进行输出，能够让来自不同渠道的非专业人士迅速地发现问题，并且高效满足他们的需要，从而能够实现对模块的开发、页面生成、权限修改、数据投放、消息推送的操作等。移动终端通过帮助业务人员简单地构建一个活动网页，可实现在各个渠道端进行快速活动发布和对活动内容进行灵活的调整。这就能大大地缩短开发和上线的时间，减少不必要的开发和改造费用，同时还能解决由于全渠道的高并发性和各个渠道的独立调整所带来的一系列问题。

4. 开放平台

开放平台作为商业银行数字化转型的一个关键方面，注重以客户为中心，通过应用程序接口（API）、软件开发包（SDK）等技术实现，以双向开放的形式，深化银行与外部环境及机构之间的业务联系与合作，把金融服务的功能与顾客的生活场景紧密地结合在一起，以此来优化分配金融资源，提高服务效率，达到两方或多方的共赢。近几年来，中国银行业对开放平台的探索呈现出了越来越明显的市场化趋势，这就是银行更多地利用自己的 App、小程序等与客户的生活场景相联系，把金融产品与服务（以零售银行产品服务为主）嵌入外部，以此来实现获客引流。中国建设银行等大型国有银行，以及招商银行等股份制银行，都把 MAU（每月活跃客户数）作为评价零售银行效率的一项重要的管理标准。这使得越来越多的中小银行改变了自己的经营观念，利用外部联盟的机会，进入那些可以让客户活跃起来的衣、食、住、行、娱等刚需场景。

但是银行在建立自己的开放式平台时，有一个不容忽视的问题，即传统银行创新总是会受内部和外部的多种因素制约。例如，银行在面向客户场景的协作中寻找合作伙伴的连接效率不高，也没有构建出一个企业级的开放式平台，缺乏对资源的控制，没有起到很好的引导作用。即便是银行搭建了一个开放式平台，但因为经营方式比较传统和单一，所以转换的效率并不高，依赖于金融技术的新兴业务的持续性和用户体验还有待提高。在长期的强监管环境下，银行业的“执行力文化”和“敏捷文化”之间存在着显著矛盾。部分中小型企业在接受了开放式平台之后，感到成效不大，尤其是各企业发展良莠不齐，削弱了银行继续依赖外部合作来构筑开放式平台生态的主动性和支持资金。

从今后的发展态势来看，在构建完善的开放式平台方面，银行机构还会遇到许多困难，其中包括内部的科技架构不利于对外协作和应用开源技术的忧虑，同时也包括适应敏捷文化、重构组织管理的困难，尤其是内部机制、流程迟滞等问题。对于网络和技术公司来说，在不触及当前的监管合规红线的情况下，根据各银行的业务和管理现状以及开放平台的需要，做一些个性化的改革，在探索新的业务模式时有所突破。

（二）大数据助力零售银行多渠道精准营销

大数据营销是当前零售银行领域关注的热点，多家银行已经开展了大量的大数据收集、挖掘与应用研究。在实践中，通过对大数据洞察的各种营销手段可以进行高效的互动，形成多品种、多渠道、多波次的市场共振。本书拟选取具有典型意义的银行机构（以下简称“M 银行”）作为研究案例，分析它们在客户信息挖掘与市场营销协作中的实践启示。

1. 数据的采集、发掘和应用

（1）地理位置数据。M 银行通过各种途径收集了一些地理位置信息：其一，在开设账户、办理业务时客户主动保存的地址信息，其中包含了在身份证上所反映的户籍地址、借记卡开户申请表上所填的住址信息，以及信用卡申请表上所填的住址和工作地址等信息；其二，客户和银行网点互动时所生成的地理位置资料，例如，根据客户最近最经常访问的网点状况，再加上访问的时间（例如工作日或者是假期），可以确定客户居住的大概范围（网点的辐射范围通常在3公里以内）；其三，当客户使用移动银行 App 连接到 WiFi 无线网络的时候，会产生一个地理位置，从而让 M 银行能够准确地判断出对方的具体距离（10米之内）。

在收集了海量的地理信息之后，M 银行将集中在两个方面：一是高价值客户的确认，以便对这些高价值的客户进行存款、财富管理、私人借贷、信用卡等需求的发掘。例如，对于那些住在市区高档房屋但银行内存储财产并不多的客户，可以将其视为高端借记卡（金葵卡及之上）与高端信用卡（白金卡及之上）进行交叉营销的对象；对于拥有拆迁小区房产或者特定区域的城中村房产的客户，可以作为大额存款和固定收益理财产品的销售目标；如果对方的工作地点是知名企业，或者是知名写字楼，那么就可以把精力放在房贷、消费贷款上。二是要对高风险的客户进行鉴别，在信用卡和贷款的风控策略方面对这类人群给予特别的重视。例如，如果客户的户籍所在地或者居住地位于诈骗多发区域，或者客户填写的信息与大数据采集到的信息不一致（自称家住北京市中心，定位结果显示五环以外，或者宣称自己有公司或工厂，但本人却从未在该区域内出现过），则可以着重调查他们的信贷风险。

（2）社交关系数据。M 银行通过各种途径收集了客户的社交关系资料：第一，客户在填入借记卡账户资料及申领信用卡时，所填入的应急联络人（若应急联络人不是本银行的顾客，也可以用作营销推广线索）；第二，根据客户的地理位置、工作单位等信息，确定客户的同事关系、同业关系和邻居关系（也可以与猎头公司的招聘信息进行结合以更完善地补充确认）；第三，汇款记录和当事人在汇款时所填的附注资料；第四，客户经常与其他客户分共同使用网络地信息（例如，甲和乙在平时上班的时候经常共用一个网络，这表明两个人之间存在着工作关系；甲和丙在晚上和节假日经常共用一个网络，这表明两个人之间存在着亲属关系）。

正如地理位置数据在银行精准营销时的重要地位，社交关系数据也是一项非常有价值的信息。若客户的紧急联络人、家属、亲密的同事等均为信贷高风险客户，则须谨慎接纳；相反，若所有的客户都是高资产、高质量的客户，那么他们就能成为公司批量获客、挖掘行外潜力资产、进行重点产品的 MGM[①]营销的关注

① MGM 是英文 Members Get Member 的缩写，即老带新的意思。

对象。举例说明：当客户备注一笔大额转账时，往往会标明顾客与转账客户之间的转账目的，例如“借贷/偿还”“付款”“出资”“聘礼”等等，这些都可以成为一条线索，帮助银行判断资金流向，并挖掘群体营销的需要。

（3）语音和文本数据。由于语音、文字数据等具有非结构性的特征，以往在获取、挖掘和应用等各个环节都受到限制。M 银行通过对客户与产品有关的网上资料的采集、分析和挖掘，能够发现客户的需求，对客户的负面事件进行预警，并对客户需求进行快速地处置。当远程银行收到客户的电话时，即便是客服人员对此并不是很敏感，但是在将语音保存为文字之后，可以快速通过关键词辨识（例如产品需求关键词、高危客诉关键词、负面情感关键词等），对客户的真实意图、关注点（投诉点）和可能的需求进行精确的判定，以便在产品营销、顾客的激活与流失挽回、负面舆情干预中起到一定的效果。

（4）客户行为数据。在 M 银行，客户登录的次数和浏览记录，可以成为客户管理尤其是针对目标客户的商品销售的重要参考。例如，移动银行设置了“猜你喜欢”这样的特殊功能，用于显示市场信息，其主要运行逻辑是：第一，将用户通过网点、电话银行等渠道查询到的产品资料进行显示；第二，显示用户最近在手机银行、网上银行和银行网站上查看的相关产品资料；第三，显示出用户的社交关系圈（例如家庭成员、同事等）所拥有的或者最近正在购置的商品；第四，显示出基于模型判定的顾客最有可能买进或同一类型客户所拥有的商品资讯。当然，若客户点击了商品资料，完成了购买，则银行会及时地修改相关商品的推送逻辑；若客户在多次点击后仍未成交，则可作为一条线索，M 银行在后期会采取多渠道行销或人为介入，以此来促使客户完成交易；客户对于所推荐的内容有消极的表现，或者没有点击没有回应，那么在一段时期之内不会再有任何该产品的推送了。

2. 多渠道营销协同

（1）主动式营销。主动式营销（campaign 营销）是一种最为常见的营销手段，其主要过程是由总行发布营销线索、营销话术和营销方案，VIP 客户经理、个贷客户经理、理财专员等按照线索，通过电话邀请客户，在客户来访时，对其进行集中营销，最终顺利地引导客户进行购买。在主动式营销的市场推广中，目标人群市场定位是一个重要的步骤。M 银行提供三种方法对目标群体进行筛查：一是支援分支机构开展营销，从各种客户索引数据库和标签数据库中选择指标范围，产生一份客户清单；二是采用总公司制定的销售模型，对模型中分布居于前列的客户（前 10%、前 20%等）进行筛选；三是在满足要求的情况下，直接输入来自外界的客户清单。

（2）拦截式营销。拦截式营销就是捕捉到客户与银行可能产生联系的各种情景，通过对客户的个人信息验证和市场内容的触发，指导银行工作人员对其进行拦截跟进，从而实现销售的转换。在 M 银行的网点，当客户在呼号机上刷出编号后，就会在产生数字条的时候，银行系统发出三条市场营销提醒，在客户等候区巡逻的引导员和大堂经理可以按照这些提醒建议的内容进行市场推广，或者把客户带到指定的地方，让专家来做市场推广；同样，当客户与高柜柜员、理财专员、VIP 客户经理进行沟通时，有关工作人员的作业系统显示屏也会给出对应的信息，方便进行有针对性的营销；VIP 客户在办理入住手续后，将通过手机短信或微信通知，通知其工作人员到 VIP 房迎接，并生成营销建议的内容供其参考及筹备。

（3）事件式营销。事件式营销是一种以某种特殊的活动来引发市场营销行为的一种新的营销方式。当客户发生大额资金变更，例如工资入账、转账、存款及理财产品到期、大额信用卡消费或国外消费等，银行就可以通过发送信息或微信的方式，进行尾随营销。应当指出，尾随的内容必须与客户的行为有着本质上的联系，比如：客户的定期存款已经到期了，可以给客户介绍其他的存款产品；客户的理财产品期满了，可以给客户介绍可以继续使用的其他理财产品（可以按照银行对储蓄活期存款的需求来确定合适的间隔）；客户的工资或小额收入入账，可以给客户介绍具有各种流动性的存款和金融商品；如果客户的消费动账，可以给客户推荐一些信用卡的优惠折扣等。

（4）管户式营销。管户式营销是一种非常传统的商业营销模式。M 银行相对于大部分的商业银行而言，更是率先开展了多级的管户式营销：第一，针对高端用户（如个人银行客户等），实行“1+*N*”（一个客户私人的客户经理+产品经理和针对客户资金情况设计的投资顾问团队）的专属理财业务；第二，为中高档客户提供专属的客服经理服务；第三，针对中、低档的客户，将业务交给了远距离的银行办理；第四，在面向广大的一般客户时，重点指导他们如何实现网上办理、自助办理。

多层管户式营销的优点是：首先，针对客户的特性和需求，将有限的资源进行更准确地配置，不仅能让高端客户的专属感需求得到满足，还能让大量客户自主、快速办理业务的需求得到充分的满足，从而将渠道和人力的费用降到最低，充分发挥好大数据资产的利用价值。其次，要促进合理竞争，合理设定客服人员在正常工作时间和精力下的接待人数，让他们可以保持一定的人数，但是将那些很难提供给他们完善服务的外围客户，纳入公开的资源池中，让其他的客户经理乃至其他的分支机构，去寻找新的销售突破口，既能保证自己的利润，又能促进团队之间的良性竞争，创造更多的增量。

（三）区块链技术赋能小微金融服务

一提到区块链，许多人就先想到的便是比特币，以及一套类似于比特币这种的加密货币。如果只是像比特币这样以一种单纯的货币或者商品形式存在，那区块链怎样才能更好地为实体经济尤其是小企业提供更多金融支持呢？对这个主题的研究，必须先从根源上加以追溯，并从区块链技术开发与应用的角度出发进行探讨。

1. 区块链的基本概念

区块链，正如它的名字一样，是一个以链状形式将多个区块相连的一个公共数据库，它集合了分布式存储、加密算法、点对点传输等多种技术，从而构成多代理主体间的相互信任的统一机制。简而言之，就是没有“中心化”的管理员，所有的区块都是同等的分支。

从2008年比特币的兴起，区块链技术就已经发展到了一个新的高度。随着人工智能的兴起，区块链的技术运用由单纯的记账转变为“自我管理”，例如通过设置特定的定价指标，确保票据等交易可以自主触发和自动完成，从而极大地拓展了区块链在实体行业中的实际运用。

经过几年发展，在物流运输、电子商务、人才管理、租赁服务、电子政务、教育培训、产品销售、医疗健康、大宗交易、交通运输、房地产工程等诸多领域，均出现了区块链技术的影子。目前，区块链技术已经在人们的日常生活中得到了广泛的运用。

2. 区块链在小微金融服务中的应用

区块链技术在极大地扩展了实体行业的应用范围的同时，也在金融服务，尤其是小微企业的金融服务方面发挥了巨大的作用。在贷前调查、贷中审核、贷后检查、不良资产处置和其他衍生服务等方面区块链技术有着广泛的运用。

在贷前环节，可以将区块链技术运用到物流供应链中，让银行等借贷机构对小微企业的真实主营业务、交易背景、上下游关联企业有一个全面而准确的了解，同时也能了解到它们在供应链中的谈判地位、商品的畅销程度、回款的节奏与方式等信息。这一方面有助于更多的轻资产、高成长性的优质企业通过交易票据、物流单据等方式得到融资保障；另一方面，也可以避免有问题的企业通过虚构业务背景及融资需要来骗取贷款。区块链还能在公积金互联中进行运用，让银行实时掌握借款企业的股东、高管、普通员工的社保、公积金等的实际支付状况，对借款企业的员工数量及运营状况进行准确的评价，为制定信贷和贷款的审批政策奠定基础。

在贷中环节，利用区块链的技术对企业的信贷材料进行审核，对抵质押进行审核，一方面提高了银行的审核速度，另一方面也确保了信贷的审核真实性。在企业尤其是微型企业向银行筹措资金的时候，银行经常要求企业提交一些诸如合同之类的必需资料。传统的纸张契约要经过多方的手签和盖章，这样做不但没有什么效果，而且还会出现伪造文件、伪造签章等一系列问题，这给银行的审批工作带来了很大的伪冒欺诈和信用风险。

在贷后环节，通过区块链能够实时地评价公司的生产经营情况、履约还款能力，有助于银行对信用风险进行准确的监测，并对贷后的风险预防政策进行适时的调整。在过去的经营活动中，商业银行对抵质押物的实际市场价值并不完全了解，无法判断企业在入仓、出仓等各个阶段的经营行为对剩余抵质押的市场总值产生的影响，对诸如仓单质押等新的信贷形式的控制力比较弱。

通过使用区块链电子仓单，可以对企业商品的质量、数量、规格、照片等信息进行完整和标准化的上链，确保其真实性和可追溯性，同时也能从技术上消除企业与仓储机构伪造仓单、仓单与出入库信息不一致的现象，确保贷后管理的有效性。另外，还可以通过区块链技术，将贷款企业的工厂、办公楼等相关数据信息与银行、上下游企业以及其他中介服务公司进行共享，将客户卷款跑路的可能性降到最低。

3. 对区块链服务小微金融的前景展望

从长远看，随着新一代的数字技术的发展，区块链与大数据、云计算、人工智能、物联网等其他领域的融合，将会产生巨大的商机。例如，物联网能够实时、准确、安全地收集各种终端和海量的非结构数据。通过对海量数据进行挖掘，挖掘出更为精准的信息。云计算能够在大规模数据的基础上实现对数据的存储、安全的资源管理，提高其使用价值。

通过以上的技术再结合区块链的使用，可以有效地保障个人隐私、个人信息的安全，指导数据的智能化、有序的共享和深层互动，降低银行、小微企业、中介服务公司等各方的信任成本，缓解信息不对称，提升协作的有效性。

从当前的情况来看，要将区块链的应用推广到更多的领域，还需要在效率、安全性和场景扩展等多个方面寻求平衡。实际上，能够兼顾高效与安全的应用，其可扩展性通常较差；高效与可扩展性强的应用程序往往安全存在漏洞，这使其在诸多行业中的应用面临着技术瓶颈。另外，部分金融企业的数字化发展水平还比较低，而区块链的应用设施也比较薄弱。

在这种情况下，不论是银行还是非金融企业，都将面临基础设施搭建的预算过高的实际问题，因而要在实践收益和经济成本之间不断权衡。所以，唯有通过构建一种低成本的信用体系，促进各种主体之间达成一致合作，使涉及主体多、环节多、时间长的商业链变得更为平坦和扁平化，才能为其在实体行业和金融领域的运用提供更为广阔的空间。

二、保险业转型

在第四次科技革命推动下，数据要素日益成为重要的生产力。以数据为核心的数字技术从底层溢出，发挥着变革生产力和生产关系的作用。随着数字技术在保险业的深入应用，保险科技深度赋能保险服务全流程，使保险企业具备了成本优势、效率优势、规模优势和网络优势，能够全方位助力保险服务价值链的优化创新，给数字经济时代的保险业发展注入新活力。数字科技如同高速公路，在数字化保险的全新赛道上，保险转型需要贯穿全流程和全链路的各个节点。

（一）车联网时代的汽车保险

在保险市场中，汽车保险占有70%左右的市场份额，是保险行业中最主要的一块。中国是世界上汽车保险业务增长最快、发展最快、发展前景预期最广阔的国家。然而，目前我国大部分的车险公司都面临着产品同质化严重、渠道费用过高、理赔费用过高等问题。这些问题使得一些经营年数较长的保险公司长期处于负盈利状态。未来车险费率的改革和车联网在车险行业的深入运用，会给车险行业带来一个重大的转折，从而为车险行业的发展提供新的契机。

1. 车联网产业快速发展的内外驱动

车联网技术是物联网在汽车交通领域的应用。车联网是以车内网、车际网和车载移动互联网为基础，按照约定的通信协议和数据交互标准，在车与连接物（包括车、路、人、互联网等）之间，进行无线通信和信息交换的大系统网络①。

从行业角度看，在中国、俄罗斯、北美以及西欧的一些国家，超过70%的新型汽车装备了传感器和互联网接口，而大多数新型汽车也有望在五年后实现联

① 于怀勇．车联网在汽车运输中的应用［J］．交通世界，2014（24）：68-70.

网。随着汽车智能导航、汽车防撞系统、道路标志识别、障碍物检测等技术的不断研发，车联网产业的硬件和软件设施也正在快速发展。

从技术角度看，车联网涉及车、人、路以及各类智能设备等多个方面的信息交互，因此它具备高速、高实时性等特点。而新一代 5G 技术作为一种新型的无线通信方式，以其低延迟、高可靠性和大带宽的特性为车辆联网提供了有力的保障。5G 建设的迅猛发展，为实现车联网提供了必要的技术支撑。对于这一点，有关专业人士也指出，5G 技术最大的用途就是移动物联网，而车联网则是 5G 技术未来最大的市场。

我国的车联网受到行业和技术等多种因素的影响，已经步入了高速发展时期。波士顿咨询集团预计：智能网联汽车会在未来 20 年内实现快速成长，到 2022 年，其市场年均复合增长率将达到 30%左右。

2. 车联网技术的主要应用场景

车联网具有广泛的应用前景。它不但可以用于无人驾驶、智能交通、智慧城市等方面，减少交通事故发生率，减轻交通拥堵，提升城市的智慧程度，而且可以为汽车金融机构带来比传统的方式更为准确的数据服务，信贷机构、保险机构或车辆租赁公司可以利用车辆联网的实时数据和远程的信息，建立更加完整、准确的风险评价系统。汽车保险是车联网最重要的应用领域，UBI（Usage Based Insurance，基于使用行为的车险）已经是一种在世界范围内发展较为成熟的业务形式。

3. 车联网保险在中国市场发展的机遇与挑战

与国外市场相比，中国车险市场监管相对严格，在商车费率改革政策出台之前，车险公司的自主定价权受到严格限制。UBI 车险在国内虽然也有尝试，但一直未获监管审批。随着 UBI 车险在国际市场上的不断应用和我国车联网技术的不断成熟，监管层逐渐出台相关政策，推动车辆联网等数字科技在车险领域应用，车联网保险和 UBI 在中国将迎来全新发展机遇①。

车联网与 UBI 汽车保险是当今世界汽车行业改革与发展的新潮流，尽管在国内受到严格的限制，发展还比较滞后，但是，伴随着我国各项相关政策的逐步完善，中国的车险行业会在未来的车联网的赛道上奋力追赶。

① 车联网保险：汽车保险的未来发展趋势［EB/OL］.（2018-11-10）［2023-11-30］. https：//www. sohu. com/a/ 274402740_ 558573.

（二）数字医疗与数字化健康保险的崛起

在世界范围内，保险业进行数字化变革的时间并不长，特别是在医疗保健这一较为传统的领域。但是随着其他行业（比如支付和借贷）的不断成熟但又暴露出很多问题之后，数字化医疗和数字化健康保险已经成为后起之秀。保险界对于数字化变革的看法，已由原先的担忧观望转为寄予厚望。

1. 全球数字医疗产业发展态势

在 2020 年，世界医疗健康融资达到了创纪录的水平，较上年同期增加了 41%；而中国的医疗健康融资在 2020 年也达到了历史新高，较上年同期增加了 58%。根据 QY Research 的报道，在 2025 年之前，整个数字健康市场的资金规模将会达到 4 000 亿美元。

2. 数字化健康保险公司探微

（1）Clover Health 机构。Clover Health 于 2014 年在美国旧金山创立，是一家专注于技术的医疗保险机构，其服务对象为 65 岁以上的低收入老人。据有关报告称，这家公司的服务成员人数约为 4 万人，分布在佐治亚州、新泽西州、亚利桑那州、宾夕法尼亚州、南卡罗来纳州、田纳西州以及得克萨斯州。从创立到现在，这家公司得到了众多大型投资机构的注资，其中有红杉资本、Greenoaks Capital、Nexus Venture Partners、First Round Capital，如表 2-1 所示。

表 2-1　Clover Health 融资情况①

融资时间	融资轮次	融资金额	投资方
2014 年 7 月	VC 轮	—	Brainchild Holdings、Grape Arbor VC
2015 年 9 月	A 轮	1 亿美元	First Round Capital、Athyrium Capital Management
2015 年 12 月	B 轮	3 400 万美元	红杉资本、First Round Capital 等
2016 年 5 月	C 轮	1.6 亿美元	Greenoaks Capital、红杉资本、First Round Capital
2017 年 5 月	D 轮	1.3 亿美元	Greenoaks Capital、谷歌旗下风投 GV、Nexus Venture Partners 等
2019 年 1 月	E 轮	5 亿美元	Greenoaks Capital
2022 年 12 月	F 轮	3 500 万美元	红杉资本

Clover Health 创造了一种全新的商业模式。它利用大数据分析其成员慢性疾

① 艾比．大数据 24 小时：Clover Health 融资 1.6 亿美元［EB/OL］.（2016-05-26）［2023-11-01］. https：//www.sohu.com/a/77313339_ 400678；36Kr. 数据驱动的健康保险提供商 Clover Health 再融资 3500 万美元［EB/OL］.（2022-12-17）［2023-11-01］. https：//36kr.com/ coop/toutiao/5041154.html.

病的治疗，改善其成员身体状况，从而减少医药费用。Clover Health 基于其成员以前的理赔记录、电子病历、处方、病理检查、影像等数据，构建数据模型，利用机器学习的手段，对其成员患病的概率进行预估，并进行人为干预。例如，对其高危成员进行电话回访或定期的身体检查等，实现对成员的健康管理，改善成员的身体状况，减少医疗成本。

Clover Health 将医疗保险与医疗部门之间的数据连接起来，利用多个层面的成员资料构建出一个能够辅助成员进行慢性疾病管理的大数据模型。该业务模型是目前健康保险行业的一个新发展趋势。Clover Health 自创立以来发展迅速，2013 年到 2017 年，其成员从最初的数千名发展到如今的 25 000 名，并通过大量的试验研究证实了该模型的可行性。借助各大投资公司的资金，Clover Health 迅速发展成为数字医疗保险行业的独角兽企业。

但是，在做大做强的同时，也出现了许多问题。一是 Clover Health 在与大的医疗机构进行协商的时候，显然没有讨价还价的余地。二是虽然 Clover Health 宣称可以利用数据来计算成员的风险系数并依据他们的危险程度采取相应的措施，但是它的财政资料看起来并不能证明这种观点。

（2）Oscar Health 公司。Oscar Health 于 2013 年在美国纽约创立，通过网络及远距医学技术，它突破了传统的医保模式，使医保更加简便、直观、人性化。在客户群体方面，Oscar Health 针对的是各种非保险群体。它指向各种尚未参保的群体，并根据他们的婚姻状况、子女人数、年收入等因素进行分类，并为他们制定相应的医疗保障方案。因为 Oscar Health 的大部分业务都是在线的，所以它受到很多年轻人的青睐。

Oscar Health 在个人保险业务中，除了通过网络出售保险外，还为客户提供在线医疗保健服务。Oscar Health 的革新有四大特色：第一，在线快速投保，客户只需要在网上提交一个简单的个人资料，就能得到保单的投保；第二，为了鼓励人们养成更好的生活习惯而设置了许多激励措施，比如在指定的时间段里完成所有健康任务的用户，每个人都可以得到最高 100 美元的奖金；第三，为客户提供 24 小时电话问诊、远程诊疗、网上比价等增值业务，Oscar Health 还与世界顶级的卫生体系进行了深度的合作；第四，成立了自己的服务中心或联合其他医学院校共同为客户提供服务。

Oscar Health 不仅利用互联网、人工智能等数字科技对保险业的经营方式进行了变革，还打破了医疗保险与卫生体系的界限，将企业积极地融入消费者的健康管理与医疗保健之中并快速发展起来。但是，它也存在着客户增长速度缓慢、逆向选择现象突出、经营费用高、赔付率偏高等问题。为此，它已经做出了一套相应的对策，并且已经取得了初步成果。

3. 数字化健康保险的发展对我国的启示

美国数字化医疗保险公司的数字化创新经营模式为中国保险业提供了有益的借鉴，但在其发展中存在的问题也提醒着我们，医疗保险数字化转型不可能一蹴而就，但是变化已经悄然而至。中国社科院等智库机构发布的《中国数字健康发展报告（2020）》提出，中国拥有全球数字健康最大的应用场景，数字健康将成为产业互联网时代最广阔的赛道，拥有数万亿级的市场空间①。

健康险数字化可应用的几项技术如下：

机器人流程自动化（Robotic Process Automation，RPA）是一种软件自动化技术应用，可模仿人类行为，通过现有用户界面自动执行常规任务（如数据提取与清理）。基于 RPA 技术可创建机器人，即自动执行高重复性任务的算法。由于机器人采用现有用户界面，因此 RPA 不需要改变核心 IT 系统。

智能工作流（Smart Workflow）是一种流程管理软件工具，将人和机器团队执行的工作加以集成，再自动化整合到常规工作流中。

机器学习和高级分析软件采用算法来识别结构化和非结构化数据中的模式，当算法输出达到一定的置信水平（通常为 95%）时，可替代员工的判断和决策。

自然语言处理（Natural Language Processing，NLP）在机器技术与人类之间建立起无缝交互、能模仿人类语言的规则，将观察结果从机器数据转化为自然语句，反之亦然。

虚拟认知主体/智能体（Cognitive Agent）结合机器学习与自然语言处理技术，能执行任务，展开沟通，并通过数据集进行自我学习。智能体还能基于逻辑推理、经验学习及对客户行为和情绪的监测和预判进行决策②。

（三）互联网保险的未来之路

2020 年 12 月 14 日，银保监会发布《互联网保险业务监管办法》，强调机构持牌、人员持证等原则。互联网保险行业规范发展是大势所趋，一方面，传统渠

① 中华人民共和国国家互联网信息办公室．中国数字健康发展报告［R/OL］．（2021-07-03）［2023-11-30］．http：//www.cac.gov.cn/rootimages/uploadimg/1675765283208335/1675765283208335.pdf?eqid=d32d0236000dd549000000000264490095&eqid=82837b2700016d550000000036454d149.

② 陈波，王锦，陈兢．大规模数字化转型：健康险公司蓄势待发［EB/OL］．（2020-07-19）［2023-11-30］．https：//www.mckinsey.com.cn/%E5%A4%A7%E8%A7%84%E6%A8%A1%E6%95%B0%E5%AD%97%E5%8C%96%E8%BD%AC%E5%9E%8B%EF%BC%9A-%E5%81%A5%E5%BA%B7%E9%99%A9%E5%85%AC%E5%8F%B8%E8%93%84%E5%8A%BF%E5%BE%85%E5%8F%91/.

道和人员的展业效能有待提升；另一方面，互联网场景下保险产品自身的创新需求也更加急迫。从长期看，保险公司需要基于各自的资源禀赋做好差异化定位，充分利用线上场景和大数据资源以塑造竞争优势。

1. 我国互联网保险的发展现状

互联网保险是利用互联网的渠道效应、场景效应对传统保险业进行线上化、数字化和场景化的改造。自互联网技术之后，人工智能、大数据、区块链等新技术对保险业进行了新一轮的改造，简称保险科技。保险科技是运用数字科技从前端和后端的业务、产品、经营理念、产品服务和流程上赋能保险业，利用技术助力精准定价、风险控制、大数据精算、智能核保和理赔等，由内而外促进保险业异质化运行，降本增效，提升市场竞争能力。

2012—2015 年，互联网保险业保费规模快速增长；2016—2018 年，互联网保险迎来严监管，互联网人身险保费下滑导致互联网保险整体渗透率下降。2018 年之后，在百万医疗等短期健康险的刺激下，互联网保费的增长速度进一步加快（见图 2-2）。2020 年上半年，中国互联网保险保费规模达 1 766 亿元，同比增长 9%，其中人身险保费收入为 1 394. 4 亿元，占比接近八成，渗透率为 6. 6%；财产险保费收入为 371. 12 亿元，渗透率为 5. 1%[①]。

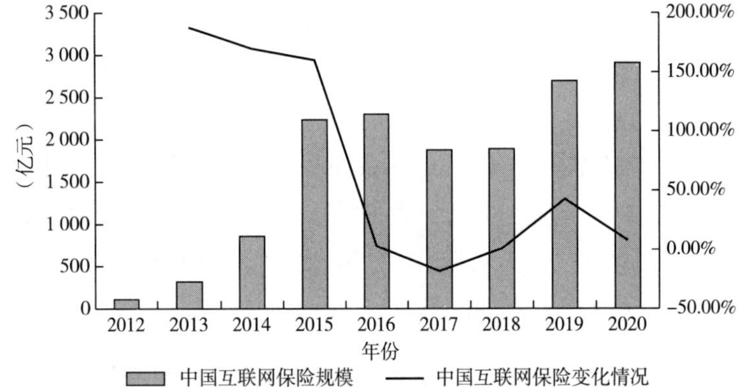

图 2-2　2012—2020 年中国互联网保险业发展情况[②]

① 前瞻产业研究院 . 2020 年中国互联网保险行业市场现状和发展趋势分析［EB/OL］.（2020-10-26）［2023-11-01］. https：//baijiahao. baidu. com/s？ id=1681575404428758134&wfr=spider&for=pc.

② 2021 年中国互联网保险行业市场现状及发展前景分析 市场渗透较低、发展空间较大［EB/OL］.（2021-06-17）［2023-11-01］. https：// baijiahao. baidu. com/ s？ id = 1702771297581320787&wfr = spider&for=pc.

按照互联网保险的运营渠道和组成结构，我国互联网保险模式主要表现为传统保险的信息化、线上化，以及互联网保险中介、第三方电商平台、网络代理和纯互联网保险公司（见表 2-2）。

表 2-2 中国互联网保险经营形式①

互联网保险模式	表现形式	特点
传统保险的信息化、线上化	业务线上化、渠道化保险销售	忠实客户数量庞大、品牌认可度高、访问流量大。产品高度标准化，要线下赔付和评估
互联网保险中介	有保险经纪牌照的互联网销售平台	保险产品拓展范围更广、获客更精准。平台可引入更多保险公司的产品，产品丰富、险种齐全，具有覆盖不同年龄段和场景的险种
第三方电商平台	保险公司和电商平台合作	保险公司的产品服务与电商平台的技术、流量相融合，快速获客
网络代理	航空、酒店、旅行等网络平台兼业代理销售	银行、航空、旅游等非保险公司通过官网代理保险产品，具有门槛低、简单便捷和场景嵌入的特点
纯互联网保险公司	有互联网保险公司牌照	产品咨询、销售、投保、理赔等所有业务都在线上完成，不设线下实体门店，准入门槛高

2. 互联网保险领域的政策演变

继银保监会 2015 年下发《互联网保险业务监管暂行办法》之后，2019 年中国银保监会下发了《互联网保险业务监管办法（征求意见稿）》（以下简称《新规》），2020 年 9 月正式出台《互联网保险业务监管办法》（以下简称《办法》）。《办法》的主要内容为：一是厘清互联网保险业务本质；二是强化互联网保险业务的持牌经营要求，定义持牌机构为自营网络平台；三是规范互联网保险业务和产品的推介宣传行为；四是全流程规范互联网保险售后服务，改善消费体验；五是按经营主体分类监管，针对互联网保险公司、保险公司、保险中介机构、互联网企业代理保险业务，分别设定了“特别业务规则”。

3. 互联网保险的应对路径

（1）加大对消费者的精确营销力度。通过对客户身份、生理特性、社会关系、特征偏好等大量行为数据的建模和挖掘，设计面向不同人群的差异化保险产

① 金天，杨芳，张夏明．数字金融：金融行业的智能化转型［M］．北京：中国工信出版集团，2021：206.

品，实现个性化推荐、精准营销和精准服务。在此基础上，进一步挖掘潜在的客户营销需求。与此同时，还可以通过大数据为代理人营销助力，尤其是通过收集代理人的个人信息和销售数据等大量的数据，来赋能营销、培训、招聘等整个过程，从而提升代理人的营业能力、人员效能、团队稳定性等。

（2）做好客户的服务管理工作。通过对大数据进行分群运营，能够有效地接触到具有差异化特点的客户群体。例如，利用手机应用程序建立新的客户系统，延长客户的使用时间，为保险企业提供足够的数据支撑，进行客户知识图谱构建、健康状况管理分析等工作。

（3）开展智能风控。保险业大数据风控的应用主要体现在保险运行各个流程中的风险排查、风险管控、风险识别和反欺诈等操作上。在投保环节，可以利用大数据千人千面的方式进行客户筛查，选取较高风险的客户，划定高风险名单。在承保运营环节，可对客户的消费、交通健康变化等行为信息进行追踪，更新风险值。在理赔环节，可以先筛查出疑似欺诈的高风险案件，再人工介入进行重点审核，提高查勘效率，互联网场景下的健康险、意外险产品容易产生投保人逆向选择及欺诈的风险，大数据风控模型可以减少欺诈行为的发生。在车险领域，通过增加车、人、驾驶行为、位置轨迹等定价因子，可以实现更加精准的风险定价，并在理赔端结合维修、保养等行业数据对投保人进行反作弊分析。

三、证券业转型

传统证券（或称“链下证券”）是以实物或电子化形式发行。随着近年数字经济的兴起，在“去中心化金融”和“非同质化通证”引领下，资产[①]所有权权益可以不再借助链下证券的形式，资产数字化带来证券业的数字化转型。下面我们以数字证券为例，介绍数字金融发展带给证券业的转型变革。

数字证券是区块链技术与传统金融业融合的标志性产物，是金融科技发展的又一创新产品。与链下证券是企业资产的证券化不同，数字证券依靠区块链作为底层技术，在资产数字化基础上进行数字资产通证化处理。在通证化完成之后，数字权益得以在可以触发智能合约的分布式账本上进行记录、分发、销售、交易和收益等各项活动。这一证券型通证既是数字证券的表现形式，又是数字证券的交易单元，其实质是数字资产通证化后的证券权益凭证。数字证券的投资者享有

① 这些资产包括投资合同、公司股份、特定票据、债务抵押、细分权益、房地产、风险资本、私募股权、不动产和对冲基金等。

这一数字资产的所有权、债权、收益权、投票权、转让权等权利。

（一）数字证券的发展现状

目前，自美国、欧盟等国家和地区的金融市场相继推出数字证券产品已有五年时间，市场交易量比较可观。全球第一个数字证券产品由美国区块链风投公司Block Chain Capital发行于2017年4月10日，两年后，美国证券交易委员会（SEC）先后批准了两项基于Reg A+豁免条例的数字证券发行申请。在此之后，许多国家迅速跟进，比如，德国证券监管机构在2019年批准了首个数字证券的发行申请，这是德国证券监管机构在拒绝了百余家公司提交的数字证券招股书后的历史性事件。目前全球各主要证券交易所，如纽约证券交易所、纳斯达克、伦敦证券交易所、澳大利亚证券交易所、新加坡证券交易所等都在积极推进区块链技术在证券业的应用，这些交易所先后在美国、日本、新加坡等国家设立了数字资产交易所。

在中国市场，数字证券处于试验阶段，仍未投放市场。尽管在国内，区块链技术已经涉猎供应链金融、贸易金融、保险科技、跨境支付以及资产证券化等众多业务①，但在落地案例中仍然问题不断。以区块链融资项目为例，由于市场监管与项目跟进不足，投资损失和资金外流的问题屡见不鲜。金融风险问题成为区块链在传统金融领域应用的最大壁垒，这在一定程度上延缓了数字证券在我国的落地进度。

（二）数字证券的主要特征

1. 数字证券是数字资产的通证化

数字资产的通证化是指利用区块链的数字签名、共识机制、智能合约、时间戳等技术对数字化资产进行确权，将资产所有者、使用者等关键角色作为节点加入区块链网络，同时对数字资产的链上传输与使用、交易与收益等程序进行全覆盖式的溯源、记录与管理，进而形成可在分布式账本上完成各环节交易的智能合约，并通过自动触发形式在链上完成销售、发行、交易和收益动作。通证是投资者成为数字证券所有人的凭证。持有者以通证形式拥有数字资产的所有权、使用权、管理权、交易权、收益权等一系列所属权利。数字资产通证在形式上是数字化的，但完全符合金融投资品具备的收益性、风险性、可流通性特征。

---

① 中国互联网金融协会区块链研究工作组．中国区块链金融应用与发展研究报告（2020）[R/OL].（2020-04-21）[2023-11-14]. https：/ / www. docin. com/ p-2344294098. html.

2. 数字证券的技术基础

数字证券以区块链作为底层技术完成数字发行、登记、流转、结算、记录、支付、收益等交易环节，并通过数字签名和链上分配技术确立股东权利，同时兼具资产托管功能。因此，数字证券的技术基础是区块链。区块链配有的分布式账本、交易透明、去中心化信任、安全性机制等功能为数字证券提供保障；数字证券的安全性问题在区块链技术的密码学和去中心化原理支持下得以解决，对人为篡改、阻滞流通、干预价格等交易信任问题提供了数字化解决方案；此外，区块链还为记录股东活动、验证持有量、确权并进行告知、税务处理、密钥管理等工作提供了高效安全保障。

3. 数字证券的信任基础

智能合约是数字证券的信任基础，投资者依据智能合约获得证券型通证并进行数字资产的发行和交易。智能合约的实质是一种利用信息化手段完成传播、验证、执行交易的数字化协议，表现为一个可自动执行任务的计算机程序。智能合约的具体特点如下：一是具有操作规范性和透明性。智能合约的基础是计算机代码，通过一套严谨的计算机执行逻辑完成交易的全套流程，其呈现内容及执行过程对链上所有节点可见，关联者可随时观察、记录并查验合约的实时状态。二是操作的不可逆性。智能合约执行的起点为设置条件的满足，一旦满足条件，合约立即执行，且结果正确无误。三是智能合约具备高度守约原则。智能合约保证了每个节点都能够对链上交易的数据及过程进行追溯，并且能够独立、完整查询到账户的任一历史数据或交易更新记录，这一原则使违约发生的概率几乎为零。四是匿名性。区块链运用非对称加密原理实现交易的完全匿名，零知识证明、环签名、盲签名等技术进一步保证了智能合约的匿名可靠性。五是流程合规性。在智能合约中，程序设置包含了证券交易相关的法律法规，以及合规元素、注册流程、管理模型等内容，对这些合约要素的设置无法篡改从而保证了合规交易的自动执行。智能合约一旦错误发生，则会被立即退回初始状态并终止当前交易，这一状态被称为原子状态。

（三）数字证券的功能

1. 降低成本，提高融资效率

传统股权交易借助 IPO 完成，交易门槛高、周期长、成本高。据了解，IPO 成本约占融资额的 4%~7%。数字证券则通过智能合约达到了降成本、提效率的目的，智能合约的自动执行能够节约时间成本，稳定币技术提高了交易效率，交易的高度透明能够实现发行费和中介费用的节约，实现了对现有传统证券发行方式的颠覆①。此外，数字证券的出现为中小企业融资开辟了新渠道，有助于解决中小企业融资难的问题。在数字证券的辅助下，投资者的投资行为及收益更加透明，市场准入门槛得以降低，中小企业特别是创新型、科技型中小企业能够快速获得低风险、低成本的融资。

2. 降低门槛，加快资产流动

资本市场流动性不足的一个重要原因在于投资门槛过高，无论是在股权市场、债务市场还是不动产市场，高投资门槛将普通投资者拒之门外。数字证券的出现是从理论上将任意一件投资品，大到一幢写字楼小到一张票据，利用证券型通证拆分成无数个微小单位，从而令投资门槛显著降低②。例如，只需要将封闭期为 10 年的私募基金进行通证化处理，投资者便可对基金份额随时进行买卖，资产流动性显著提高，数字形式的债务、权益及衍生品等拆分形式均与之类似。另外，传统证券市场只在营业时间开放交易且禁止交易不可分割的资产标的，数字证券随时可进行交易的优势解决了交易时间受限问题。

3. 提高效率，消除监管壁垒

效率低下问题在互联网技术异常发达的今天仍然存在，大量的人员和机构参与、繁琐的登记和结算流程耗费了投资者和相关投资方的过多精力。数字证券的出现则打破了这一困境，数字证券市场主要由底层技术提供商、交易执行平台以及投资机构（人）等为数不多的主体构成；区块链技术保证了证券交易的透明和灵活，流程自动触发、分红等收益直接进入用户钱包、交易收支即结即算等特点进一步降低了交易流程的繁琐性和信用风险性③。此外，智能合约将国家监管程序嵌入其中，有效降低了监管成本和监管难度，同时消除了交易主体、监管机构、政府部门之间的壁垒。

4. 保护权益，保障投资安全

数字证券的出现为证券交易提供了一个去中心化的交易平台，实现了智能合约对交易的全部容纳以及去中心、点对点交易、公开透明、无法篡改的数字化优势。对投资者而言，在数字证券的交易过程中，享有对自己所持资产的绝对控制

---

① BRIGO D, PALLAVICINI A. Counterparty risk and contingent CDS valuation under correlation between interest-rates and default. [2022-11-13]. http://papers.ssrn.com/sol3/papers.cfm?.

② POMPLIANO A. The official guide to tokenized securities. [2022-11-06]. https://medium.com/@apompliano/the-official-guide-to-tokenized-securities-44e8342bb24f.

③ DTCC: Embracing disruption: tapping the potential of distributed ledgers to improve the post-trade landscape, WhitePaper, January 2016.

权和所有权，省去第三方托管环节。就密钥是否安全的问题而言，持有密钥即持有资产，只有资产持有人拥有唯一密钥且无备份，区块链技术则保证了黑客无法窃取密钥。另外，链上交易的不可逆且投资者可以查看交易对手以往的全部交易或转账记录，令虚假交易或假币失去生存空间。目前在数字证券的试验阶段，加入了“了解你的客户”（KYC）认证及遵守反洗钱（AML）法规，进一步保护了用户隐私。

（四）数字证券的监管

对于数字证券监管问题，有学者认为应尽量允许技术的发展，放缓监管机构的干预速度，市场本身会给监管的进入提供适当信号。但毋庸置疑的是，就当前数字证券的实践及试运行情况看，运用了区块链技术的数字证券正面临着高风险，需要监管机构给予高度重视及全面评估指导。世界各国和地区对数字证券可能产生的各种风险而给的不同监管框架，依据国情大致可分为三种类型。

一是鼓励型监管。以美国、加拿大、日本等为代表的金融发达国家对数字证券普遍采取相对友好的态度，并试图将数字证券纳入已有的证券法律框架下进行合并监管。以美国为例，最近的政策措施是在 2022 年 3 月 9 日美国总统拜登签署的数字资产发展行政令，内容主要涵盖数字资产监管政策、政府机构间的合作监管、保护消费者投资者的具体措施、促进数字金融稳定发展、降低数字金融系统性风险、严禁非法金融、促进国际合作等方面内容。该行政令主要表达了美国要以负责任的方式研发、实施数字资产技术，构建可持续的数字支付生态系统的态度。目前，美国已经构建了数字证券的基本监管框架，在注册制通证发行、投资者资格、反贪污洗钱、信息披露、投资人锁定期限等方面设计了明确的监管内容以进一步规范市场。

二是宽容型监管。一些国家和地区对证券通证发行持宽容态度，或纳入沙盒监管，希望借这一全新的技术促进金融发展，并在未来全球金融体系重构中占得先机。欧盟认为，数字化带来的机遇显而易见，有可能为消费者带来更快、更便宜、更透明和更高效的金融服务。欧洲证券和市场管理局（ESMA）在 2019 年建议欧盟委员会调整规则，加大对数字资产中涉及洗钱、金融犯罪和恐怖主义融资行为的监管，重视稳定币发展。欧盟委员会根据该建议，提出了两项立法提案，即《加密资产市场规则》（MICA）和《市场基础设施试点框架规则》（DLT）。MICA 旨在解决不受监管的加密资产对投资者保护和金融稳定构成的重要风险。DLT 试点框架规则为欧盟的市场参与者和监管者提供了一个安全的空间，让他们可以围绕区块链分布式账本技术进行试验和积累专业知识。这两项立法提案构成加密资产监管的全面框架。最新的进展是在2022年10月28日，欧盟宣布定于2023年3月正式推出DLT监管沙盒试点项目，允许传统金融和数字金融参与者在受监管的环境中试验使用证券型通证，在加密货币法律框架实施前至少两年可以使用稳定币进行交易和结算，免受欧盟《金融工具市场指令》《中央证券托管条例》等法规约束。

在欧盟，数字证券的监管方式取决于证券通证发行的类型。评估一种通证的合法性，主要依据是欧盟《金融工具市场指令》(MiFID)。

三是禁止型监管。中国等国家出于金融安全考虑，明确禁止金融机构和第三方支付机构参与数字货币交易活动，将ICO定性为未经批准的非法公开融资行为。受这一政策影响，数字证券在中国也不具有合法地位，可能构成涉嫌非法发售代币票券、非法发行证券、非法集资等违法行为。在司法实践中，对数字资产的认定及保护存在较大分歧，涉及加密货币的合同往往被判无效，只有少数裁判文书认为应当对数字资产及相关权益进行保护。但我国对区块链技术持积极态度，鼓励区块链技术和产业创新发展。另外，中国人民银行一直组织力量研究中央银行的数字货币。

第四节　数字金融的市场效应与经济效益

一、数字金融与包容性增长

包容性增长（inclusive growth）是2016年在杭州举行的G20峰会上的41个主题之一，这种提法在一定程度上影响了全球经济发展走向。从根本上说，包容性增长既关注效率，也关注公平，二者都是发展经济学的核心内容。现有研究文献关注了互联网对效率的影响，但对贫富差距的影响研究则有所不足，对数字金融的影响研究就更少了，如今，贫富差距已经成为各国政府、国际社会和组织以及经济学界最为重视的问题之一。因此，我们关心的是数字金融的发展能否带来居民收入的包容性增长①。

---

① ZHANG X, ZHANG J, WAN G, et al. Fintech, growth, and inequality: evidence from China's household survey data [J]. Singapore economic review, 2020, 65 (S1): 75 -94.

二、数字金融与居民创业

为什么数字金融发展能够通过创业机制来影响居民收入和收入分配状况呢？尽管大部分居民没有征信记录，但人们日常使用的微信、支付宝等支付功能，实时提供了信用记录。这有助于在数字金融的平台中进行借贷申请，如蚂蚁借呗、微粒贷等。这些借贷行为客观上促进了居民的投资和经营性活动，提升了居民创业的可能性，带来了更多的增收机会。更重要的是，这种增收机会可能是倾向于更加公平的，因为互联网革命带来的数字经济和数字金融，可以惠及那些原来被传统金融、传统征信排除在外的群体，有助于打破对他们的借贷约束。这些缺乏信用记录和抵押的群体，收入往往偏低，而数字金融大大提高了金融的可得性和普惠性，促进了创业机会的均等化。

数字金融对急需提升收入的农村居民具有重要作用，因此要着重推进农村地区数字金融的发展，补齐短板。另外，数字金融对居民创业增收的正向影响需要从数字金融在鼓励创业、促进增收以及改善收入分配中进行强化。当然，在推进数字金融助力创业家庭增收的同时应注意完善甄别机制，确保有限的信贷资源的优化配置。

三、数字金融与居民消费增长

前面我们探讨了数字金融发展与居民收入包容性增长的关系，值得指出的是，数字金融发展影响消费或许会有多种途径：一种是通过收入，即收入提升引起的消费提升；另一种是通过数字金融本身的特点，如支付便利性的改善促进消费需求的提升。

（一）为什么要研究消费

那么，为什么要研究消费，消费又有什么特殊之处呢？学过经济学的人都无不认可消费的重要性。无论是从理论角度，还是从世界范围内的发展情况来看，居民消费水平的不断提高已经成为国家经济长期健康发展的关键。改革开放以来，随着社会经济的快速发展，中国居民消费需求在总量和结构上都有了很大的改变。投资、消费和出口三驾马车逐步呈现出不同的步调：中国消费需求长期处于一个低迷的状态，而投资和出口则发展迅速。在过去的几年里，投资与消费之间的结构性冲突越来越严重，因此，如何通过刺激消费来带动中国经济发展就显得尤为重要了。

另外，中国的高储蓄和低消费使得世界经济合作的风险加大，一是受2008—2009年的全球经济危机的冲击，外需很难全面恢复；二是由于世界发展不平衡，在中短期出现了一股不可抵御的逆全球化潮流，再加上日趋严重的世界形势，中国更需要把促进国内需求作为重中之重，并采取各种措施来解决国内需求不足的问题。

（二）数字金融发展与居民消费增长

1. 支付便利性

当前，体现支付的便利程度，通常使用三种不同类型的子指数，这些子指数对研究促进居民的消费具有重要意义。第一个子指数是涵盖范围，也就是电子账户在网络上的覆盖率，覆盖率越高，代表着用户支付方式越方便；第二个子指数是使用频率，也就是支付业务在日常生活中的使用率，这一业务发展得愈好，也就表示支付服务愈容易；第三个子指数是数字化支撑的服务程度，即用移动付费所占比重作为度量指标。

从当前来看，由于网络购物变得更为方便，人们在家里就可以得到自己想要的东西。随着互联网金融的发展，家庭网络购物日益活跃，对提高家庭消费水平起到了重要作用。这证明，便捷的付款方式是数字金融促进我国经济发展的重要途径。

2. 资金流动性约束

鉴于数字金融发展可以令资本流动性受限的消费者更容易利用金融市场来进行消费的跨期，从而将被抑制的消费需求完全释放出来。因此，它的发展还可以帮助居民进行资源的优化配置，减轻资本的流动性限制，促进家庭消费的增长。

3. 预防性储蓄：兼论消费的城乡分割模式

预防性储蓄也会对家庭消费产生冲击。基于预防性储蓄理论，我国教育、医疗、社保等制度的缺陷导致居民对于将来的收益和开支有很强的不确定预期，这也导致了消费者降低当前的消费而采取更多的预防性储蓄。而数字金融又会影响到预防性储蓄，从而对居民家庭的消费产生作用。随着互联网保险的兴起，人们可以在家里轻松投保，减少了对未来的不确定预期，促进了家庭的消费。

我们聚焦的重点是互联网保险业务的发展能否通过减轻家庭预防性储蓄，促进家庭消费。研究结果显示，数字化金融的发展具有缓和居民储蓄的防范心理、促进居民消费的作用。

至于预防性储蓄的动因，则可以从中国实际出发，通过实证分析来证明。长期以来，中国农民社保发展存在着严重的滞后现象，近年来随着“新农保”政策的实施，农民社保水平有所提高，但与城镇居民相比仍存在很大差距，这就导致了农民具有强烈的预防性储蓄意愿和相对较少的消费行为。基于此，通过对农村和城市之间的差距进行实证研究，我们可以探讨数字金融发展对居民消费的促进与预防性储蓄机制的相关性。

此外，随着我国经济社会的快速发展，我国的经济增长速度明显加快，但总体来看，农村居民的消费增长并没有达到预期的效果。因此，总体而言，数字金融的发展是通过提高支付便利性来促进居民消费的，但其促进作用主要体现在城镇居民身上，对农村居民则体现不明显。

（三）总结

中国国内需求疲软已成为制约中国经济可持续发展的主要因素，尤其是当前中美两国的竞争日趋激烈。第三场科技革命令社会中的各种资源更加广泛地被分享，因此对社会发展的作用也日益突出。其中，以网络为基础的数字金融使人们获得了更方便的金融服务，从而为促进居民的消费创造了有利的环境。

案　　例

360 数科：用科技读懂金融需求

在古希腊神话中，Argus 的含义是百眼巨人。分布在 Argus 身上的 100 只眼睛可以从各个方向进行观察，他即便在睡觉时，也要用两只眼睛随时观察周边环境。

今天，我们一提到金融，会迅速联想到风险与防控。360 数科同样深谙这一内涵，于是，一套名为 Argus 的智能风控系统由此诞生。在大数据和 AI 技术的支持下，Argus 正如它的名字一样可以随时随地进行风险监察与防控①。

作为“百眼巨人”，Argus 算得上实至名归。这一智能风控引擎日均在线算力达 1.2 亿次，保障了在不断进行客群扩展的同时，实现了对各环节可能出现的欺诈行为的有效防御。有了 Argus 智能风控系统，360 数科得以保持通过率在 40%以上，不良率在 2%以下，优秀数据的背后实则是依赖于 360 数科强大的技术实力。在此基础上，360 数科组建了从大数据到安全反诈的一系列核心模块，其内容涵盖丰富，可以帮助金融机构实现数字化运营。

① Argus 采用多模型组合决策的方案代替单一模型决策，覆盖贷前、贷中、贷后全生命周期，多角度立体式地对用户资质和风险做出精准判断。Argus 具备信用评估、反欺诈、贷中风险评估及智能催收四大核心功能，是由“数字资产+技术+专家经验+工程技术”组成的有机结合体。

360数科由360金融更名得来，现已成为行业领先的服务金融机构的数字化平台，蜕掉“金融化”外壳，“数科”才是其真正本质。

一、以金融业务为载体的技术基因公司

360数科传承了360集团信息安全基因，时至今日已经搭建起数亿级别的欺诈名单库。凭借人工智能、大数据驱动，除为金融机构提供科技服务助力信贷业务外，360数科还根据市场用户需求开发了“360借条”App，成为其核心竞争力产品。“360借条”客群为22~55岁信用良好的优质、次优质用户及小微企业，为客户提供互联网消费信用和小微信贷等产品，恰好满足了这类群体难以从主流金融机构获得信贷的缺口。围绕“360借条”，360数科还先后开发“360微零花”“360小微贷”“360尊享贷”“360分期”等周边精细化信贷服务品种，形成了以“360借条”为核心的覆盖生活消费及小微企业经营场景中从获贷到贷中风险检测再到贷后服务的全流程、自动化金融科技服务，从而创建了一个不断创新中的互联网金融生态。

二、用技术链接用户与金融产品

360数科对技术投入十分重视，在360数科已申请的发明专利中，人工智能算法、大数据风控、A1语音机器人等均是可运用于金融领域的核心技术。

（一）智能化承载平台的本质是解决自动化和精准化

根据上层业务需要，360数科的任务的搭建一个面对数亿客户需求的数据化、智能化应用平台，这就需要同时配备使业务更流畅、受众更宽泛，能够惠及小微群体的数字技术（见图2-3）。面对这一需求，360数科要解决的问题主要有两方面：一是自动化，二是精准化。

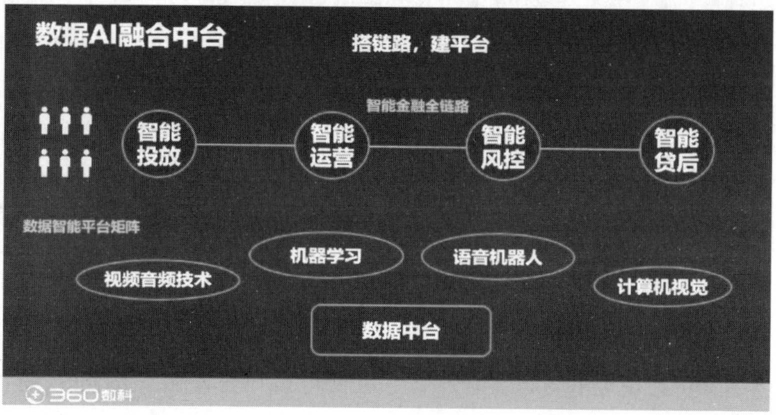

图2-3　360数科智能化平台

自动化即无人工作业，目前360数科在风控环节已经能实现99%的无人工操控。“因为有了支持全链路体系闭环作业的中台大脑系统，普惠金融的才能更进一步”，这也是360数科辅助金融机构从获客到贷后服务环节实现重要突破的重要原因。

第二个要解决的是精准化问题。精准即精准理解客户需求，从而保证大数据、人工智能、机器学习精准对接客户需求。具体而言，对客户需求的理解主要包括两方面：一是精准获客，判断客户需要借款的真实性；二是精准风控，准确判断客户是否具有还款意愿以及客户的还款能力。

2020年9月，360数科正式推出了具有智能获客功能的“鲲龙智能广告系统”、智能运营功能的“天河智能运营系统”、智能风控功能的“天向智能电销系统”和智能贷后功能的“鸿雁智能催收系统”，实现了客户与金融产品的应用链接。

（二）风控是运营逻辑的核心

在众多产品和技术品类中，Argus仍然是360数科的运营核心。目前，Argus能够在线提供日均1.2亿次体量的算力。此外，Argus还存储有20万级以上的用户维度、400多个算力模型、600个决策集、4万余条决策策略，充分保证了理解客户需求并抵御各环节欺诈（见图2-4）。

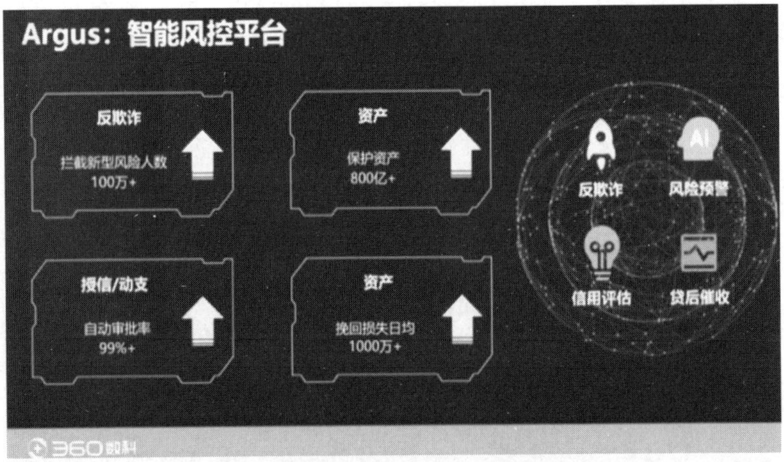

图2-4　360数科Argus智能风控平台

贷前，360数科运用知识图谱关联金融机构客户并评估用户资质，有效协助金融机构完成风险识别和风险定价。实际操作中，360数科会将客户各类行为动作实时上传资源库，无论是在App上完成信贷申请、逾期还款行为的发生还是发现传销组织所在社区的节点位置，这些信息都会被360数科分布式图计算引擎中的社区发现、Page Rank等算法及时捕捉，通过毫秒级输出计算结果，实现数字化智能控制。

贷中，360数科对客户关联信息进行定期更新，并结合贷前评分、还款表现等指标给出贷中评分及客户评价。对不同客户群体进行差异化管理：针对优质客户，每三个月进行一次信贷提额或降价借款；针对高风险客户，每月进行批量降额及风险管控，在二次风控中，大概率可拦截一定比例的高风险客户。

贷后，针对逾期客群，360数科在不同阶段设计了相对应的智能催收系统。逾期发生的3天内，客户将接收到短信、自动语音应答（IVR）；超过3天的宽限期后，系统将依据评分依次采取人工电催、机器人电催及客户自愈三种策略；当逾期超过一定时限后，系统将自动启动催收联络人机制；当逾期行为发生超60天，将委托专业的第三方机构利用360数科催收系统完成催收工作，从而降低风险。

此外，360数科还自主研发了GBST模型算法，这一算法可以通过客户的基本特征绘出对应的长期业务走势曲线，用以辅助完成在各个时间节点的客户风控管理。

（三）对数据安全与数据应用的探索一直在路上

对于金融科技公司来说，最大的经营隐患是数据安全，数据安全意味着要保护隐私。因而对于360数科而言，拥有的庞大数据既是宝藏，也是极大的安全隐患。

针对这一问题，360数科在2018年就着手计划解决这一隐患，从而诞生了“首席隐私官”设置，2019年则开始执行“一个中心、两个方向、三个重点”的用户信息隐私维护理念。2021年，360借条App荣获中国网络安全审查技术与认证中心（CCRC）的安全认证以及国际标准认证机构SGS颁发的ISO27701（隐私信息管理体系）认证。

此外，360数科不断探索隐私保护计算路径以解决数据孤岛问题。2018年，360数科开始了隐私计算的研究工作；2019年，360数科成立隐私保护与安全计算研究院并着力开发大数据隐私保护技术；2021年，360数科提出分割式神经网络技术框架并已实现其算法落地，成为业界首创。

小　　结

近年来，大数据、区块链、云计算、人工智能等数字科技带动了金融科技创新。在金融科技迭代的推动下，新科技赋能金融服务也推动了金融机构的转型升级，进而引领了数字经济的高质量发展，实现了金融服务的质量提高、金融服务的效率提升、金融数字化的革新。

科技赋能金融服务要聚焦扩大有效需求、要切实提升金融服务实体经济的有效性。因此，金融机构应充分发挥金融科技对融资效率的促进作用，满足中小微企业对信贷便利的需求，扩大保险服务范围，创新金融服务和产品，助推金融消费升级。

习　　题

1. 金融科技四大核心技术“ABCD”分别是指什么？
2. 数字证券的监管类型有哪些？
3. 请简述“区块链”的基本概念。

第三章 数字货币

导入案例

当前预付式消费模式几乎扩展到所有的消费行业，但是一旦商家跑路，客户卡里的余额该怎么办？资金保障成为让许多消费者担忧的一大难题。2024年1月，青岛市大型连锁健身品牌“伍佰优品健身”出现经营异常并宣布闭店后，通过“元管家”数字人民币预约购卡消费的51名用户在两天内便收到了退款。所谓“元管家”，是2022年9月中国人民银行数字货币研究所与商业银行联合推出的数字人民币智能合约预付消费资金管理产品。“元管家”产品专门用于保障消费者预付资金的安全。当消费者购买服务时，预付款将被存入一个搭载了智能合约功能的数字人民币钱包中。在实际消费前，这些预付资金依然属于消费者。而当消费发生时，智能合约会按照预设的条件自动将资金转移至商户的钱包里。基于“元管家”这一基础产品，各个数字人民币运营机构与市场机构合作，建设了不同的数字人民币智能合约应用平台，提供了多种场景下的应用和服务，这些平台为消费者和商户提供了接入数字人民币智能合约服务的入口。

第一节 数字货币概述

一、数字货币的起源与定义

（一）数字货币的起源

1982 年，戴维·乔姆（David Chaum）在顶级密码学术会议——美密会议上发表了一篇具有创新意义的文章。在论文《用于不可追踪的支付系统的盲签名》中，乔姆以 RSA 算法为基础，提出了一种新的加密协议——盲签名，建立了一种匿名、无迹可寻的新型电子现金系统。该系统一出现便受到了当时学者们的高度肯定和广泛认可，并且该系统也被认定为最早的数字货币理论能够落地实施的实验系统，乃至于布鲁斯·施奈尔（Bruce Schneier）在 1994 年出版的一本教材里，专门以一个章节来探讨此项电子现金协议。

不难看出，乔姆提出的电子现金系统关键技术主要聚焦于两个方面，随机配序和盲签名。随机配序所生成的序列编号是唯一的，确保了数字现金的唯一性；而盲签名这种不记名的签名保证了银行对匿名数字现金的信用背书加上 E-Cash（电子现金）一起，引起了众多学者的关注和兴趣。经过四十多年的发展，人们在乔姆所提出的理论基础之上对数字货币进行了更广泛而又深层次的探讨，并包含了各种新的概念。

但是，从当时来看，乔姆所构建的模型依旧不能脱离传统的银行、个人和商家三方联系的经营模式。由于每一次交易都需要对 E-Cash 序列号进行确认，所以银行数据库系统会储存一份已有的交易序号，而当交易数量增加时，这类储存量也会随之不断增加，从而增加了数据库的储存量，使得验证难度不断提升。

2008 年，一个名叫中本聪（Satoshi Nakamoto）的神秘人物，提出了一种新的电子支付参考方式，构建了一套完整的以点对点技术为基础的电子现金系统，从而改变了乔姆传统的三方交易方式，进一步向去中心化的点对点方式交易的模式转变。这种方式的技术思想是：将传统的集中式簿记分解成分布式簿记，且该分布式簿记每十分钟一次，在整个网络中对簿记的权利进行竞争选择，簿记资料依时序连接，并在网络上进行播送。任意一个结点都可以对整个网络上的所有簿记的记录进行同步，并且可以将计算资源投入对争夺簿记权利的竞争中。除非攻击者控制了整个网络的 51%以上的运算资源，否则是不可能攻击这个簿记系统的。有了这种设计，过去无法远距离进行的点对点的交易，现今不再需要银行或其他中介机构，只需要分布式记账即可实现。

作为一种相互认证的公开记账系统，比特币具有总量固定、交易流水完全公开、交易去中心化、交易者身份信息匿名等独特优势。而比特币将未花费过的交易进行体量输出（unspent transaction output，UTXO）的独特设计，可以有效地克服传统 E-Cash 数据库容量有限、储存膨胀的问题，有利于推动数字货币技术的发展。因此，这一技术手段也被人们称为“区块链”。

在比特币诞生的那一刻，数字货币爱好者们欣喜若狂，因为他们终于看到了一个可以实现去中心化的数字货币梦想的大规模实验。因此，各类以区块链为基础的数字货币应运而生。到 2018 年 7 月，已经有超过 2 000 种数字货币问世。在这些新问世的货币中，有些加密货币是在比特币的基础之上通过借助不同的密码技术来实现对其扩展与变型的。比如以太坊，其目的是开发出一个不会停止、具有反屏蔽和自我维持功能的去中心化智能合约平台，因此以太坊是对比特币可编程脚本技术的延伸；而达世币则建立了一个双重奖励系统，它可以提供即时付款和基于混币协议 Coin Shuffle 的匿名付款等额外服务；门罗币使用环签名技术将买卖双方的地址隐藏起来，同时采取了比特币社群开发的保密交易技术，以达到更完美的匿名；瑞波币让各个门户可以发布自己的借据（等同于网上债券的借据），并且可以在不同借据间进行自动转换；零币在国际上率先提出了一种基于 zk-SNARK 的零知识证明算法，实现了交易双方所交易数额的保密性和安全性，在学术上有很大的创新。

很明显，这些数字货币是建立在数学理论的基础上的，并且利用了加密技术对其进行加密以此来确保其作为交易货币的功能。将 E-Cash 和比特币一起进行横向比较的话，我们便不难发现它在过去这么多年里在多个领域均迎来了较大的变革，具体有以下三方面。

第一，支付方式从三方变为两方。这种改变可以说是一场革命，有了先进的技术方法的加持，数字货币可以让用户不需要依靠中介就能进行点对点的交易，改变了原来的三方支付方式，从而增强了支付行为的自主性，对社会产生了巨大的影响。

第二，技术应用出现新的飞跃。电子现金系统关键技术主要聚焦于两个方面，随机配序（由随机配序生成的唯一序列编号，以保证数字现金的唯一性）和盲签名（由银行对现金进行匿名背书）。而比特币作为一种相互认证的公开记账系统，将传统的集中式簿记分解成分布式簿记，且该分布式簿记每十分钟一次，在整个网络中对簿记的权利进行竞争选择，从而实现了数字货币的去中心化，标志着数字货币技术应用的新飞跃。

第三，已有的数字货币模型可为未来更为完善的数字货币系统设计提供参考。E-Cash 和比特币就像是一枚硬币的正反两面，有些关键特性可以参照研究。例如，E-Cash 每次交易都要对数字现金序列号的唯一性进行认证，而每个使用过的序列号都会被存储在数据库中，这样数据库就会变得越来越庞大，认证过程也会越来越困难；而比特币采用的 UTXO 库则可以解决 E-Cash 数据库无限膨胀的问题。未来更为完善的数字货币系统设计，应该是升级版 E-Cash 和比特币的混合体。

（二）数字货币的定义

1. 货币的种类

目前关于货币的衍生概念有多种，可以归纳为以下四类。

第一，法定纸币（legal currency）。人们在日常生活中所用的纸币，是由中央银行以国家信用背书发行的在法律上具有法律效力的法定货币。

第二，电子货币（electronic money）。随着支付手段的发展，人们从传统的纸币支付手段发展到了通过银行卡、储值卡、支付宝、微信以及各种电子钱包等支付手段，这些支付手段都建立在电子货币账户的基础上，并进行进一步的资金流转，这就产生了电子货币的概念。电子货币就是以一定数额的现金或储蓄，与发行者交换并取得表示同样数额的数据，也可以由银行和第三方提供的快速支付服务，利用某种电子方式，把银行账户上的结余转走，实现交易。

从严格意义上讲，电子货币是消费者利用银行的网上服务，通过二维码或硬件设备等媒介来进行交易的货币。电子货币的本质是法定纸币的电子形式，是顾客的银行账户在网上的映射，没有独立的发行量。支付宝、微信等都属于与银行账户挂钩的第三方支付。

第三，虚拟货币（virtual currency）。20 世纪 80 年代，伴随着在线网络社群的兴起，大量的网络积分、游戏币、社交网站发行的各种代币（如 Q 币）等被用来进行网络社区间的虚拟物品交换，从而涌入了我国金融市场。虚拟货币是一种没有法律约束力的私有财产，它被用来在虚拟的互联网上交易或者转移，而不能在现实生活中流通。

自从 2008 年比特币问世后，人们一提到虚拟货币，主要是将虚拟货币默认为是以比特币、以太币等为代表的加密货币。这两年，随着比特币价格的波动，虚拟货币带来的财富效应已经略有回落，但依旧让很多人趋之若鹜。到 2020 年 4 月末，私营机构发行的数字货币数量超过 3 100 种。由于私有的数字货币本身并不具有固有的价值，因此许多国际机构及政府部门都将私有的数字货币统称为虚拟货币。

第四，数字货币（digital currency）。由于发行机构不同，数字货币大体可以分为两类，即私人数字货币（例如以太币、瑞波币、莱特币等）和法定数字货币。私人数字货币没有政府的保证，更侧重于投资属性。法定数字货币则指的是中央银行发行的数字货币。此外，还存在一种新型网络虚拟代币，它可以作为一种筹码或股权，曾经很火的 ICO 在募集资金时就是通过私有代币来进行的。

2. 数字货币的概念

当前，对数字货币的定义尚未统一。实际上，这一概念是相当广泛的。比如英格兰银行认为，数字货币只是一种以电子形式进行的付款方式，它像传统的货币一样，可以被用来购买有形的货物和劳务。反洗钱金融行动特别工作组（FATF）认为，数字货币是一种具有价值的数据表达方式，在数据中进行交易，充当交易媒介，具有记账单位、储存价值等职能，但它并非各国或区域的法定货币，也就是没有政府权威机构作为其担保，而仅仅依靠用户之间的协议才能实现交易。所以，数字货币与传统的电子货币有着本质区别。电子货币的本质仍然是法定纸币的电子形式。

从狭义角度看，数字货币主要是指没有实体载体的纯粹数字化的货币；但从广义角度来看，它所包括的范围非常广泛，既包括以电子形式出现的货币，也包括所有电子货币。

就当前而言，关于数字货币概念界定上有一些模糊之处，但也有一个共同认定部分。数字货币本质上是一种虚拟财产。数字货币与纸币、硬币等实物资产不同，它具有与实物资产相似的功能，却可以实现实时交易，而且它不依赖于特定地域或地理位置。

数字货币是通过网络方式把传统商品与服务连接起来的技术创新，它改变了传统意义上基于物理载体进行交易和结算的方式。

数字货币分为加密（数字）货币与中央银行数字货币，而关于这一点也是争议所在，国内一些权威人士认为，只有具有法定地位的中央银行发行的数字货币，才能被称为真实的数字货币。

根据当前大多关于数字货币的论述，本书给出数字货币的概念：数字货币即数字化的货币，它是一种基于互联网并通过计算机技术和通信技术的手段，将价值的数据表现形式以数字的形式（二进制数据）储存在网络或相关的电子装置中，并且用数据传输的方法借助包括智能卡在内的网络体系来完成流通和支付的功能，它拥有最基本的交易、流通等职能。

另外，由于数字货币发行与交易成本相对较低，可追溯性强，伪造成本高，所以数字货币会成为未来的发展方向。而且有了区块链的帮助，以后就可以在全国乃至世界各地，建立一个统一的账目，所有的资金用途都会被记录下来，偷税漏税、洗钱都会被监控，甚至可以通过 POS 机直接抵扣税款。

二、数字货币的三个基本问题

（一）数字货币的本质问题

数字货币面临的第一个问题就是，数字货币到底有没有价值？货币的属性既包括商品属性的一面，又包括债务属性的一面，其属性随货币的演变而不断改变，其中货币的债务属性会变得越来越突出，货币的商品属性则越来越模糊，甚至完全消失。从时代发展来看，货币的商品属性在实物货币或贵金属货币阶段都比较强，而货币的债务属性比较弱。到了信用货币时期，货币的商品属性的功能逐步丧失，而其债务属性的功能越来越明显，从其自身来看，信用货币并不具有完全的价值。

当前，在数字货币的设计上，主要有两种设计思路：一种是以“中央银行-商业银行”为基础的数字货币，这种数字货币是以组织机构信用为基础的；而另一种 P2P 的数字货币则是以私人信用为基础的。

（二）数字货币属性理论

数字货币面临的第二个问题就是数字货币的发行主体究竟应该是谁。从历史发展的角度来看，很早就已经形成了一个理论：国家是货币发行的主体与主要责任人，即货币发行应属公有。在早期国家铸造钱币的时代，铸造钱币的贵金属原料往往十分难得且数量有限，因此，受钱币原料的影响，国家往往有限额地发行货币。到了纸币流通阶段，由于没有贵金属储备的限制，国家很容易大量印制钞票以满足自身的财政需要，导致货币贬值和通货膨胀，贫富差距扩大，引起经济危机以及民众不满。哈耶克（Hayek）从经济自由主义的角度出发，提出了一种新的货币非国家化的观点，也就是取消央行体系，让私营部门自己去发行货币，这样就可以实现优胜劣汰，在自由的竞争中找到最佳的货币。

货币发行主体之争的深层逻辑在于信贷担保。在信用货币的年代，货币自身是没有价值的，它的存在就是发行方的信誉问题。根据货币发行主体的性质来看，可划分为公有发行与私人发行两类，其实质是国家信用与私人信用的差异。由于不同的发行主体的信用保障各不相同，这就造成了大量的虚拟货币具有很高的信用风险。

由于不对称信息导致的货币发行中的委托代理问题，数字货币体系已经由传统的双重委托代理演变为一重委托代理。传统的货币流通体系是由银行主导的间接融资过程，而货币发行则是由政府信用在各金融机构间进行的一次分配，也就是一次委托代理问题。在个体融资过程中，个人通过自己的信用向金融机构申请再融资，也就是二级市场中的一次委托代理问题。

（三）数字货币发行的锚定原理和信用创造机制

数字货币面临的第三个问题是如何对数字货币数量进行调控。以货币供给的影响因素作为划分条件，可以将数字货币划分为基础货币与派生货币，又可以将调控数字货币数量的问题分解为数字货币的基础货币发行量与数字货币的流通量两个小问题。

1. 数字货币的基础货币发行量

流通的货币发行量在实物货币或金属货币阶段是根据实物或金属的库存来决定的。由于技术水平等多种因素的影响，货币发行相对平稳，实物货币或金属货币发行就有了较好的锚点。货币发行在进入信用货币高级阶段之后，缺少真实价值的纸币极易出现超额投放，因此，关于锚定和脱锚的争论始终存在于货币发行过程中。为保持币值稳定，大众希望纸币能与贵金属（或商品）相关联的方式来形成锚，但出于金融财政需求，政府希望通过对纸币的发行进行自由调控，从而达到脱锚的目的。从历史来看，各国政府经历了将商品储备作为锚定，然后逐渐转向以贵金属储备为主要锚定，再到以强势货币作为锚定的发展过程。

对于数字货币的发行而言，其锚定物问题显得尤为重要。在纸币流通时期，有些政府出于刺激经济增长、减少政府负债等目的而有了超发货币的动机，尤其在缺少货币发行锚定物的情况下更是如此。数字货币的无形性、无价值性和低成本性，让数字货币在金融市场上的锚定问题更加突出，难度也更加巨大。在新时期，信息技术能力将成为更好的锚定物。以区块链为基础的数字货币设计局限于信息技术能力，并以技术锚定方式来解决发行数字货币的难题。按照数字货币的设计原则，要想获取数字货币，就必须在网上“挖矿”，而“挖矿”所耗费的运算处理能量将被转换成一种数字货币的价值，也就是发行的数字货币规模与互联网技术的运算处理能力相联系。科技是衡量社会生产力的一个主要标志，而信息技术的水平也是衡量网络时代发展的一个主要标志。数字货币的发行可以和信息技术水平相联系，这就意味着发行数字货币有了更好的锚定机制。

2. 数字货币的流通量

数字货币的流通量在一定程度上取决于其发行机构的信用创造能力。货币信用创造能力是影响货币数量调节的重要因素，各国央行为应对舆论压力而谨慎发行基础货币，但由间接货币信用创造产生的影响却是难以被发现的。源于金融交易全过程的货币信用创造一般由中央银行发行货币，创造信用基础；商业银行在吸纳储蓄的过程中，通过对贷款的定价与分配，释放出新的信用，从而形成一个良性的货币信用循环体系。在传统的信贷创造机制中，银行既是借贷双方的中介，也是信用的创造者，它对货币流通产生了巨大的影响，而银行的超贷扩张则容易引发金融危机。在金融发展过程中，信用创造的主体已经从单一的银行，变成了以金融市场为中心的现代信用创造机制。

在现代金融理论框架下，以影子银行为代表的非正式金融组织对货币信用创造起着关键作用，并通过金融衍生工具的创新，增强了信用创造的能力，进而对货币乘数模型产生影响，最终对宏观货币政策产生影响。一些新兴的金融机构，如网络金融，也可以成为创造信用或者信用放大的力量。数字货币作为一种金融手段的革新，在某种意义上改变了传统货币的信用创造，如何度量其创造信用的能力是下一步研究的焦点。

三、数字货币的主要特征

(一) 数字货币的价值由供给和需求决定

相对于商品而言，数字货币本身没有任何价值。与传统电子货币不同的是，数字货币的价值取决于人们相信它能在将来的某一时刻被转换为某种产品或服务或某种数量的国家货币的共识。不同的数字货币方案对其供应与发行的预先设定的原则也各不相同。另外，数字货币通常也不会以主权货币如用美元和欧元来定价，也不会和它们建立联系。

(二) 数字货币是去中心化的货币

以去中心化的区块链为基础的数字货币，受区块链功能影响很大。区块链利用一系列的数学算法，构建了一套自主的机制，让人们能够在没有任何中介的情况下，自由、安全地进行点对点的资金转让，并且在交易过程中，参与者能够自动、公正地进行货币的发行。任何外部机构都没有权力也没有能力将数字货币取缔，数字货币不受任何国家、政府机构和中央银行的控制。

也就是说，这种以区块链为基础的数字货币采用了分布式总账技术，使得在交易对方缺乏信任和中间商的条件下，也能够以点对点的方式进行各种交换。其实，分布式总账就是将点对点的交易资讯复制，再经由去中心化的分散式网络将总账进行更新，以实现价值传递和转移。

但这只是一个理想的情况，现在的很多数字货币都无法做到完全去中心化，而且对于数字货币是否应该彻底去中心化也有很大的争议，主要有两种观点。一种观点认为分散式的管理很低效，彻底的分散只是一场混乱的开端，或者说，为了更高的效率，必须有一个中心化的制度；另一种观点提出，非去中心化的数字货币毫无意义，数字货币诞生之初就是为了防范中央银行对其进行掠夺，其核心在于安全与分散，而效率则是其次。

（三）数字货币是加密的、匿名的货币

数字货币以加密为基础（如不对称加密、数字签名等），通过加密算法（哈希函数、共识算法）保证货币流通过程中的安全。在加密技术的基础上，数字货币实现了只有真正的用户才能进行交易或付款的强大功能。

可以说，与其他的电子支付方法相比，数字货币最大的优点就是能够进行远距离的点对点支付。这种方式不需要依靠任何第三方，可以让交易双方在没有相互信任的前提下进行交易。在数字货币中，只有掌握了密钥的人才能持有这些东西，系统只能检查钥匙，不能读取其他信息。所有的操作都是匿名的，可以保护交易者的隐私，具有很高的安全性，但是这也为网络犯罪提供了便利，极易被洗钱等犯罪活动所利用。

（四）数字货币是不可篡改的、公开透明的货币

数字货币的实质是一种相互认证的公开记账系统，它的作用是将每一个账户的每一笔交易都记录在整个网络的大账本（区块链）上，并且给每个人都分发一本单独的账本以供查阅，大家可以单独对每一个账户进行核算，也可以算出该账户目前的结余，所以每位使用者的权利地位都是平等的。没有谁是绝对的操控者，整个系统既稳定又公正。

一旦交易完成，双方相关的交易记录将被写入区块链，并且不能改变甚至撤销。也就是说，不管是罪犯还是商户，抑或银行，都不能通过删除或者修改交易记录来进行诈骗。但如果把数字货币汇给了罪犯当然也无法取回，所以在交易时

要小心谨慎。

（五）数字货币可以传递价值

网络上的电子货币只是起到了信息的传输作用，并没有起到任何的价值转变作用。以支付宝上的银行为例，用户在使用支付宝进行资金转移之后，支付宝银行账户上只是表现出来数字加减，真正的结算可能要滞后一天甚至一个月的时间，所以价值的传递是不独立的，具有一定的滞后性，这对整个支付中心的运行都有很大的影响。

而在数字货币网络中，任何一次交易都是一种价值的传递，其本质上是虚拟的，象征着价值的使用，而转账则是一种重新授权的方式。根据可追溯的区块链结构，可查明每一枚“币”何时发放，并清楚地了解每一枚币的价值流动情况。

（六）数字货币拥有独特的制度安排

如果与传统的电子货币作比较的话，数字货币制度安排的独特性十分明显，这一点主要表现在它的计划性上。通常情况下，在一段交易过程中，往往由中间机构直接向客户提供钱包服务，客户在交易过程中可以直接借助设备上的电子钱包来转移价值，而不需要第三方机构参与交易运作。此外，为了更好地进行金融服务，一些中间机构除了提供钱包服务之外，也会选择上线其他服务，例如帮助客户完成与其他货币资产的兑换。而数字货币自然也会为使用者存储密钥。

（七）交易费用低

在互联网时代，在国内进行交易转账需要给第三方平台一定的手续费用，如果是跨境转账，手续费用则会更多，并且做不到实时转账，需要一个等待的过程。而数字货币采用去中心化的点对点交易，不需要任何类似清算中心的中心化机构处理数据，交易处理速度更快，且不需要向第三方支付费用，交易成本更低。

第二节　私人数字货币

由私人所发行的数字货币，如比特币等，又被称为虚拟货币。它往往脱离相关部门的管控，由数字货币的发行者自行安排与控制发行量。到现在为止，已经有超过 3 000 种民间发行的数字货币，而比特币在数字货币市场总市值中的比重约为 65%，排名前 100 的数字货币在所有同类数字货币中的市场份额约为 95%。

一、比特币

众所周知，2008年的金融危机源于美国次贷危机，然后迅速席卷全球，给世界各国金融经济带来了深重打击。专家学者们探究到了此次危机背后所隐藏的传统的金融中心化模式的一个致命弱点：在一场交易过程中，中心化机构通常会为买卖双方提供担保以避免他们产生信任危机，但问题的症结在于这个中心化机构往往仅能提供一份担保却无法用强权保证买卖双方真的都会如实履约。对此，中本聪于2008年11月1日发表了一本关于比特币运作的白皮书。比特币是一种以密码学为基础、以区块链为基础的去中心化支付体系，它可以很好地解决双方之间的信任问题。中本聪在书中的论述大致包含如下四点：第一，比特币的去中心化特性使得点对点的交易支付方式能够有效地减少支付过程中的摩擦费用，提升支付的效率，同时也可以实现网络的互联互通，突破时空的束缚。第二，比特币是一种加密货币，具有匿名性，对个人隐私有很强的保护作用。第三，比特币是不能“双花”的，所以它能通过区块链进行价值转移，没有人能在区块链上假冒它，从而保证了它的安全。第四，分布式记账具有透明、不可篡改等特点，这为分布式账本提供了可靠、可验证的保障。

在比特币之后，又有2 000多种加密的数字货币应运而生。虽然比特币从诞生到现在只有十多年的时间，但是现在它的价值已经遥遥领先，一跃而成为世界上最值钱的数字货币。但是，因为它的价格起伏很大，所以经常会引起很大的争议。

比特币的第一笔交易发生在2009年1月12日。日本的比特币交易平台Mt. Gox成立于2010年7月，在这个交易平台上第一笔交易涉及20枚比特币，当时比特币的价格为0.05美元，至2010年12月27日，比特币的价格达到0.29美元。比特币的价格在2017年12月达到20 000美元的历史高位，价格的剧烈波动损害了人们对它的信任。2007年诺贝尔经济学奖获得者埃里克·马斯金（Eric Maskin）指出，比特币在向着原始易货贸易方向发展，由于比特币的流动性不强，大多数交易双方并不愿意接受比特币。比特币能够购买的商品不多（见图3-1）。然而货币的发明是为了方便商品进行交换，因而比特币背

图3-1　比特币自动柜员机

离了货币作为交易媒介的属性。

二、Libra 数字稳定币

（一）Libra 概况

2019 年，Facebook 推出了一种名为 Libra 的数字稳定币计划，这一计划在当时的国际市场上引发了极大的轰动。Facebook 最初创办 Libra 的目的是打造一个面向全球跨越国界的、操作便捷的、可以支撑几十亿顾客的金融服务设施。

2018 年，联邦存款保险公司公布的数据显示，美国共有 840 万户家庭没有在银行开设账户，其中有 1 540 万名儿童和 4 890 万名成人。Libra 与传统的加密数字货币（例如比特币、以太坊）有所不同，它是以一篮子国家货币（暂定为美元、欧元、日元、英镑）以及政府债券为基础，在此储备资金之上发行的。

在 Libra 创设者 Facebook 所公布的组织结构名单中，人们可以发现在 Libra 协会初始成员名单中，21 家成员公司主要由美国本地知名技术企业构成（如表 3-1 所示），而今，其成员主要涵盖 28 家美国公司，并且公司业务触及了支付、科技与贸易平台、电信通讯、区块链、风险投资、非营利组织，以及学术等七大领域，甚至连 Booking Holdings、eBay、Uber 等知名的交易平台也参与其中。Libra 协会是由 Libra 协会董事会管理的，该协会的成员一起决定公司的治理以及其外汇储备的管理。协会起初由创始会员组成，一切决定都由协会作出，重要的方针必须经全体会员三分之二的投票批准。创始节点转变为一个认证节点需要 1 000 万美元，每 1 000 万美元拥有一张表决权。

表 3-1　Libra 协会初创时的会员公司名单①

序号	会员公司	序号	会员公司
1	Anchorage	6	Coinbase Inc.
2	Andreessen Horowitz	7	Creative Destruction Lab
3	Bison Trails Co.	8	Farfetch UK Limited
4	Breaktrhough Initiatives，L P	9	Iliad
5	Calibra Inc.	10	Kiva Microfunds

① 资料来源：刘易斯．数字金融革命：从加密货币到通证经济［M］．雷惠超，译．北京：中国科学技术出版社，2022：107-108.

续表

序号	会员公司	序号	会员公司
11	Lyft，Inc	17	Uber Technologies，Inc
12	Mercy Corps	18	Union Square Ventures
13	PayU	19	Vodafone
14	Ribbit Capital	20	Women’s World Banking
15	Spotify AB	21	Xapo Holdings Limited
16	Thrive Capital		

（二）Libra 与各国监管的博弈

Libra 的发展并不是一帆风顺的，它的计划书曾一度被各国金融监管部门拒之门外。Libra 业务主管戴维·马库斯（David Marcus）和 Facebook 创始人马克·艾略特·扎克伯格（Mark Elliot Zuckerberg）多次就 Libra 合规问题参与美国议会听证会，接受议员们的问询。迫于各方压力，Paypal、万事达、eBay 和 Strip 等知名公司纷纷退出 Libra。Libra 在经过内部协商之后最终选择和政府妥协，并表示愿意接受美国政府的监管，为了显示合作的诚意，Libra 相关部门甚至在 2020 年 4 月发布了一版新的改良过的白皮书。与以往不同的是，这次白皮书中增加了很多确保稳定的措施，例如以单币种稳定币扩展 Libra 网络，防止 Libra 对全球货币政策造成影响与干扰。

对于 Libra 的前后转变，有专业人士指出，这是 Libra 采取的迂回货币策略，相较于以往的风险投资，新版 Libra 定位更注重脚踏实地，保持低调。Libra 正以一种中立于数字货币和主权货币的态度，加速融入当今的世界货币体系中。

（三）Libra 对全球现有金融系统的改进

不同于完全去中心化的比特币，Libra 协会是一个“中心化”机构，主要负责管理 Libra 的区块链。Libra 的首要目标是实现跨国界的支付和汇款，而且它可以与法定货币进行绑定，这样就可以避免像比特币那样价格大幅波动。因为没有金融中介，Libra 又有 Libra 协会等监管机构，所以监管部门并不担心 Libra 会带来什么中间商的风险，而是会担心本国的主权货币被取代。

关于普惠融资的部分在 Libra 白皮书中也有所描述。Libra 计划能够满足大部分没有银行账户的人口，因为发达国家有着方便、有效的支付体系，所以在进行实时交易的时候，人们会通过各种支付业务进行互相转账。与发达国家相比，发展中国家的支付金融基础设施薄弱、信任机制缺乏以及收入水平低下等问题，导致很多人不能享受到银行服务。因而，以高效率、低成本的方式进行资金转让和贸易，对于帮助更多人进入金融市场的发展中国家尤为重要。Libra 联盟的成员都是信誉卓著的企业，它们保证了自己的信誉，并通过与国家货币挂钩来保持价格的稳定性，再加上 Libra 联盟的会员们所提供的产品和服务，Libra 有可能为十多亿无银行账户的人提供支付服务。

与比特币白皮书一经发布就引发大量争论的情况类似，Libra 白皮书也面临同样情况。Libra 白皮书明确指出，Libra 是一种以跨境支付为主的支付工具，以区块链为基础，重构了跨境支付体系，以降低成本、扩大影响、快速为特点。Libra 的用户越多，使用场景就越广，使用人数也就越多，支付方式从单纯的转账变成了一种基本的社交体验，Libra 可以更好地融入人们的数字生活当中。比如在 Uber 平台，就可以用 Libra 取代其他支付手段。

（四）Libra 对现有全球金融体系的挑战

修改后的 Libra，不仅可以顺利进入银行系统，还会直接赎回主权货币，这使它极大地影响着现有全球金融体系。Libra 对现有全球金融体系的巨大挑战主要包括以下几个方面：

首先，Libra 的发布将对银行业务模式提出挑战。最糟糕的情况是 Libra 协会的所有成员都会迁移至 Libra 站点，从而对银行的支付业务造成重大冲击。如果客户都使用 Libra 钱包支付和存储资金，将会减少银行的资金来源以及对客户交易数据的搜集，从而降低银行为客户提供借贷业务的能力。正如前联邦存款保险公司主席希拉·贝尔（Sheila Bair）指出的，如果每个人都想要 Libra，他们将从银行系统中提取现金，将其交给 Libra 系统，钱将存入不受监管的瑞士 Libra 储备金中。这意味着银行用作借贷的资金将减少，而 Libra 储备金可用于投资的货币额度也将变大。Libra 储备金可以将这些资产存入银行，或者其可以购买政府债券。但是，没有监管机构来确保 Libra 会这样做，也没有要求 Libra 协会成员会动用自己的资金或储备来支持这些投资。Libra 协会希望成员用法币以稳定的价格购买 Libra，但是成员却不知道 Libra 协会使用自己的资金做了什么，这些资金通常难以监管，也没有银行的资本金和流动性的合规要求。

其次，Libra 的普及将会给主权货币带来冲击。当 Libra 的使用者达到一定数量时，它就会挤压现存的货币，从而使自身成为地区性乃至全球的货币。尤其是对于经济规模较小、开放程度较低的国家，这一问题将更为突出，因为它们的主权货币转移到 Libra 上，会造成本国货币贬值，通货膨胀加剧，或者造成银行系统不稳定，进而影响到本国货币政策的独立性。由于 Facebook 的影响力和覆盖范围很广，Libra 将会在数字经济中作为一种重要的支付手段，Libra 协会有可能成为一个新的数字世界的中央银行；在未来的数字经济中，Libra 可能会成为一种全球性的货币，对现有的国际货币体系产生一定的影响。未来，全球数字经济很有可能会出现“一超多强”的新模式，即以 Libra 为核心，多种数字货币共存。

第三节 法定数字货币

一、法定数字货币的概念

央行发行的数字货币，是指中央银行发行的，以代表具体金额的加密数字串为表现形式的法定货币。它本身不是物理实体，也不以物理实体为载体，而是用于网络投资、交易和存储，代表一定量价值的数字化信息。

二、法定数字货币的功能

当前的法定货币（以下简称“法币”），除了现金以纸币的形式存在外，其他的账户基本上都实现了电子化，给日常的使用带来了很大的方便，但仍然存在一些可以改进的地方，主要表现在防伪、监管、货币政策和国际清算等方面。

首先是纸币材质上有进一步改进的需求。纸币容易伪造，也容易损坏，这是纸币被诟病的常见原因。与金属货币相比，纸币的生产成本是它的优势，但是正因为成本低更容易被伪造。在防止伪造货币方面，各国都投入了大量的人力物力，变相地提高了纸币发行的成本。由于载体的限制，纸币相对金属货币来讲也更容易损坏，引发大量因此而产生的纠纷和案件，也产生了关于破损纸币应该如何兑换的各种法律规定。

其次是监管的问题。纸币大多是匿名流通，想要直接追溯纸币的流通经手人员是非常困难的，不法分子就有可能在家中藏匿大量的纸币现金。即使采用了电子账户，具备了较好的追踪手段，采用了严格的报销管理制度，也仍然无法控制资金、经费的具体去向，这为一些挪用资金的贪污腐败行为留下了操作的空间。

此外，将非法资金放入合法经营过程或银行账户内，以掩盖其来源的洗钱行为，在目前账户体系下也难以实现对非法资金全面的监管。

再次，现金难以追踪的问题导致货币政策不够精确。当央行向市场注入流动性的时候，往往最终是大水漫灌，并不能助力想要发展的产业，更不能分辨这些产业中哪些实体是有效利用这笔资金的，哪些实体是投机骗取资助的。最终这些资金很多都流向了金融业，导致整体经济脱实向虚。

最后是国际清算方面的一些问题。不同国家的法定货币，在各自的国家有法律效力，而当用户需要在一个法定货币流通区内使用另一个国家的法定货币时，就需要在两个清算网络之间进行系统和业务对接。目前在此方面众所周知的系统是国际资金清算系统（SWIFT）。在进行跨境汇款操作时，银行为此收取的费用高，而且效率低、成本高，在某种程度上限制了各国法定货币在全球范围内自由流通。

因此，随着区块链以及数字货币技术日渐成熟，数字货币越发得到各国央行的关注。很多金融机构都加速了对中央银行数字货币的研究，希望为数字经济提供合法的主权通证。

中央银行法定数字货币有两种形式：一种是中央银行直接面向公众发行通证，直接负责全社会通证的发行、流通和维护服务；另一种是由中央银行将通证发行至金融机构，再由金融机构面向社会公众提供通证的存取流通服务，与央行共同维护通证的运行。

根据我们对通证的属性和功能的分析，我们可以断定，在市场中竞争成功的中央银行法定数字货币能够成为数字经济时代下的国际货币，可以起到如下的功能性作用。

（一）充当国际货币，消除汇率波动影响

以大数据为基础的区块链技术的法定数字货币，是中央银行发行的、可被世界范围内所有节点及参与方联合验证的法币通证。它的价值取决于所进行交易的商品材料或劳务，其汇率价格完全透明，其价值波动可以控制到最小，具备天然的国际货币属性。

（二）准确反映经济政策执行效应，有利于社会诚信的建立

目前，中央银行发行的货币采用不记名形式，管理部门不能对钞票的使用和流通状况有一个较为全面的把握，这就导致了在实践中通过钞票实施的偷逃税、洗钱等经济犯罪活动，是一个不可避免的“黑洞”。

以区块链为基础的法币通证作为一种记名货币，其不可篡改、不可伪造的特

点能够将交易细节和对手信息完全展示出来，能够真实记录每一个参与人的交易信誉，实现整个系统的统一账本。通过追踪账目信息和通证流通环节，国家监管部门可以在最短的时间内，对货币政策、信贷政策和国家产业政策的实施状况进行全面、准确的把握，从而对政策的实施效果进行科学、及时的评价，并针对当前的环境进行相应的调整和优化。另外，国家也可以通过通证来全面地反映交易信息，从而构建一个可以覆盖整个社会的信用系统，提升全社会的诚信度，有效地防止偷税漏税，并对洗钱犯罪进行强有力的打击。

（三）具有明显的成本优势，流通效率更高

传统的信用体系存在着诸多弊端，例如纸币只能以国家信用为基础，其使用与流通离不开以国家为核心的制度保障与监督。同时，由于票据的支付和结算必须通过第三方结算机构或支付中心来完成，由此产生了支付和结算成本。纸币的使用还会带来印刷、运输、损耗、回收清点、销毁、防伪等系列成本。

区块链通证的信任机制建立在非对称密码学基础上，使用者在没有中心机构，或者有有限多个中心的情况下进行可信任的价值交换，其支付与结算均是通过各方直接进行，无需第三方支付结算机构。同时通证无实体形式，流通过程中无印刷、运输、损耗、回收和销毁等成本。尤其是在当今经济全球化的情形下，世界范围内的贸易往来日益增多，法定数字货币规模之大、频率之高，更促进它产生了巨大的经济效益。

（四）有效解决货币超发，遏制恶性通货膨胀

区块链的通证是在对特定的交易或者参与人的需求进行大数据分析的基础上发行的，通过对整个社会的商品和服务的价值进行直观的映射，能够真实地反映经济发展的状态，体现出货币作为经济核算符号的基本特征。从理论上讲，法定数字货币能够获取更多的资金流向信息，通过大数据算法得出更准确的货币需求量。通常情况下，法定数字货币不会超额发行，并且和央行维持低通胀的目标是一致的，因此不会导致通货膨胀。

（五）保障交易安全进行，保护交易双方隐私

通证背后的区块链技术使用非对称加密的公私钥构建节点间的信任，保障交易的安全，在交易过程中每笔交易生成一个随机散列的数字签名，一定程度保护了交易双方的隐私。

2020 年 2 月，加拿大中央银行称没有打算发行中央银行数字货币，但为了应付可能出现的情况，已经颁布了一份零售数字货币紧急方案；瑞典也清楚地提出

了中期和短期发行中央银行数字货币的计划，并开始了电子克朗的试验；英国中央银行声称它正对中央银行数字货币的潜力进行评估，已经同日本中央银行、国际清算银行和其他一些机构组成了一个工作组来讨论这个问题；澳大利亚储备银行于2020年1月对中央银行数字货币进行了一次模拟试验，该试验将中央银行数字货币应用于以太坊的网上支付系统。目前，美国、欧盟和中国等几个经济体都提出了自己的中央银行数字货币计划。

三、代表性法定数字货币项目

（一）EUROchain 项目

在介绍 EUROchain 项目之前，不得不先提到另一个与之密切相关的金融组织——R3 区块链联盟。R3 区块链联盟的成员遍布世界各地，在当前世界银行业领域可谓举足轻重。虽然 R3 区块链联盟在2015年才开始组建，成立的时间并不长，但是作为一个银行业的联盟链，它的成员大多是包括富国银行、美国银行、纽约梅隆银行、花旗银行等在内的银行业巨头。

EUROchain 的成立可以追溯到2019年，最初是由欧洲央行发布制定的，在制定计划项目的过程中，欧洲央行密切联系了当时在世界金融体系中具有很大影响力的区块链联盟 R3。最终，这项由多方大组织机构共同发起的项目在2019年12月17日正式面向公众开放了。

EUROchain 建立在 R3 搭建的分布式账本（DLT）平台 Corda 之上，致力于通过联盟链技术来平衡监管需求和客户隐私的问题，同时通过 DLT 技术来降低交易成本。

EUROchain 的组织设计十分合理且分工明确，具体说来，大致包括如下几个方面：其一，中介机构。中介机构的数量有很多，而且它们被赋予的权力与职责也很大。一方面，它联通着中央银行的账户，可以多次访问账户并且在客户需要数字货币时直接从中央银行的准备金余额中扣除；另一方面，它又是客户的代表，在客户允许的条件之下，直接替客户进行交易。因此，中介机构是 EUROchain 组织结构中极为重要的一环。其二，中央银行。其三，反洗钱（AML）机构。

除此之外，为了保证 EUROchain 中的监管要求，针对洗钱与恐怖主义融资的问题，中央银行一方甚至建立了一套完整的应对方案。当客户在进行交易时，他们的身份信息与交易记录能完全被隐藏，这个设计平衡了监管要求和客户隐私问题。

（二）美国的数字美元计划

2021 年，美联储主席鲍威尔在出席国际清算银行会议时，表达了美联储积极而稳健推进数字货币的立场。对于数字货币的未来，鲍威尔表示，美联储未来推出数字美元需要美国国会、政府和广大公众的支持。“最重要的是，如果没有国会的支持，我们不会进行这项工作，我认为最理想的形式是通过授权法律，而不是我们试图解释我们的法律来实现这一点。”

事实上，多个数字美元的项目正在同步推进。波士顿联邦储备银行的项目负责人表示，一些数字美元原型研发接近尾声。波士顿联邦储备银行和麻省理工学院已联手，会在未来公布两种数字美元原型。

第四节 数字人民币

一、数字人民币的概念

数字人民币（digital currency /electronic payment，DC/EP）是由中国人民银行发行，有国家信用背书、有法偿能力的法定货币。与比特币等虚拟币相比，数字人民币与法定货币等值，其效力和安全性是最高的，而比特币是一种虚拟资产，没有任何价值基础，也不享受任何主权信用担保，无法保证价值稳定。这是央行数字货币与比特币等加密资产的最根本区别。数字人民币主要定位于现金类支付凭证（M0），将与实物人民币长期并存。数字人民币与实物人民币都是央行对公众的负债，具有同等法律地位和经济价值。数字人民币的支付体系旨在创建一种以满足在数字经济条件下公众现金需求为目的、数字形式的新型人民币，配以支持零售支付领域可靠稳健、快速高效、持续创新、开放竞争的金融基础设施，可以支撑中国数字经济发展，提升普惠金融发展水平，提高货币及支付体系运行效率。

数字人民币采用双层运营机制，也就是中国人民银行不会把数字货币直接向社会公开发行和兑换，而是将其与特定的经营机构（比如商业银行或者其他商业机构）进行兑换，经由这些中介机构兑换给公众。经营单位要向央行支付 100% 的准备金，这是 1∶1 的兑换。这个双层运作系统本质上和纸币发行机制类似，所以它对目前的金融系统以及实体经济都没有太大的影响。

银行账户系统是一个非常严格的系统，想要开设一个银行账户，通常要递交大量的证件和个人资料。数字人民币支持的是银行账户松耦合，即在没有银行账户的情况下，用户也能建立一个数字人民币钱包。对于那些乡村、边远山区居民，来华的境外游客等无法或不方便拥有银行账户的人群，也可以通过“数字钱包”获得相关的金融服务，这为普惠金融的实现提供了便利。只要是能构成一个人独特身份唯一标准的物品，都可以作为一个账户，比如一个车牌号码，就可以作为一个子钱包，当用户在高速公路上行驶或停车的时候，就可以用它来支付。

二、数字人民币的特征

数字人民币具有如下一些特征。

（一）兼具账户和价值特征

数字人民币兼容基于账户（account-based）、基于准账户（quasi-account-based）和基于价值（value-based）等三种方式，采用可变面额设计，以加密币串形式实现价值转移。

（二）不计付利息

数字人民币定位于 M0，与同属 M0 范畴的实物人民币一致，不对其计付利息。

（三）低成本

与实物人民币管理方式一致，中国人民银行不向指定运营机构收取兑换流通服务费用，指定运营机构也不向个人客户收取数字人民币的兑出、兑回服务费。

（四）支付即结算

从结算最终性的角度看，数字人民币与银行账户松耦合，基于数字人民币钱包进行资金转移，可实现支付即结算。

（五）匿名性（可控匿名）

在“小额匿名，大额法律可追溯”的原则下，数字人民币对个人信息和隐私的保护非常重视。在目前的电子支付系统中，它的商业风险特点和信息处理逻辑都得到了很好的重视，大众关于小额匿名支付的服务需求也得到了很好的解决。同时，要防止利用数字人民币进行电信诈骗、网络赌博、洗钱、逃税等违法活动，保证有关交易符合反洗钱、反恐融资等规定。目前，我国的数字人民币与传统的电子支付相比，收集到的个人交易信息相对更少。除了相关的法律法规之外，数字人民币的信息没有向第三方和政府机构开放。在中国人民银行内部，为有关数字人民币的信息建立起一道“防火墙”，采取专人管理，业务隔离，分级授权，岗位平衡，内部审计等制度安排，对信息的安全性和隐私权进行严格的管理，不能随意查询和使用。

（六）安全性

通过运用数字证书系统、数字签名、安全加密存储等技术，数字人民币已经具备了不可重复消耗、不可复制、不可篡改、抗抵赖等特性，并建立起了多个安全保护体系，为数字人民币的整个生命周期提供了保证。

（七）可编程性

通过在不影响货币功能的基础上增加可编程的智能合同，可令数字人民币按照交易双方约定的条件和规则，在保证安全性和合规性的基础上，实现自动付款，从而实现商业模式的创新。在技术方面，央行表示数字人民币系统采用分布式、平台化设计，增强系统韧性和可扩展性，具体实现不预设技术路线。

案　　例

中本聪和疯狂的比特币

澳大利亚企业家克雷格·史蒂文·赖特（Craig Steven Wright）于2016年5月2日在BBC、《经济学人》和*GQ*三家杂志上发表声明，声称他就是中本聪，也就是人们一直在寻找的比特币的创造者。为了让自己的言论更有说服力，他提交了密钥。除了密钥可以充当证据外，比特币基金会的重要科学家加文·安德烈森（Gavin Andresen）还表示，克雷格·史蒂文·赖特就是那个传奇人物。

一、中本聪和比特币

2008年，一个名叫中本聪的神秘人创立了比特币系统。直到今天，没有人知道中本聪究竟是一个人，还是一个集团。在比特币诞生之前，也有很多种数字货币被开发出来，但却没有一种能够像比特币一样，取得如此巨大的成功。比特币的最大贡献是它解决了一个长期困扰人们的数字货币问题，即在没有国家或央行的情况下，如何对资金交易进行跟踪。

中本聪发明了比特币，他提出了两个关键思路。第一个是在因特网上创建一个公开的共享账户，以便对比特币交易进行认证，当比特币在该体系内进行交易时，所有开源使用该系统的人都会知晓。第二个就是建立“挖矿”的模型。这个模型的大致运作体系是这样的：首先，想要获得比特币的用户需要有一个足够专业的设备，并在设备上运行指定的软件程序；其次，这个程序系统会在每个小时进行刷新并更新出相应的专业题目；最后，题目更新后，用户只需要对系统的刷新问题进行解答就可以获得一定数量的比特币了。在这一过程中，用户作为“矿工”，有两重身份，一重是维护比特币的公共账目可以共同监督，而另一重身份则是比特币供应商。

在比特币诞生之初，中本聪设定的问题相对好解决，但是当“挖矿”的人越来越多，而比特币的供应量又很少时，中本聪设置的问题就越来越难了，以至于“矿工”们为了“挖矿”，必须提高电脑的运算速度。中本聪设计的比特币体系最大的优点就是，它的总数量是 2 100 万个，随着越来越多的人想要得到它，“挖矿”的难度也会越来越大。到 2010 年，常规桌面计算机已不能满足“挖矿”的要求，“矿工”必须使用通常用于科研的计算机并配备高速图像处理程序，以确保不断“挖出”比特币。

现在，2 100 万的比特币有半数已投入市场，预计将于 2140 年发掘出最后一个比特币。由于比特币越来越受欢迎，再加上“挖矿”越来越难，所以比特币的价格一直在上涨，从 2013 年底到 2014 年初，比特币的价格一度攀升到了 1 000 美元一个，虽然后来市场的热度有所下降，但依旧保持在了数百美元一个的水平。美国经济学家保罗·库尔格曼（Paul Kurgman）就比特币被疯狂追捧表示，这只是最近的一次投机热潮，与 17 世纪荷兰出现的“郁金香热”相比较，它同样荒谬（见图 3-2）。

回复：求购4GB闪存盘

2010年6月24日，上午06:39:22

Flash Pen Kingston Data Traveler101，4GB蓝绿色=2200BTC（不包含运费）

http://www.amazon.com/Kingston-DataTraveler-101-DT101Y-Yellow/dp/

B001C9P5T4（图片上是黄色的，全新未用）

图 3-2　比特币的求购广告

资料来源：www. bitcointalk. org。

二、谁才是中本聪？

随着比特币在世界范围内流行，中本聪到底是谁便成了这一数字时代的巨大谜题。由于比特币在全球范围内的影响越来越大，这位创始人之一的中本聪也变得越来越神秘。在赖特公布他就是中本聪之前，所有人对他的了解都很少，根本不可能从他的零碎信息中找到一个真正的中本聪。

中本聪曾于2008年11月在metzdowd.com上发表过一篇文章，题目是《比特币：一种点对点式的电子现金系统》，在这里他描述了如何建立一个去中心化的电子贸易体系，并将其应用于比特币的计算规则。中本聪于2009年正式推出比特币体系，并由此开始了比特币追逐利润的“梦与远方”游戏。

直到2015年底，关于中本聪究竟是谁这个谜才逐渐平息。2015年11月，一个不知名的消息源声称其与赖特有联系，并将可以证实中本聪与赖特有相似之处的资料泄露给了一个独立的安全研究人员格温·布兰文（Gwern Branwen）。这位安全研究人员随后向《连线》和Gizmodo的网站透露了这一信息。后者则在2015年12月发表了一篇关于赖特的研究报告，怀疑他就是人们一直在寻找的中本聪。《连线》在文章中引用了一些证据来支持他们的分析：

赖特于2008年8月发布的一篇博客文章，与2008年11月比特币白皮书的引言相比，它的刊登时间要更早一些。赖特在他的博客里说他想出版一篇关于加密货币的文章，并以《三式记账法》为例，这本书是由一位金融密码专家伊恩·格里格（Ian Grigg）于2005年出版的，该书描述了与比特币相似的某些想法。

2008年11月，赖特又在他的博客上发布了另外一篇博文。在博客里，他问那些希望与他取得联系的人，用PGP公开密钥对信息进行加密，这显然是和中本聪有关联的。PGP密钥是一串独特的字符，它可以让使用者接收到加密讯息。论文中的公钥存储在麻省理工学院（MIT）的服务器上，搜索了一下服务器的数据库，找到了一个类似于satoshin@vistomail.com的邮箱地址。这和中本聪用来向密码学邮件列表发送比特币白皮书的邮箱地址satoshi@vistomail.com一样。

赖特曾于2009年1月10日发布一篇博客文章，但现已删除。他在文章中写道：“比特币的Beta版明天就将上线。它是去中心化的，我们不断进行的尝试，直到它成功为止。”这篇博客上写的是2009年1月10日，也就是官方公布比特币的后一天。但是，如果这条博客是在澳大利亚东部地区的赖特发表的，那么这个帖子就会比美国东部时间9号也就是比特币上市的时候更早。没过多久，博文上的内容就被一句晦涩难懂的话给取代了。该博客在2015年10月被彻底删除。

此外，《连线》还接到一系列被泄露的电子邮件、手稿，以及财务报告，这些证据都可以证实赖特和中本聪是同一人。赖特在2008年6月写信给他的律师，信中描述了一种P2P模式下的账本模式。这种账本模式让人不由自主地想到区块链。这封邮件也提到了赖特的一篇文章，题目是《脱离第三方授信的电子货币》，该文章于2009年发表。

另外一封关于赖特的电子邮件是寄给他的好友计算机取证分析员戴维·克莱曼（David Kleiman）的。这个邮件的寄送时间是2009年1月。在这封信里，赖特和戴维·克莱曼对他们联合编写的一份论文进行了讨论。另外，由戴维·克莱曼撰写的一份PDF文件显示戴维·克莱曼同意管理一家名为“郁金香Trust”的信托基金，该基金存放着110万个比特币。该文件由PGP数字签名，这种密码技术可以保证在签署之后文件不会被修改。郁金香基金会提到的110万个比特币，和另一大部分被广泛认为是中本聪所拥有的一直存在于比特币区块链上的财产数量一致。除了他自己，谁也不可能拥有这么多的比特币。也只有他自己，才能在比特币起步的时候，积攒下这么多的比特币。

《连线》没有找到赖特的另一条泄露线索。这条额外的泄露线索出现在一家名叫Mc Grath Nicol的网站上，该网站称赖特创建了许多公司，其中包括Hotwire，该公司旨在建立一个基于比特币的银行体系。在网络上，Hotwire的清算报告显示，赖特用所持有的总价值为2 300万美元的一批比特币创建了这家公司。到2015年底，这一批比特币的价值等同于6 000万美元。最初，赖特向该公司投入的资金比市面上所有比特币总量的1.5%还要多，这的确是一个大数目。

在这篇文章刚刚发布不久，澳大利亚寻信定位到悉尼，迅速突击了赖特位于当地的住宅。对此，澳大利亚警方也给出了解释说明，他们认为赖特在创立比特币之初为自己预留的110万比特币很可能有税收纠纷，因此前往其住宅寻找证据。除此之外，他们也搜查了赖特的办公室。但是最后的结果让警察们很失望，他们没有在赖特的家里或者办公室里发现任何指向性的证据，这之后的四个月到赖特突然公开宣称他就是比特币的创立者中本聪为止，这件事一直没有什么进展。

三、为何突然出现？

对于突然冒出来的中本聪，许多人在惊叹之余也不禁开始对赖特的信息与身份产生困惑。毕竟从比特币诞生到赖特公开现身承认自己的身份，已经间隔了7年，此前中本聪一直维持着这层神秘面纱不愿向外界透露。7年后的这次公开，又是什么原因让中本聪做出了这样不同以往低调行事风格的决定呢？对于人们的问题，赖特在接受外界采访时是这样解释的，他说广大媒体的探寻不仅困扰着他，也同样给他的家人与周边朋友造成了很大影响。他们不想被这些东西所左右，同时为了保护自己的亲友，他下定决心准备了此次的访谈。这次访谈之后，他将谢绝各种公开曝光，再也不会同任何媒体扯上关系了。

赖特在另一次录像访问中说，他选择在此时公开自己的身份，并非想要成名，他只是想要澄清一些关于中本聪的传言，以此打消人们对比特币和区块链技术的疑虑。

尽管赖特向媒体和大众出示了一系列的证据来证实他就是中本聪，但人们对他的身份仍然有很多疑问。事实上，中本聪到底是谁，对比特币和比特币的发展都没有太大的影响。唯一能够改变比特币市场格局的，大概也就是中本聪手中的110万个比特币了，如果这么多的比特币突然出现在市场上，必然会引起一场轩然大波。此外，在很多时候，中本聪还代表了人们的一种比特币情怀。

相比中本聪的真正身份，最近在比特币市场上又有了新的变动值得大家注意。如果采访那些在比特币诞生之初就对其推崇备至的人，他们也许会对你说，他们并非纯粹为金钱而来。他们想要创造一个金融系统，这个金融系统不会被政府或者其他利益团体所掌控，从而让人们可以更加自由地调动他们的资金。

但如今，由于比特币成了资本市场上的抢手货，而且“挖矿”的费用日益高昂，一般人要靠“挖矿”方式获取比特币已变得十分困难，而且也难以独立承担其所蕴含的风险。追踪“挖矿”计算能力的诸如Bitcoin Watch等网站的数据表明，一些集团目前“矿工”的计算能力正在迅速提升。这一现象的背后或许是一些资金雄厚但却缺乏理想主义的唯利是图者，正在利用他们资金上的优势，以资金培养起难以比拟的庞大计算机能力，借机彻底占据比特币的整个市场。如此一来，原本的散户“矿工”将无法在比特币市场立足而最终不得不选择退出这一领域的竞争。

小　结

以比特币为代表的数字货币作为一种通过加密技术保障交易的数字化媒介，正在颠覆人们对交易媒介的感知，而“交易媒介”始终是“货币”的一种原始说法，任何表现形式的交易媒介都走不出货币的本质。那么，货币是什么？

诚然，我们每天都在跟货币打交道，就个人而言，我们习惯把货币储存在银行账户里，或把它支付给商家换取衣食住行所需之资。对于企业而言，货币以流转或借贷的形式在不同企业主间被往来交易。现代货币虽自身无法实现果腹、遮体及居住，却依靠其对实物、劳动的代表性为我们换来食物、衣服和房子。

今天，当我们不仅可以通过POS机、移动终端完成货币支付，未来甚至可以通过数字支付端口完成数字货币的支取时，会发现这些货币交易方式和本质与几千年前的石头、贝壳到纸币、硬币毫无二致。

习　题

1. 阐述数字货币的分类。
2. 阐述数字货币的概念。
3. 阐述数字货币的主要特征。

第四章
数字支付

党的二十大报告强调，“有序推进人民币国际化”。在人民币国际化进程的推进中，跨境人民币结算业务是其中的关键内容。当前，全球进入后疫情时代，俄乌冲突、巴以局势等地缘政治问题在一定程度上反映出美元霸权危机，数字货币的加快推进是全球“去美元化”的重要途径。一方面，数字货币研发推广加快，人民币全球资产储备和大宗商品货币锚定属性增强，为跨境人民币结算带来新的发展机遇。另一方面，全球支付中美元“路径依赖”依然存在，跨境人民币结算依旧面临诸如离岸人民币流动性供给不足、跨境结算清算网络不完善等挑战。为此，中国须进一步通过优化多双边货币互换机制、加快打造“区域货币流通圈”、推动在岸和离岸人民币市场良性互动发展、健全相关风险防控体系、开辟人民币数字化跨境结算、支付新路径，有序推进跨境人民币结算走实走深。

第一节　数字支付的概念与特征

一、数字支付的概念

对于数字支付的概念可以从金融学、电子商务学、计算机科学等角度进行综合考量，但迄今为止，学术界和实务界对于数字支付的定义并没有形成较为统一的认识。

不同角度的定义可归纳有如下几种：①将电脑网上银行转账、手机银行转账、微信支付、支付宝、各种电子钱包产品（如度小满、京东钱包、翼支付等)、其他移动支付产品的支付方式定义为数字支付[①]。②数字支付即通过手机、pad 等移动端进行的支付形式，主要包括支付宝、微信、手机银行、Apple Pay 等[②]，并将银行的 POS 机（即使用银联商务、支付宝、财付通等和其他的第三方支付 POS 机）剔除在外[③]。随着央行对数字货币研发的不断推进，央行数字货币已经被纳入数字支付工具的一种[④]。

由此可以看出，数字支付是由传统的电子支付发展而来，其范畴是极为广泛的，并对其组成内容达成了基本共识。数字支付更贴近一个概念体系，至少包含以下五种类型的支付。

（一）移动支付

移动支付主要是指用户使用智能手机，通过移动应用程序作为支付端口进行各类消费、交易的支付活动。移动支付结合了互联网、移动客户端、各类金融机构与服务商，使支付体系形成一个生态系统。移动支付受限较少、便携快捷的特点令用户具有良好的支付体验，是数字支付的代表形式。移动支付在我国的典型代表是利用支付宝、微信支付。

（二）互联网支付

广义的互联网支付可以理解为非现金支付的网上支付方式。狭义的互联网支付通常指“第三方互联网支付”，用户通过计算机等设备，连接互联网发送相关交易指令。因第三方非银行支付机构发展迅猛，逐渐成为产业代表。

（三）条码支付

条码支付是移动支付的一种具体使用方式。用户利用智能终端扫描指定条码传送特定的支付命令，运营商与受理商户在规定时效内结算交易款项，实现交易双方资金转移的过程。条码支付无须安装额外的收银系统程序，关键在于运营商应用技术向收款方或者付款方提供加密且设置好金额、账户的条码。

（四）刷脸支付

刷脸支付是生物识别技术在数字经济上的创新应用。该技术结合了机器视

① 何婧，李庆海．数字金融使用与农户创业行为［J］．中国农村经济，2019（1）：112-126.

② 杨波．基于大数据背景的计算机网络安全研究［J］．信息通信，2020（9）：136-137.

③ 梁琦，林爱杰．数字金融对小微企业融资约束与杠杆率的影响研究［J］．中山大学学报（社会科学版），2020，60（6）：191-202.

④ 赵越强．公共和私有部门数字货币的发展趋势、或有风险与监管考量［J］．经济学家，2020（8）：110-119.

觉、在线支付、人工智能、3D 传感等，整个支付过程无须用户携带任何设备，仅仅通过扫描面部，认证通过即可完成整个支付环节。

（五）数字货币支付

数字货币由电子货币发展而来，但仍是一个发展中的概念。2018 年国际清算银行最新修正版的“货币之花”概念模型，对数字货币从不同属性维度进行分类。根据发行主体不同，将其分为法定数字货币（如瑞典的“e 克朗”等）与私人数字货币（如比特币等）；根据可获得性的不同，可以将数字货币分为通用型（Retail Central Bank Digital Currency）与批发型（Wholesale Central Bank Digital Currency）两种；根据是否基于代币，可以将数字货币分为代币型（Token-based）与账户型（Account-based）两种。支付过程使用上述货币的可统称为数字货币支付，目前采用数字货币支付在全球整体处于试行过程。

总之，数字支付是一个概念体系，内部概念之间有一定的相似性，界定并不完全清晰，存在相互交叉或者覆盖重合的现象，但其核心内容是借助各类智能终端设备，利用信息安全、通信、人工智能等科技手段实现了支付环节，高效便利的支付特点使其充分补充甚至代替了传统的现金支付活动，满足了数字经济时代的支付需求。目前的数字支付主要以移动支付、互联网支付、数字货币支付为核心，其中第三方机构覆盖了移动支付与互联网支付的一定业务，这一部分称为第三方支付，而条码支付、生物识别支付往往属于支付过程的具体手段。

二、数字支付的特征

概括起来，数字支付主要表现为以下三个特征。

第一，数字化支付方式使得目前市面上流通的大部分货币都是电子化的。数字时代里的货币的交易、存储和管理都是通过电子计算机系统进行的。所以，在数字化时代，人们获得金钱以及支付的方式，主要依赖移动电话、计算机等。

第二，数字化支付方式的出现，使得货币在市面上的流通可以不再依赖中间机构。这种数字化的支付方式与传统的实体支付方式比较起来存在着很大的不同，数字化支付是一种可以在时空上进行点对点的、具有较低成本的货币支付方式。所以，在数字化时代，数字化支付的最大优势就是降低了整个经济社会的交易成本，从而使价值转移实现最大的便利。

第三，数字化支付为货币支付的安全性赋予了新内涵。客观来讲，受各种因素的影响，数字货币的价值易出现大幅波动；除此之外，数字化支付系统也存在着被网络黑客入侵的危险。所以，在数字时代，为了保证货币支付的安全性，相关部门有必要对其进行更新完善以及设立严格的监管机制。

第二节 数字支付的发展与创新

货币的不断创新迭代推动了支付媒介、支付手段的创新。人类历史上出现过金银币、铜币、纸币、银行票券、电子预付卡、信用卡等支付方式，随着区块链和数字经济的发展，数字货币的出现给现有支付领域带来了巨大的冲击和挑战，并在更广的范围内影响国家政治、经济和人们的生产生活偏好。

一、数字支付千帆并竞

发达国家在数字支付方面走在了全球的前列。美国和欧洲国家在不断推进数字支付的发展，加速实现无现金社会的目标。对于一些发展中国家而言，移动支付是一场数字金融革命。例如，中国的移动支付市场已经超越传统信用卡支付，成为主流支付方式。移动支付的普及使得传统金融服务更加普惠，使得许多无银行账户的人群也能享受到支付和转账的便利，这对于推动金融包容和扶贫攻坚具有重要意义。移动支付不仅在中国得到普及，还推动了跨境支付的便利化。全球化时代，移动支付为国际贸易带来了新的机遇和挑战。通过数字支付，不同国家的商家和消费者可以更加便捷地进行跨境交易，促进了全球贸易的繁荣。

随着人工智能、大数据等智能技术的发展，移动支付将更加智能化和个性化。例如面部识别、指纹支付等技术的应用，将进一步提升支付的便捷性和安全性，让用户体验变得更加舒适和便利。虽然移动支付在跨境支付方面取得了一定进展，但仍面临着一些挑战。不同国家间的监管差异、汇率波动等因素制约着跨境支付的便利性。然而，这也为移动支付提供了改进和发展的机遇。未来，数字支付必将继续创新。随着区块链技术的进一步发展，数字货币有望实现更广泛的应用。同时，支付服务的个性化和差异化也将成为数字支付发展的新趋势，满足用户多样化的需求。

移动支付作为数字支付方式的代表，在全球范围内普及，并展现出许多优势。其便捷性、安全性、数字化管理等特点，为人们的日常生活和经济发展带来了诸多便利。随着科技的不断进步和应用场景的扩展，移动支付必将继续发展壮大，改变我们的世界。

二、数字支付走向何方

数字货币的出现、演化和发展对数字经济产生了巨大的影响。如果没有数字货币的投入和使用，数字经济就不能算是一个完整的、成熟的、宏大的经济体系；如果没有数字经济这一大应用场景的影响，中国就很难发展出数字货币。当前，全球正进入数字货币和数字经济相互影响、相得益彰的历史发展时期，不仅在发达国家，甚至在很多新兴市场也如此。以墨西哥这个发展中国家为例，当前墨西哥的人口数量大约为1.3亿，绝大部分人口仍在使用现金，因此，他们很有可能直接跳过传统的银行账户阶段，转而向数字货币时代迈进。数字货币的产生会加深国与国之间的金融、经济的渗透，这将给全球央行带来挑战，对货币政策的独立性带来冲击，对货币的供应量产生影响，甚至重构货币理论和估算体系。

与数字化金融时代相伴而生的是金融新基建。从狭义的视角来看，金融新基建可能包括货币体系、支付清算体系；从广义的视角来看，还包括信用、技术基础设施、金融标准化、关键信息基础设施、软硬件、制度与合规、会计信息统计甚至金融文化。对于支付体系来说，数字化带来了翻天覆地的变化。支付清算体系可以理解为经济社会发展中金融领域的“道路、桥梁、口岸、机场”等交通通道，在某种意义上，可以将货币理解为这些交通方式所承载的人流、物流，只有这些金融新基建畅通，整个金融生态体系才能有序运行，同时，两者也相互影响。可以预见，一旦主权国家的法定数字货币或稳定币被广泛用作支付手段，将会冲击传统支付结算体系（如信用卡网络、支付处理商、清算网络等），影响世界金融的现有格局，进而对现有经济、社会格局产生不可逆转的影响。

第三节 第三方支付与移动支付

一、第三方支付加速跑马圈地

随着电子商务尤其是网络购物的发展与兴起，第三方支付也随之出现并不断发展。阿里巴巴集团创建支付宝的最初目的，只是给在互联网上为买家和卖家提供一个结算支付平台，并充当一个第三方的担保职责。然而出乎意料的是，互联网上的第三方支付和结算业务，竟然是一个获利颇丰的新兴市场。从买卖双方的交易过程来细细探究，第三方支付企业本应支付给客户的资金，通常都是以支付保证金的形式存在于第三方支付企业的银行账户上，第三方支付企业不给客户付息，而银行却要给第三方支付企业付息，单是银行利息这块收入就十分可观。

互联网第三方支付机构想要依靠将支付结算业务做大来获利的话，就只能不断地扩大客户量和交易量。这就需要把大量的客户圈进去，后期才能有收入和收益。而支付宝的获利如此之多，公司发展如此之快，是因为它有四亿多的在线用户。按照每一位用户的平均账户余额 100 元来算，就是 400 亿元。此外，值得一提的是，支付宝数亿用户量的根基是建立在淘宝、天猫等平台上的数亿单交易基础之上的。在支付宝之前，先有淘宝天猫等购物平台，这一点是任何一个第三方支付平台都无法模仿的。

不过，支付宝也感受到了来自其他第三方支付平台所带来的压力，并且同其他竞争对手一起开始了新一轮的竞争较量。本次竞争的目标指向了两个完全不同的市场：海外市场和乡村市场。乡村地区作为互联网金融的蓝海，极大地吸引着阿里集团的关注，阿里巴巴已经下定决心未来要把自己的“触角”延伸到更多的乡村地区，而涉农电商、大数据服务以及跨境电商服务也将会是阿里巴巴今后的主要发展方向。但无论是在电商服务还是在金融服务中，都势必离不开支付宝的身影。

同时，其他的第三方支付平台也不甘示弱，纷纷以寻求合作的方式向外扩张。例如：目前，微信支付正与国外多个电商公司进行洽谈；而汇付天下也通过与海外航空公司、海外在线旅行社（OTA）合作等方式，开拓海外航空市场。但支付宝作为一个拥有强大根基的电商平台，相对其他第三方平台来说，在本次跑马圈地竞争中能力更强也更有竞争优势。而其他的第三方支付平台想要在支付市场上站稳脚跟并不是一件容易的事情，相对来说要困难得多，也需要付出更大的努力。

（一）Apple Pay“联姻”支付宝实现双赢

苹果支付（Apple Pay）是在 2016 年初进入中国市场的，当时在我国的移动支付市场甚至在整个金融市场都是一个重大事件。

苹果公司拥有雄厚的技术后盾，拥有庞大的“果粉”消费者群体。苹果在整个移动互联网支付市场的霸主地位都很难动摇，以用户为根基，苹果公司发展移动支付业务也就顺理成章了。这对于中国的移动互联网第三方支付公司来说，包括支付宝、微信等头部企业等，都是一个很大的挑战，因为苹果的竞争能力是其他公司无法忽视的。

为何 Apple Pay 如此重要？有人说，Apple Pay 并非什么新鲜、原创事物。然而，它对于银行系统来说却是重要的包裹层。

第一，Apple Pay 用户数量迅速增长，截至 2020 年底，已拥有 4.41 亿用户，而且他们都有一个通过 iTunes 连接的账号。随着 iTunes 不断更新换代，Apple Pay 功能越发齐全，受人追捧，这无疑是个很好的起点。

第二，它来自苹果。苹果总会有办法收购一些看似毫无用处的东西，然后让它们起死回生。MP3 播放器便是个很典型的例子。还记得苹果手机刚刚推出时，所有人都觉得诺基亚的地位稳如泰山吗？2009 年，诺基亚的品牌价值仍高于谷歌和苹果，可如今它已经不复存在，反倒是苹果被认为无懈可击，当然，也并非真的无懈可击，只不过苹果确实处于极其强势的地位，而且配合了苹果手机及 iTunes 钱包的 Apple Pay 还可能成为支付行业主导者。

第三，苹果配有用于安全进入及访问的 Touch ID 和 PIN 等附加特性。如果再加上 SIM（客户识别模块）卡识别、地理定位跟踪，以及手机丢失后的自动上锁功能，那么苹果的设备可谓相当安全。

第四，苹果采用了 NFC 技术，这意味着你会拥有一个真正的钱包。集成 NFC、Touch ID 以及地理定位等，全都被包含在一个已有的 iTunes 账户内。这也是个良好的开端。

第五，决定用户是否使用 Apple Pay 最重要的一点，就在于，它能否免除在其他 App 上登记信用卡或预付详情的必要。用户为什么非得先后在星巴克、易贝和爱彼迎等 App 上一次次加载支付信息呢？这就需要有一种 App 将它们全部关联起来，而 Apple Pay 就是这样一个 App。

以上五个因素均对苹果有利。一直以来，许多公司都在拼命竞争，可至今也没有一家能攻占移动支付领域。因此，长远的愿景便是：苹果将会开发出最理想的移动钱包。苹果钱包已经发展到与智能手表捆绑，该手表以心跳而非指纹作为认证指标，同时还引入了语音识别生物测定等技术。未来的可能场景是，当你四处转悠，然后看中了什么东西时，只需要对购买行动说“是”或“不是”就可以。钱包就在你的手腕上，能让你随时查看余额、支付账户、消费记录及所处位置等，而实际采购模式则是隐形且非干扰的。

Apple Pay 会像手表或电话那样成为生活的一部分，只要你跟周围事物建立连接，它就会马上环绕在你周围。于是，你根本不必为了加油而下车，你的 Apple Pay 会直接帮你付钱，而你只需说一个“是”来确认数额；家里的电视机会预订你爱看的电影或连续剧，如果你对某个特定的节目不感兴趣，订单也可以被取消，然后相关费用也会自动退还。换言之，你甚至连想都不用想，就能看见一切都汇聚到了某处。

关于 Apple Pay 的下游产业，这也正是最有趣的一点：假如 Apple Pay 果真变成最理想的钱包，然后所有顾客都纷纷开始换成采用 NFC 技术的移动钱包，而非配有电子识码器或 PIN 的信用卡……那到时候苹果能建立起自己的支付机制吗？一旦 Apple Pay 系统寻找到银行合作伙伴（只要它有此需求），你就再也用不上银行卡，有 Apple Pay 就够了。

或许苹果宣布推出 Apple Pay 后，大部分人的第一想法是我国第三方支付公司的竞争对手来了，然而出人意料的是，苹果支付竟然开始推进与支付宝的协商合作。

很多人都认为，Apple Pay 就是一个类似于支付宝的第三方支付平台。然而事实并非如此，Apple Pay 是由苹果公司开发出来的一套完整的支付系统，它采用了 NFC 近场通信技术，通过 Touch ID 的指纹信息来进行身份认证。苹果用户只要将自己的银行卡信息输入到自己的手机中，就可以与自己的手机进行绑定，而在付款的时候，只要将自己的手机放到收款终端附近，就可以与银行直接进行交易对接。Apple Pay 不会给商户提供信用卡号码，也不会储存任何银行卡用户的个人资料，换句话说，Apple Pay 是一个纯粹的第三方，它只会提供一整套的技术来帮助用户完成交易信息的传递。结算支付的过程，仍然发生在商家、用户与银行之间。

如果支付宝等第三方支付公司不能与 Apple Pay 达成合作，那么信用卡可以直接连接到商户的收款终端，从而避免了中间的一步。所以，在这种情况下，如果苹果支付与支付宝不合作，对于支付宝是一件坏事，而对于银联则是一件好事。

Apple Pay 联姻支付宝，不但对苹果和支付宝而言是双赢，对消费者来说也是好事情。

对于苹果公司来说，Apple Pay 要想在中国市场大规模推广上市，最大的困难就是要开拓一个新的市场，而特约商户就是它最大的困难。没有了特约商户的支持，Apple Pay 将毫无意义。而在接近饱和的市场状况下，特约商户营销想实现零起步的扩张也是非常困难的。此外，由于中国金融市场在支付领域的监管较为保守，需要有第三方支付牌照才能进行支付，而且中国相关金融部门对支付市场的监管可谓非常严格，因此，在 Apple Pay 进军中国市场时，监管方面的政策壁垒也成了最大的难题。

支付宝是中国最早获得央行第三方支付牌照的企业，也是国内金融科技的巨头，其市场份额非常大，截至 2021 年 12 月，支付宝的活跃用户数量达到了 9.08 亿人，特约商户群体也很大，并且扩展迅速。苹果与支付宝联姻意味着苹果可以直接获得支付宝超过 9 亿的庞大用户（而且都是深度互联网付费用户）和庞大的特约商户，还可能绕过监管部门的准入和监管，从而使得 Apple Pay 迅速在中国市场普及。

此前，苹果公司的在线付款方式都是使用信用卡的形式进行，这种方式很难适应中国消费者的实际需要，以至于很多软件开发商都对苹果公司的支付系统颇有微词。而未来 Apple Pay 在支付宝的帮助下，不但可以迅速地推广 Apple pay 的在线支付功能，还可以提升整个苹果系统的付费率和支付成功率，大大改善开发者们的竞争生存状态。更重要的是，通过这种方式，可以更好地帮助用户养成使用 Apple Pay 线下支付的习惯，而不是像现在这样，只能被动地等着用户绑定自己的信用卡。

苹果公司自 iPhone6 推出了最新的移动支付技术，如 NFC、指纹识别等，这些都是支付宝移动支付所没有的。与苹果公司合作后，未来消费者在线下购物时，就可以不需要扫码，而是通过 Apple Pay 进行触碰付款。这样触碰支付的话，付款的时间就会更短，也更方便。而支付宝的弱点在于，国外大众对它的品牌影响力并不了解，因此，提升自己在海外的影响力就成了阿里巴巴亟待解决的难题。所以，对于支付宝来说，与苹果支付合作的更重要的原因是支付宝将会成为中国乃至整个世界不可撼动的移动支付超级航母。

对用户而言，将来在应用商店里可以用支付宝订阅 App，在 iHealth 上也可以用支付宝挂号等。简而言之，支付宝就是用户在 Apple Pay 上与银行卡并驾齐驱的虚拟钱包账户。此外，由于 Apple Pay 的离线支付功能，用户无须通过网络就能支付消费，这将增强支付的安全性。

总之，Apple Pay 与支付宝达成合作对于双方来说都是各取所需、优势互补、能实现互利效果的双赢战略（见图 4-1）。

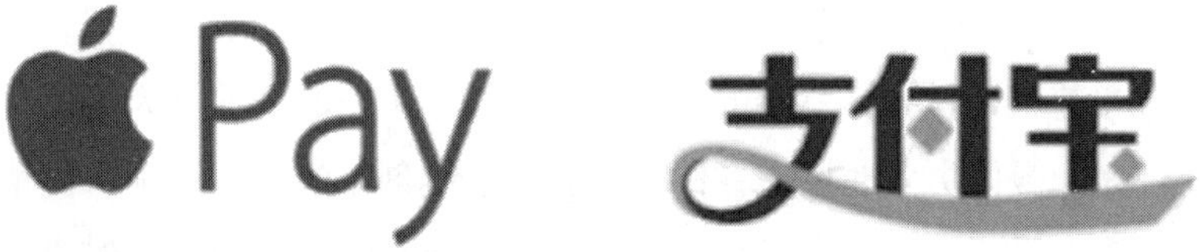

图 4-1 Apple Pay 与支付宝“联姻”

（二）微信与苹果大战，在争夺什么？

“2017 年 4 月 19 日 17：00 起，iOS 版微信公众平台赞赏功能被关闭。”这是 2017 年 4 月 19 日下午，微信第一手官方活动信息发布公众号“微信派”发出的一则“遗憾通知”。

2016 年，安卓系统在中国的使用人数从 77.1% 上升至 86.4%，增幅为 9.3%；与此同时，苹果系统的市场份额则从 22.1% 下降到 13.2%，下降了 8.9%。根据这一新的市场份额计算，有大约超过 1/10 的手机用户不能给微信公众号的文章打赏。但大数据分析结果显示，使用苹果手机查看微信文章的用户数字一直是最多的。

在“遗憾通知”中，微信表示，这次停运是因为苹果的 IAP 系统（App 内置），双方在“长期协商”后，决定将微信 iOS 系统的赞赏功能改为扫码转账的方式进行。

在 IAP 系统机制下，应用内购就是使用苹果手机内置的支付系统来进行打赏款的支付。在这样的付费模式下，Apple 将收取软件开发商 30%的费用作为平台的提成。而反观微信的打赏功能，如果强行遵循苹果公司的“打赏”规则，就会发生这样的情况：一个人支付了 10 块钱的小费来打赏作者，然后苹果公司扣除了 3 块钱的提成，而作者在漫长的结算周期之后，只得到了 7 块钱。因此，当用户在给予 10 元小费时，他更倾向于使用支付宝来支付。

微信 VS 苹果之战，实际上是两败俱伤。微信支付被苹果公司“阉割”了，“打赏”的功能也被压缩了。这样，苹果就会因此丢掉一些用户；而在这一过程中，最大的受害者，也是损失最大的人，往往是微信公众号作者。因为受这两者竞争的影响，用户打赏的体验感大大下降从而不愿再进行打赏。

现在，似乎连微信想绕过苹果直接用二维码打赏的渠道都被封死了。苹果公司一直在强调“利用内部购买系统”，这一点显而易见。

对于微信和苹果之间的这种争斗，有分析指出，微信支付中的赞赏按钮实际上是一个外部链接，而推荐用户扫二维码的过渡方案则是“使用其他行动号召用语”。一旦出现违反苹果规定的情况，苹果也拥有将 App 下架的权利。对于这一点，苹果与微信双方意见不一，主要争论焦点在于用户的赞赏行为是不是一种购买服务的行为。微信更多地把这看作对原创者继续创作的一种激励，而苹果公司把它看作让读者看下去继续购买文章的行为。因此，购买行为就必然要经过它的内部支付系统。

这些争议都是表面现象，其实两者背后的真实目的是竞争移动支付的市场份额。苹果对此的期待值也更强烈，因为它的移动线上支付业务自从推出以来就一直停滞不前。

根据中研普华产业研究院发布的《第三方支付项目商业计划书（2022 年版）》的数据统计与分析，目前移动支付市场上，支付宝和微信总共占据了 95%的市场份额，也就是说目前只有 5%的市场份额是留给苹果和其他各大银行的。面对这样的局面，苹果怎么可能坐视不理？

事实上，当苹果进入移动支付领域的时候，就有人曾预测，苹果公司和中国银联以及其他几家大银行的合作并不是十分稳妥。而事实也正是如此，单是苹果支付与信用卡绑定的种种方式，就给用户带来了极其糟糕的使用体验。

而苹果公司之所以拼了命地想要阻止最大的竞争者——微信支付，其实就是因为微信支付的疯狂崛起已经给苹果公司带来了巨大的压力。当中国的微信、支付宝已经开始培养“无现金”的用户群体时，苹果推出的 Apple Pay 还没有适应中国消费者的消费习惯，故而也就不奇怪为何中国的消费者对其视而不见。这种强大的无现金消费趋势就算是苹果这样的巨头也不可能阻止。

苹果应用商店想要掌握住分发与付款的两道“闸口”，从而将整个产业链都掌握在自己手中。然而这两道“闸口”注定不可能被独占，特别是在付款方面，因为用户还有支付宝和微信两种其他的支付方式。

有分析指出，苹果此举是在向腾讯发出警告：“iOS 永远是我的地盘，我甚至可以找个理由让微信下架，别做威胁我的事。”但这已经是一个非常落伍的思维，苹果再强大，如果不能预见到未来的去中心化这一点，那也是死路一条。

在新经济、新金融革命即将到来的时候，谁挡在历史潮流的前面，谁就会被市场踢出去，被消费者抛弃。在支付革命和金融科技快速来临的时代，寻求合作是解决之道。想尽一切办法为客户服务，时时刻刻顾及客户体验，以客户为中心，才是制胜法宝，否则没有出路。

（三）第三方支付，中国领先世界

那么，中国的新经济新商业业态，尤其是作为主体的互联网，到底发展到什么程度了？正所谓“不识庐山真面目，只缘身在此山中”，当我们站在外面去看中国的新经济和新商业模式时，或许会有更深层次的体会。

从 2017 年开始，以西班牙和意大利为代表的欧洲国家的消费者，一方面对中国依托于网络尤其是移动互联网的电子商务、物流和支付等新经济有了深刻的认识，另一方面他们也表现出了“羡慕嫉妒”的感慨。尤其是对比起来，南欧各国在电子商务、物流和支付等方面的落后、低效率、办事难、守旧自封的现状，令消费者们无可奈何。这在很大程度上反映了互联网新经济的迅速发展，为中国消费者提供了无与伦比的便利与高效。最直观的例子，支付宝可以在巴塞罗那、罗马、佛罗伦萨和法兰克福的机场进行购物退税，只需要提供一个账号和一个名字就可以了。类似于支付宝这样的第三方支付工具，在南欧地区可以说是家喻户晓。中国在非银行机构的第三方支付领域的快速发展，无疑已经成为全球的领导者，并且正在向无现金交易时代迈进。

中国是第一个使用钱币并第一个发明纸币的国家，但是它的下一个动作也许就是完全放弃钱币。原因很明显，那就是中国的第三方支付尤其是移动支付的快速发展加速了无现金推广的进程。智研咨询《2021—2027 年中国网络支付产业发展态势及投资决策建议报告》显示，到 2020 年，中国的网络支付用户数量达到 8. 54 亿，其中 99. 84%的用户是移动电话。这也为中国的纸币市场地位逐渐削弱提供了有力的证据。腾讯旗下的微信和阿里巴巴旗下的支付宝，都是目前国内最大的手机支付平台。

中国是世界上人口最多的国家，也是世界上第二大经济体，在中国实行无现金交易支付，其重要性不言而喻。据报道，北欧某些国家正准备迈入“无现金”的社会，但这样的小国家或没有代表性，或没有普遍性，与中国的情况大为不同。

中国先迈入了移动支付与无现金交易的时代，这将给全球金融乃至整个世界经济带来巨大的冲击与变革，它将极大地促进经济与金融的高效发展，极大地提升经济资源的有效配置，并在无形中创造出巨大的价值，届时，大数据追踪就可以被运用到反洗钱、反腐败、反贿赂等社会经济与金融安全领域的工作中。这是一次支付变革，但其意义却影响深远。

很多年前，中国人羡慕欧美人的信用卡非常普及，人们在很多地方都会用到无纸化的信用卡来进行消费。然而，欧美等发达国家没有料到的是，一个互联网商业应用竟然让中国在短时间内跨越了欧美国家的无数个发展阶段，直接进入移动支付的时代，而且现今还在飞速发展中。

互联网是从美国发展起来的，手机也是从美国发展起来的，而苹果手机在目前世界上的智能手机市场上仍占据重要地位。但是，出乎美国人意料的是，中国正引领着移动互联网商业应用的发展。中国是全球第二大经济大国，其电子商务发展水平令其他国家黯然失色。只有亲自去了欧美等国，才能真正体会到它们网购和快递的低效，以及对比之下中国电商发展的迅捷、物流和快递的高效率。

正所谓经济的发展水平一定程度上决定了金融的发展水平，有什么样的经济就需要什么样的金融。互联网新经济要想迅速发展，就必须要有高效便捷的新金融来为其提供服务和支持。移动支付正是顺应了移动互联网的发展趋势，因此自然而然地诞生了。

我们可以举出一些实例来说明移动支付在中国的快速发展。在北京，有一种很流行的小吃叫煎饼馃子，通常 8 块钱一个，摊主推着手推车，让客人扫一扫二维码就能付款；在菜市场，卖蔬菜的大婶们在摊位上摆上了可以用来扫钱的二维码；甚至深圳的乞丐们还在街头摆了一张带有支付宝和微信的二维码的纸牌，以供慈善者一扫即付。既然移动支付已经被社会大众所接受，那么中国将来实现无纸化无现金的交易还会远吗？

从日常的衣食住行乃至医疗保健高铁公交等等，无现金移动支付在中国已经日趋普及化和大众化。甚至在当前中国社会流行一种说法叫作“天不怕地不怕，就怕手机没电”。现在，人们对手机已经无法割舍，因为使用手机支付可以免去找零和信用卡签名的麻烦。相应地，钱包和信用卡也会被淘汰。

智慧的中国人已经将互联网尤其是移动互联网的业务运用推向了一个新的高度，这让全世界都为之眼红，这成为中国经济增长最大的一股力量。总而言之，中国的“无现金”时代即将来临！

二、移动支付的潜力有多大

互联网金融中的网络支付已经取代了传统的金融机构的支付方式，成为主流的结算支付工具。这一变化的背后是付款结算效率的巨大提升。过去，人们在办理结算时，往往要到当地的银行柜台排队，这样既浪费时间又不够安全，而且效率也不高。如今，只需在网络上轻点几下，便可实现几乎一切经济活动的结算与付款？

但是，在线支付也有其局限性，尽管它不受银行实体网点的限制，但却受到个人电脑的普及程度和实体空间的限制。于是，不受时空限制的移动支付也就因此诞生了。移动支付可以保障使用者随时随地、每时每刻、不受任何地点的限制，只需要动动手指，就能完成所有的支付结算交易。移动支付不仅颠覆了传统金融，也在颠覆传统个人电脑的支付结算方式。

2021 年，全国银行共办理非现金支付业务 34 395.06 亿笔，金额 4 415.56 万亿元，同比分别增长 23.90%和 10.03%；移动支付业务 1 512.28 亿笔，金额526.98 万亿元，同比分别增长 22.73%和 21.94%。2018 到 2022 年，中国网络支付用户从 6 亿人增加到 9 亿人，使用普及率达 85%，发展潜力巨大（见图 4-2）。

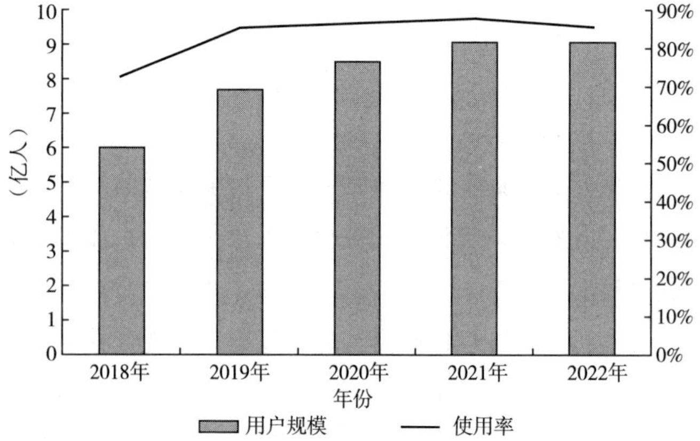

图 4-2　2018—2022 年中国网络支付用户规模及使用率①

随着网上支付尤其是移动支付的迅猛发展，传统银行等金融机构感受到了空前的压力，作为银行三大主要业务之一的支付结算受到了极大冲击，并且其所占的份额也在不断地缩减和降低。因此，传统银行要完全抛弃那些无谓的争辩，完全抛弃打压互联网金融的歪门邪道，老老实实地接受现实、直面挑战，迅速拥抱互联网科技。这才是正确的选择，也是唯一的出路，除此之外，别无他法。

（一）全球移动支付第一股的启示

2015 年 11 月，美国一家移动支付企业 Square 在纽约证券交易所上市，成了世界上最早的移动支付企业之一。而至于 Square 公司的价值较上市前缩水了 1/3，一个原因在于其他支付公司与 Square 的竞争，且科技股 IPO 市场可能步入长期下行趋势。总的来说，那个时候的全球互联网金融和金融科技都还处在发展初期，移动支付才刚刚起步，竞争还不算太激烈。另一个原因是 Square 的致命弱点，即它的商业模型。Square 核心业务为信用卡支付结算。Square 从每次支

① 资料来源：和讯网．我国网络支付用户规模达 11 亿：1.28 亿网民使用过数字人民币［EB/OL］.（2023-03-27）［2023-08-10］. https：// baijiahao. baidu. com/ s？ id = 176152805496314 03 81 &wfr = spider&for=pc.

付总额中抽取一定比例的手续费，但是，这部分手续费必须由银行、信用卡公司和其他相关各方分摊。初期的 Square 几乎每笔交易都会赔钱，但是经过一段时间之后，公司的经济情况开始改善。但这一模式实际上迫使 Square 采取“以量取胜”的策略，它需要为自己的价值提供充足的收入。这样的商业模型使得 Square 难以盈利，它在未来的发展前景也是黯然无光的。因为它的收取费用并不高，而且要和银行、信用卡等利益相关者共享，所以它的利润受到了很大的冲击。更重要的是，移动支付、虚拟信用卡支付等电子商务领域的兴起，使得信用卡付款业务出现了较大幅度的收缩。Square 公司看来很难在这一领域找到盈利的增长点。这一硬伤是导致该公司价值下降的主要因素。

Square 移动支付业务模式应该转型，最佳路径是转到类似中国的支付宝钱包、微信支付等这种业务模式上，或者开辟虚拟信用卡支付业务，转到类似苹果支付和谷歌支付的业务模式上也不错；否则，Square 很难咸鱼翻身。当然，需要肯定的是，Square 在移动支付领域的前景是广阔的，只要方向对了，业务模式的转换和调整应该不难。

之后的事情证明了这一点，2018 年 7 月，在 Square 和 eBay 的新合作中，Square 得到了一个很好的机会，可以为 eBay 的数百万卖家提供商业贷款。正如我们所看到的，Square 越来越接近互联网金融。为了进一步向去中心化向区块链技术靠拢，Square 在 2021 年下半年做出了许多切实的举措：8 月 2 日，它动用了一笔巨额资金对澳大利亚的 Afterpay 进行了全股票交易形式收购，以进一步推进移动支付业务；12 月 10 日，它正式将自己公司的名称改为 Block，这表明了它投入互联网金融、金融科技发展浪潮，积极发展移动线上支付的决心。

Square 在移动支付领域的首只股票极大地启发了中国，中国独创的网络金融同样也引发了美国人的跟风。随着苹果支付公司进军中国，对中国市场虎视眈眈已久的三星支付公司、谷歌支付公司等纷纷跟进。美国这个世界上最强大的高科技国家，已经开始了对中国金融科技公司的扩张。美国不但有先进的技术，更有一个非常方便高效发达的金融市场，为每一家公司提供了一个非常好的发展环境。如此强大的技术支持，再加上快速的金融系统，势必将会带来一场“核聚变”。这一点是任何一个国家以及任何一个企业都无法忽视的。本来应该是在中国公司中产生的移动支付第一股，结果却是在美国产生的。这也给中国敲响了警钟，必须保护好自己创造出来的互联网金融，绝不能一意孤行甚至反其道而行之。

（二）中国移动支付“出海”正当其时

支付宝和微信都在加大对北美的投资力度，现在正是一个好时机。当你在欧洲某一地区购买退税商品时，欧洲各大店铺的店员都会提示您支付宝可用。在机场窗口，服务员也对支付宝的退税流程了如指掌。但是很可惜，这种便利支付并没有完全覆盖欧洲。在欧洲的商店和其他一些地方，比如西班牙和意大利，就无法通过微信和支付宝进行支付。欧洲当地居民对中国的电商平台、快递物流、互联网金融，尤其是移动支付的普及发展表示了极大的赞赏，并表示想要将其引进到本国。中国在互联网领域尤其是基于移动互联网的新经济和新金融领域，已经远远超过欧美国家。在美国，移动支付没有中国那么普及。中国的电子支付在2020年达到了24 965亿美元，高居世界首位，占比为45.6%；美国的电子支付总额达到了10 354亿，位居世界第二，大约占世界的18.91%。

中国的移动支付应该把握机遇，尽早将其业务扩展到欧美等国家。如果中国的移动支付能在欧洲、美国、日本三大市场上快速发展，那么下一步向其他国家进军就十分便利了。毕竟欧美日都是发达地区，如果能占领他们的市场，将会起到一个很好的表率作用。

支付宝和微信支付若能成功进入美国市场，中国移动支付会在海外市场和全球市场具有领先优势。因为移动支付的便利性、效率和安全性，对于美国人和中国人来说，都是很有吸引力的，尤其是对于那些喜欢高科技的人来说，这是一个很好的宣传机会。

对于互联网电商、互联网金融、科技金融等新经济、新金融模式，需要重新认识。就像中国的电子商务经过多年的发展，已经走在了美国的前面。很多专家甚至企业家可能会辩解，美国的零售业过于发达已经不需要电子商务了，但中国的零售业相对还不够发达，所以电子商务的发展才是中国最好的选择。这样的言论是站不住脚的。为什么电商平台能被商家和消费者所接受？因为它不受时间和空间的限制，是消费者最喜欢的；如果现实中的实体商店都能让顾客足不出户，那他们也就不会去网上买东西了。这就是问题的本质，而并非因为美国商业零售业发达。亚马逊在美国的发展速度很快，股价也在不断地攀升，就连巴菲特都对它刮目相看，这不是最好的反击吗？从现在的形势来看，中国的移动支付必须要加速向国外扩张，尽快掌握主导权，成为世界上最大的移动支付平台，到时候，也许就没有人对中国质疑了。

当然，支付宝和微信支付的另一个选择，就是加快并购境外结算支付公司的步伐。在“一带一路”倡议下，阿里巴巴、腾讯这两个中国最大的移动支付企业，通过与沿途当地服务提供商协商，与东盟各国开展了金融合作，拓展了海外市场。阿里巴巴为泰国的 Ascend Money、菲律宾的 Mynt 提供支持，并与马来西亚、印度尼西亚的银行机构建立了财务金融合作关系，根据当地情况因地制宜，发展当地的电子钱包。腾讯和当地的旅游局都有合作，比如腾讯和新加坡的旅游局一起，发布了一个名为“智荟新加坡”的微信小程序，用来宣传微信的支付方式，让其更好地融入当地人的生活中。

《区域全面经济伙伴关系协定》的签署为推动亚太地区的金融合作提供了很大的空间。在亚太地区其他合作框架背景之下，《区域全面经济伙伴关系协定》中的一些成员国之间已具备较好的金融合作基础，今后的金融合作渠道将十分广阔。

第四节　数字支付场景的拓展应用

一、指纹支付解决移动支付的“数字烦恼”

随着互联网新技术的出现，新金融业态迅速发展，经济交易活动也越来越多，这对传统经济金融的冲击是革命性和颠覆性的，突出体现为资源配置与交易效率呈几何级数增长。时间、空间与地域的限制也被打破，世界经济与金融的交流活动更是被压缩到了“地球村”与“手掌心”。然而，随着经济、金融和各项社交活动的互联网“搬家”，移动支付在给大众带来效率和便利的同时，也带来了一系列新的问题，“数字烦恼”便是其中的一种。

在网络上的所有行为都需要用户名、密码，甚至有时一个交易手段（比如银行卡、网络第三方支付）在查询、支付、进入界面时可能需要几个密码，并且不能重复。这对于年轻人来说还可以应付，但是对于中老年人来说就很难应付了。随着互联网活动的增多，尤其是真金白银的网络支付活动的增加，中老年群体的负担也随之加大。要让中老年人记住众多的用户名和密码并不容易。以前在银行里经常会有老人忘记密码，在柜台前徘徊，但现在是金融科技时代，这种情况不应再发生了。

与此同时，数字密码在普通的网络注册和登录中还可以使用，但是在网络支付和银行卡支付等领域中，它的安全性就会受到很大的限制。一旦数字密码被破解，资金就会被轻易地盗走。网络支付的安全问题一直以来都是大众的焦点，连监管机构都不敢掉以轻心。

在此背景下，一种基于指纹技术的支付身份认证系统应运而生。与一般的数字密码相比，指纹的唯一性、稳定性和不可拷贝性都要好得多。指纹支付最大的优点就是使用起来很方便，不需要记住太多的密码，因此特别适合中老年人。在中国，随着人口老龄化的加速，将会有更多的用户使用指纹支付。通过指纹来进行付款，与传统的密码输入相比，效率更高，速度更快，只要在指纹感应器上点一下，就可以付款了。

指纹支付集安全性、稳定性、便捷性和有效性于一体，具有其他支付方式不可替代的优势。在支付产业中，人们普遍认为生物识别将会引领新一波移动支付浪潮。支付宝增加了指纹支付功能，将会让移动支付进入生物识别的时代，从而掀起一股新的科技风潮。而在此之后，支付宝在生物信息识别技术发展到一定程度后，推出了面部识别的支付模式，在支付过程中，只需要进行面部识别，即可完成支付。大众也期望其他的移动支付公司能尽快效仿，并开发更多的生物辨识支付技术。生物特征识别技术在很多行业都是非常成熟的，将它移植到移动网络支付中，从技术层面上并不难。

互联网新经济和新金融都是在巨大的革新中诞生的，但这些革新并非一朝一夕能达成的。那些先入局的互联网公司和金融科技公司也都需要持续的创新，不然就会被赶超、被淘汰。柯达公司因缺乏创新而不得不退出市场；反之，苹果公司之所以能够在竞争激烈的消费电子市场中屹立不倒，就是因为它有无穷无尽的创意。

二、第三次支付业收购来袭意味着什么

在中国加强了支付行业的监管之后，支付行业尤其是移动互联网支付公司的竞争局面稍微缓和了一些。就在中国支付行业混乱的局面趋于平静的时候，国外的并购收购战争却进入了白热化阶段，尤其是美国的一些公司更是不遗余力地想要在支付市场尤其是移动支付市场上占据头把交椅。

据媒体报道，2019 年 5 月 24 日，美国环汇集团宣布将以 200 亿美元的价格收购 Total System Services（TSYS）。自那以后，两家公司的股票都创下了上市以来的最高点。报告还显示，在 2019 年第一季度公布的两个主要的支付行业并购成交额，一个是 220 亿美元，另一个是 350 亿美元。第一个是在 1 月 16 日，

Fiserv 公司宣布它打算用 220 亿美元的股份来收购支付处理商 First Data。第二个发生在 3 月 18 日，当时美国最大的一个金融科技提供商 Fidelity National Information Services（FIS）宣布，它将以 350 亿美元的收购一个比较小型的竞争对手 Worldpay。

Global Payments 对 TSYS 的 200 亿美元的成功并购，是 2019 年的第三次支付领域大规模并购案。Global Payments 成立于 1967 年，其总部坐落在美国佐治亚州的亚特兰大市，主要职能是为信用卡、借记卡、电子付款和其他相关业务提供解决应对措施。它的经营范围包括两个内容：北美商务服务和国际商务服务。

Global Payments 包含终端机销售及安装、授权处理、结账、基金处理、客户支援和服务台功能、拒付解决、行业法规、付款卡产业安全、合并账单和结算单及线上读取。很明显，Global Payments 是一家提供国际性的付款服务金融机构。

TSYS 是一家全球性的支付解决方案提供公司，主要从事金融和非金融领域的电子付款处理业务，在美国、加拿大、墨西哥、洪都拉斯等多个国家和欧洲地区均有业务涉足。

Global Payments 与 TSYS 两家公司的共同特点是它们的支付业务均高度国际化；两者的区别是后者的系统是可以直接处理跨境电子支付的，而前者系统侧重于对支付系统的服务与提供综合解决方案。这两家公司最大的缺点在于都没有涉足网络支付业务，尤其是移动手机上的智能支付业务。

在金融行业，企业长期以来的主要收入来源就是资产和负债业务，支付业务虽然很重要，但相对前二者还是弱一些。近几年来，随着中国出现了支付宝、微信等手机支付，整个支付行业都发生了翻天覆地的变化。各大公司之间的竞争也越来越激烈，甚至已经超越了企业的金融资产和负债业务。这很大程度上是互联网尤其是移动互联网的发展所致。移动支付服务的核心是它的客户群。通过吸收并积累大量的流量和客户来不断扩大客户群体，整个商业金融生态就可以无边界、无地域、无国界地无限扩展发展。新技术的发展给支付带来了新的、无穷无尽的力量与前景，这也是为什么在世界范围内会有一场关于“支付”的战争。

案　例

汇付天下：携手 SaaS 赋能智慧零售

在 2020 年暴发的疫情，对于众多线下商户而言，是一场浩劫。

以餐饮零售为例，仅 2020 年春节 7 天的损失就高达 5 000 亿元，依赖线下门店提供服务的小微商户受到了极大的冲击。若想求生，商家必须依赖线上服务，但是某些头部平台的交易服务费收取比例超过20%，对于特殊时期的小微商户而言无异于雪上加霜，他们急需通过更多的数字化工具让自己的私域流量运营起来。

怎么办？面对疫情之后的新趋势、新常态，作为第三方支付行业的老兵，汇付天下迅速做出反应，“危”中寻“机”，试图打破原本多以线下支付场景为主的商业形态，为小微商户提供更多的远程交互服务。

当然，企业做出新的尝试并非易事，更何况时间紧迫，这考验的不仅仅是整个团队的研发能力，还有平台底层的数字化服务能力。

若不是2019年就已开始启动软件运营服务（SaaS），疫情期间汇付天下可能做不到应对如此迅速与精准。

在特殊时期，汇付天下“智·汇管家”服务平台通过微信小程序快速帮助商户把服务延展到线上。特别是那些做餐饮的商户，线下门店无法营业，“智·汇管家”迅速为这些商户搭建了线上平台，提供线上点单外送服务。

至此，“智·汇管家”服务平台又延伸了一大步，为新零售市场开拓了一个全新的服务模式，让小微商户直接触达用户。

“智·汇管家”是汇付天下专门为小微企业提供的智能管理平台，以中台服务的创新形式与行业SaaS共享，并提供“全渠道经营+营销+服务+支付”的智慧商业平台，连接行业各方参与者，打造聚合生态，帮助商家更好地服务消费者。

这场疫情极大地激发了小微商户的数字化需求。“智·汇管家”的商业模式也因此迎来了一个转型和升级，并基于此增加了很多数字化的增值服务功能，成为“智·汇管家”目前重要的发展方向。

B to B to C是汇付天下从创立之初就明确好的差异化定位和竞争策略，“智·汇管家”从一开始的设计理念就是以客户为中心，帮助B端商户更好地服务C端，这也是B端商户的最终诉求。

“汇付”体现了企业的本职业务，“天下”二字则承载了汇付天下创始人周晔的希冀。这让人不禁想到，中国近代银行的开山鼻祖——平遥日昇昌票号，道光皇帝曾为其题写匾额“汇通天下”。200年后，时代更迭，世事变迁，或许周晔正是希望以此来寄托他的宏伟目标，将公司做到天下闻名。

从支付到提供数字化服务，从此前更多基于线下的场景，到如今的线下和线上的打通互动，从结算到聚合支付再到“支付+SaaS”的数字化服务，汇付天下一路走来，经历了诸多的挑战。

成立15年来，汇付天下开创了多个行业先河，目前已经成长为年支付交易额近3万亿元的支付公司。凭借着管理层和战略层背水一战的决心，汇付天下率先闯出了一条适合自身业务架构的行业创新模式，离一线的市场客户和场景越来越近。

这也恰巧呼应了汇付天下的Slogan——科技让支付更懂你。

一、始于基金支付，展于小微收单

（一）国内第一家提供一站式网关支付服务的公司

“在银联的时候我就感觉到，互联网支付浪潮很快就会到来，而互联网支付必须以创新为主，但体制内的创新有一定的困难。”汇付天下创始人、董事长兼CEO周晔曾公开表示，银联的创新项目审批长达一年之久，但最后拿到的创新经费只有200万元，“这些经费根本无法启动一个创新项目，更不要说市场也不会等我们。”彼时的周晔深刻感受到，一个能够鼓励创新的平台非常重要。2006年，他带领由30多个人组成的团队创立了汇付天下。

彼时的网络支付行业竞争已日趋白热化，B端有很多商业银行，还有银联ChinaPay，C端的支付宝用户已超过1亿人，每天的交易量也很惊人。但是对于从1993年就踏入支付行业的周晔而言，他深知行业的痛点在哪里。

面对依托银行卡支付的银联和To C端的支付宝等巨头，周晔选择了一条差异化竞争路线，将目标聚焦在分销链支付上。汇付天下旨在为B端商户提供一个更便捷的收款工具，自上而下地提高资金流在整个产业链上的流动速度。

那个时候刚刚打通传统电脑端网银环节的支付基础设施，汇付天下选择只做单纯的网关支付通道业务。汇付天下秉持着这样的初心，给B端商户提供更便捷的支付服务，通过技术手段将银行、第三方支付机构等多种支付服务整合于一体。

这种模式的核心价值在于集成了各大银行的网关，卖方只需要和一家第三方支付平台的接口相连，用户便可使用绝大部分银行进行付款，对于商户而言结算效率得到极大提升。

时至今日这种业务模式已相当成熟，但在2006年，汇付天下却是率先提供一站式网关支付的第三方公司。

（二）与监管领导共同探索基金支付

汇付天下创立之前的几年，我国基金销售基本以银行为主。银行大力推广基金的背后，是丰厚的手续费收入。基金公司也急需拓展多元化的销售渠道打破当时单一的格局。深谙基金行业利润和痛点的周晔早在汇付天下创立之前就有了基金支付的梦想。

汇付天下在创立之初，汇付天天盈平台的设计和研发工作即宣告正式开始，成为当时创业初期的主要业务方向。

彼时，连监管层都未针对此领域出台相关的文件或管理办法，更没有可参考的商业模式，要实现基金支付谈何容易？央行的清算政策和网上资金的监管还处于空白状态，需要论证的问题还有很多，包括第三方支付平台究竟要扮演什么角色，对第三方支付公司的资金流向、业务流程如何监控，每天的申购和赎回资金怎么监管，如何给各家基金公司结算，等等。

做支付业务要先拿到政策许可。由于创始团队具有银联的背景，基金支付之路显得更加信心十足一些。但谁也没料到，这条跌宕起伏的路一走就是四年。

其他有此意向的企业陆续放弃，只有汇付天下依靠坚忍执着的精神，经过与几任领导的陆续沟通，最终从论证、系统研发，再到实名验证，将基金支付业务建设的全部环节打通。在中国人民银行颁发支付牌照之后的一年，2010 年汇付天下成为国内首家拿到基金支付牌照的支付公司。

“这是非常不容易的，也开创了基金支付持牌展业的先河。”回忆起这段往事，穆海洁的语气中满是骄傲。

天天盈平台成为国内首家监管层批准的，专门用于基金交易的资金账户。当时尚无基金销售机构，个人投资者需要到不同的基金公司网站去做基金的申购赎回，银行的交易费率高达 1% 以上。汇付天下首创的天天盈基金平台给到用户 6‰的费率，相当于银行费率的六折。

（三）开创了收单外包服务的先河

2011 年拿下互联网支付、银行卡收单、移动支付等牌照之后，汇付天下发现了中小微市场这块巨大的蛋糕。

调研发现，在银行卡收单市场中，有大量中小微商户的需求是得不到满足的，一方面，早期只有银行有资格布局 POS 机，受限于银行客户经理的数量，POS 机发展速度相对较慢；另一方面，POS 机申请时间较长，且二三线以下地区尚未足够普及。

在美国收单巨头 First Data 的 ISO 模式（Independent Sales Organization，即外包服务模式）的基础上，汇付天下根据我国市场环境对 ISO 模式进行了微创新，在传统四方模式（清结算方、发卡机构、收单机构、商户）中引入了外包服务机构，为 POS 收单业务提供了强有力的支持，由此开辟了一条差异化路线，在小微商户服务上实现了突破性发展。

汇付天下开创了我国收单外包服务的先河，并与中国人民银行沟通，将整个外包服务机构的模式写进了《银行卡收单业务管理办法》，于 2013 年 7 月 10 日正式出台。该办法第三十六条、第三十七条、第四十六条首度明确肯定了收单外包服务的商业模式。

为了迅速将小微商户服务建立起来，仅凭借 ISO 创新模式还不够，更需要技术引领。汇付天下及时将科技和创新商业模式相融合，推出“T+1 装机、T+1 结算”的快速服务周期，并推出了“汇付 POS 收单”移动客户端，用移动技术为中小微商户量身定制客户服务端，使 POS 收单业务在我国迅速普及起来。小微商户通过安装 POS 机能实现“第一日刷卡，第二日结算”，大大提升了自身运营效率，甚至在一线城市实现了“T+0”即当天申请当天布机。

随着互联网技术的发展，支付手段变多，支付宝率先在全国开始推广二维码支付，支付工具逐渐从银行卡变为手机支付，微信支付也应运而生。五花八门的支付手段使商户对聚合收款的需求变得更加迫切。一台 POS 机应对各种付款方式，让小微商户的“硬伤”变成了“软实力”。

收单外包服务是汇付天下继基金支付、航空结算之后的第三大创举，让汇付天下从为航空产业链下游的代理商提供垫资的信用支付 1.0 时代迈向了面向广大收单市场和数十万中小商户的信用支付 2.0 时代，这是汇付天下潜心耕耘支付市场后跨出的一大步，而这个过程仅用了一年时间。

二、不改变自己就只能等着被抛弃

（一）抓住 SaaS 历史级机遇推出“智·汇管家”服务平台

作为一种以互联网为基础提供软件服务的模式，SaaS 因其简化管理、快速迭代、灵活付费和持续服务等优势，获得了越来越多行业客户的认可。

2015—2017 年移动互联网红利凸显，我国开启以“产业互联网+消费互联网的融合创新”为切入点的 SaaS 黄金时期，SaaS 行业异军突起，这是当时真正属于中国 SaaS 公司的历史级机遇，汇付天下紧紧抓住了这个机会。

SaaS 就是指在互联网上提供软件服务，即在厂商的服务器上统一部署应用软件，用户可以按照自己的实际需要，自由地选择自己需要的应用软件服务，并从 Internet 上获取 Saas 平台供应商提供的服务。

从表现形式上看，SaaS 厂商在自己的服务器上统一部署应用软件，用户购买账号之后就可以按照自己的实际需要，在互联网上向厂商订购所需的应用软件服务。

据奥纬咨询公司（Oliver Wyman）统计，从2013到2019年，我国SaaS市场规模的年平均复合增长速度为31.5%，而从预计的数据来看，在2020到2023年，我国SaaS市场规模的复合增长速度将会达到34.4%。由此可见，SaaS在我国的发展潜力是非常大的。

从2017年底起，汇付天下便开始与行业SaaS进行紧密的合作。到2018年，已有137家SaaS供应商与汇付天下进行了合作，并在众多个不同的垂直领域里为汇付天下提供了多个行业的SaaS一站式解决方案。在2019年，汇付天下确定了与SaaS携手共创智慧商务的主要发展方向，利用自身在支付、金融等方面的技术优势，推出了一套完整的解决方案——“智·汇管家”。

汇付天下于2019年6月与微盟集团结成战略伙伴关系，共同打通了“支付+营销”全链路，并由此推出“微盟慧付”解决方案。这一举动，也是汇付天下在赋能SaaS领域迈进的又一大步。

在“微盟慧付”的产品发布会上，周晔表示：“今天，支付发生了翻天覆地的变化，支付的形式在新零售时代或者说数字化时代，可能大部分是通过SaaS来实现的。所以，这就要求支付公司跟SaaS公司紧密合作，我们可以提供开放的API、SDK等，这样的结合将成为全世界的浪潮。而今天，汇付天下和微盟的战略合作，就是这样一个完美的组合！”

“微盟慧付”将“智·汇管家”解决方案和微盟SaaS精准营销之间的全链路连接起来，提供“聚合支付”“分账”“统一管理”“数据运营”“增值服务”等五大功能，使商家不仅可以经营店铺，更可以将“信息流”“资金流”“场景流”三个维度进行有效整合。

2019年8月，汇付天下再一次宣布对奥琦玮进行战略投资。奥琦玮的业务涵盖了餐饮商户会员、收银、外卖电商、供应链、人力、财务以及巡店等全业务场景，它在全国范围内为超过了12万家餐饮连锁企业的门店提供了服务。

汇付天下与微盟、奥琦玮等企业的合作，进一步巩固了其在行业SaaS中的领先地位。“智·汇管家”在2019年度被工信部信息和软件服务司评为智慧城市典型解决方案，汇付天下成为上海唯一一家入选数字经济领域的公司。

“智·汇管家”将以手机支付作为切入点，加强“支付+SaaS”的数字化解决方案，通过场景渗透、数据沉淀、流量变现，实现其本质上的业务逻辑的重新构建，帮助SaaS企业实现从信息服务、产品服务向交易服务的转变，从而构建起一个全新的、互利共赢的数字生态体系。

正是由于“智·汇管家”在金融科技领域的引领地位，它于2019年7月被评为“第四届金融科技创新十佳案例”。

（二）厚积薄发，“智·汇管家”深度赋能 SaaS

中国的第三方支付产业可以划分为两大类型：账户侧和收单侧。从宏观的方面来说，这两个项目是一个领域，但从微观的方面来说，这两者却是分属两个不同的赛道。在账户侧赛道，支付宝和微信支付是最大的两个平台，这两个平台主要起到了类似于银行卡的作用，可以用来保存用户的资金，并且可以用来支付用户的资金。但是，收单侧的目标是 B 端市场，它要对商户侧的收单、结算等业务负责，因此，它的服务具有很大的差异性，具有自己的特点，目前还没有形成寡头竞争的格局，所以它的市场集中度很低，未来有着很好的市场前景。

近年来，随着第三方支付的兴起，支付行业迎来了一个百花齐放的时代。可能在大众眼中，汇付天下的名气并不如支付宝和微信那么响亮，毕竟它走的 To B 路线。汇付天下在实现数字化转型的同时，更加注重为整个产业进行“SaaS 赋能”（见图 4–3）。

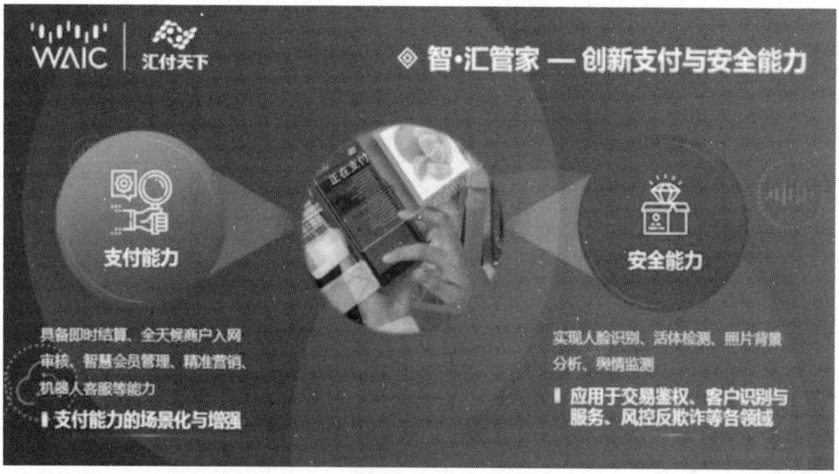

图 4–3　汇付天下“智·汇管家”

汇付天下以“智·汇管家”为基础，衍生出了众多行业的解决方案，并在聚合支付的基础上，推出了自主研发的 SaaS 产品，利用金融科技的力量，为客户提供个性化的全面解决方案，为客户提供更多的增值服务，其中比较有代表性的垂直平台便是“慧美云”“汇学优课”“汇来米”等应用程序。

“慧美云”是由“智·汇管家”与美丽加联手推出的一款医疗美容机构的付款与结算解决方案。在大健康产业中，医院管理、渠道管理等是整个产业运作中的一大难题，同时也存在着许多问题，如高获客成本、服务能力薄弱等。“慧美云”将支付、分账等方式融入解决方案中，并与 SaaS 相结合，它包括了一个智能 POS 机、一个智能分账系统，以及一个移动端小程序，目的就是解决医美机构和合作渠道之间的利益分配问题，从而提高资金的处理效率和运营效率。

“智·汇管家”与教育领域的 SaaS 服务商“学邦科技”合作，共同打造了“汇学优课”。这是一款“营销+支付”的产品，专为教育和培训领域的招生引流提供基于聚合支付的综合金融解决方案，包括聚合支付、学费分期、拼课小程序、教育保险、综合对账、系统对接等服务，为那些希望发展新的教育和培训模式的教育机构提供了一套行之有效的解决方案。正因如此，汇付天下也获得了“中国好教育——2020 中国最具影响力的培训服务品牌”称号。

“汇来米”是“智·汇管家”平台上的一款以小微企业为目标的聚合支付产品，除了提供聚合支付的功能之外，还可以为商家提供数字化店铺管理、会员管理、金融服务、供应链对接、精准营销等全方位的商业解决方案。以数字运营能力来赋能商户，协助商户完成支付、管理、运营、会员、营销等全方位的数字化升级。

“汇来米”上线一年多时间，日交易笔数已突破 1 600 万笔，为客户提供了高达 35 万的服务量，涵盖了快餐、菜市场、茶饮等一百二十多个领域，业务范围遍及国内五百多个城市。

“不仅仅在消费领域，我们的行业跨度特别大。”在汇付天下助理总裁汤伟眼里，“智·汇管家”仿佛是一个无所不包的平台，“有消费，有零售，有餐饮，有教育，还有大健康、智慧停车，等等。”

（三）深耕与转型

随着我国支付基础设施的完善，专业化的支付结算和聚合收款变成了最基本的服务产品，商户对聚合平台提出了更多要求。对于小微商户而言，出现了很多属于这个时代的经营痛点，包括私域流量匮乏、营销闭环断裂、数据资产流失等。

“数字化时代比我们想象的来得更快一些，一开始没觉得有这么大的紧迫感，”汤伟坦言，“但是，当你没有办法去满足客户新阶段的新需求时，客户就会很快把你替掉。”

“智·汇管家”的初心是做一个聚合支付平台，但单一的支付服务并不能完全解决商家生意难做的痛点，但在融合了各类小微商户之后，营销、财务、人员管理、会员管理等附加需求也随之而来。

在聚合支付已经相对完善和成熟之后，汇付天下发现，跟商户的交互还不是特别直接。此前，汇付天下一直围绕支付做增值服务，但小微商户除了支付需求，数字化转型要求越来越迫切。这让汇付天下意识到，单一的支付服务无法适应时代的变化，多元服务的能力才能体现出企业核心竞争力。

2019年，在各类增值服务不断完善的基础上，“智·汇管家”开始了更深一步转型。在启动SaaS化服务的同时，创新提供各类小微商户亟须的经营和营销类增值服务，扫码点餐小程序就是其中典型的案例，这个小程序不仅聚合了微信、支付宝等支付方式，还需要结合汇付天下自身的技术能力，提供一站式解决方案。

“未来五年，这个模式可能会改变我们传统从产地到最后消费零售产业链的运作模式。”穆海洁表示，“我们希望不仅能够提供单纯的资金支持，更重要的是能够赋予很多产地制造商和零售商数字化的能力，通过这种赋能，来改变目前整个传统分销渠道的运作方式，以更低成本的方式完成从制造到营销的全过程。”

目前，SaaS领域已成为多家支付公司扩张的必争之地，市场竞争愈发激烈。支付也好，SaaS也罢，都要依靠科技能力的提升，但如何保持自己的特色与竞争力是汇付天下接下来需要面对的问题。

三、逆水行舟不进则退

伴随着云原生，汇付天下的全链路监控、大前端技术、实时数据等能力也在逐步突破，甚至尝试了更具挑战的aPaaS（Application Platform as a Service，应用程序平台即服务）。继“技术数字化”之后，汇付天下打响了“产品数字化”第二大战役，先后发布了“满天星”和“斗拱”平台。2022年，汇付天下又将“管理数字化”定义为公司数字化转型的第三大战役，重点对企业技术进行迭代，着力做好体系重构、流程再造和数据驱动。

在数字化转型战略下，汇付天下一直十分重视科研的投入，目前其研发人员占比已接近60%，强大的科技能力为汇付天下的数字化转型提供了必要条件。

汇付天下始终秉承“科技驱动数字化转型”的理念，汇付天下拥有自主研发的人脸特征提取、照片背景相似度分析、关系网络挖掘等近二十项人工智能AI技术；使用Flink、Kafka、HVE等多种实时和准实时计算技术自主研发数据资产管理系统，对数据血缘和原数据进行管理，保证数据质量；应用AP网关、MQ分布式数据库等技术，采用Kubernetes与Docker提升可扩展性与可伸缩性；使用DevOps平台提升研发效能与质量；支持5G、NB-LoT LoRa等网络接入，同时兼容MQTT、CoAP、HTTP等多种传输协议。

通过持续的数字化科技创新，汇付天下已构建出完整的数字化运营平台，加速数字化转型，向着研发型科技公司目标迈进。

汇付天下此前以“SaaS+支付”业务模式为主，主要是为SaaS提供支付、钱包、账户等服务；而转型之后的“支付+SaaS”模式则是通过支付叠加公司自身或是合作方的SaaS产品，触达商户，提供快速且定制化的服务，这正是汇付天下的特色所在。

周晔曾公开表示，“支付+SaaS”是支付行业的第三次变革。目前，汇付天下已经服务了超400家SaaS公司，周晔坦言：“汇付天下不仅仅是一个支付公司，而且是基于聚合支付的数字化解决方案的服务商，在不同行业内精耕细作。”

在实现由“SaaS+支付”向“支付+SaaS”的演进过程中，为了保证SaaS研发的技术质量与可控性，汇付天下组建了几百人的团队，实现了进销存、CM模块等自主研发。此外，汇付天下还会通过投资并购等方式，整合一些市场上做得比较好的机构，完善针对不同行业的解决方案。在汇付天下看来，只有通过这种方式才能更好更快速地响应客户需求，并且不断适应客户一直在变的需求。

虽然尚不知汇付天下接下来会有什么创举，但无论是开发、产品还是运营等，汇付天下一直朝着数字化方向前进。汤伟表示：“我们的目标是成为一家以支付为基础的数字化服务公司甚至是SaaS公司，借助数据提供增值服务，体现智慧这一层面，创造更多的价值。”

小　结

数字支付作为金融科技的重要组成部分，正在引领全球支付革命。数字支付不仅提供了更加便捷和安全的支付方式，还在全球范围内推动了金融普惠和经济发展。

首先，数字支付为消费者提供了更加便捷和多样化的支付方式，取代了传统的纸币和硬币支付。通过移动支付应用和在线支付平台，消费者可以随时随地进行支付操作，无论是购买商品还是支付服务费用。同时，数字支付还支持多种支付渠道，包括银行转账、电子钱包、支付宝、微信支付等，满足了消费者多样化的需求。其次，数字支付在全球范围内促进了金融普惠。传统银行系统往往存在地域限制和门槛高的问题，很多人无法获得基本金融服务。而通过数字支付，人们可以直接通过手机或电脑进行支付和转账，无须依赖传统银行体系。尤其是在发展中国家，许多人通过数字支付获得了接触金融服务的机会，有效推动了金融包容和经济发展。除此之外，数字支付还有效提升了支付安全性。传统支付方式存在着丢失现金、盗刷信用卡等风险，而数字支付采用了多种安全技术，包括加密算法、指纹识别和人脸识别等，保证了支付过程的安全性和可信度。此外，数字支付的交易记录也能够帮助监管机构和金融机构进行反洗钱和反欺诈等工作，有效遏制金融犯罪。

然而，数字支付也面临一些挑战和争议。首先，数字支付与个人信息安全息息相关，一旦个人信息泄露，可能会导致隐私泄露和财产损失。其次，数字支付市场竞争激烈，各大支付平台为争夺市场份额，可能会出现低价引流、恶意竞争等不正当行为。此外，数字支付也面临着技术风险，由于技术漏洞和系统故障等原因，可能导致支付失败和服务中断。

总体来看，数字支付作为金融科技的新突破，它提供了更加便捷和安全的支付方式，推动了金融普惠和经济发展。然而，数字支付也需要保证支付安全、个人信息保护和市场竞争的健康发展。随着科技的不断创新和进步，相信数字支付在未来会继续发挥更大的作用，为全球金融体系带来更多的突破。

习　题

1. 简述移动支付的概念。
2. 判断题：刷脸支付不属于数字支付。
3. 简述数字支付的核心内容。

第五章 数字信贷

导入案例

从2023年7月开始，随着存量业务整改过渡期结束，互联网贷款进入全新的发展时期。7月7日，央行、金融监管总局与证监会同时发布对蚂蚁集团、腾讯集团的处罚公告，表明大型互联网平台企业金融业务已经受到有效监管。对平台企业而言，新的监管规则对互联网贷款业务提出了多方面的约束，成本有所提升，利润空间会被压缩，但同时政策的不确定性被极大消除，通过降本增效，未来仍大有可为。但对于与平台企业合作的众多地方商业银行来说，付出的代价要沉重得多。仅异地放贷禁令一条，就足以令不少银行"损失惨重"。当前银行业经营压力持续加大，外部环境日益复杂，互联网贷款这块蛋糕被削减无疑是雪上加霜。基于公开信息，互联网贷款业务收缩明显的地方银行，包括龙江银行、乌鲁木齐银行、泉州银行、宁夏银行、天津滨海农商银行等，不仅个人贷款业务增长受阻，而且营收和盈利也被拖累。也有一些银行在整改之后逐渐稳住阵脚，实现了平稳过渡，包括青岛银行、廊坊银行、济宁银行、河北银行等。新规印发后互联网贷款格局将重塑，有可能加剧地方银行之间的分化。

第一节　数字信贷的起源与概述

中小企业、农户等经济弱势群体融资难的问题，是全球经济面临的长期挑战，主要原因在于服务这些客户会产生高交易成本和高信用风险。传统商业银行通过设立大量分支机构来触达中小企业和农户，产生很高的交易成本；中小企业财务数据不全面、缺少足够的抵押资产、农村信用体系不健全等因素导致这些群体的信用风险整体较高。我国为了积极改善对中小企业等弱势群体的金融服务，2015 年 12 月，国务院印发了《推进普惠金融发展规划（2016—2020）》，在普惠金融领域取得很大成就，其中最重要的突破是在数字信贷、移动支付、在线投资等数字金融领域，覆盖了中国数亿客户。在数字技术不断发展的背景下，数字金融利用大数据、云计算、互联网移动通信等技术，降低了交易成本和交易门槛，有效降低了信息不对称问题，缓解了传统商业银行对“长尾客户”的金融排斥矛盾。作为数字金融最重要的一项业务，数字信贷对于推动普惠金融发展，解决中小企业、农户等经济弱势群体融资难问题，提升金融资源的可获得性等发挥了重要作用。

一、数字信贷的起源与发展历程

随着信息技术和金融科技的发展，数字信贷业务应运而生。数字信贷是指利用数字平台、大数据、人工智能、云计算等数字技术提供的信贷业务。数字技术提升了信贷服务的可得性，数字平台的网络效应意味着平台建立后提供服务的边际成本接近于零，大数据分析则提供了一种新的信用风险评估方法。数字信贷有效突破了传统信贷的成本与风险控制难题，迅速覆盖大量借款人，使普惠金融成为可能。黄益平等认为，中国数字信贷至少有三种不同的商业模式：P2P 网络借贷、大型科技公司信贷（以下简称“大科技信贷”）和数字供应链金融[①]。P2P 借贷是指借款人通过数字平台直接向贷款人借钱，无须通过金融机构这一中介平台。大科技信贷是指大型科技公司基于大科技平台的生态系统和大数据风控模型提供的信贷服务。通常，人们将大科技信贷也称为互联网小额贷款，目前我国开展互联网小额贷款的机构主力是大型科技公司及其依托的互联网平台，例如蚂蚁

① 黄益平，杜大伟．数字金融革命：中国经验及启示［M］．北京：北京大学出版社，2023：106-121.

金服、度小满、京东金融等。数字供应链金融则是基于企业在供应链上生产和销售的信息，通过数字技术为企业提供贷款。从广义来看，商业银行顺应金融科技发展潮流，将数字技术应用于信贷价值创造过程中，也属于数字信贷。

数字信贷的早期模式是P2P网络借贷。进入21世纪，随着数据收集、计算、存储、传输等方面的重大技术进步，发达国家率先出现了基于互联网的借贷和投资模式。2005年3月，Zopa在英国正式上线，这是全球第一个P2P网络贷款平台，资金出借人和借入者可以直接在平台上协商达成借贷，约定利率、期限和风险承担等各类事项。2007年，美国第一家将网络贷款证券化的P2P平台Lending Club正式上线，2008年该平台完成了在美国证监会的注册步骤，意味着在平台上发放的贷款全部有对应的证券化资产，这些证券可以在二级市场交易。我国以极大的热情拥抱了这一新的商业模式，2007年，中国第一家P2P网络借贷平台“拍拍贷”推出，2014年中国P2P市场交易额为2 530亿元，超过了美国和欧洲市场；2017年中国P2P市场交易总额达到2.8万亿元，而2012年这一数额仅为212亿元①，短短五年增长了130多倍。然而，P2P行业迅速崛起后，出现的大量问题平台和“现金贷”的违规操作引发了公众广泛担忧，促使监管部门决定对P2P网络借贷市场采取更为严格的监管措施，P2P行业开始急剧下滑。至2020年11月，中国银保监会宣布，全国实际运营的P2P网贷机构全部清零，标志着中国的P2P网络借贷市场已经不复存在。

大科技信贷始于中国电商巨头阿里巴巴于2010年推出的“阿里小贷”业务，虽然贷款规模相对有限，但从贷款笔数来看，大科技信贷已经成为中小企业和个人贷款的重要融资渠道之一。近年来，中国的大科技信贷模式已经推广到阿根廷、印度、韩国甚至美国的大科技公司，成为大科技信贷模式的全球领先者。与P2P网贷和大科技信贷相比，数字供应链金融尚处于发展初期，2021年3月中国政府工作报告首次提出“创新供应链金融服务模式”，意味着供应链金融数字化转型已经成为国家重点关注领域。近年来，蚂蚁集团、京东金融等众多大型科技公司、龙头企业纷纷尝试利用数字技术发展数字供应链金融服务，推动供应链金融在解决中小微企业的融资问题、创新推动实体经济发展等领域发挥更大的作用。

① 数据来源：网贷之家。

二、数字信贷的概念

数字信贷是近年来随着数字金融的发展而被广泛使用的概念，目前官方并没有给出权威解释，学术界和实务界对此也没有形成统一的定义。在数字信贷概念被广泛接受之前，人们更多使用的是网络借贷概念。根据2016年8月由银保监会、工信部、公安部和网信办四部门联合制定的《网络借贷信息中介机构业务活动管理暂行办法》的定义，网络借贷是指个体和个体之间通过互联网平台实现的直接贷款，个体包括自然人、法人及其他组织。与传统通过银行等金融中介进行的借贷不同，网络借贷双方能够通过互联网平台实现直接的信息匹配，从而完成借贷双方资金的直接融通。从广义上看，网络借贷包括个人网络借贷、电商贷款和网上银行贷款等多种形式。

中国人民银行征信中心与金融研究所联合课题组提出了互联网信贷的概念：互联网信贷是利用互联网技术，消除信贷市场中广泛存在的信息不对称，促成信贷交易达成，因此互联网信贷本质上仍然是信贷交易。互联网信贷依托互联网为小微企业和非传统信贷市场借款人开辟了一个新的融资渠道。我国互联网信贷的主要模式包括P2P平台借贷、众筹融资以及网络供应链融资等三种类型①。陈晓洁等在研究农户数字信贷行为时借鉴了这一定义，将互联网金融平台提供的消费金融产品、互联网借款和众筹纳入数字信贷的范畴②。2020年7月，中国银保监会发布了《商业银行互联网贷款管理暂行办法》，界定了互联网贷款的含义和范围：商业银行运用互联网和移动通信等信息通信技术，基于风险数据和风险模型进行交叉验证和风险管理，线上自动受理贷款申请及开展风险评估，并完成授信审批、合同签订、贷款支付、贷后管理等核心业务环节操作，为符合条件的借款人提供的用于消费、日常生产经营周转等的个人贷款和流动资金贷款③。

近年来，数字经济和数字金融概念进一步普及，数字金融泛指传统金融机构与互联网公司利用数字技术实现融资、支付、投资和其他新型金融业务模式，一方面，数字金融逐渐取代了原有的互联网金融概念④。另一方面，由于P2P网络

---

① 中国人民银行征信中心与金融研究所联合课题组．互联网信贷、信用风险管理与征信［J］．金融研究，2014（10）：133-147.

② 陈晓洁，何广文，陈洋．数字鸿沟与农户数字信贷行为：基于2019年欠发达地区农村普惠金融调查数据［J］．财经论丛，2022（1）：46-56.

③《商业银行互联网贷款管理暂行办法》，中国银行保险监督管理委员会令（2020年第9号）。

④ 黄益平，黄卓．中国的数字金融发展：现在与未来［J］．经济学（季刊），2018，17（3）：1489-1502.

借贷在我国快速经历了兴起、衰落直至消亡的历程，2020 年我国实际运营的 P2P 网贷机构全部清零，人们倾向于不再使用网络借贷这一名称，取而代之的是数字信贷。所谓数字信贷，学者们从不同角度给出了解释：欧阳日辉等认为，数字技术正在深度赋能信贷行业，数字技术的快速发展，激发了大型银行和互联网公司积累的客户数据的价值，为贷款数字化转型提供了契机。基于丰富的客户群体、先进的数字技术和庞大的数据支持，大型国有银行、互联网平台、互联网银行成为发展数字信贷业务的主体，在数字信贷领域积极研发新的信贷产品[①]。他认为，数字信贷是金融机构等运用数字技术和金融数据作出信贷决策，在线上为借款人提供无抵押的信用贷款。数字信贷体系包括可匹配的数字化产品、数字化客户画像、数字化营销、智能化运营、数字化风控以及全生命周期的信贷管理。所以，数字信贷既是对大数据、人工智能、云计算等金融科技的综合运用，也需要对信贷逻辑有更深入的理解[②]。国内部分研究使用北京大学数字金融研究中心公布的数字信贷指数作为数字信贷的指标，该指数所包含的数字信贷业务仅以个人消费者和小微经营者在支付宝获得的贷款为代表[③]。

综合以上观点，我们认为，数字信贷是指将大数据、云计算、人工智能等数字技术应用于信贷业务价值创造过程中，通过数字平台提供的信贷业务，主要包括 P2P 网络借贷、互联网小额信贷（大型科技公司信贷）、数字供应链金融和商业银行基于数字技术的在线贷款业务。

三、数字信贷的特征

数字技术与数据要素双轮驱动的数字信贷创新发展，使得众多中小微企业、农户等原经济弱势群体能以较低成本获得信贷服务，促进金融和经济的良性循环、协同发展。与传统的信贷业务相比，数字信贷具有以下特征。

第一，覆盖区域广泛。数字信贷依托互联网、移动通信等技术，通过数字平台构建线上线下协同的信贷服务体系，利用网络渠道延伸信贷服务触角，突破传统金融机构线下网点的地域限制，为客户提供跨空间、全天候的在线信贷服务，

---

① 欧阳日辉，龚伟．数字信贷、算法歧视与动态竞合政策［J］．南开学报（哲学社会科学版），2022（1）：78-92.

② 欧阳日辉．提升数据应用能力 赋能贯穿数字信贷服务全周期［N］．中国经济导报，2023-05-30.

③ 李景睿，李青塬，侯卓君．数字普惠信贷、信息基础设施与家庭创业［J］．金融经济，2022（10）：3-15；董艳，谭苏航，董梦瑶，等．数字信贷对传统商业银行的影响［J］．数量经济技术经济研究，2023（2）：69-89.

及时响应客户的融资需求。数字信贷可以提供丰富多元的信贷产品，实现产品和场景融合，满足更广泛客户群体和不同业务的需求，拓展金融服务范围。

第二，服务成本降低。数字信贷应用大数据技术，通过多维度分析客户信息与数据，识别客户需求，进行精准营销，打通"场景+平台"的获客渠道，从而减少信贷服务供需双方的搜寻与匹配的时间，降低金融机构获客成本。数字化、标准化的业务流程缩减了人工审批和信息处理等交易成本，智能化精准营销和线上线下一体化运营，有利于降低运营成本。金融机构基于海量数据信息建立大数据风控模型，实现贷前、贷中和贷后的风险综合管理，降低了风险管理成本。

第三，服务范围扩大。数字信贷通过大数据技术设计数据分析模型和建立算法规则，使以往很难达到传统金融机构信用评估门槛的中小微企业、低收入群体也能得到信用评价，从而提升信贷可得性。金融科技的应用催生出新的信贷模式，拓展了客户获得融资的途径和机会。

第四，有效降低风险。数字信贷通过建立大数据风控模型，利用大数据与机器学习方法进行信用风险评估，预测还款能力与还款意愿，创新信用风险管理模式。采用人工智能和大数据技术实现智能评级、智能预警和智能贷后处理，围绕信贷全生命周期展开动态量化风险管理，根据管理需求和监管形势变化持续迭代优化风控模型，提高风险防控水平，从而有效降低信贷风险。

第二节　P2P 网络借贷的兴起与异化

P2P 网络借贷是金融科技引领的早期创新借贷模式。作为一种点对点的在线直接融资模式，P2P 网络借贷的初衷是去中介化，为贷款人和借款人提供更便捷的融资途径，降低借贷成本。P2P 网络借贷是中国金融科技市场的一个重要组成部分，2012 年以来，以 P2P 网络借贷为代表的互联网金融迅猛发展，尽管 P2P 网贷创新在扩大金融覆盖面、提升融资效率等方面发挥了一定的作用，但它并未改变金融的风险属性，其涉众性、危害性、传播性反而更强。尽管 2020 年底我国 P2P 网贷机构已经全部清零，但 P2P 网络借贷的经验与教训对于我国数字金融发展具有重要意义。

一、P2P 网络借贷概述

（一）P2P 网络借贷的概念

P2P 是英文 Peer to Peer 的缩写，原意为一种计算机术语，表示点对点的信息交互。P2P 作为一种计算机技术主要是为了解决互联网发展初期的带宽受限问题。在互联网发展初期，大量资料免费分享，海量信息交换使得中心服务器的下载量巨大，导致网络拥堵。为了解决网络拥堵问题，科技人员利用互联网扁平化、高效率的优势，研发了 P2P 技术（例如 BT 下载技术）。该技术将互联网上每一台计算机都视为服务器，任何一台联网计算机下载某一文件后，在互联网上就会多出一个提供该文件下载的“服务器”，从而使大型服务器的集中下载压力大大缓解。该种模式下所有联入网络的计算机地位对等，既是资源的需求方也是资源的供给方。这种去中心化的 P2P 技术，提高了资源的利用效率，降低了中心服务器的压力，提高了网速，而且通过人人参与资源供给极大地提高了互联网资源的总量与多样性。

P2P 网络借贷沿用了计算机技术的思想，意在使个体与个体之间依托互联网平台直接建立借贷关系，消除金融中介成本，提高借贷效率。P2P 网络借贷作为互联网金融的主要创新模式之一，是借贷双方通过 P2P 网贷平台进行自主匹配、撮合成交，平台仅充当借贷双方的服务机构，主要发挥信息中介作用（非资金中介），为借贷双方提供信息发布、风险评估、信用咨询、交易管理、客户服务等，并收取服务费。P2P 网贷模式利用互联网平台的信息优势，让借款者和投资者直接对接，呈现网状的“多对多”模式，是一种去中心化的直接融资模式。相比于传统的“一对多”银行中介借贷模式，P2P 网贷中借款人和投资人地位对等，借贷效率更高。

（二）P2P 网络借贷的特点

1. 直接借贷

P2P 是通过网络平台进行的个体对个体、点对点的直接借贷，网络借贷平台仅作为借贷双方的信息中介而非资金中介，P2P 具有“双边市场”特征，借贷双方直接交易，是一种去中心化的直接融资模式。

2. 短期小额借贷

P2P 网络借贷一般属于短期小额借贷，融资门槛相对较低。P2P 网络借贷参与者的范围广泛，小微企业、个人等传统信用评价较低的主体都可以便利地通过 P2P 网络借贷业务获得融资。

3. 借贷灵活高效

P2P 网络借贷通过互联网进行，不受地域和时间的限制，对借款人和投资人都十分灵活高效。P2P 网络借贷省略了传统银行贷款层层审批的繁琐程序，只要借款人信用状况满足条件，融资手续大为简化，资金迅速到账。P2P 网络借贷利率、还款方式、借款期限等都比较灵活，借贷双方达成一致意见即可完成。

4. 具有网络和规模效应

P2P 网络借贷空间上无边界，投资人与借款人具有无限扩展性，有助于网络效应的形成。网络效应意味着随着网络借贷平台客户数量增加，客户收益呈几何级数增长，将吸引更多的客户参与到平台中来。通过互联网平台开展业务，在客户达到一定规模后，借贷边际成本趋近于零，存在规模效益。

（三）P2P 网络借贷的模式

2005 年 3 月，全球第一家 P2P 网络借贷平台 Zopa 于英国正式上线，不同于传统的金融中介信贷模式，网贷平台充当的是信息中介，平台收入来自对借款人的收费而非存贷利差。美国最早的网络借贷公司 Prosper 和 Lending Club 也均遵循信息中介的定位，不参与资金交易，不承担风险损失。我国在引入 P2P 网贷模式后，P2P 初期也严格遵守信息中介模式，但随着行业发展，P2P 逐渐异化为信用中介模式，形成了重大行业风险。

信息中介模式是一种纯线上的 P2P 网络借贷平台运作模式，平台只提供基础的信息中介服务，不提供信用保证。在此模式下，平台只负责对借款人的信息资料进行审核，挑选合格的借款人并在平台发布借款需求，供投资者选择。平台可以根据借款人提供的资料进行信用评级，但此评级仅供投资者投资参考。信息中介模式一般不会触及法律红线，法律风险较小，是最纯粹的 P2P 网络借贷模式。但如果平台只对借款人进行线上审核而不进行线下调查，投资者对投资标的风险就不易做出判断从而不敢投资，因此需要平台具有非常强的信息识别能力和风控能力，能够筛选出高质量的借款人并提供合理的信用评级。

二、P2P 网络借贷在我国的发展历程

P2P 网络借贷是我国数字金融发展过程中的重要组成部分，它从兴起到衰落大致经历了四个阶段。

（一）2007—2012 年 P2P 网络借贷的萌芽期

P2P 网络借贷模式最早诞生于英国。2005 年 3 月第一个 P2P 网贷平台 Zopa 在英国上线，意味着一种新的直接借贷模式诞生，借款人和投资者可以在平台上直接进行协商，约定利率、期限和风险承担。2007 年，第一家将网络贷款证券化的 P2P 平台 Lending Club 在美国正式上线。我国迅速引入了这种全新的商业模

式，2007 年，国内首家 P2P 网络借贷平台“拍拍贷”在上海成立，此后一些知名平台如红岭创投（2009）、人人贷（2010）、陆金所（2011）、宜人贷（2012）等先后成立。根据网贷之家数据，2007—2012 年我国共出现了 166 家网贷平台，整个行业处于萌芽期，平台数量较少，市场认可度较低，沿袭了国外无抵押、无担保的线上经营模式。监管部门在行业萌芽期采取了观望的无监管态度。

（二）2013—2015 年 P2P 网络借贷的快速生长期

2013 年 6 月，支付宝旗下的活期资金管理产品“余额宝”上线，这种便利、快捷、零门槛的理财产品一经推出就受到投资者的青睐，用户数迅速增加。在“余额宝”的带动下，公众对网上理财热情快速升温，P2P 网络借贷这一新的投融资模式开始进入公众视野，国内网络借贷平台步入快速生长期。在监管相对宽松的大环境下，大量民营资本成立 P2P 网络借贷公司。两年间我国 P2P 网络借贷平台数量激增。2014 年新增 1 991 家平台，2015 年新增 2 451 家平台，至 2015 年底全国累计出现的 P2P 网贷平台已达到 5 121 家①。Wind 数据显示，2013—2016 年我国 P2P 网贷市场规模增长了近十倍，2016 年底，P2P 网络借贷规模已经约占个人短期贷款规模的 8%。但伴随着平台数量的快速增长，加之监管不到位，运作不规范问题突出，P2P 行业风险日益凸显。

（三）2016—2018 年 P2P 网络借贷的监管规范期

随着 P2P 网络借贷行业的快速发展，出现了大量问题平台，从 2016 年起 P2P 网贷进入监管规范期。2015 年 7 月，中国人民银行等十部委联合发布了《关于促进互联网金融健康发展的指导意见》，标志网络借贷行业规范发展日益受到监管部门的关注；一系列监管文件从 2016 年开始出台，P2P 网络借贷的监管被提上日程，整个行业进入监管规范期。2016 年 8 月，银保监会出台了《网络借贷信息中介机构业务活动管理暂行办法》，以负面清单的方式划定了 P2P 网贷行业的边界红线，其核心还是强调网络借贷平台只能做信息中介，而不能设立资金池成为信用中介。此后监管部门建立了较为全面的监管制度框架，对网络借贷企业进行整治，要求先合规、后通过验收和备案。

2017 年，P2P 网贷行业大量问题平台出现和“现金贷”的猖獗引发公众广泛担忧，监管部门对 P2P 网贷市场采取更严格的监管措施。2017 年 12 月，银保监会下发《关于做好 P2P 网络借贷风险专项整治整改验收工作的通知》，标志着

---

① 李仓舒，沈艳．数字经济时代下新金融业态风险的识别、测度及防控［J］. 管理世界，2019（12）：53-69.

P2P 网贷风险整治已经成为行业的首要任务，贷方对市场的信任度大大降低。2018 年中，新一轮网贷风险爆发，至 2018 年底问题平台已经超过 900 家。

（四）2018—2020 年 P2P 网络借贷的整顿清理期

规范监管并没能遏制问题平台的出现，2018 年开始众多问题平台出现提现困难、网站关闭、跑路等现象，大批网络借贷企业在这一阶段集中爆雷。随着各种监管政策的推行，网络借贷行业进入整顿清理阶段，合规化要求空前严格，各种整治措施大幅压缩了网络借贷行业的业务空间。行业合规化要求越多，整治越严厉，能够完全合规的网络借贷企业就越少，投资者对 P2P 平台的信任持续降低。2019 年监管部门持续对 P2P 网贷保持严格的监管态势，要求各地严格落实降机构数量、降行业规模、降涉及人数的“三降”政策，加大良性退出力度。2020 年 11 月银保监会宣布，我国互联网金融风险大幅降低，全国实际运营的 P2P 网贷机构全部清零，标志中国的 P2P 网络借贷市场实际上已经不复存在。

三、我国 P2P 网络借贷的异化

P2P 网络借贷作为我国数字信贷的主要形式之一，从 2007 年兴起到 2020 年彻底退出，经历了十余年的时间。为什么被国际广泛认可的一种数字信贷模式，在我国出现了重大风险以致最终彻底消失，我们应透过 P2P 网络借贷兴衰的历程，深入分析其业务模式如何从信息中介逐渐异化成信用中介乃至成为“庞氏骗局”的过程。

（一）P2P 网络借贷的异化过程

按照最初的制度设计和监管要求，P2P 网络借贷应严格遵循信息中介模式，平台方只负责撮合交易，收取服务费，并不承担借贷风险。但在我国，P2P 网络借贷在发展过程中逐渐由信息中介异化为信用中介，P2P 平台采用为投资人资金进行“全兜底”或“半兜底”的模式吸引资金源源不断流入，在社会征信系统不完善、平台自身专业能力不足、外部监管不及时等多重原因下，P2P 平台风险不断累积。

成立于 2007 年的拍拍贷采用的是线上直接借贷业务模式。作为纯粹的信息中介，该平台上的所有交易都在线上完成，平台也不承担借贷过程中的种种风险。2009 年，红岭创投在深圳成立，开启了对贷款人的资金做担保，以保障贷款人资金安全的借贷模式。2010 年，人人贷成立，它重点针对具有高度增长与发展潜力的人群发放贷款，到 2012 年，不同所有制、不同背景的借贷平台相继涌现，如宜信旗下的宜人贷、平安集团旗下的陆金所、国家开发银行旗下的开鑫贷等。大量P2P网贷平台的出现加剧了行业竞争，为了在竞争中脱颖而出获得更多投资者的青睐，P2P网络借贷平台逐渐由信息中介异化为信用中介。

从业务模式来看，最早成立的拍拍贷严格遵循信息中介的运营模式，平台不参与借贷双方资金往来，也不承担违约风险，但这一模式导致习惯于刚性兑付的投资人出借意愿不高、规模增长缓慢。为解决资金来源问题，P2P网络借贷平台逐渐演化出新的模式：一是以红岭创投为代表的全担保模式。在全担保模式下，P2P平台给出远高于银行存款或理财收益的固定平均年化收益率，为不同级别的投资人提供分类保障计划。当借款人不能按期偿付本息时，由平台向投资者垫付本息。二是以人人贷为代表的“风险备付金+组合产品”的半担保模式。在半担保模式下，由P2P平台设立风险备付金，同时将不同期限、收益与风险水平的标的拆分打包，主动为投资人进行分散风险的资产配置。如果风险定价总体上能够覆盖违约损失，则大多数投资者可以按期收回本金和收益；一旦出现损失，则由P2P平台通过风险备付金偿付投资人。无论是全担保模式还是半担保模式，P2P业务模式均逐渐由点对点的信息中介服务异化为贷款人提供固定收益、P2P平台为相关风险提供担保的信用中介模式。众多P2P平台迅速扩大业务规模，拓展利润空间，同时平台的信用风险也日益集中。

对于P2P网络借贷这一互联网金融创新，监管部门初期采取了善意忽视的态度，没有及时进行有效监管，P2P网络借贷平台从信息中介异化为信用中介的现象更为普遍，平台经营策略也向“重流量”“轻风控”的方向转变。P2P平台对资金采取来者不拒的态度，贷款人适当性甄别不足；网络借贷行业与其他金融机构的严格准入不同，网络借贷平台进入门槛低、平台运营良莠不齐、平台数量增长过快，很多不合格借款人也能轻易获得资金，信用风险日益加大。随着外部竞争加剧、内部获客成本提高、信用风险集中等因素的推动下，P2P网络借贷平台由信用中介进一步异化，当信用风险和刚性兑付压力累积到一定程度，P2P网络借贷平台不得不通过提高利率吸引新的投资人进入，借新债还旧债以维持运营，最终陷入“庞氏骗局”。

（二）P2P网络借贷的教训

现实表明，中国的P2P网络借贷行业是完全失败的互联网金融创新案例，吸取P2P网贷的教训对于指导我国数字信贷平稳健康发展具有重要价值。

首先，P2P平台参与者对互联网金融创新的风险认识不充分，行业准入门槛低。与欧美国家对P2P行业设置较为严格的准入门槛不同，我国P2P网络借贷行业一度受国家政策鼓励规模迅速扩大，但行业本身缺乏必要的准入门槛，市场准入机制不明确，众多平台良莠不齐，风控能力匮乏，必然形成风险累积。我国P2P网贷参与者以个人和中小企业为主，形成大量个体贷款人对大量个体借款人的模式，信用风险本身较高，加之我国征信体系不完善，对借款人信用状况进行识别的成本较高，加剧了P2P平台信用风险。

其次，P2P行业风控难度大，业务模式不可持续。无论是数字信贷还是传统信贷，根本风险都来自借款人的信用风险，P2P网贷平台的客户结构更需要其具有强大的数据分析能力和风控能力。但研究显示，我国大部分P2P网贷平台均缺乏有效的贷前信用评估、贷后风险控制和数据分析能力①。而且我国征信体系的不完善，信用信息缺乏，P2P借款人逾期或恶意逃废债成本较低，导致平台出现大量信用较差的借款人聚集和多头借贷现象。P2P网贷“小额分散”的业务模式设计难以起到分散风险的作用，P2P平台风险控制难度加大，加之缺乏相应的风险缓释机制，难以实现商业模式的可持续。

再次，P2P行业规则不健全，监管主体责任不明确。我国P2P网络借贷发展前后的监管态度并不一致，经历了由包容到严格的历程。在P2P网络借贷发展初期没有专门针对行业出台监管文件，没有明确的监管主体，也没有建立相应的监管规则。监管部门既不表态P2P网贷必须做信息中介，也没有明令禁止做信用中介；既不设定资质要求，也未颁发金融牌照，监管态度的模糊让P2P网贷平台事实上进入野蛮生长状态。2015—2017年P2P行业虽建立起来监管框架，但职责分工仍不清晰，监管手段难以适应P2P平台网络化、跨区域、涉众广等特点，监管资源不足加之缺乏强力、有效的监管协调机制，P2P行业形成了实质上的监管真空。随着P2P网贷行业的风险累积，2018年起P2P平台爆雷事件不断发生，投资者对行业的信心崩溃，最终宣告行业退出。

最后，投资者教育不足，缺乏适当性管理。对于P2P网络借贷这一创新的金融领域，我国缺少必要的投资者教育，加之缺乏对信息披露、媒体宣传等适当性管理，导致投资人羊群效应明显。当P2P平台推出大量高收益产品，在利益引诱下，大批风险意识淡薄、金融素养匮乏、投资经验欠缺的“非合格投资人”涌入P2P网贷行业。当个别P2P平台出现风险或负面消息时，又极易引发羊群效应，导致整个行业的动荡。

---

① 沈艳，李仓舒. 网络借贷风险缓释机制研究［M］. 北京：中国社会科学出版社，2019.

第三节　互联网小额贷款[①]

2020年11月2日，中国银保监会、中国人民银行共同发布了《网络小额贷款业务管理暂行办法（征求意见稿）》（以下简称《办法》），叫停了网络小贷的跨区业务，明确了联合贷款出资比例，规定了100万元的单户贷款余额上限，限制了控股网络小贷公司的数量，提升了资本金的要求等。自此，我国互联网小额信贷业务进入规范发展阶段。本节重点介绍我国互联网小额信贷业务的发展历程、运作模式、风险管理以及监管要求等。

一、互联网小额贷款概述

小额贷款是由小额贷款公司（以下简称"小贷公司"）提供的，面向中小微企业、个体经济组织以及个人的小规模贷款，属于民间借贷的范畴。小额贷款弥补了银行信贷的不足，对于促进小微经济发展具有一定的现实意义。随着互联网的普及和金融科技的发展，网络小额贷款逐渐成为人们解决短期资金需求的一种重要方式。

（一）互联网小额贷款的含义

互联网小额贷款指利用互联网向中小微企业或个人提供的短期小额贷款，亦称网络小贷。与传统的银行贷款相比，网络小贷具有审批速度快、放款迅速、灵活便捷等优势，因此在一定程度上满足了人们的短期资金需求。网络小贷的重点在于通过网络平台获取借款客户，在线上完成整个贷款流程。相比传统小贷，网络小贷打破了地域限制，可以通过互联网在全国范围内开展业务。

《办法》对网络小贷业务的含义进行了明确定义：网络小额贷款业务是指小额贷款公司利用大数据、云计算、移动互联网等技术手段，运用互联网平台积累的客户经营、网络消费、网络交易等内生数据信息以及通过合法渠道获取的其他数据信息，分析评定借款客户信用风险，确定贷款方式和额度，并在线上完成贷款申请、风险审核、贷款审批、贷款发放和贷款回收等流程的小额贷款业务。

---

① 本章第二节将数字信贷划分为P2P网络借贷、大型科技公司信贷（简称"大科技信贷"）和数字供应链金融。其中大科技信贷是互联网小额贷款的一部分，我国开展互联网小额贷款业务的机构以大型科技公司为主体。本节统称为互联网小额贷款业务。

（二）互联网小额贷款的特点

相对普通的小额贷款来说，互联网小额贷款具有鲜明的互联网属性和金融科技属性，可以通过网络平台面向全国开展业务是其优势所在，同时运用先进的技术手段实现广泛营销、高效审核、快速放款，以提高运营效率。互联网小额贷款业务的信贷需求可以植入具体的场景，如 C 端客户的旅游、装修、购物等消费类场景，B 端客户采购货款支付的供应链金融场景。

1. 突破身份限制

网络小贷业务被纳入银保监会监管范围后，突破传统小额贷款公司身份的严格约束，具备了部分金融机构权限。一些网络小贷公司取得了发行资产支持证券（Asset Backed Security，ABS）的权限，经营杠杆放大，融资渠道拓宽，还能够通过联合贷款、助贷业务等进一步丰富业务结构。

2. 突破模式限制

传统小贷公司主要经营线下业务，经营模式单一，获客难度大、成本高、风控效果差，发展十分受限。网络小贷公司经营线上业务，应用金融科技创新产品设计，基于大数据进行精准客户营销，建立大数据风控模式等，实现了信贷业务的流程再造，令金融科技成为其核心竞争力。

3. 突破地域限制

小额贷款公司经营贷款业务主要在注册地所属省级行政区域内，一般不得跨省级行政区域开展小额贷款业务。但网络小额贷款业务可以突破地域限制，一些大型科技公司的网络小贷业务运用大数据、云计算等技术，可面向全国范围内的线上客户开展业务，获客范围十分广泛。

（三）互联网小额贷款与现金贷、消费金融的比较

1. 互联网小额贷款与现金贷的关系

现金贷是小额现金贷款业务的简称，是针对申请人发放的消费类贷款业务，具有方便灵活的借款与还款方式，以及实时审批、快速到账的特性。现金贷是一种贷款产品：借款人为自然人，借款的期限很短（一般会在 3 个月以内），还款方式往往是以等额本息为主，担保方式为信用（无担保），借款用途通常不指定。

互联网小贷与现金贷概念有交集，现金贷有一部分是互联网小额贷款公司发放的，也有的是现金贷平台，还有部分是银行业金融机构或其他类金融机构联合发放的（又称助贷）。

2. 互联网小额贷款与消费金融的关系

根据《消费金融公司试点管理办法》（以下简称《管理办法》）（银监

会2013年第2号令）的相关规定，消费金融公司系指经银监会批准，在中华人民共和国境内设立的，不吸收公众存款，以小额、分散为原则，为中国境内居民个人提供以消费为目的的贷款的非银行金融机构。经批准，消费金融公司可以经营的主要业务包括：发放个人消费贷款（但不包括购买房屋和汽车）；接受股东境内子公司及境内股东的存款；向境内金融机构借款；发行金融债券；境内同业拆借；与消费金融相关的咨询、代理业务；代理销售与消费贷款相关的保险产品；固定收益类证券投资业务等。

消费金融与互联网小贷均可发放个人消费贷款，但主要区别为：首先，互联网小贷的服务对象可以是个人也可以是企业，而消费金融公司的服务对象仅为个人；其次，互联网小贷牌照业务范围为开展各项贷款（可通过互联网在全国范围内开展各项贷款）及经地方金融办批准的其他业务，而消费金融牌照仅可经营《管理办法》规定的8项业务。

二、互联网小额贷款经营主体及类型

随着互联网、智能手机以及移动支付深入每个人的生活，互联网小贷业务正在逐步扩大。近年，在监管机构对小额贷款公司加强监督管理、规范经营行为、防范化解风险的大环境下，不合规的小额贷款公司快速退市，从而令行业集中度提高。一些大型科技公司应用金融科技优势，纷纷拓展互联网小额贷款业务。

（一）互联网小额贷款公司的出现

20世纪90年代以来，我国开始逐步探索专营小额信贷业务的机构模式。2005年，中国人民银行在山西、四川等5省区开展商业性小额信贷专营机构试点，共成立7家“只贷不存”的小额贷款公司，正式开启了商业性小额贷款业务的探索。按照监管要求，传统小额贷款公司只能在注册地开展业务，贷款资金必须是自有资金。2010年以来，在互联网金融快速发展的背景下，一些小额贷款公司谋求业务的创新发展，融入互联网金融模式；也有众多互联网企业拓展小额贷款业务，将小贷业务与自身的互联网优势相结合。

互联网小贷公司由地方金融监管部门负责批设，可以由大型互联网服务企业等发起设立，依托互联网平台生态系统和累计数据，应用大数据、云计算等先进技术支持客户信用评价，为借款人提供小额贷款。互联网小贷公司经营范围可包括网络贷款业务、资产转让业务和投资类业务等金融相关业务。2010年3月，浙江阿里巴巴小额贷款股份有限公司（以下简称“阿里小贷”）在浙江杭州成立，成为全国首家专门面向网商提供贷款的网络小额贷款公司。此后传统小贷公司纷纷转型发展线上业务，新设互联网小贷公司也得到快速发展。2017 年 12 月，针对部分小额贷款公司在网络小额贷款业务中存在的问题，监管部门明确要求暂停新批设网络（互联网）小额贷款公司；暂停新增批小额贷款公司跨省区市开展小额贷款业务；已经批准筹建的，暂停批准开业，同时暂停发放互联网小贷公司牌照。此后仅有个别互联网小额贷款公司获批成立。

（二）互联网小额贷款公司的类型

1. 非金融企业设立的互联网小贷公司

在获得牌照的互联网小贷公司中，超过半数为非传统金融的企业背景。这些非金融企业发起设立网络小贷公司来保证其所在产业链所需资金流的正常流动，使金融能够更好地服务于本企业发展。各领域企业通过设立网络小贷公司，为上下游客户提供经营类信用贷款服务，帮助它们解决经营过程中的资金周转问题，加强企业与上下游客户之间的合作与联系。这种互联网小贷公司提供的信贷服务类似供应链金融服务。

2. 电商平台设立的互联网小贷公司

电商平台设立的互联网小贷公司以解决中小微企业融资和资金周转等难题为宗旨，通过线上模式，为目标客户提供快捷简单、类型多样的金融信贷服务。我国第一家互联网小额贷款公司——阿里小贷就属于此种类型。电商平台设立的网络小贷公司目标客户群体以中小微企业和个人客户为主，包括其会员企业和电商平台的商铺卖家；贷款产品围绕目标客户的特点和需求而精心设计，主要有 B2C 和 B2B 两类产品。网络小贷公司依托电子商务平台，将在电商平台收集到的客户信息数据转化为对企业和个人的信用评价，通过金融科技对传统融资渠道中处于劣势地位的小微企业进行较为科学的信用评价，向这类群体批量发放“金额小、期限短、随借随还”的各类贷款。

3. 网络科技公司设立的互联网小贷公司

我国部分大型网络科技公司利用自身的技术优势和用户优势，发起设立了自己的互联网小额贷款公司。大型网络科技公司设立的互联网小额贷款公司，通常是跨省级行政区域经营网络小贷业务。根据监管要求，互联网小额贷款公司注册资本须不低于人民币 50 亿元，且为一次性实缴货币资本。目前字节跳动、腾讯、京东、美团、苏宁、百度等多家互联网公司旗下网络小贷公司，在达到注册资本门槛要求后，选择进一步增资，而强化注册资本管理有利于网络小贷公司的稳健有序发展。

三、我国互联网小额贷款的发展历程及现状

（一）互联网小额贷款的发展历程

2003年成立了我国第一家网上购物平台——淘宝，为了支持淘宝网店的发展，2007—2008年阿里巴巴与建行、工行合作先后分别推出“e贷通”“易融通”等贷款产品，主要服务于中小电商企业；并建设网商融资平台，开始尝试互联网与金融行业的融合。2008年5月，银监会、中国人民银行发布的《关于小额贷款公司试点的指导意见》（银监发［2008］23号）提到，随着互联网与金融行业的逐渐融合，部分企业产生了通过其互联网平台面向客户提供小额借贷服务的需求。2010年3月，浙江阿里巴巴小额贷款股份有限公司正式成立，获得了首张电子商务领域小额贷款公司的营业牌照，开始向部分城市的淘宝或阿里巴巴上的电商企业放贷。阿里巴巴推出了“3-1-0”网络借贷模式，即借款人可以在3分钟内完成在线申请，如获得批准，贷款将1秒钟到账，批贷期间零人工干预，这是互联网小额贷款（以下简称“小贷”）与传统银行信贷的显著差别。尽管此时阿里小贷的性质仍然是普通地方性小额贷款公司，但由于电商平台的特殊性，其实际的业务地域范围已经覆盖全国。2011年，阿里巴巴又在重庆成立了一家小额贷款公司。

2013年9月，广东省金融办下发了《关于同意佛山市顺德区欧浦小额贷款有限公司“网上贷”业务实行放宽经营范围试点的批复》，这是“互联网小贷”字样第一次正式出现在政府文件中，是国内第一家由传统小贷升级为互联网小贷的案例，某种意义上也标志着互联网小贷的正式诞生。

2013—2017年，互联网小贷进入多点开花的快速发展阶段，各地金融监管部门纷纷出台相关扶持政策，鼓励由大规模开展互联网业务、拥有大量网络客户资源的国内电子商务及互联网企业发起，设立不吸收公众存款，主要为互联网上的小微客户提供小额贷款的网络金融组织。截至2017年底，全国范围批准设立的互联网小贷公司有254家，其中完成工商注册的有226家。

2017年11月，针对网络“现金贷”业务的乱象，国家互联网金融风险专项整治工作领导小组办公室发布《关于立即暂停批设互联网小贷公司的通知》，明确要求自2017年11月22日起，各级小额贷款公司监管部门一律不得新批设网络（互联网）小贷公司，禁止新增批小贷公司跨省（区、市）开展小额贷款业

务。至此，互联网小贷行业进入强监管下的规范发展阶段，部分机构与从业人员开始退出网络小贷行业。

2020 年 11 月，银保监会与央行联合发布《网络小额贷款业务管理暂行办法（征求意见稿）》公开征求意见，对网络小贷业务的准入机制、经营网络小贷业务的基本规则、机构跨区展业、注册资本、风险控制等提出了更为严格的监管要求。网络小贷行业分化明显，头部互联网小贷增资与行业“清退潮”同时出现，集中度明显提升。一方面，2021 年以来多家头部互联网公司对旗下小贷公司进行了增资，另一方面，2020 年以来部分省份加大了对小微企业的支持，广东、山东、重庆、深圳等多地金融监管部门明确对小贷公司阶段性放宽融资杠杆、拓宽融资渠道、扩张展业区域等。监管部门对各项监管指标优良、积极支持中小微企业复工复产的小贷公司适度放宽了监管要求。

（二）互联网小额贷款的发展现状

近年来，在国家强化互联网金融监管，防范化解风险的大环境下，小贷行业呈现规范发展趋势，行业集中化发展开始起步。中国人民银行发布的小额贷款公司统计数据显示，截至 2023 年 9 月末，全国共有小额贷款公司 5 604 家，贷款余额 7 856 亿元，比前三季度减少 1 251 亿元；重庆市小额贷款余额 1 306.71 亿元位居第一，其次是广东省（1125.61 亿元）。重庆市被称为“小贷之都”是名副其实的。京东、美团、度小满、滴滴等互联网巨头设立的网络小贷公司均在重庆；重庆市 233 家小额贷款公司中，有 43 家开展网络贷款业务。广东省网络小贷发展也处于领先位置，小贷公司数量和贷款余额均处于全国第二位，广州网络小贷公司涵盖了众多途牛、同城等旅游巨头和万达、保利、绿地等地产巨头。

多家互联网巨头如携程、京东等整合网络小贷牌照及业务，并接连增资，以达到监管部门的注册资本门槛要求。具体而言，小额贷款公司经营网络小额贷款业务在注册地所属省级行政区域内开展，其注册资本不低于 10 亿元；跨省级行政区域经营网络小额贷款业务的小额贷款公司注册资本不低于 50 亿元，且均应为一次性实缴货币资本。据统计，当前注册资本 10 亿元以上的网络小贷公司共有 34 家，其中注册资本在 50 亿元以上的有 12 家（见表 5-1）。

表 5-1 注册资本 50 亿元以上的网络小贷公司

序号	公　　司	注册资本（万元）	关联公司
1	重庆蚂蚁小微小额贷款有限公司	1 200 000	蚂蚁集团

续表

序号	公　　司	注册资本（万元）	关联公司
2	深圳市财付通网络金融小额贷款有限公司	1 000 000	腾讯
3	深圳市中融小额贷款有限公司	900 000	今日头条
4	南宁市金通小额贷款有限公司	898 900	广西金融投资集团
5	重庆度小满小额贷款有限公司	740 000	度小满
6	重庆星雨小额贷款有限公司	600 000	苏宁
7	中新（黑龙江）互联网小额贷款有限公司	500 000	大连中联创等
8	重庆携程小额贷款有限公司	500 000	携程金融
9	重庆美团三快小额贷款有限公司	500 000	美团
10	重庆京东盛际小额贷款有限公司	500 000	京东
11	福州三六零小额贷款有限公司	500 000	360 数科
12	重庆隆携小额贷款有限公司	500 000	OPPO，ViVo

资料来源：金融虎网（www. jinronghu. com）。

四、互联网小额贷款的风险管理

（一）信用风险管理

互联网小额贷款克服了很多传统小额贷款的缺陷，通过互联网开拓业务，实现了全国范围内的业务经营，但其客户群体主要是中小企业和个人，这些客户信用意识不强，对自身信誉不够重视，风险防范能力较弱，因此面临比较突出的信用风险。部分互联网小额贷款公司采用了新的信用风险管理框架，一是依托科技平台及其生态系统，如腾讯和阿里巴巴等大型科技平台建立了全面的生态系统，几乎可以覆盖日常生活的方方面面。客户在生态系统中展开社交、购物、游戏、工作等活动，留下海量的数字足迹，包括小微企业的经营流水、营收趋势与交易网络，折射客户的财务状况、经济活动、社会及网络地位与行为特征。这些大数据对于信用风险管理具有重要价值：一方面可以支持信用风险评估，另一方面还可以让网络信贷机构实时监测借款人的状况，及时对风险因素做出反应。科技平台及其生态系统还有利于贷后管理，平台可以通过设计激励机制来鼓励还款，减少道德风险。二是应用大数据模型进行智能风控。大数据模型结合了大数据技术、机器学习等金融科技，可以替代传统银行利用财务数据和抵押资产管理风险做法，对客户的信用风险进行更为精准的评估和预测。大数据模型可以更有效地识别出那些偿还意愿高的贷款申请人，云计算和人工智能的运用则可以大大提升处理的速度与规模，从而大大降低信贷的运营成本。

（二）互联网小额贷款的外部监管

自2015年以来，我国互联网小贷业务快速发展，与此同时，伴随着高利放贷、隐私侵权、暴力催收、非法经营等不良事件频繁发生，网络小贷暴露出诸多问题和风险，国家对互联网小贷公司的监管逐步展开。

2017年11月，互联网金融风险专项整治工作领导小组办公室下发《关于立即暂停批设网络小额贷款公司的通知》，要求各级小贷公司监管部门一律不得新批设网络（互联网）小额贷款公司，禁止新增批小额贷款公司跨省（区、市）开展小额贷款业务。随后，又下发《关于规范整顿“现金贷”业务的通知》，严格规范网络小额贷款业务管理和资金来源审慎管理，禁止通过互联网平台或地方各类交易场所销售、转让及变相转让公司信贷资产，禁止通过网络借贷信息中介机构融入资金。自此以后，各地网络小贷公司的数量和规模逐步缩减，以蚂蚁集团为代表的大型网络小贷公司大幅压缩资产支持类证券的规模。

2022年11月2日，银保监会会同中国人民银行等部门起草了《网络小额贷款业务管理暂行办法（征求意见稿）》，网络小额贷款业务监管进一步趋严。该办法明确小额贷款公司经营网络小额贷款业务应当主要在注册地所属省级行政区域内开展；未经国务院银行业监督管理机构批准，小额贷款公司不得跨省级行政区域开展网络小额贷款业务；明确小额贷款公司经营网络小贷业务的准入条件，控股股东和互联网平台应具备的条件，严格注册资本及实缴要求；明确小额贷款公司经营网络小贷业务的具体业务范围和规则限制，以及公司治理和信息披露要求等。

第四节　数字供应链金融

党的二十大报告提出：“大力推动高质量发展，建设现代化产业体系，坚持把发展经济的着力点放在实体经济上，促进数字经济和实体经济深度融合。”金融服务实体经济，服务制造业高质量，以高质量的金融服务促进中国经济的高质量发展，是时代赋予的重要课题。我国政府一直将深化供应链金融发展作为促进实体经济的有效途径。当前，我国正着力构建以国内大循环为主体、国内国际双循环相互促进的新发展格局，其中供应链稳定是国内大循环的基础，也是构建双循环新发展格局的重心，实现这一稳定局面离不开产业与金融的深度融合。2022年4月，中共中央、国务院发布《关于加快建设全国统一大市场的意见》，指出“发展供应链金融，提供直达各流动环节经营主体的金融产品”，应用金融科技和数字技术赋能，在支持小微企业融资的同时，促进实体行业发展。数字供应链金融借助核心企业的信用外溢与流程牵引，将高等级的信用与高质量的数据结合，提高了供应链上中小微企业的金融资源可获得性。

一、数字供应链金融概述

（一）供应链金融的定义

供应链金融（supply chain finance，SCF）缘起供应链组织的资金流管理，旨在通过物流、信息流和资金流的协同运作，优化组织资金配置，降低系统综合成本，实现供应链整体最优价值。近年来，SCF得到了迅猛发展，为缓解中小微企业融资困境做出了贡献，成为产业生态发展的重要趋势。根据中国人民银行等八部委《关于规范发展供应链金融支持供应链产业链稳定循环和优化升级的意见》中的定义，供应链金融是指“从供应链产业链整体出发，运用金融科技手段，整合物流、资金流、信息流等信息，在真实交易背景下，构建供应链中占主导地位的核心企业与上下游企业一体化的金融供给体系和风险评估体系，提供系统性的金融解决方案，以快速响应产业链上企业的结算、融资、财务管理等综合需求，降低企业成本，提升产业链各方价值”。供应链金融的本质就是利用供应链上企业之间的债权、物权进行融资。

供应链金融被认为是供应链管理的一部分，是以供应链真实贸易为基础，以提高供应链管理效率为目标，以贸易行为所产生的确定的未来现金流为直接还款来源的综合金融解决方案。供应链金融的独特性，在于它充分实现了商品流、物流、信息流和资金流的有效整合，较好地解决了中小企业因为经营不稳定、信用不足、抵押品缺乏等状况产生的融资难问题。

（二）数字供应链金融的含义

数字供应链金融是数字金融的核心构成部分，是助推产业现代化发展、完善现代化金融发展体系的关键引擎。关于数字供应链金融目前没有官方和统一的定义，一般认为数字供应链金融是指将信息通信技术（ICT）、大数据、人工智能等数字化技术应用于供应链金融业务各个环节以及在此过程中所产生的一系列改造、升级和创新。数字供应链金融的目标是所有参与方实现极致协同，实现物流、商流、资金流和信息流的“四流合一”，做到供应链金融业务流程线上化、信用评估数据化、风控决策自动化、运营管理可视化、数据交易可信化、风险监测动态化、动产监管智能化。

数字供应链金融是“数字化技术+产业生态+现代金融”的深度融合，是供应链金融融合数字化技术的产物。由于大数据、云计算、物联网和区块链等技术的应用，数字供应链金融呈现出复杂的网络结构，供应链金融平台中的参与主体得到扩展，并通过平台空间拓展出更多的服务渠道。数字供应链金融实质是供应链金融逐渐从原来单一主体为核心、要素为基础的金融行为向以多主体互动、以流程和行为为基础的金融服务演化。这种变化表现在供应链金融的结构、流程和要素三维的变化，也反映为供应链金融实现的目标、供应链管理的业务和系统要求的差异。

（三）数字供应链金融的主要参与者

数字供应链金融的主要参加者包括以下各方。

1. 金融机构

金融机构包括传统商业银行、互联网银行和保理公司等，是供应链金融行业的绝对供给主体。近年来金融机构依托其强大的资金能力、产品能力和风控能力的核心优势，积极进行供应链金融数字化转型，对传统供应链模式进行线上优化，为各类数字化平台合作提供资金支持。

2. 核心企业

核心企业通常具有出色的获客能力和风控能力，对产业的理解更为深入，能够快速洞察客户需求。核心企业既包括传统的行业龙头企业，也包括新兴的电商平台。电商平台是实体经济与互联网结合的最佳载体，能较好实现商流、物流、资金流和信息流的“四流合一”；传统龙头企业近年来也纷纷搭建数字化平台，这些企业以平台为核心节点，依托自身对上下游企业的了解和相关贸易往来开展数字供应链金融业务。

3. 第三方科技公司

第三方科技公司具有强大的科技实力和产品创新能力，通过建设数字化平台及对外提供行业解决方案的方式赋能核心企业和金融机构，辅助开展数字供应链金融服务。

4. 供应链服务商

供应链服务商包括供应链管理公司和物流公司，它们主要通过掌握供应链贸易关系来开展数字供应链金融服务。物流企业整合供应链中的物流网络，链接供应链资金提供方，为服务对象提供物流供应链服务；供应链管理公司承接核心企业外包的非核心业务，整合供应链的上下游资源，提升了整体供应链的运作效率。

5. 金融信息服务平台

金融信息服务平台通过互联网技术链接资金提供方和供应链上的资产端，为供应链上的中小企业提供融资解决方案和资金支持。

二、我国数字供应链金融的发展阶段

随着金融赋能供应链的政策导向、细分产业的金融需求和发展战略不断变化，金融与供应链也逐步进入深度交融的阶段并呈现出新时期的特点。我国供应链金融发展至今大体上经历了四个阶段。

（一）线下“1+*N*”阶段

“1+*N*”即核心企业+多家上下游企业。在互联网技术还未开启的时代，金融机构根据核心企业“1”的信用支撑，以完成对核心企业提供服务的中小微型企业“*N*”的融资授信支持。此时融资服务受诸多因素影响，如金融机构对存货数量的真实性不易把控，较难核实重复抵押的行为，操作风险频发等。

（二）线上“1+*N*”阶段

“1+*N*”即核心企业数据+多家上下游企业。这一阶段将传统的线下供应链金融搬到了线上，让核心企业“1”的数据和金融机构完成对接，从而使得金融机构随时能获取核心企业和产业链上下游企业的仓储、付款等各种经营信息。有了互联网技术的支持，线上供应链金融能够高效地完成多方在线协同，提高了作业效率。虽然已经取得了核心数据的支持，但这种大数据只涉及关键的核心企业，对核心企业上下游中小企业的控制力不足，尚不能收集和掌控真正融资的中小企业的实际数据。

（三）线上“*N*+*N*”拓展阶段

“*N*+*N*”即核心企业+多家上下游企业+全数据电商云服务。平台的搭建颠覆了过往以融资为核心的供应链模式，转为以企业的交易过程为核心，出现了货物质押之外的方式。通过在企业交易过程中对应收账款的质押等方式，金融机构搭建一个服务平台，让中小企业的订单、运单、收单、融资、仓储等经营性行为都完整呈现在系统中，同时引入物流、第三方信息等企业，搭建服务平台，为企业提供配套服务。在这个系统中，核心企业起到了增信的作用，使得各种交易数据更加可信，此外还有更多的关联企业参与进来，试图凭借自己的优势构建服务整个供应链上的平台，这也是目前供应链金融形式多样化的原因之一。

（四）智能化发展阶段

在我国供应链金融发展前三个阶段的基础上，借助物联网、人工智能、大数据、区块链等技术，实现了供应链和营销链全程信息集成和共享，同时提升了服务能力和效率。近年来，数字经济发展速度之快、辐射范围之广、影响程度之深前所未有，正在成为重组全球要素资源、重塑全球经济结构、改变全球竞争格局的关键力量。数字经济时代，社会和商业都在经历数字化转型，推动着社会均衡普惠发展，数字化、普惠性的社会发展需要与之相适应的数字化普惠金融服务体系。

总体上，数据化、信息化拓宽了经济与金融的边界，变革了商业和财务的管理模式，催生了产业金融。在数字技术快速更迭的时代中，供应链迎来了前所未有的变革，供应链管理面临巨大挑战。在财务管理的职能中，产业金融的经营成为重要组成部分。借助技术手段，基于真实交易，企业将经营触角延伸至产业链各方，在交易流、物流、资金流和信息流的动向中，实现信用的有效流转。供应链金融以金融科技对供应链“四流”信息进行数据整合分析，依托数字增信创新金融产品和服务模式，使之可以主动适应数字经济的变化，契合数字经济的发展趋势。通过科技赋能，供应链金融可以有效降低金融服务成本，使经营达到可持续，从而构建一个有深度的、可以满足数字经济普惠性发展要求的服务体系。

三、数字供应链金融主要模式

（一）电商平台主导模式

电商平台以信息服务功能吸引客户参与平台交易，当平台交易量增加后，物流、仓储等服务逐渐在平台内实现交易闭环，平台也通过连通上下游交易、物流、现金流等，将买卖双方相关数据沉淀在平台，并根据客户需求，为供应链上下游企业提供融资服务（见图5-1）。电商平台主导模式可以细分为两类：一类是以B2B电商交易平台为代表的供应链金融模式。B2B平台天然具有企业的交易数据、物流信息和资金数据等，更容易对供应链上下游企业进行增信，发挥核心企业的基础优势资源，满足贸易个别环节的融资需求，提升生产和流通效率。另一类是B2C电商平台供应链金融模式，该模式主要利用企业在平台上的交易记录，进行风险评估，贷款也根据企业的信用级别来发放。这个模式的典型代表就是阿里、京东、苏宁云商等。

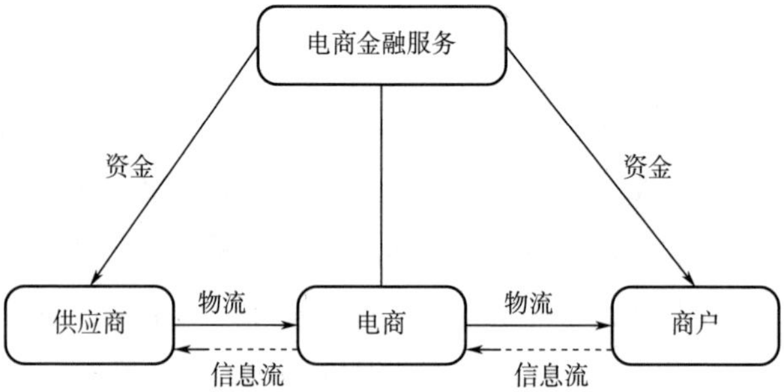

图 5-1　电商平台主导的供应链金融模式

京东供应链金融是电商平台主导模式的典型代表。2013 年京东开始独立做供应链金融业务，“京保贝”是京东首个互联网供应链金融产品，它根据供应商与京东商城的应收账款，从采购订单、入库至结算单付款前的全部单据形成应收池，并根据大数据计算得出的风控模型计算出供应商可融资额度，客户在其可融资额度内任意融资，系统自动放款。融资成功后，该系统开始按日计息，直至该笔融资还款成功。京东拥有供应商在其平台上采购、销售等大量的财务数据，以及之前与银行合作开展应收账款融资的数据，通过大数据、云计算等技术，对数据池内数据进行整合分析，这样就建成了平台最初的授信和风控系统(见图 5-2)。2014 年，京东供应链金融上线了“京小贷”，主要服务于京东开放平台上的商家，极大改善了小微商家的融资困境。2015 年 9 月，京东金融与中国邮政速递物流联合推出数字金融领域首个针对电商企业的动产融资产品——“云仓京融”。“云仓京融”通过数据和模型化的方式自动评估商品价值，与物流仓配企业合作，全面整合了质押商品从生产、运输、仓储贷销售的全链条数据并进行交叉验证，实现了动态质押，打造“互联网+仓配+金融”的供应链金融标杆。

（二）信息技术企业主导模式

信息技术企业可凭借其丰富的客户资源，以区块链分布式记账为底层技术，获取企业财务、采购和销售等数据的同时，以各参与主体间的债权债务关系为核

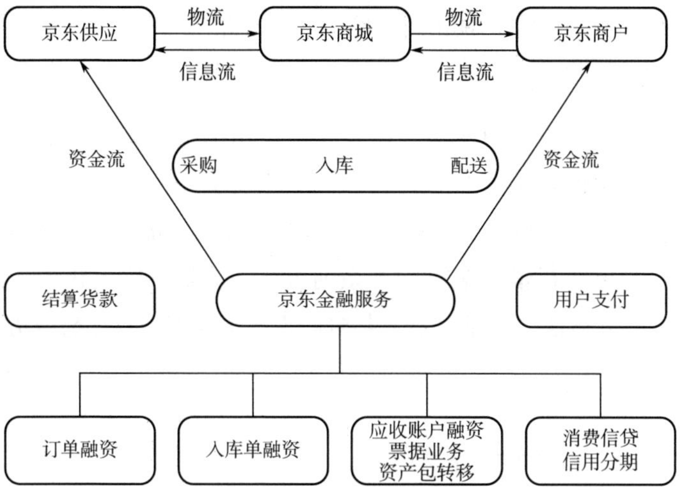

图 5-2 京东供应链金融的运作模式

心，以金融机构授信为融资基础，开展供应链金融服务。例如，用友企业云服务定位数字企业职能服务，是中国最大的融合化、综合性、生态式企业云服务平台，服务企业业务、金融和 IT 三位一体创新发展。用友供应链金融是连通企业产业链，为核心企业以及其上下游企业提供综合性金融服务的云平台。用友前端对接核心企业的 ERP 系统、财务系统、采购平台、销售平台等，获取真实交易数据；后端对接资金方，包括商业银行、信托、基金、保理公司等，根据企业存货、财务、贸易等数据，为企业授信、融资、贷后监控提供数据支撑，为供应链中的上下游中小企业提供融资服务。

（三）传统龙头企业主导模式

传统龙头企业凭借深厚的行业背景，及对上下游的控制能力和资源，通过金融机构授信核心企业资信，为供应链上的企业提供融资服务。以海尔供应链金融为例，依托先进的管理理念和物流技术，海尔公司搭建了物联网场景物流生态平台——日日顺供应链，日日顺将其拥有的客户群体和规模庞大的经销商数据与银行平台连接，成为银行授信的重要依据。海尔与银行的合作，整合了银行的资金、业务以及技术的专业优势和海尔集团分销渠道网络、交易数据和物流业务等要素优势，通过日日顺平台的交易记录，将产业与金融集合在一起，开拓了针对经销商的“货押模式”和“信用模式”等互联网供应链金融业务。“货押模式”是针对经销商为了应对节日消费高峰、抢购紧俏产品/品种、批量采购折让而进行的大额采购需求的金融解决方案，“信用模式”则是针对经销商当月实际销售而产生的小额采购需求的金融解决方案。

（四）商业银行主导模式

商业银行主导模式是国内供应链金融中运用范围最广泛、最具代表性的模式。商业银行主导模式是在产业升级和技术驱动下，基于大数据进行的授信模式，其数据方从原来的核心企业拓展到 ERP 厂商、电商平台和物流公司等。例如，招商银行推出“招银易融通”等系列服务，就是以线上化方式服务供应链上下游企业，有效解决企业某时点、某阶段现金头寸不足及交易双方互不信任等问题。

四、数字供应链金融的发展趋势

（一）金融科技推动数字供应链金融创新

随着数字经济的全面发展，金融科技进一步赋能供应链金融行业，催生行业变革的同时，也从风险控制、效率提升、降低成本等方面改变了传统金融业务，为供应链金融行业的发展提供了新的契机。当前，推动供应链金融的创新主要基于以下技术热点展开。

1. 物联网

物联网技术与供应链金融的结合主要是通过传感技术、导航技术、定位技术等方式，在仓储和货运环节实现线上化、可视化，控制和动态管理交易过程，提高终端交易的真实性。当异常情况出现时，可实现及时预警。物联网平台与资金端结合以后，可以提供产业链上下游之间的物流、信息流、资金流的真实交易数据，保证资金回笼，形成封闭运行。

物联网的可视跟踪技术极大地提高了供应链金融的运营效率，有效控制风险。作为交易数据、物流服务、库存服务的平台，物联网打通资金融通、资源需求，实现物流与信息系统的高度融合，形成整个产业链的真实交易数据和信息共享。物联网有利于商业银行加快数字化供应链金融平台建设，辅助金融机构对企业进行信用调查、加快贷款审批速度、提升贷后管理效率、监控质押物保管状态，进行动态管理等。

2. 人工智能和大数据

人工智能和大数据可以提供一个开放式的供应链金融平台，巩固核心企业与上下游企业的关系。大数据拓宽了供应链金融参与者的信息维度，平台通过接入和整合相关主体的交易历史、交易习惯等信息，全面掌控平台上相关主体的交易行为，通过这些信息进行信用风险评价，从而满足供应链上中小企业的融资需求。

另外，大数据所整合的过程动态信息，极大地提升了可用数据量级，降低了供应链金融业务成本，提高了贷后管理能力。在多维、动态、海量信息的基础上，大数据和人工智能（人工智能通过学习分析、清洗整理数据，映射出数据所代表的具体含义）能够提升客户画像绘制的能力，实现精准营销和智能风控。通过引入客户行为数据，与银行资金信息、物流数据相结合，得到供应链的全景视图，从而提高金融机构的客户筛选、精准营销能力，提升智能风控决策水平。

3. 区块链

供应链金融需要与多方合作，数据也来源于多方主体，区块链可以在缺少传统中心化治理机构的情况下，助力供应链金融创造更多场景并建立信任环境。在此基础上，区块链分布式账本、加密、智能合约等技术，为供应链金融发展中存在的问题提供了新的解决方案。

区块链智能合约是一个能够自动执行事先约定合约条款的系统程序，在运行过程中根据内外部信息进行识别和判断，当条件达到预先设置的条件时，系统自动执行相应的合约条款，完成交易。智能合约有效缓解了现实中供应链合约执行难的问题，以实物融资为例，完成交货后即可通过智能合约向银行发送支付指令，从而自动完成对资金的支付、清算和财务对账，提高业务运转效率，一定程度上降低了人为操作带来的潜在风险与损失。

（二）科技赋能下的数字供应链金融特点

随着物联网、云计算、大数据、人工智能、区块链等技术的发展，供应链金融业务呈现出与金融科技高度融合的发展趋势，在科技赋能供应链金融的过程中，呈现出以下特点。

1. 整合化

单一技术往往只涉及单一节点的单方面改进，效果有限。云计算、大数据、人工智能、物联网、区块链等基础技术整合运用后，进一步结合边缘计算、AR/VR、图像识别等通用性技术，形成综合性的工具套件式解决方案，可以共同发挥作用。

2. 数据化

科技与供应链场景深度融合，实现各供应链环节的进一步数据化、线上化。

通过技术手段，促进交易的单证、交易的资产得到真实性保证和真实反映，实现从物理世界到数字世界的真实映射。

3. 场景化

任何技术都不能脱离具体使用场景而发挥作用，要针对具体场景和具体流程的拆解和需求解读，最终形成针对场景的定制化技术和业务解决方案。

4. 可视化

通过将整个的供应链交易链条实现数字化可视化，还原真实交易场景，持续监控交易资产，可以更加全面和动态地反映供应链的实际运行状态。在此基础上，相关参与主体之间的信息不对称和信任成本被大大降低，科技承担了传递产业信用的媒介作用。

5. 智能化

在更加多元化的供应链金融网络生态中，有产业供应链的交易方、流动性提供方、风险管理方等多方角色主体，各个主体不仅能够有效地触达信息数据，还能与生态网络进行深度的数据信息交互，信息的广度、深度、实时性都将大幅提升。

6. 协同化

供应链金融作为供应链管理的有机组成部分，不能脱离供应链管理单独寻求最优融资方案，技术应用要综合考虑企业的生产运营各个方面，来协同寻求整体最优解。

案　例

互联网大厂的供应链金融：阿里 VS 腾讯

发展数字经济已成为实现高质量发展的重要内容。供应链金融是服务数字经济的重要抓手，越来越受到互联网大厂的重视。阿里和腾讯作为中国头部互联网企业，在供应链金融领域发展模式上有着较大不同。阿里凭借电商发展，最早布局供应链金融，有着多年累积的先发优势。电商之间的竞争是整条供应链的竞争，电商平台供应链金融产品影响供应链运转效力。阿里通过供应链金融在电商行业的创新应用，可以带动整个链条向前流动，从而实现供应链的整合。腾讯在战略转型产业互联网的过程中，迅速发力供应链金融，具有极强的后发优势。

阿里和腾讯有相同之处，甚至可以合作共赢。第一，在供应链金融领域都成立了互联网银行，分别是阿里的网商银行、腾讯的微众银行。第二，阿里和腾讯都依靠强大的科技能力布局供应链金融，例如腾讯云、联易融、“大雁系统”。然而，二者在供应链金融领域也有着间接的合作共赢，通过众安保险的众企安链品牌布局供应链金融。

一、阿里供应链金融的先发优势

阿里作为中国最大的电商，也是最早布局供应链金融的电商。凭借先发优势，阿里供应链金融的发展可分为三个阶段。

第一个阶段为信用积累期。这一阶段主要依托B2C电商平台进行客户资源积累与交易信息收集。2002年推出诚信通，开始对商户数据进行量化评估并建立信用评核模型。凭借“诚信通”“诚信通指数”等服务建立的商家“网上征信系统”是阿里金融得以顺利运行的基础。阿里小贷提供两种不同类型的贷款服务：淘宝贷款和阿里巴巴贷款。成立于2001年的“一达通”是国内首家B2B外贸出口服务商。“一达通”设有金融中心，主要是通过与中国银行等金融机构合作开发面对中小微企业的信用证融资、备货融资、货款买断、远期外汇保值等多项金融服务产品，全面解决中小微企业贸易环节的资金和风险控制需求。显然，这是阿里针对外贸方面的供应链融资。

第二个阶段为银行合作期。阿里于2007年开始向供应链上的中小企业提供融资业务，推出“e货通”“易融通”等金融产品，资金来源于合作银行，例如工商银行、建设银行等。

第三个阶段为独立发展期。于2010年推出“阿里小贷”融资产品，利用蚂蚁集团的自有资金发展供应链金融业务，服务对象为平台合作商。2015年，作为国内首批试点的5家民营银行之一，背靠阿里巴巴旗下蚂蚁金服的浙江网商银行正式开业。2021年10月，浙江网商银行正式对外发布基于数字技术的供应链金融方案——“大雁系统”，海尔、华为、蒙牛、旺旺等超过500家品牌成为首批接入的品牌。

二、腾讯供应链金融的后发优势

腾讯在供应链金融领域的布局明显晚于阿里，但是凭借其在科技方面的积累以及强大的资本运营能力，快速布局供应链金融，不仅投资国内首家互联网银行，还投资了“供应链金融SaaS第一股”联易融。总体来说，腾讯在供应链金融的布局可分为三个方面。

一是自身的战略发展转型。腾讯在2019年做了公司第三次架构调整和战略升级，新成立云与智慧产业事业群、平台与内容事业群，从消费互联网产业向产业互联网延伸。供应链金融成为转型发展的重要“杠杆”，受到腾讯重视。

2020年，为了进一步提升供应链金融的开展效率，腾讯云正式发布供应链金融智慧服务平台，整合金融科技能力、整合供应链业务能力。

二是在金融领域的延伸。腾讯在2014年投资微众银行，是国内首家互联网银行。微众银行围绕供应链应用场景，延展出能满足在不同行业不同链条环节的小微企业差异化需求的微业贷供应链金融服务。2017年，推出了国内首个全线上无抵押的企业流动资金贷款产品“微业贷”，有效缓解了中小微企业融资难、融资贵的问题，截至2022年6月末，微众银行微业贷已辐射29个省、自治区、直辖市，累计有超300万家小微市场主体的申请，累计发放贷款金额超1.3万亿元。

三是在科技领域的延伸。腾讯投资“供应链金融SaaS第一股”联易融。联易融在腾讯等早期股东的支持下成立于2016年，是腾讯金融To B战略生态圈的核心成员之一。2019年，由联易融携手腾讯打造的“微企链”ABS项目获得深交所无异议函，获批储架规模100亿元。“微企链”是联易融基于腾讯区块链（Tencent Blockchain）底层技术，结合腾讯财付通清算能力，搭建了“基于区块链的应收账款电子债权多级流转”产品和平台。2021年4月，联易融于港交所主板挂牌上市，成为首家上市的中国供应链金融科技SaaS企业，是供应链金融科技解决方案提供商。

三、阿里、腾讯合作共赢：众企安链

在供应链金融领域，阿里和腾讯不仅有竞争，还有间接的合作，那就是众安保险，它在供应链金融领域的布局称为众企安链。

众安保险由蚂蚁金服、中国平安和腾讯于2013年联合发起设立。众安保险专注于应用新技术重塑保险价值链，业务和关联公司的业务包括众安保险、众安医疗、众安小贷、众安科技、众安经纪、众安国际、众安银行等。2017年，众安保险在香港联合交易所主板正式挂牌，股票代码为06060，成为全球首家互联网保险公司。

众企安链成立于2020年，是众安保险孵化的生态合作伙伴，是众安布局的供应链金融科技服务品牌，其独立运营主体是上海聚啊信息技术有限公司。众企安链的定位是：一是不涉足自营金融业务，二是不主动介入买卖双方的交易，而是专注成为服务于产业链核心企业的垂直性B2B交易平台。众企安链成立的时间虽然只有两年多，但已助力数十家核心企业，构建了自有供应链金融平台，涵盖了高端制造、快速消费品、连锁零售、农业、建筑施工、物流、能源等七大行业。

小 结

随着信息技术和金融科技的发展，数字信贷业务应运而生。数字信贷是指利用数字平台、大数据、人工智能、云计算等数字技术提供的信贷业务。数字技术提高了信贷服务的可得性，数字平台的网络效应意味着互联网平台建立后提供服务的边际成本接近于零，大数据分析则提供了一种新的信用风险评估方法。数字信贷有效突破了传统信贷的成本与风险控制难题，可以迅速覆盖大量借款人，使普惠金融成为可能。

我国数字信贷的主要形式包括 P2P 网络借贷、互联网小额贷款和数字供应链金融三种模式，三种数字信贷模式都经历了曲折的发展历程，但各自发展轨迹有显著差别。P2P 平台经过快速增长后，出现了明显的异化，最终在 2020 年已经彻底清零；互联网小额贷款利用大数据、云计算、移动互联网等技术手段，采用全新的信用风险管理框架，成为我国普惠金融的重要手段。数字供应链金融作为数字金融的核心构成部分，是助推我国产业现代化发展、完善现代化金融发展体系的关键引擎，随着大数据、云计算、物联网和区块链等技术的应用，数字供应链金融呈现出复杂的网络结构，供应链金融平台中的参与主体会不断扩展，并通过供应链平台拓展出了更多的资源渠道。

习 题

1. 我国数字信贷的发展背景是什么？

2. 数字信贷的内涵和基本特征是什么？

3. P2P 网络借贷与传统银行贷款有什么区别？

4. P2P 网络借贷的特点是什么？我国 P2P 网络借贷异化对我国数字信贷发展的启示有哪些？

5. 互联网小额贷款的含义及特点是什么？

6. 互联网小额贷款与现金贷、消费金融的关系是什么？

7. 互联网小额信贷如何进行信用风险管理？

8. 数字供应链金融的参与主体包括哪些？

9. 数字供应链金融的主要模式是什么？

10. 物联网、人工智能、区块链技术对数字供应链金融的影响各是什么？

第六章 数字化资产管理

随着我国经济持续向好发展，社会财富实现巨量累积，资产管理的需求日益旺盛，资产管理机构、产品和服务也更加丰富。整体来看，伴随着互联网金融、科技金融、线上理财等概念的出现，数字化资产管理并不仅指单纯的线上化和现金管理，还应包含科技赋能和数字驱动。

第一节 智能投顾

智能投顾是互联网金融发展的产物。作为一种基于算法程序和数字技术的资产管理服务在线工具，智能投顾能够以互联网平台为媒介为客户提供个性化的投资建议，在线评估客户的投资偏好，运用大数据分析、定量模型、智能算法等技术手段，科学分析出适合客户的最佳投资方案，进而针对不同客户的需求，提供个性化、智能化的投资理财服务。

一、智能投顾概述

（一）智能投顾的定义

智能投顾（Robo-advisor）是一种起源于美国的新兴理财模式。自2007年以来，SigFig、Betterment、Wealthfront等代表性公司先后成立，此后，技术公司、互联网公司和传统金融机构纷纷跟进。于是，智能投顾快速崛起，目前已经取得长足发展。概括而言，智能投顾就是用机器替代人工投顾，为客户提供在线的投资顾问服务，其服务过程及操作管理基本都是自动完成的。

有关智能投顾的定义，目前并没有统一和明确的表述。美国证券交易委员会对智能投顾的定义是“基于网络算法的程序，运用现代科技为客户提供全权委托式的账户管理服务的注册投资顾问”。而美国金融业监管局则将智能投顾定义为利用大数据分析、量化金融模型以及智能化算法，根据投资者的风险承受水平、财务状况、预期收益目标以及投资风格偏好等要求，运用一系列智能算法，投资组合优化等理论模型，为客户提供智能化和自动化的资产配置建议。我国2018年4月发布的《关于规范金融机构资产管理业务的指导意见》（银发〔2018〕106号）（以下简称《资管新规》）对智能投顾业务的表述为“运用人工智能技术开展投顾业务”。

在咨询机构和金融机构的定义中，智能投顾的重要特征为自动化，它也是传统投顾业务模式的标准化与数字化。在咨询公司中，埃森哲公司将智能投顾定义为“基于投资者的需求和风险偏好，为投资者提供数字化、自动化、智能化的财富管理服务”。普华永道对智能投顾的定义为“通过使用特定算法模式管理账户，结合投资者风险偏好、财务状况与理财目标，为客户提供自动化的资产配置建议”。在金融机构中，兴业证券对智能投顾的定义是“智能投顾将人工智能等技术引入投资顾问领域，运用智能算法以及组合投资后的自动化管理技术，帮助客户实现主动、被动投资策略相结合的定制化投顾服务”。东北证券对智能投顾的定义是“利用大数据分析、量化金融模型以及智能化算法，并结合投资者的风险承受水平、财务状况、预期收益目标以及投资风格偏好等要求，为投资者提供多元化、自动化、个性化的智能理财服务”。

本书认为，智能投顾是将数字技术应用在整个理财服务流程（包括客户画像、明确客户需求、筛选投资产品等多个环节），为客户提供智能化、自动化和个性化的资产配置、账户咨询、理财规划等与资产管理相关的各类线上服务。与传统投顾进行对比，智能投顾通过数字技术为客户提供自动化的在线服务，而传统投顾主要是人工投资顾问通过与客户交流，以投资顾问自身的从业经验和专业水平为基础，根据客户自身的财务状况和财务目标等为其提供定制的理财方案。智能投顾与传统投顾的主要区别如表6-1所示。

表6-1　智能投顾与传统投顾的区别

对比项目	智能投顾	传统投顾
目标客户	覆盖高、中、低收入人群，且以中、低收入人群为主	高净值客户
起投门槛	较低	较高

续表

对比项目	智能投顾	传统投顾
服务模式及内容	自动化线上服务	一对一人工服务
投资标的的资产类别	以 ETF 和基金为主	大部分资产类别
投资方法	量化投资	关注基本面、技术面、政策面的定性分析
管理费用	平均年化管理费率 0.2%~1.5%	平均年化管理费率 1%~3%
风险程度	严格遵守理论和风控标准	易受到人工顾问的主观情绪影响，存在一定的道德风险
监控效率	全天候监控	人工方式
投资收益来源	不追求过高的 Alpha 收益，以赚取市场 Beta 收益为主	取决于人工顾问的经验和水平，投资目标既追求 Alpha 收益，也追求 Beta 收益
服务效率	线上服务，效率较高	线下服务，效率较低

整体来看，智能投顾的出现弥补了人工投顾的不足，它借助数字技术，降低了投资顾问服务的成本，实现了投资咨询服务的批量处理，能够大规模地提供定制化投顾产品，扩大了客户服务范围，在一定程度上满足了不断增长的中低收入人群的财富管理需求，并提供了便于操作的低门槛、低费用的定制化投顾服务，解决了传统投顾服务费用高、覆盖面小的问题。

（二）智能投顾的理论基础

1. 现代投资组合理论

智能投顾的理论基础之一是现代投资组合理论（Modern Portfolio Theory，MPT）。很多投资者在浏览智能投顾平台或者智能投顾 App 时，经常能够看到“基于投资组合理论 MPT，创建一定条件下风险回报率最高的投资组合”等类似的介绍或表述。这一理论是由美国纽约市立大学巴鲁克学院经济学教授、诺贝尔经济学奖获得者哈里·马科维茨（Harry Markowitz）提出的。

1952 年，马科维茨在《金融杂志》上发表了题为《资产组合选择：投资的有效分散化》的论文。该篇论文提出的观点也被称为“均值-方差”模型，模型的核心假设为：第一，投资者都是厌恶风险的；第二，所有的投资者都力图在风险既定的水平上取得最大收益；第三，影响投资者决策的有两个参数——期望收益率和方差。这篇论文以及文中的模型是现代投资组合理论体系的基石，基于马科维茨的投资组合理论可以推导出投资组合的有效前沿。

马科维茨 MPT 理论的中心思想是："给定投资者的风险偏好和相关资产的收益与方差，最优投资组合有唯一解。"马克维茨将所有资产配置的可能组合看成一个面，其边界上的每一个点都是一个最优资产组合，如图 6-1 中的 b、c 代表投资组合的有效边界，即使得同一风险水平下收益最高或同一收益率下风险最低的投资组合。

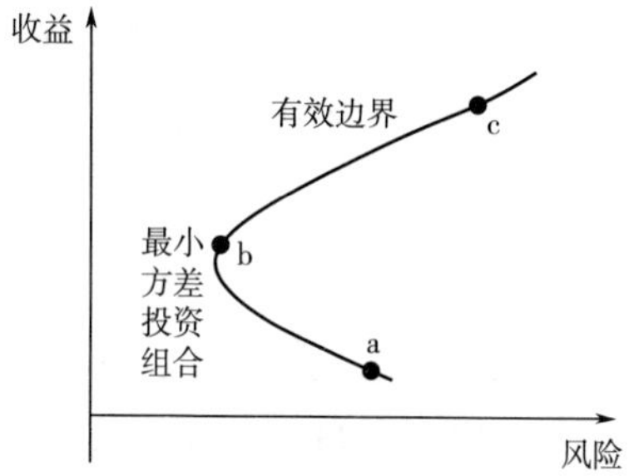

图 6-1　投资组合的收益和风险

从纵向看，它是某一个确定风险上回报最高的资产组合；从横向看，它是在客户希望得到的回报上风险最小的资产组合。简而言之，就是通过多样化投资分散投资风险，可实现稳定的回报率，而智能投顾正是利用了其更精准的模型和算法来实现分散风险和获取长期收益的目的。

马科维茨的贡献不仅在于他揭示了在一定条件下一个投资者的投资组合选择可以简化为平衡资产的期望回报及其方差这两个因素，更在于他给出了最优投资组合问题的实际计算方法，因而其理论被誉为"华尔街的第一次革命"。1989 年，马科维茨被美国运筹学学会和管理科学协会授予冯诺依曼奖，后又其因卓越理论贡献于 1990 年与默顿·米勒（Merton Miller）和威廉·夏普（William Sharpe）分享诺贝尔经济学奖。

经过数十年实践，MPT 理论被证明是行之有效的，也被广泛应用于组合选择和资产配置。随着人工智能算法和大数据的普及，现在 MPT 已经能够在计算机上自动实现，通过海量计算，投顾机器人会告诉你怎样配置资产及分散风险是最优的。目前国内外大部分的智能投顾平台都是基于 MPT 来创建在一定条件下风险回报率最高的投资组合。

当然，除了 MPT 理论，还需要有量化投资策略，包括多因子选股策略、趋势跟踪策略、事件驱动策略、风格轮动策略、Alpha 策略、无风险套利策略等，但 MPT 是智能投顾的核心理论。某种意义上，智能投顾平台的产品是否基于 MPT 的资产组合理论设计，是衡量此产品是真假智投的重要标准。

2. 资本资产定价模型

在现代投资组合理论的基础上，以威廉·夏普、约翰·林特纳（John Lintner）和詹·莫辛（Jan Mossin）为代表的学者从实证的角度提出了资本资产定价模型（Capital Asset Pricing Model，CAPM）①。CAPM 模型是现代金融市场价格理论的核心，也被广泛用于金融市场分析。目前，CAPM 的形式已经远远超越了夏普、林特纳和莫辛提出的传统形式，较之前有了巨大进展，如套利定价模型、跨时资本资产定价模型、消费资本资产定价模型等等，形成了较为系统的资本市场均衡理论体系。

与现代投资组合理论的关注点不同，资本资产定价模型关注资产和投资市场，并且夏普提出不以方差作为资产的风险度量，而是以证券收益与全市场证券组合的收益的协方差作为资产风险的度量。这样的做法进一步简化了马科维茨模型中关于风险值的计算工作，而且可以对过去难以估价的证券资产的风险价格进行定价。

对于传统 CAPM 模型的假设条件，具体包括：

第一，所有投资者都按马科维茨的资产组合理论进行投资，投资者都使用预期收益率和标准差两个指标来选择投资组合，选择资产和资产组合的决策过程是一样的。

第二，所有投资者具有相同的投资期限，投资者行为是短视的，不会考虑投资决策对投资期限届满之后任何事件的影响。

第三，所有投资者以相同的方法对信息进行分析和处理，具有相同的预期（或“同质期望或信念”）。所有投资者对风险资产的预期收益、方差和协方差的估计是同一的，进而形成了对风险资产及其组合的预期收益率、标准差以及相互之间协方差的一致看法。也就是，无论证券价格如何，所有投资者的投资顺序均相同。

第四，资本市场是完全的，税收和交易费用可以忽略不计。

---

① SHARPE W F. Capital asset prices：a theory of market equilibrium under conditions of risk ［J］. Journal of finance，1964，19（3）：425-442；LINTNER J. The valuation of risk assets and the selection of risky investments in stock portfolios and capital budgets ［J］. Review of economics statistics，1965，47（1）；MOSSIN J. Equilibrium in a capital asset market ［J］. Econometrica，1966，34（4）：768-783.

第五，所有资产都是无限可分的。

第六，所有投资者都具有风险厌恶的特征。

第七，投资者永不满足，当面临其他条件相同的两种组合时，他们将选择具有较高预期收益率的组合。

第八，存在无风险利率，且所有投资者都可以这一利率水平不受限制地贷出或借入资金。

第九，市场是完全竞争的。

第十，信息充分、免费且立即可得。

（三）智能投顾的商业模式

一般来说，从业务模式、投资目的和平台特点分析，对智能投顾的商业模式划分具体如表 6-2 所示。

表 6-2　智能投顾的商业模式

	商业模式	说明及举例
业务模式	独立建议型	只为理财用户提供建议，并代销其他机构的金融产品，平台自身并不开发金融产品
	一键理财型	用户不直接参与具体的金融产品配置方案的制定，只需选择“智能投顾”这项业务，平台就会根据用户的需求和以往的社交、行为数据自动配置金融产品
	混合推荐型	作为独立建议型和一键理财型两者的融合模式，其在产品推荐中融入部分平台自身产品，向用户既推荐其他机构的金融产品，也推荐平台参与开发的金融产品
投资目的	以海外 ETF 作为投资标的的全球资产配置模式	主要是新创业平台和第三方理财平台，典型的如弥财、蓝海智投、投米 RA
	以国内股票为标的的投顾模式	主要是券商，比如广发证券的贝塔牛、长江证券的阿凡达狗、国泰君安的君宏理财、海通证券的 e 海通财
	以公募基金作为主要投资标的的模式	主要是银行和基金代销机构的产品
平台特点	专业的智能投顾创业平台	理财魔方、蓝海智投、弥财、财鲸、拿铁智投
	知名互联网金融平台推出的智能投顾平台（产品）	宜信财富的投米 RA
	银行、证券、保险、基金和第三方财富管理公司等传统金融机构推出的智能投顾平台（产品）	虹点基金的璇玑智投

另外，根据各平台推出时间，并结合其智能投顾的深入程度和实现方式，可以将平台智能投顾的商业模式划分为全智能投顾模式、内智能投顾模式和半智能投顾模式。

全智能投顾模式指的是借鉴美国 Betterment、Wealthfront 等智能投顾平台的模式开发的智能投顾创业平台，又称“白纸模式”。这种模式的共同点是都有完整的客户画像、风险测评、投资组合推荐和自动再平衡的流程，智能投顾色彩浓厚，界面流程新鲜，“仪式感”强，是一种以客户投资规划为中心而不是以产品销售为中心的智能投顾模式。表 6-3 为全智能投顾模式的比较。

表 6-3　全智能投顾模式比较

平台名称	产品上线时间	模式	市场定位
理财魔方	2015 年 3 月	2C	国内为主
弥财	2015 年 10 月	2C	国外为主
财鲸	2016 年 1 月	2C	国外为主
蓝海智投	2016 年 4 月	2C+2B	国内+国外
拿铁智投	2016 年 4 月	2C	国内为主
璇玑智投	2016 年 8 月	2C+2B	国内为主
投米 RA	2016 年 5 月	2C	国内+国外

内智能投顾模式指的是通常由早已存在的互联网理财、社交投资、量化投资等互联网金融平台演进而来的投顾平台。因为在智能投顾概念流行前，内智能投顾平台早已成型，不可能像新创业平台一样推倒重来，只能通过在平台内嵌智投引擎（投资策略）的方法，实现智投功能，所以又可称之为“半张白纸模式”。这种模式的共同点是平台自身已运营多年，拥有较高的品牌知名度和稳定成熟的客户群，因而常以产品销售为中心，互联网金融理财的色彩重，而智能投顾的客户画像和风险测评色彩相对较淡。

半智能投顾模式指的是以传统金融机构为主涉及智能投顾的新产品或新业务，并非以新平台方式运作。这种模式兴起有两个原因：一是传统金融机构规模大，如果完全调整运行模式周期长、成本高；二是出于客户、数据、征信、获客等资源共享的原则，不可能也没必要像创业公司或互联网金融平台一样，很快推出一个独立的智能投顾平台。

相比较而言，采用全智能投顾模式的平台创立时间较晚；采用内智能投顾模式的平台因为平台已在互联网金融领域耕耘多年，谙熟互联网运营模式；采用半智能投顾模式的平台则在高净值客户资源和大数据征信等方面的具有优势。

（四）智能投顾的投资流程

与其说智能投顾提供的是一项服务或者一个组合产品，不如说智能投顾提供的是一套具有理论依据和严谨算法的服务流程。对于智能投顾如何实现“投”与“顾”，可梳理出五个步骤描述投资流程，具体如图 6-2 所示。

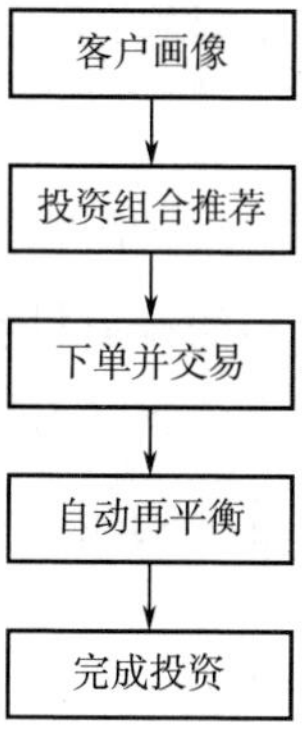

图 6-2　智能投顾投资流程

第一步，客户画像。智能投顾系统通过问卷调查评价客户的风险承受能力和投资目标。投资的本质是管控风险，智能投顾的原理是在定制风险的基础上获得合理的收益，而定制风险的前提是了解客户，也就是进行客户画像。一般地，客户画像通过让客户回答调查问卷，包括年龄、家庭成员情况、收入、投资时间、可投资资产、投资经验、投资目的、风险偏好等一系列问题，将客户信息标签化。除了以上问题，还可能包括客户能承受的最大波动幅度、对投资波动的感受、对投资收益和回撤的感受等偏主观的问题。当然，不同平台的客户画像会设置不同类型的问题。

通过调查以后，投资者会被划分为几种画像，比如稳健型、温和型、进取型和激进型等。必须注意，想要通过一次画像获取客户准确的风险偏好是不合理的，因为客户的风险偏好并不是一成不变的。在不断变化的市场环境下，客户的风险偏好会随时变动。

第二步，投资组合推荐。系统根据客户的风险偏好从备选资产组合池中推荐个性化的投资组合。在客户画像完成后，智能投顾平台会给客户评定一个风险等级，然后分析市场上不同类型金融资产的收益特征、风险特征、周期性特征等因素，为客户量身定制投资组合方案。

第三步，下单并交易。客户确认好以后，可以立即下单执行交易。在一些平台中，客户资金会被转入第三方托管，然后再由系统代理客户发出交易指令，买卖资产。

第四步，自动再平衡。交易开始以后，智能投顾将对资产组合权重进行24小时的实时监控，根据市场变化趋势，随时为客户提供再平衡策略、调仓以及风险提示服务，自动调整资产组合中各类不同风险水平的资产比例。注意，因为调仓有一定的交易成本，所以该操作不宜频繁，一般为半年一次或一年一次。

第五步，完成投资（税收规划）。一般是指智能投顾会分析税收的特征和结构，优化资产配置，使客户获得更多的税后投资收益。这一操作在美国智能投顾平台上被广泛使用，但由于我国证券投资没有资本利得税，因此对税收规划的需求较低，一般的智能投顾平台没有这个功能和步骤。

二、智能投顾的发展历程与现状

（一）智能投顾发展的背景

1. 投顾服务的兴起奠定了智能投顾发展的基础

近代的投资顾问业务起源于欧洲的传统私人银行业务。欧洲的传统私人银行业务以瑞士最为著名。作为私人银行业务的起源地，瑞士有众多传统的私人银行。瑞士的《银行保密法》规定，银行不能向任何人泄露关于储户的身份信息，正因为瑞士银行保密性好，所以吸引了大量的客户在这里储蓄。在此基础上，瑞士银行开始为高净值客户提供由专人负责的理财服务（包括提供咨询、投资建议等），帮助客户实现资产的保值、增值。对于这些纯私人银行模式的机构来说，其核心业务是对客户的财富管理，盈利也主要来源于此，这就是现代投资顾问业务的前身。

随着美国证券市场的发展，许多个人投资者开始进入金融市场进行投资，但是多数个人投资者缺乏专业的投资知识和投资经验。因此，为客户提供投资咨询服务的投资顾问应运而生了。经过一段时间的发展和规范，美国的投资顾问在20世纪初期逐渐成为一种独立业态。随后美国证券交易委员会颁布了《1940年投资顾问法》，确定了投资顾问业务的边界。根据该法规对投资顾问的定义，只要是以获取报酬为目的提供或发表投资建议的人或者机构，都被认为是投资顾问并且需要遵守该法规。《1940 年投资顾问法》的出台填补了美国在投资顾问监管方面的空缺，推动了美国投顾行业的规范发展，这部法律也为其他国家设立与投顾行业相关的规范制度提供了参考模板。

20 世纪 60 年代，随着美国居民财富的进一步增长与积累，普通民众也有了对财产保值增值的需求，因此投顾服务逐渐扩展到了整个财务规划领域。美国的资产管理业务、投资咨询业务统一作为投资顾问业务进行监管，这也是美国投顾业务能够快速发展的监管基础。我国目前实施分业监管，智能投顾的监管涉及多个行业的不同监管机构，这一点与美国有所不同。

美国的投资服务分为卖方投顾与买方投顾，区别在于收入来源不同。对于卖方投顾来说，他们不是向客户收取服务费用，而是以产品端的销售佣金为主，这和我国现在部分投顾服务模式类似。买方投顾并不收取代销基金产品所获得的佣金返点，而是收取资产管理费，因此他们的收入水平与所管理的资产规模呈正相关。在买方投顾的盈利模式下，投顾的利益与客户的利益相一致，因此投顾在提供服务时能够站在客户的角度提供投资建议，而不是单纯地通过推销产品或频繁交易来获取佣金。美国的买方投顾大约出现在 20 世纪 80 年代，经过几十年的发展，美国普通的个人投资者已经基本习惯对投顾服务进行付费，付费意识相对成熟，这也为后来智能投顾在客户端收取资产管理费或投顾服务费打下了较好的基础。

在美国，投资顾问已经是一个普遍且成熟的行业，但是中国的投资顾问行业仍然处于发展阶段。2010 年 10 月，中国证监会发布的《证券投资顾问业务暂行规定》对投资顾问服务的描述为：“证券投资顾问业务，是证券投资咨询业务的一种基本形式，指证券公司、证券投资咨询机构接受客户委托，按照约定向客户提供涉及证券及证券相关产品的投资建议服务，辅助客户做出投资决策，并直接或者间接获取经济利益的经营活动。投资建议服务的内容包括投资的品种选择、投资组合以及理财规划建议等。”在基金投顾牌照试点推出以前，我国一直不允许机构帮助投资者进行交易，因此我国投资顾问过去的服务模式主要是为客户提供投资建议，但不收取资产管理费用，投资顾问主要收入来源为佣金。因此，我国投资者并没有海外用户那样强烈的付费意识。

2. 国际金融危机为智能投顾的发展提供了契机

随着量化投资、ETF 基金的普及以及金融科技的发展，智能投顾行业逐渐兴起。首批智能投顾公司如 SigFig、Betterment 等在 2007 年就已经成立，但是智能投顾真正意义上在金融市场崭露头角是在2008年国际金融危机以后。美国次贷危机引发了国际金融危机，金融市场急剧恶化导致大量金融机构破产，美国经济陷入衰退。在经历了国际金融危机以后，美国普通民众开始意识到储蓄与财富保值的重要性。然而，刚刚过去的国际金融危机让人们开始对传统金融机构一直宣传和使用的主动投资策略产生怀疑；同时，传统的投顾服务费用高、门槛高，服务范围并不能覆盖广大的长尾用户。于是，人们把目光放在智能投顾上，智能投顾以现代资产组合理论、资本资产定价模型等为基础，遵循被动投资策略，追求的是最优化组合而不是高收益，即在某一特定的风险水平下谋求收益的最大化，或者在某一特定的收益水平下使风险最小化。智能投顾可以帮助客户在其风险承受范围寻求最优的投资组合，而不是单纯地追求较高的收益。

从目前市场上资产管理规模较大的智能投顾平台来看，大多数平台遵循了分散投资的基本原则，并使用被动投资工具实现资产配置。国际金融危机之后，智能投顾所遵循的被动投资策略备受推崇，并且该策略具有明显的价格优势和极高的服务效率，整个行业开始兴起并驶入发展的快车道。2010年，行业的又一革新者Future Advisor成立，除了数字化的资产配置外，它将教育储蓄、退休金管理、税务筹划、现金流管理等更多的场景引入智能投顾服务。Personal Capital、Wealthfront等新兴公司也在接下来的时间逐渐发展壮大。到2014年，美国智能投顾行业的资产管理规模已达43亿美元。随着智能投顾市场的不断壮大，传统金融机构也意识到提供智能投顾服务的重要性和必要性，从2015年开始跟进发展智能投顾。

尽管国际金融危机是投资者开始尝试智能投顾的契机，但是智能投顾资产管理规模的迅速扩张也离不开不断发展的金融市场中普通投资者对专业投资顾问的需求。随着金融市场日益成熟，金融产品与交易工具也愈加丰富，虽然这对专业投资者来说是增加了他们在投资中可采取的策略，但是对普通投资者来说，面对这些复杂的投资工具时眼花缭乱，需要耗费大量的时间寻找适合自己的投资产品。美国的投顾行业虽然已经相对成熟，但是仍存在诸多局限性，如门槛高、收费高、流程烦琐、过于依赖人工投顾的专业性等。智能投顾既能够提供自动化、个性化、智能化的投资理财方案，帮助人们做理财的“甩手掌柜”，还具有收费低廉、服务高效的特点，正好满足了在日新月异的金融市场中普通投资者的需求。

一直以来，科技的每一次进步都推动了金融行业的变革，从交易电子化到互联网化，再到现在的金融智能化，科技的每一次飞跃都对整个行业的业务模式产生了巨大影响。慢慢地，金融与科技的边界被打破，技术与证券业的结合从过去单纯的技术应用演化成科技与金融的深度融合发展。如果说投资者对理财的需求带动了智能投顾行业的兴起，那么技术的发展则为智能投顾提供了必不可少的客观条件。毕竟智能投顾不是只有量化的金融模型，还需要借助人工智能、大数据、云计算和机器学习等诸多技术为客户提供投资顾问服务，因而自动化、智能化、个性化都不可缺少。大数据为智能投顾提供了个性化服务，是其进行投资分析的基础，无论是客户画像还是进行投资判断，都离不开各类数据；除此之外，还要通过不断优化的算法模型和机器学习，使智能投顾自发地学习并实时调整策略与持仓。智能投顾这种自动化、智能化、个性化的服务正是依托这些数字科技的发展才得以实现的。

从供给的角度来看，金融科技的应用改造了资产管理行业的业务流程，使业务模式可以线上化、自动化，借助大数据、人工智能等高效地完成多维度客户数据的搜集和分析；同时，结合人工算法等技术，分析客户特性，优化投资组合策略，进行资产配置，为客户提供定制化、个性化的投资方案。金融科技能够使运营体系更加精准、高效，有效解决了线上运营效率低、获客成本增加但客均收入较低等问题。在客户服务方面，数字科技能够赋能投顾业务，增强投顾服务的广度和深度，扩大客户群体覆盖面，满足长尾客户的服务需求。另外，数字化的平台能够打通数据孤岛，建立客户全链路数据，形成以客户为中心的运营平台。一方面，可以洞察客户的需求，进行产品和服务的匹配，并根据反馈数据及时调整服务策略和产品；另一方面，能够深度挖掘客户的潜在需求，实现定制化和个性化的服务，增强客户黏性，提升客均收入。例如，通过大数据、人工智能等技术建立客户画像，结合对客户的信息、交易记录、行为偏好等历史数据的分析，实现对不同客户群体的不同需求的精准划分。随着传统金融机构对智能投顾重视程度的提升，以及对智能投顾平台相关技术的研发投入不断增加，必将进一步推动智能投顾行业的发展。

（二）智能投顾的发展历程

智能投顾的发展历程大致可划分为三个阶段，即投顾服务线上化、投顾服务自动化、投顾服务数字化。

1. 投顾服务线上化（智能投顾初现雏形）

20 世纪 90 年代末期，随着科技的发展，在线投顾基于 Web 技术实现了投顾服务的线上化。人工投顾使用计算机通过网络为投资者提供服务，投顾服务迈入网络化时代，智能投顾模式初现雏形。

2. 投顾服务自动化（智能投顾正式兴起）

2007—2015 年，以 SigFig、Betterment 为代表的一批科技企业开始上线基于算法的机器人投顾，使得投顾服务可以完全脱离人工而自动完成。与此同时，随着居民财富的积累，美国中低收入人群对投顾服务的需求不断增加。智能投顾操作简便，且具有“两低一高”的特点，即门槛低、管理费用低和效率高，满足了中低收入群体对投顾服务的需求。在科技和投资需求的共同推动下，智能投顾模式正式兴起。

3. 投顾服务数字化（智能投顾日趋成熟）

2015 年以来，智能投顾不再只是新兴科技企业的主战场，传统金融机构也纷纷加入投顾服务数字化阵营。与此同时，智能投顾服务不再局限仅提供投资建议，而是开始尝试扩展到整个财富管理领域。智能投顾在科技与金融行业的深度融合下日趋成熟。

（三）智能投顾的发展现状

2007 年至今，智能投顾行业飞速发展，目前美洲、欧洲、亚洲等地区都有着各类智能投顾服务供应商。从 Statista 公布的 2021 年第一季度的全球智能投顾资产管理规模来看，前十名均来自美国的智能投顾平台。美国是发展智能投顾最早的国家，也是全球金融市场最发达的国家，因此，美国民众对金融服务的接受程度更高，资本市场更加开放，在智能投顾的发展方面具备明显的优势。下面对美国、欧洲、亚洲的智能投顾发展现状做简要分析。

1. 美国

在美洲地区，智能投顾行业最具代表性的是美国，全球第一家智能投顾公司 SigFig 就是在美国成立的。目前，美国智能投顾的市场规模居全球首位，据 Statista 统计，2021 年全球智能投顾管理资产规模达 1.43 万亿美元，其中，美国达到 1.00 万亿美元，占比 70.0%，是全球第一大市场，预计 2026 年智能投顾总资产管理规模将达到 1.99 万亿美元。

美国比较著名的智能投顾公司有 Betterment（2021 年 3 月收购了加拿大智能投顾公司 Wealthsimple）、Wealthfront、Personal Capital 等，还有许多特色型智能投顾平台，如专门做零钱投资的公司 Acorns、专门帮助女性进行投资的公司 Ellevest 等（见表 6-4）。另外，美国的许多智能投顾公司会提供一种极具特色的服务——税务损失收割服务，这是国际上其他地区的智能投顾平台所不具备的。

因为美国资本利得税税率较高，所以，智能投顾普遍提供税收损失收割服务。税收损失收割是指用确认的损失来抵销所获得的收益，即通过卖出已经出现亏损的资产，降低整个组合的资本利得水平，从而达到节税的目的。此外，延期纳税也会给投资者带来税率差值上的套利机会，可以提高投资组合的平均收益。

表 6-4 部分智能投顾基本情况（截至 2021 年）①

公司		账户门槛	费用	投资资产	是否可定制投资组合	是否提供投资顾问
Vanguard	PAS	50 000 美元	0.1%~0.3%AUM	ETF、共同基金	是	是
	DA	3 000 美元	0.2%AUM		否	否
Acorns		5 美元	0.25%AUM	ETF	否	否
Wealthfront		500 美元	0.25%AUM	ETF、机密货币基金、股票	是	否
Interactive Advisors（IA）		100 美元	0.08%~1.5%AUM	ETF、股票、其他投资组合	否	是
Betterment		0	0.25%~0.4%AUM	ETF	是	是
Personal Capital		100 000 美元	0.49%~0.89%AUM	ETF、股票、债券、私募股权基金	是	是
M1 Finance		100 美元	0%	股票、ETF、REIT	是	否
Merrill Guided Investing		1 000 美元	0.45%~0.85%AUM	ETF、共同基金、货币市场共同基金	否	是
E*TRADE		500 美元	0.3%AUM	ETF	否	是

除了这些专门提供智能投顾服务的金融科技公司以外，许多传统大型金融机构也于 2015 年推出了自己的智能投顾平台或服务，如富达投资集团（Fidelity Investments Inc.，以下简称“富达”）的投顾平台 Fidelity Go、嘉信理财（Charles Schwab，以下简称“嘉信”）的 Schwab Intelligent Portfolios（译作“嘉

① 资料来源：《投顾业务的国际实践与中国展望》。

信智能组合”）、先锋集团的 Vanguard Personal Advisor Services（VPAS）等。从资产管理规模来看，根据 Statista 在 2021 年的统计，传统金融机构旗下的智能投顾平台资产管理规模遥遥领先。先锋集团的业绩排在首位，资产管理规模高达 2 310 亿美元，嘉信智能组合也达到 636 亿美元。

先锋集团是全球著名的共同基金，也是 ETF 产品的提供方。先锋集团在 2015 年推出了智能投顾平台 VPAS。VPAS 的服务既有智能投顾也有人工投顾。2019 年，先锋集团推出了不包含人工投顾服务的智能投顾产品 Vanguard Digital Advisor Services（VDAS）。在智能投顾产品推出以前，先锋集团的投资门槛在 50 万美元以上，在智能投顾服务推出之后这一投资门槛大幅降至 5 万美元。相较于其他的智能投顾平台，这个投资门槛仍然较高，但是先锋集团在资产配置方面的专业性使得其智能投顾平台在“出生”时就拥有了较高的认可度，叠加其自身庞大的客户基础，先锋集团的智能投顾规模位列全球智能投顾资产管理规模第一名。

富达于 1946 年成立，总部位于美国波士顿。公司目前拥有 4.7 万多名员工，业务遍及北美洲、欧洲、亚洲和大洋洲等，通过全球 12 个地区站点和 200 多个投资者中心为客户提供服务，是目前全球最大的专业基金公司。该公司为个人投资者、企业雇主、其他顾问与机构以及慈善人士提供资产管理服务。2016 年，富达推出了 Fidelity Go，开始通过人工智能为客户提供投资咨询服务。Fidelity Go 的主要目标是年轻群体，这类群体虽然资产规模相对较小，但习惯通过 App 等互联网触达的方式进行理财，因此 Fidelity Go 低廉的服务费对这些年轻的潜在客户非常具有吸引力。

嘉信是一家综合财富管理控股集团，致力于为客户提供投资、财富管理和其他金融服务。最早的网上基金“超市”——One Source 就是由嘉信推出的。2015 年，嘉信推出了第一款智能投顾产品“嘉信智能组合”。截至 2020 年底，嘉信的智能投顾平台管理的有效账户超过 630 万个，其中手机端账户 260 万个，资产管理规模达 1.8 万亿美元。

除了自主研发推出与智能投顾相关的平台或产品以外，一些传统机构对智能投顾行业的布局，是通过收购已经较为出名的智能投顾平台来完成的。比较典型的当数贝莱德（BlackRock）对智能投顾公司 Future Advisor 的收购。2015 年，贝莱德收购了 Future Advisor 这家拥有“纯种”科技“基因”的智能投顾公司（它的创始人是两名在旧金山的华人工程师）。Future Advisor 被收购之后，加入了贝莱德解决方案（BlackRock Solutions）。Future Advisor 的目标客户是那些无法负担传统投顾费用或者不想要人工面对面服务的人群。该平台除了提供具有税收优势的投资组合以外，还提供纯粹的机器人投顾服务，将人的参与度降到最低，一方面，可以降低整体的运营成本；另一方面，能够满足不愿使用人工投顾服务的投资者的理财需求。

2. 欧洲

就欧洲市场而言，智能投顾服务的起步时间略晚于美国市场。直到 2011 年，欧洲的第一批智能投顾公司 Nutmeg 和 Moneyfarm 等才陆续成立。德国智能投顾研究及测评网站 Robovergleich 发布的数据显示，欧洲的智能投顾虽然仍处于起步阶段，但是增长迅速。2019 年，整个欧洲市场智能投顾的资产管理规模高达 140. 47 亿欧元。其中，英国的智能投顾市场管理规模最大，约为 70. 38 亿欧元，占整个欧洲市场的一半以上；位居第二的是德国的智能投顾市场，资产管理规模占整个欧洲市场的 28%左右。而在 2017 年，整个欧洲市场的智能投顾资产管理规模仅为 76. 47 亿欧元。其中，英国的智能投顾资产管理规模约为 59. 02 亿欧元；拥有第二大市场的德国，其智能投顾资产管理规模约为 7. 05 亿欧元。

Nutmeg 是英国的第一家智能投顾公司，目前其客户数量超过 10 万人，资产管理规模超过 23 亿英镑，也是欧洲最大的在线投资平台。2016 年，Nutmeg 获得 ETF. com 评选的最佳投资顾问奖；2019 年，被《经济学人》评选为“最热门的金融科技初创企业”。Nutmeg 的起投门槛为 1 400 美元，收费率每年 1%起，公司提供不同类型的账户以满足不同层次客户的需求。Nutmeg 的智能投顾平台可以帮助客户进行投资，而不是提供一个仅供客户交易的平台（但 Nutmeg 也为客户提供了一个能够自己进行投资的平台）。最初 Nutmeg 的智能投顾平台只提供比较典型的智能投顾服务，即通过机器人顾问为客户建立与其投资目标和风险偏好相匹配的投资组合。2018 年起，Nutmeg 加大了人工投顾的参与度，开始提供混合型投顾服务。Nutmeg 并没有将智能投顾服务的范围止步于欧美市场，而是将业务进一步扩张到了新兴的亚洲市场。Nutmeg 与中国台湾的台北富邦银行在 2019 年开始合作，通过台北富邦银行为中国台湾的客户提供数字化理财服务。

Moneyfarm 是一家泛欧洲智能投顾公司，与 Nutmeg 在同一时期成立，同时是 Nutmeg 主要的竞争者。根据 Moneyfarm 网站公布的数据，目前该公司已有 5 万名客户，管理的资产超过 10 亿英镑。Moneyfarm 虽然在意大利米兰成立，但在伦敦、米兰以及卡利亚里均设有办公室，除了意大利以外，英国也是它服务的主要地区。Moneyfarm 比较有特色的是使用聊天机器人为客户提供投资理财服务。为了给客户提供专业且低成本但是又有“人情味”的理财建议，Moneyfarm 在

2017年收购了金融聊天机器人Ernest的核心技术。Ernest能够通过自然语言处理技术解答客户的理财或交易问题，同时可以根据客户整体的财务状况主动提供相关的财务建议。例如，在消费一些非必需的产品时，它会告诉消费者这笔支出如果用来投资某只基金可能会带来较好的收益。Ernest的技术可以洞察客户的日常交易行为，因此Moneyfarm能够基于客户更广泛的消费行为提供更适合客户的投资建议。Moneyfarm的另一个特色是在2018年推出的自主养老理财产品（Self-Invested Personal Pension，SIPP），客户能够自己挑选和管理他们在这个养老账户的投资。目前，公司已经获得安联保险集团（Allianz）、卡博特广场资本（Cabot Square Capital）、联合投资（United Ventures）和Poste Italiane的投资。另外一家较为著名的是成立于2016年的英国智能投顾公司Wealthify。这家公司的目标客户群体主要是“千禧一代”。该公司为客户提供方便且收费低廉的数字投资服务，起投额为1英镑，目前可提供的服务包括普通投资、个人储蓄、养老金和遵循道德原则的投资等。

目前，德国的智能投顾市场位列欧洲第二、全球第四，但德国的智能投顾研究机构发现，由于德国人比较保守，民众对于投资的开放态度较美国和英国存在明显差异。即使欧洲的低利率已经持续了较长时间，许多德国人进行财富管理的方式还是以保守的定期存款为主。虽然定期存款名义上不会出现损失，但是过低的利率并不能减少通货膨胀对货币购买力产生的影响，因此定期存款难以实现财产的保值。越来越多的德国人意识到日常储蓄账户将不足以满足自己老年时的需求，智能投顾逐渐成为德国人日常储蓄的替代品。根据Extra-Magazin的考察，目前德国的智能投顾市场，有26个智能投顾平台比较受德国个人投资者的喜爱。这些智能投顾服务的提供商来自不同领域，有的是智能投顾公司，有的是银行等机构的智能投顾平台。目前，德国最大的5家智能投顾服务提供商分别是Scalable Capital、VisualVest、Liqid、Cominvest和Raisin Invest。

3. 亚洲

亚洲尽管是智能投顾的新兴市场，但是发展较为强劲。

新加坡的金融科技行业一直处于发展前列，智能投顾的发展也相对较早。2013年，新加坡首家智能投顾平台Dragon Wealth成立。这个平台最大的特色是能够提供与客户投资偏好及资产规模相当的同类人群的投资研究报告及投资建议。

2014年11月成立的Money Design是日本第一家智能投顾平台，2015年5月该平台上线产品THEO。日本的财富管理市场与美国和欧洲国家有很大不同，日本投资者与德国投资者有点类似，偏向于保守、稳妥的投资方式，对高收益、高风险的证券投资接受度较低，因此存款在他们的资产配置中占比极高。由于可以最大限度地降低投资的风险，智能投顾成为日本这个储蓄大户投资的新选择。目前日本的智能投顾服务主要分为两种：一种是可以直接进行投资，另一种是只提供投资建议。两种服务的区别在于能否帮助客户进行投资。只提供投资建议的智能投顾公司通过人工智能算法向客户提供建议，其“智能”主要体现在提供建议这一步，这与我国目前大多数的智能投顾平台类似。

韩国的智能投顾市场以证券公司的平台为主。自 2015 年起，现代证券、三星证券、NH 投资证券等各大券商纷纷推出智能投顾平台，智能投顾行业发展迅猛。预计到 2025 年，韩国机器人顾问管理的资产价值将达到 30 万亿韩元。一直以来，韩国政府对金融科技的发展非常重视，同时为其相关业务的发展提供了相对完善而宽松的制度环境。2016 年 1 月，韩国总统工作报告中提出“关于活跃智能投顾”的方案，表示在“相关机制得到保障后监管部门将允许机器人投顾业务直接面向大客户提供服务”。2016 年 8 月，韩国金融服务委员会推出了《机器人投顾测试床（Testbed）的基本运行方案》。根据该方案，智能投顾平台通过三个阶段的程序检验后即可提供资产管理服务。该方案的制定推动了智能投顾行业的发展，是智能投顾走向韩国普通投资者的“关键第一步”。2018 年韩国完成了对《资本市场法》的修改，填补了智能投顾的立法空白，为行业提供了相关的法律依据与保障。2019 年，韩国《资本市场法总统令》完成修改，确立了智能投顾的合法地位，自此智能投顾可以合法代替人工投顾提供服务。自 2020 年初暴发新冠疫情以来，智能投顾因为减少了人与人之间的互动而备受关注。2021 年初《韩国先察报》（*The Korea Herald*）的数据显示，过去一年韩国智能投顾市场实现了快速发展。目前，韩国三大智能投顾平台（Fount Investment、AIM、December& Company）所管理的资产规模总额已经突破 1.25 万亿韩元，这项数据在 2020 年 1 月仅为 2 479 亿韩元，增长率高达 404.2%。

4. 中国

中国是亚洲最大的智能投顾市场。根据德国 Robovergleich 在 2019 年的统计，中国智能投顾市场的资产管理规模约占整个亚洲的 94%。如图 6-3 所示，2022 年中国的智能投顾资产管理规模已经达到 15 164 亿元，年增长率高达 40%，是全球第二大智能投顾市场。

2018 年 4 月 27 日，《资管新规》发布，《资管新规》从匹配期限、限制通道等角度从破刚兑、限非标与降杠杆三方面规范资产管理业务，以此防控风险，更

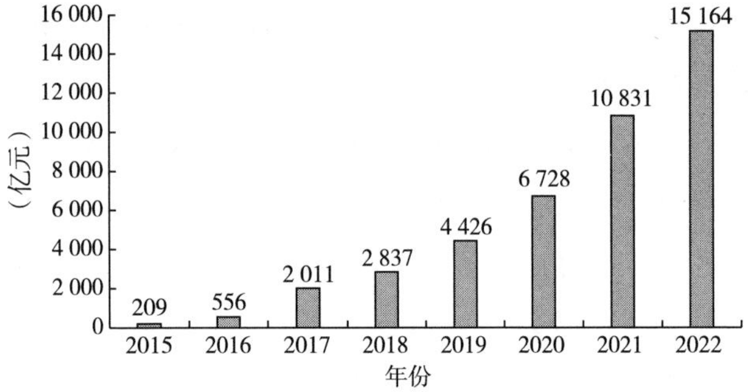

图 6-3　中国智能投顾资产管理规模

资料来源：Statista。

好服务实体经济。历经 3 年过渡期后，2022 年 1 月 1 日，《资管新规》正式实施。《资管新规》对资管业务提出了新要求，其中，针对智能投顾在投资顾问业务中的应用，《资管新规》要求取得投资顾问资质的机构才能使用智能投顾，第二十三条规定："运用人工智能技术开展投资顾问业务应当取得投资顾问资质，非金融机构不得借助智能投资顾问超范围经营或者变相开展资产管理业务。"同时要求做好适当性管理和风险提示，"金融机构运用人工智能技术开展资产管理业务应当严格遵守本意见有关投资者适当性、投资范围、信息披露、风险隔离等一般性规定，不得借助人工智能业务夸大宣传资产管理产品或者误导投资者"，并对人工智能模型做充分披露，"金融机构应当向金融监督管理部门报备人工智能模型的主要参数以及资产配置的主要逻辑，为投资者单独设立智能管理账户，充分提示人工智能算法的固有缺陷和使用风险，明晰交易流程，强化留痕管理，严格监控智能管理账户的交易头寸、风险限额、交易种类、价格权限等"。

从试点情况来看，大部分已展业的试点机构都推出了自己的投顾品牌，以线上渠道为主开展业务。例如，较早展业的试点机构南方基金推出了司南投顾品牌、华夏基金推出了查理智投品牌，2022 年 5 月展业的试点机构国金证券推出了国金 100 品牌、富国基金推出了星投顾品牌等。

渠道层面，目前展业的试点机构集中于开展线上业务，包括提供线上基金组合方案和智能投顾两种模式，基本是全程无人工介入的自助投资。其中，提供线上基金组合方案的试点机构包括易方达基金、中金公司、国泰君安证券等，提供智能投顾的试点机构包括南方基金、华泰证券、申万宏源证券等。投资顾问服务模式为全权委托模式。《关于做好公开募集证券投资基金投资顾问业务试点工作的通知》规定，试点机构从事基金投顾业务，可以通过代客理财方式提供服务——“可以接受客户委托，按照协议约定向其提供投资组合策略建议，可代客户作出具体经济投资品种、数量和买卖时机的决策，并代客户执行基金产品的申购、赎回、转换等交易申请”。当前展业的试点机构基本为提供全权委托的管理型投顾服务。

客户层面，以服务个人客户为主。各试点机构主要面向个人客户提供产品和服务，例如南方基金针对普通客户、高净值客户（10 万元以上）、高净值客户（100 万元以上）提供不同的投顾产品。但其投顾产品仅限个人客户，暂未服务到企业及其他机构客户。

各试点机构产品的投资门槛基本在 500~1 000 元，华夏基金、中欧基金、先锋领航投顾（蚂蚁集团）、腾安基金（腾讯旗下）、盈米基金、易方达基金、中金公司、国泰君安证券等试点机构的投顾产品都在这一门槛内。各试点机构收费模式以基于资产管理规模（AUM）收费为主，费率大多为每年 0.15%~1.5%，例如，华夏基金、南方基金、先锋领航投顾（蚂蚁集团）、易方达基金等的投顾费率在每年 0.15%~0.5%，申万宏源证券、中金公司、国泰君安证券等的投顾费率在每年 0.15%~1%。

财经大 V 与试点机构牵手，探索拥抱监管的买方投顾新模式。2021 年 11 月 18 日下发的《公开募集证券投资基金投资顾问服务业绩及客户资产展示指引（征求意见稿）》明确“提供基金投资组合策略建议活动为基金投顾业务”，并强调“不具有基金投资顾问业务资格的机构不得提供基金投资组合策略建议”。这对财经大 V 等基金组合规模较大但未获得投顾试点业务资格机构的持续经营造成了冲击。为此，财经大 V 开始寻找新的出路，通过加入试点机构等方式拥抱监管要求。例如，200 亿管理规模的大 V“银行螺丝钉”选择加盟东方证券，“银行螺丝钉”原有组合经过优化升级后，成为东方证券基金投顾策略并顺利上线。“银行螺丝钉”长期坚持做好客户服务，以客户需要且易于理解的方式，以每日更新的高频率，通过高度适配客户需求的内容服务与投资者交流互动。财经大 V“银行螺丝钉”或为东方证券注入新的活力，推动买方投顾模式的持续发展，并有望通过不断实践深化，形成新的普惠金融模式，进而服务更多的投资者。

三、智能投顾的国际经验、中国实践及未来发展趋势

（一）智能投顾的国际经验

本小节以 Betterment 的经营情况和发展现状为例，介绍智能投顾的国际经

验。Betterment 于 2010 年 5 月在美国纽约曼哈顿成立，主要通过现金管理、投资建议和退休计划等为客户提供在线财富管理服务。截至 2021 年 3 月，Betterment 已完成总额超过 2.75 亿美元的 7 轮融资，客户数量超过 61 万人，管理资产超过 282 亿美元，其智能投顾资产管理规模仅次于 Edelman Financial Engines、Vanguard 和 Charles Schwab，位列第四，是美国目前最大的独立智能投顾公司。

Betterment 在经营策略上，第一，自主开发，独立设计运营模式。Betterment 并没有和其他大公司进行合作，而是自主设计商业模式，其绝大部分系统和平台也都是自主开发设计完成的，避免了大公司固有的系统及商业运行模式与其理念产生冲突。第二，奉行被动投资理念，注重长期盈利。客户开设账户并选择自己的投资目标，Betterment 会针对客户的不同目标推荐个性化的投资组合，并收取账户资产管理规模的 0.25%作为智能投顾服务的费用。Betterment 不鼓励客户频繁交易，如果客户的投资目标是教育或退休计划，反而会尽量说服客户减少由市场波动产生焦虑导致的过度交易。Betterment 有一个专门的行为研究小组，通过优化界面减少投资者的短期交易行为。Betterment 既不依靠交易佣金盈利，也不从投资本身的收益中挣钱，而只是收取资产管理费用。对于客户来说，其业务收费更简单清晰。因此，Betterment 更注重增加客户黏性，扩大其资产管理规模，从而实现长期盈利。

在产品方面，Betterment 主要包含三个部分：面向零售客户（Retail Client）的智能投顾、面向企业雇主的退休账户管理业务（Betterment for Business）和面向投资顾问的科技平台（Betterment for Advisor）。

Betterment 以网页版智能投顾为主，主要通过网页展示并提供智能投顾服务，同时以 App 作为辅助，其智能投顾服务覆盖了美国目前所有的主流账户：个人退休账户（Individual Retirement Account，IRA；包括传统 IRA、罗斯 IRA 和展期 IRA）、继承个人退休账户（Inherited IRA）、应税账户［包括个人应税账户（Individual Taxable Account）、联合应税账户（Joint Taxable Account）和信托账户（Trust Account）］、高收益储蓄账户（High-Yield Savings Account）、支出账户（Checking Account）和 401（k）账户。

1. 投资顾问服务：财务规划目标管理型的智能投顾

Betterment 的智能投顾平台根据客户的财务规划目标自动形成匹配的投资规划并建立投资组合。客户在开设账户时，填写年龄、职业、年收入后，平台可以根据客户的基本信息形成五个投资目标组合供客户选择，分别是退休储蓄（Retirement Savings）、退休收入（Retirement Income）、紧急基金（Safety Net）、重要支出（Major Purchases）、一般投资（General Investing）。五个投资目标组合的目标收益范围不同，Betterment 通过配置不同比例的股票型 ETF 和债券型 ETF 实现不同的目标收益率。客户也可以设置个性化的投资目标并建立投资组合，根据自己的偏好和风险承受能力调整股票型 ETF 和债券型 ETF 的配置比例，但是不能具体选择投资标的进行自主投资。

Betterment 会在客户选择财务规划目标之后向用户推荐包括股票和债券在内的投资组合。同时，客户能根据自己的风险承受能力与投资偏好选择其他的投资组合（主要是选择股票型 ETF 和债券型 ETF 的比例）。

Betterment 给客户推荐的投资组合全部是 ETF，并且限制每个客户的账户投资 ETF 数量的上限为 14 只。Betterment 的投资组合选择包括 Bettement Core Portfolio（Betterment 的标准产品组合，投资于一般股票型 ETF 和债券型 ETF）、Goldman Sachs Smart Beta（目标是高于市场收益的高盛 ETF 专业投资组合）、Innovative Technology（目标是拥有高增长潜力的科技企业）、Socially Responsible Portfolios（包括广泛影响、气候影响和社会影响的社会责任投资组合）。Betterment 的客户必须指定 Betterment Securities 为其平台投资的证券经纪商。在客户确定好投资目标并且将投资账户同步之后，Betterment 会为客户提供基于目标的资产配置和后续调仓服务，并同时为客户提供税收损失收割服务和可以在交易发生之前查看税收影响的服务（Tax Impact Preview）。

Betterment 还能根据客户的特殊财务需求提供具有针对性的、关于投资建议和理财规划的财务咨询套餐，帮助客户实现特定目标，购买套餐的客户可以通过电话与人工理财师进行沟通。在收费上，Betterment 的智能投顾有两种账户类型：一种是 Digital 账户，对客户账户余额没有要求，所有客户统一收取资产管理规模 0.25%的年费，这类客户可以使用 Betterment 所有的数字化平台和工具，并由智能投顾自动化生成投资建议；另一种是 Premium 账户，相较于 Digital 账户，Premium 账户要求客户账户余额不得少于 10 万美元，年费为资产管理规模的 0.40%。

Premium 账户包含了 Digital 账户的所有服务，同时提供人工投资顾问的咨询服务，客户可以进行不限次数的电话及邮件咨询。Premium 的客户可以向人工投资顾问寻求所有关于投资的建议，无论这部分投资是否通过 Betterment 账户进行，包括 401（k）、房地产和股票等。Digital 客户还可以根据不同的需求选择财务咨询套餐，与人工顾问进行通话交流，套餐费用单独收取，且每个套餐的收费略有不同。

Betterment 针对账户余额较高的高净值客户提供了账户管理费优惠，当账户余额超过200万美元时，两种服务计划的账户管理费用率都将降低0.10%。此外，Betterment规定：45天内存入的金额免除管理费，15 000~99 999美元的存款可免费管理一个月，100 000~249 999美元的存款可免费管理六个月，250 000美元以上的存款可免费管理一年。

2. 雇主资管服务：退休账户管理

Betterment for Business是Betterment的401（k）渠道，针对美国企业雇主为员工提供的退休账户［主要是401（k）账户］进行的投资管理；它也是一项数字服务，为客户提供如何优化资金的建议。该服务由Betterment在2015年推出，并于2016年第一季度正式运行。该服务不仅可以建议员工如何利用其401（k）计划增加退休收入，还可以帮助计划发起人将其现有的401（k）计划转换为Betterment的401（k）账户。

通常来说，雇主会在市场上选择合适的金融机构管理401（k）计划，受托机构会推出一系列默认投资组合（Default Portfolio，标的一般为共同基金）供雇员选择。Betterment for Business会帮助雇主设计、审查、管理和转换他们的退休计划。雇主可以通过Betterment的数字中心轻松跟踪和管理公司计划的各个方面。员工也可以从这种以技术为中心的退休解决方案中受益并获得全面且个性化的退休计划建议。

Betterment for Business与传统受托机构有所不同，它仅提供投资标的为ETF的组合，因此有着更低的交易费率和更透明的投资，并且有效避免了传统401（k）计划下一些损害计划参与者利益的行为，如受托者与共同基金公司合作谋取不法利益等。

无论退休计划的资产规模多大，Betterment for Business每年统一收取资产管理规模0.25%的费用。计划的发起者（雇主）可以决定如何在企业与个人参与者（员工）之间分摊这一费用。

3. 资管科技输出：服务机构客户

Betterment for Advisor是一个帮助投资顾问（包括提供投资顾问服务的个人、信托机构和其他法人机构）对其客户进行规模化管理的平台，包括帮助投资顾问进行交易管理、处理文书和账单等具体工作。同时，投资顾问的客户可以通过Betterment for Advisor随时跟踪投资顾问的投资动向。

Betterment for Advisor向投资顾问收取其管理资产账户规模的0.25%作为管理费用，其中包含了Betterment for Advisor及Betterment Securities的服务费用。接受投资顾问服务的客户直接向投资顾问支付相应的咨询费用，无须向Betterment for

Advisor 支付费用。

Betterment 的主要特点首先是开户方便快捷，起投门槛低。美国的人工投资顾问服务费用昂贵，并且对资产规模的要求通常较高，而美国的金融系统又十分复杂，因此大部分美国普通民众缺少专业投资顾问的指导，很难为教育或退休等目标做出正确、有效的财务规划。Betterment 将主要的目标群体定位在资产规模为 0 ~ 1 000 万美元的人群，并通过科技手段实现规模化的投资顾问服务。Betterment 智能投顾服务没有设置账户的最低起投金额，并且开户非常简单，对投资新手和资产较少的客户非常友好，迅速吸引了此前人工投顾较少覆盖的客户群体。其次，基于财务目标构建组合，操作简单易懂。作为目标导向型智能投顾，Betterment 主要基于客户的投资目标构建投资组合。客户无须填写风险偏好问卷，只要提供年龄、职业及收入情况、投资目标和投资期限，就能通过 Betterment 的网页或 App 得到智能投顾平台为其提供的个性化投资建议。想要进一步得到投资咨询的客户只需要通过 App 发送消息就可以随时随地提出问题并且得到回复。拥有 Premium 账户的客户还可以通过电话或电子邮件得到人工投资顾问的指导。最后，Betterment 还提供单独的理财计划咨询服务，可以根据不同的财务规划目标选择相应的咨询套餐。对于无暇进行投资管理的客户来说，Betterment 的智能投顾平台具备自动调仓功能。

整体来看，Betterment 智能投顾平台的特点与目标客户的特征十分匹配。这令 Betterment 可以在竞争愈加激烈的智能投顾市场保持着较强的竞争力。

（二）智能投顾在中国的实践

对于中国智能投顾的具体实践，本书以招商银行摩羯智投为例。2015 年，在广大客户金融行为向线上迁移的大背景下，顺应数字化时代的变化，招商银行重塑新的商业模式，以金融科技为核心，探索“网点+银行 App +场景”的新模式，通过线上、线下全渠道融合的方式，破解了零售获客和经营的难题，进一步涉足投资组合管理领域。2016 年 12 月 6 日，招商银行摩羯智投 1.0 正式上线。作为我国商业银行首个智能投顾业务平台，摩羯智投在采用机器学习技术的基础上，结合招商银行十多年的财富管理实践及基金研究经验，为客户构建了一套以公募基金为底层资产，可在全球进行资产配置的“智能基金组合配置服务”体系。

2017 年 11 月，招商银行 App6.0 问世。这一版本优化了包括摩羯智投在内的约 145 项内容，摩羯智投 2.0 就此产生。相较于 1.0 版本，摩羯智投 2.0 不仅关注智能投资模块，而且更加注重智能投顾模块，增加了基金诊断、社区交流等多个功能，展示收益、持仓情况，升级优化分红方式等；同时，对市场行情、情绪等进行了多维度数据实时监控、处理和建模分析，动态调整组合中的产品配置，提供“一键优化”的选项。

摩羯智投以客户自主选择的“目标-收益”要求为依据，构建基金组合，为客户提供决策选择，并提供“一键购买”和后续服务。2017年，摩羯智投的组合整体平均收益率为7.81%，整体最大回撤率为1.04%~4.03%，夏普比率为2.30~3.96。2018年5月，摩羯智投的用户量突破15万人，申购规模已超过110亿元。截至2020年6月，招商银行摩羯智投累计销售规模超过140亿元，服务客户20多万人次。

在平台运营策略上，摩羯智投自主研发、独立运营理财建议型智能投顾。招商银行作为我国零售银行业务的代表，有其独特的发展战略、经营理念和经营策略。财富管理业务作为招商银行零售业务的重要组成部分，属于核心业务，它采用与外部机构合作的模式存在较大的业务不连续性和不确定性。同时，从投顾能力来看，招商银行深耕零售用户多年，拥有多年的基金评价和投资顾问服务经验，在大类资产配置方面经验丰富。因此，摩羯智投选择自主研发。在运营方面，摩羯智投采取独立运营模式，基于招商银行原有的客户基础发展智能投顾业务，不接受外部客户导流。摩羯智投没有独立的App，其功能被内嵌至招商银行App。

目前，只有成为招商银行的客户，才能成为摩羯智投的客户。2020年，摩羯智投进行了重大的版面更新。摩羯智投在改版前主要分为两个模块：一是智能投资，包括摩羯组合、自助选基和聪明定投；二是智能顾问（智能售后），包括基金诊断、摩羯星空（投资者教育）和问问摩羯。而后，摩羯智投全新改版，更新为三个模块：“理财+”“配置+”“财富+”。每个模块下对应不同风险的投资组合，选择组合的过程和之后全程有投资顾问的陪伴。

摩羯智投采取理财建议型的服务模式，由智能投顾为客户提供投资建议，但最终投资决定权仍由客户掌握。在投资过程中，客户存在任何问题都可以直接通过App对投资顾问进行询问。

一直以来，招商银行坚持“以客户为中心”的财富管理理念，摩羯智投就是基于这一服务理念产生的。经过长时间的发展及对市场的调查了解，招商银行发现，在我国无论金融市场行情好坏、基金公司品牌强弱和基金产品盈利性高低，基金投资者的盈利体验都表现不佳，市场呈现基金公司赚钱、基民不赚钱的现象。其主要原因有两方面：一方面，随着基金行业的迅速发展，规模急剧扩大，基金经理能力不同导致基金业绩差异较大，投资者面临的困境从选股难变成选基金难；另一方面，个人投资者受教育背景、投资年限等因素影响，经常出现非理性的投资行为，多数个人投资者的追涨杀跌特性明显，更加剧了他们盈少亏多的情况。摩羯智投致力于帮助客户解决两个问题：一是帮助个人投资者解决对市场判断的疑惑；二是通过投资者教育和顾问服务纠正个人投资者的行为偏差。

在产品分类上，2020 年 11 月 25 日，摩羯智投全面升级。与原有的摩羯组合、自助选基、聪明定投三个板块相比，新版本主推摩羯组合板块，但是为了不影响客户体验，依然保留旧版入口，客户可根据自己的喜好选择两个版本的产品。

更新后的摩羯智投共有 5 类风险等级，共 30 个组合，并聚焦以下 3 个组合。一是稳定回报组合。该组合适用于风险评测等级为 R3 中风险及以上的客户。该组合以债券为基础，权益类基金作为增强板块，实现稳定回报。该组合的权益资产配置中枢为 10%，权益类基金最大配置比例为 20%，具有波动率低、最大回撤小的特点。二是灵活配置组合。该组合适用于风险评测等级为 R4 中高风险及以上的客户。灵活配置组合的股票基金与债券基金配比相对均衡，权益资产中枢设定为 30%，权益类基金最大配置比例为 60%，可以实现大类资产的灵活配置，通过判断资产轮动情况对持仓结构进行动态微调。三是穿越牛熊组合。该组合适用于风险评测等级为 R4 中高风险及以上的客户。该组合通过精选基金获得超额收益，通过战术配置降低组合波动，资产配置以权益资产为主，固定收益为辅，其中权益资产的中枢设定为 60%，权益资产的配置比例最低为 50%，适合具有一定风险承受能力、追求长期投资目标的客户。

对于摩羯智投的业务模式及流程，摩羯智投会根据客户投资目标和风险等级为客户提供基金组合建议，采用线上、线下融合模式为客户提供服务，涵盖基金投资的售前、售中、售后全流程。

1. 确定风险等级

客户在注册摩羯智投时，需要填写一份客户问卷，包含客户年龄、投资经验、客户可接受的最长投资期限、投资目标和风险承受能力等，据此评估客户风险等级。

2. 构建投资组合

客户进入摩羯智投界面，平台会根据客户选择的投资目标（包含投资期限和风险等级），进行智能计算，推荐投资组合，客户只需要选择“一键购买”，就可以完成资产配置。

3. 售后服务

摩羯智投会持续对市场和客户选择的投资组合进行风险监测。如果市场出现明显波动，或者某只基金发生重大变动导致现有投资组合与客户目标投资组合发生大幅度偏离，系统将发出风险预警。摩羯智投系统会向客户发出调仓提示，客户只需要做出是否调仓的决定就可以一键优化投资组合。此外，摩羯智投线下顾问团队还会为客户提供报告服务。

摩羯智投通过科技手段为客户提供专业建议和全程陪伴式的顾问服务，服务范围涵盖组合构建、调仓管理和投后咨询。例如，利用线上线下融合的投顾方式帮助客户减少追涨杀跌的不理智行为。在顾问服务方面，摩羯智投通过系统监测客户购买的投资组合，一旦发现偏离最优比例的幅度超出预先设定阈值，就会根据客户投资情况判断并决策是否有必要对组合进行动态平衡调整。如果客户调仓的费用高于收益，系统就会发送信息，建议客户降低调仓频率。当市场波动较大时，摩羯智投会联合线下客户经理，安抚客户情绪，减少客户因市场波动带来的频繁申购、赎回行为。

从收费模式和经营效益来看，摩羯智投不收取投顾费用，以代销费用为营收来源。摩羯智投根据客户投资组合中的基金向客户收取基金申赎费用，申赎费率均低至 1 折。假设客户购买 20 000 元的某组合，组合包含 A、B、C、D 四只基金，其购买费率分别是 0.5%、0.6%、0.4%、0.2%，购买金额配比分别是 6 000 元、4 000 元、5 000 元、5 000 元，则组合总购买费用 = 6 000×0.5% + 4 000×0.6%+5 000×0.4%+5 000×0.2% = 84（元）。与招商银行内部理财产品相比，摩羯智投在投资收益率上具有一定的优势。招商银行投资期限在 1 个月至 1 年的理财产品预期年化收益率在 2.0%～5.3%，其中现金类产品预期年化收益率在 3.18%以下。此外，理财产品需要收取一定的托管费和管理费，因此招商银行内部理财的收益率远远低于摩羯智投理财和投资组合的收益率。

（三）智能投顾的未来发展趋势

智能投顾所代表的是一种可以触摸到的智能金融未来。或许有一天，投资界的智能投顾，也能为投资者带来远超过巴菲特投资回报的投资建议。下面从商业模式、技术、监管模式三方面对智能投顾未来发展趋势做简要分析。

1. 智能投顾商业模式发展趋势

（1）从 2C 模式向 2B2C 模式转变。目前大部分智能投顾平台的经营模式是针对终端客户 2C 的，大部分的智能投顾平台将从单纯的 2C 模式转变为 2B2C 模式，原本用于客户营销的大量精力得以转移至产品研发与创新。智能投顾平台也可以直接从 2C 调整到以 2B 为主的模式，也就是平台不再直接面向客户而是面向金融机构，营销成本进一步降低，使其在激烈的竞争中得以存活。

（2）移动场景下的智能投顾。移动端的用户指数型增长是未来的趋势，同时也为移动端智能投顾的普及带来机遇与挑战。阿里研究院在报告中指出万物智能的概念：2025 年个人智能终端数量将达到 400 亿台，个人智能助理普及率达 90%。

（3）从半自动化智投到有限全自动化智投。目前国内大部分智能投顾平台还是通过人机共同来完成投资工作的。智能投资的前提是投资世界的“连接”和“再连接”，当人、资产、服务、设备、数据、资金都被联系在一起的时候，数量就是质量，巨大的数量将带来新维度上完全不同的东西。大规模并行的投资服务，反而可以因为其高并行度，获取精度更高的信息数据，从而进化出更加精准的智能投顾。未来的智能投顾平台根据客户的风险偏好，可以自动完成资产的配置、自动调仓和税收优化等。客户直接将资金委托给在线智能投顾来管理投资，基本无须过问投资的细节内容。然而在这个过程中，由于 AI 驱动的理性经济人是有限理性的，所以，此过程中人也不应该完全缺席。因此可以预测，有限全自动化智能投顾系统会在未来的市场中唱主角。

2. 智能投顾技术发展趋势

（1）资产标的获取自动化。现阶段，处于起步阶段的智投企业仍以投研能力见长，资产标的的挑选和权重配比在很大程度上依赖于产品和投研团队的专业能力和经验，技术的应用尚属于浅层应用。未来，随着科技成熟度的提升，技术在智投领域的作用逐渐加深为全市场优质资产的自动获取。例如，谷歌在搜索菜单中推出了一个叫作金融（Finance）的新标签，该标签专门提供关于金融相关的信息，这不仅适用于那些对股票和相关金融数据感兴趣的用户，同时它还是一个非常便捷的补充。例如，它能显示用户所购买股票的最新市场表现情况、对公司的深入介绍以及市场上的最新消息，此外它还能根据用户的兴趣推荐股票。

（2）智能投顾系统自主学习。随着智能投顾系统对金融行业大数据的不断积累和分析处理，应用的机器学习、人工智能技术的不断发展，未来智能化水平将会快速提升，尤其体现在对新概念新规则、新模型新数据、新模式新假设的自主学习能力上。人与智能投顾的关系也会从人机协作，向机器自主编程、自主决策甚至对人工进行监测的方向发展。例如，由智能投顾算法同质化或由模型缺陷系统异常导致金融市场运行不稳定的情况，将由人工干预操作逐步转变为智能投顾系统自主学习分析、预警与进行决策，并自动采取相应智能化措施的操作。

（3）区块链从概念到落地。短期内区块链在智能投顾等领域的应用仍是以探索为主，虽然已有金融机构开始在支付或智能金融管理等领域应用区块链技术，但区块链相关技术仍需不断创新与探索，主要挑战在于交易性能的改善与隐私保护。改善交易性能可采用分片处理、闪电网络和状态通道、账户区块链和交易区块链等技术。区块链对隐私保护的解决方案，未来主要的发展趋势为混币、环签名、同态加密、零知识证明等几种方式。

（4）多种新兴技术逐渐融合。从发展趋势看，人工智能和机器学习的相关算法和模型，能系统地针对信用欺诈等问题提出新的高效安全的解决方案；区块链技术透明安全，所有金融操作皆可追溯；金融云使得金融系统能更大程度地共享与开放。“ABCD”四种新兴技术在实际应用中会进一步更好地融合，形成一个边界逐渐模糊的业态融合生态体系，推动智能投顾的发展与全面落地。

3. 智能投顾监管发展趋势

（1）行业标准与规范的完善。智能投顾的发展对数据的依赖程度很高。大数据在智能投顾等金融行业的应用成为金融行业的基础能力。投顾平台可以通过统一的标准和规范进行跨领域数据融合，促使金融机构的营销和风控等服务更加精准。同时，跨行业数据的融合应用，也会设计出更多的基于场景的产品。建立与完善金融大数据以及智能投顾大数据的技术标准和应用规范，是推动金融大数据进一步发展应用的重要保障。下一步，中国人民银行将组织编发金融科技发展规划实施指引，构建金融科技发展监测指标体系，推动建设同业协同发展平台，发挥示范引领作用，实现金融与科技深度融合、协调发展。

（2）监管机制由静态向动态转变。静态监管需向动态监管进行转型，更好地适应市场变化，以实时对市场动向和可能的风险行为进行管控。新的监管模式需要智能投顾主动进行监管和防范风险，因为旧式的被动监管可能难以适应人工智能时代的智能投顾行业发展。

（3）深化监管解决智能投顾外部性问题。智能投顾的发展将会给金融业带来两种可能的外部性。第一个外部性是长尾效应逐渐显现。智能投顾面对的主要客户是“二八定律”中群体较大的长尾客户，监管机构需要对此区别对待和进行差异化监管。第二个外部性是智能投顾的发展可能带来的新的投资者保护问题。另外，机器学习的应用普及可能会导致机器的算法歧视问题。

（4）监管体系的改革。未来的监管体系改革可能需要借鉴英国的双峰监管模式，将宏观上的审慎监管与微观上的市场行为监管加以区分，制定不同的监管政策、制度、方案。从全球角度来看，目前国际证监会等组织仅对智能投顾的未来发展前景有所研究，难以胜任各国和各智能投顾企业间的协调任务。在不久的将来应该会有统一的国际组织对各国间的智能投顾业务进行协调，制定一套新规则来应对日益数字化的经济。

第二节　证券公司数字化转型

一、证券公司数字化转型的现实基础与概念界定

（一）现实基础

1. 证券期货业科技发展“十四五”规划启动数字化转型

2021 年 10 月，在全球金融科技峰会资本市场金融科技论坛上，由中国证监会编制的《证券期货业科技发展“十四五”规划》（以下简称《规划》）正式发布。《规划》为“十四五”时期证券期货业的数字化转型和科技监管工作提供了指导思想，提出了一系列标志性、前瞻性、全局性、基础性和针对性的重大战略举措，成为证券期货业在新发展阶段数字化转型的纲领性指南。《规划》提出了六项重点建设任务：一是持续打造一体化的行业基础设施，统筹推进一体化行业云技术建设平稳有序推进，监管系统和行业应用上云。二是推进科技赋能与金融科技转型。不断完善金融产品服务，加强行业合规风控能力，提高投资者服务质量，大力提升行业数字化应用水平。基于行业云基础设施建设，为行业提供安全可靠、便捷应用、拓展性强的云基础设施。三是加强数据治理体系建设，完善行业科技治理体制。搭建并不断完善科技监管组织架构，充分发挥监管部门在行业科技发展中的统筹引领作用，运用交易所、行业协会、经营机构、行业信息技术服务商、核心机构等各类机构在行业科技发展中的重要资源，共同构建行业科技治理的互促闭环。四是塑造领先的安全可控体系，提高信息安全自主可控的能力。全面推进行业信息技术的应用创新，建立应用创新技术解决方案并开展信创产品的验证测试，研究建立信创相关标准体系，统筹行业信创联盟，引入人才队伍的培养。五是提升科技标准化水平。在建立健全行业标准化工作体系的同时，统筹推进并协调国家标准与行业标准、政府制定标准与市场制定标准之间的平衡关系。六是提升金融科技的研究水平。多方面提升科研水平，助力科技发展。开

展数字金融创新试点，提升风险监测和管控能力。在数字化浪潮方兴未艾的新形势下，《规划》将深入推动证券行业数字化转型，实现动力变革、效率变革、质量变革，这将成为我国证券行业高质量发展的必由之路。

2. 证券公司数字化转型的关键驱动因素

从外部驱动因素看，随着科技浪潮席卷全球，各行各业都面临着竞争格局的变化和商业模式的重塑。国家战略及政策导向、经济高质量发展需求、用户观念及行为变化、科研创新及技术突破都在驱动着证券行业的数字化转型进程。

第一，国家战略及政策导向是驱动证券公司数字化转型的环境基础。自“十三五”国家科技创新规划以来，政府及监管部门在金融科技行业的政策导向不断深入。在顶层设计层面，中共中央于 2020 年正式将数据纳入生产要素范围，数据要素市场化配置上升为国家政策；国务院将发展金融科技作为深化金融供给侧结构性改革的重要举措，在“十四五”规划中明确提出要稳妥发展金融科技，加快金融机构数字化转型。在金融行业层面，中国人民银行陆续出台阶段性金融科技发展规划，并持续健全金融科技监管基本规则和标准，推进金融科技的守正创新落到实处；中国证监会出台《证券期货业科技发展“十四五”规划》，对证券业数字化转型给予了全局性、前瞻性的指导。这一系列的行业指导政策为从业机构的数字化转型提供了良好的沃土。

第二，经济高质量发展需求是驱动证券公司数字化转型的根本动能。基于国家“十四五”战略，我国已转向高质量发展阶段，经济长期向好，发展韧性强劲，但目前创新能力还不能完全适应经济高质量发展的要求。面向“十四五”，坚持创新驱动发展战略，全面塑造发展新优势是新时期推进经济高质量发展的必然选择。随着注册制推广、再融资松绑、北京证券交易所成立等一系列政策利好的落地，资本市场满足企业融资需求的能力得到有效提升，为证券行业的发展提供了更大的空间，使能快速响应市场需求的券商在行业竞争中抢占先机。因此，证券公司应建立数字金融思维，培育数字化能力，优化数字化治理，以新金融模式推进自身数字化转型，开创高质量发展新局面。

第三，用户观念及行为变化是驱动证券公司数字化转型的社会基础。伴随着经济发展和技术更迭，用户的行为习惯和投资需求也随之改变。B 端和 C 端都呈现出线上化、智能化、个性化的转型趋势：C 端客户对于财富管理定制化的需求逐步提升，B 端客户对全生命周期的综合金融服务需求旺盛。同时，客户群体和习惯变化也促使产品和渠道的变化，促使证券公司通过数字化转型重构金融服务，实现线上与线下融合，根据不同客户的需求提供个性化的产品和服务。例如，线上通过个人计算机、App、小程序直接触达，或者通过财经门户等第三方进行引流，将营销活动深入到客户的各个活动场景，并基于客户画像围绕生命周期推出对应的产品和服务；线下通过数字化的手段为分支机构人员提供展业支持工具，改善客户的服务体验。

第四，科研创新及技术突破是驱动证券公司数字化转型的技术基石。国家"十四五"规划明确把科技自立自强作为国家发展的战略支撑，在北京、上海、粤港澳大湾区打造国际科技创新中心。2020 年我国科研投入占 GDP 的比重为 2.4%，"十四五"期间，国家要求科研投入年均增长要超过 7%，科研强度将达到 2.5%~2.6%，并力争成为全球科研投入最多的国家。目前，证券业的科技投入规模虽然整体上落后于银行业，但近几年的投入增速始终保持高位，2020 年证券全行业信息技术投入金额为 262.87 亿元，同比增长 21.31%。未来，证券公司将充分发挥后发优势，借鉴海外投行先进的技术经验，推进数字化转型进程不断深入。

从内部驱动因素来看，满足客户多样化的需求，提升客户服务能力是证券公司数字化转型的内部驱动因素。零售业务方面，证券公司的传统经纪业务增长乏力，佣金费率长期处于下行通道，部分券商甚至以逼近成本线的 1‰佣金费率抢占市场。在此背景下，各券商纷纷寻求经纪业务向财富管理转型，但目前多数券商的数字化程度未能支撑对提供客户"千人千面"的定制化服务，客户端的应用无法完全满足客户多元化的投资需求及个性化信息的获取需求。机构客户的需求从传统单一产品服务转向多元化、专业化，但多数券商目前仍是单点式地向机构客户提供 PB（Prime Brokerage）、交易、托管等金融服务，尚未建立起针对机构客户的一站式服务平台；投行领域的数字化程度相对滞后，未能支持对投行项目拓展情况的多维度分析，且多数底稿仍依靠人工审核，业务运营质效较低。投资业务方面，在资产配置、绩效归因等方面仍存在大量烦琐且耗时的手工统计环节，无法有效地支持投资经理的研究和投资工作，多数券商的投研一体化、量化投资平台建设尚处于起步阶段。此外，证券公司还面临来自银行、保险、基金和信托等金融机构的竞争压力。这些机构在资本实力、客户基础、投资能力等方面各有优势，且与券商业务逐步趋同，银行保险业机构的科技建设投入远远超过券商，证券公司必须加快数字化转型速度，提升运营效率，实现弯道超车。

（二）概念界定

《中共中央国务院关于构建更加完善的要素市场化配置体制机制的意见》首

次提出加快培育数据要素市场，正式将数据要素纳入中国经济发展的生产要素中，肯定数字化转型的重要性；国家“十四五”发展规划中将建设“数字中国”作为国家发展战略；国务院国有资产监督管理委员会在《关于加快推进国有企业数字化转型工作的通知》中提到，数字化转型是改造提升传统动能、培育发展新动能的重要手段，数字化转型的过程包含建设基础数字技术平台、建立系统化管理体系、构建数据治理体系等内容；中国人民银行在《金融科技发展规划（2022—2025年）》中指出，数字化转型是以金融数据要素应用为基础，以深化金融供给侧结构性改革为目标，将数字元素注入金融服务全流程，将数字化思维贯穿业务运营全链条，注重金融创新的科技驱动和数据赋能的过程。

尽管学界尚未形成权威、统一的数字化转型的定义，但综合主要文献和主流观点以及顶层设计及业界和学界的专家学者观点：数字化是传统行业和机构融入国家数字经济战略的重要路径，是以数据资源为关键要素，以现代信息网络为主要载体，以信息通信技术融合应用，实现组织架构、业务模式、内部流程、服务质效升级改造的过程。比照数字化转型的内涵可以认为，券商的数字化转型是通过数字化手段对公司的业务模式和经营逻辑进行重构：在零售金融层面，数字化可以在获客、营销、客户管理等环节提升效率；在产业金融层面，数字化可以有效整合券商服务机构及企业客户的能力；在交易金融层面，数字化可以提升券商交易策略的盈利性，以及交易运营效率，并推进投研一体化进程。在机构层面，证券公司可以基于底层技术升级和实体信息数字化，对总部及分支机构的组织架构、业务流程、数据治理等进行全方位的系统性改造，进而推进分公司、营业部更好地满足客户需求、提升运营效率和业务绩效；在行业层面，证券公司可以打通不同公司甚至不同行业的数据壁垒，如通过“商行+投行”模式，满足客户多元的投融资需求，实现数据流动和资源共享，进而提升运营效率，构建数字经济生态圈。

二、证券公司数字化转型的发展历程

对证券行业来说，推动数字化转型是证券公司应对发展挑战、提升竞争力的必要手段。数字化从诞生之日起就伴随着证券行业的发展。过去三十多年来，国内证券公司通过科技发展，实现了从手工处理到全面电子化、从分散处理到运营集中化、从线下交易到全面线上化的三大跨越。证券业每个发展阶段都有标志性业务或管理创新。支持这些创新的核心数字技术，为证券公司数字化转型全面加速奠定了基础。2000 年以前，证券公司的业务办理实现了全面电子化。2000 年至 2012 年，证券行业的数据处理从分散走向集中，实现了交易柜台、资金管理、业务运营和财务处理的集中。2012 年至 2015 年，随着移动互联网技术的日益成熟，线下交易开始转向全面线上化。2015 年以后，人工智能、大数据、区块链等技术的兴起，进一步推动了证券公司业务创新和管理变革，证券行业开始进入全面数字化转型的重要机遇期。

（一）从手工处理到全面电子化

中国证券行业从发展初期开始，就深度依赖信息技术。证券行业核心机构通过引入电脑撮合系统、卫星广播行情系统等技术手段来提高市场效率，奠定了中国证券市场无纸化交易的基础和电子化的方向；证券经营机构通过柜台交易系统化，实现了全行业证券交易客户端在资金存取、委托下单、对账查询等各个环节的电子智能化、远程自动化和虚拟无纸化。

1. 实现交易撮合电子化

三十多年前，国际上通用的证券交易模式有三种，分别为口头竞价、书面报单（也称作写板报单），以及刚刚兴起的电子计算机交易或者计算机辅助交易。在 20 世纪 80 年代中后期中国资本市场刚起步时，股票交易主要依赖场外柜台模式，完全依靠“人+算盘”的手工作业完成。股票交易具体做法是通过白板手写报价进行撮合，并由柜台人员手工记录交易台账。股票交易的资金通过现金收付，并通过在纸质的股票凭证上背书，来完成股票过户的操作。这种一个个割裂的小规模市场信息沟通不畅，市场的公平性和交易效率无法得到有效保障。

随着上海证券交易所（以下简称“上交所”）、深圳证券交易所（以下简称“深交所”）相继设立，证券交易模式从场外柜台交易走向场内集中撮合。沪深交易所在筹办之初，便将通过计算机自动撮合配对进行交易规划作为开业后主要的交易模式。上海证券交易所在筹办时，便选择摒弃国外沿用了百年的口头竞价与书面报单的交易模式，依靠国内技术团队，在全球率先启用计算机撮合系统，成为世界上第一家开业便直接采用计算机自动撮合配对系统进行证券交易的交易所。在深圳证券交易所筹建资料汇编中，便已完整收入了未来深圳证券交易所拟采用的计算机辅助交易规则，开业后不久，深交所的自动撮合系统就正式上线，并推出了全球首创的无形席位。1992 年 5 月，深交所与深圳同城的证券公司营业部之间搭建起了国内第一个 64Kbps 的数字网络，通过自动报单系统，营业部可以利用网络直接将股民的股票委托报到交易所的撮合系统里。

沪、深交易所的计算机交易系统建设为行业发展奠定了技术基础，也在行业的科技发展领域起到了示范的作用。同一时期，证券公司也在尝试通过信息化的手段精简柜台交易过程中过多的手工操作流程导致的交易效率低下等问题。1991 年底，深圳国投证券部上线第一版柜台交易系统，尽管这个采用了局域网技术的柜台交易系统在现在看来很简陋，但是它帮助证券交易重构了业务流程，结束了报单员先前高强度、标准化程度不足的状态，有效解决了当时交易过程中的效率问题。不久，作为行业核心机构的深圳证券登记公司（后并入深交所）组织几家证券公司的技术人员，在深圳国投第一版柜台系统基础上快速开发了一套通用版柜台交易系统，并使其成为能被其他证券公司使用的电子交易系统。这套系统成了部分证券公司的第一套电子化交易系统。也正是在 1991 年末至 1992 年初，海通证券自主研发的第一代交易系统先后在 6 家营业部投产使用，这套计算机系统能够记录、管理客户的交易和证券持仓，海通证券也因此迈出了证券交易电子化的第一步。

2. 提升交易撮合效能

中国证券行业利用信息技术提升交易撮合效能，主要表现在：首先，推进无纸化交易的创新模式。在沪、深两个交易所成立之初，使用的仍是实物股票。1991 年初，实物股票的使用就已经难以为继，因为实物股票的交易需要极为烦琐的手工操作，即使当时采用当天买入的股票在 4 个交易日后才能卖出的交易制度，股票的交收有时也不能按时完成。为有效提高交易效率，无纸化交易开始在沪、深两地正式启动。1991 年 4 月，上交所推出的电子化股票账户为淘汰实物形态的股票凭证打下了基础。股民只要在上交所开设一个股票账户，股票过户等操作便可以通过计算机完成，免去了以前冗长的实物凭证交易过程。不久之后，上交所出台了“没有股票账户的股民不能在交易所里交易”的相关规定，并设法收回了散落在股民手里的实物股票。至此，资本市场无纸化交易的创新模式正式落地。

其次，拓展交易渠道，解决股民报单难题。虽然交易所的自动撮合系统与自动报盘系统通过采用电信分组交换网等技术手段，解决了交易所与证券营业部系统对接效率的瓶颈，让跨省异地交易的全链路延时达到秒级，但证券营业部柜台与股民的交互效率仍旧不高。当时，股民有时甚至需要半夜去营业部排队，才能在第二天买卖股票。证券公司的每个营业部最多仅有 8~10 个柜台，而每个柜台每天最多只能完成 200 个客户的报单，远远无法满足市场的需求。1992 年，证券行业开始启用通过电话进行证券委托买卖的模式，股民的买卖委托指令被“翻译”成数字信号后，直接进入证券公司营业部的报盘系统，然后再由证券公司对接交易所进行撮合交易。电话委托与自动报盘的交易模式巩固了使用无形席位进行交易的机制，让证券公司与登记公司之间通过磁盘传递数据成为历史，也解决了股民只有去证券公司的营业部柜台才可以买卖股票的问题，极大地提高了股票买卖的便捷性和股票交易的效率。

最后，持续优化技术系统，提升交易撮合效率。随着沪、深交易所在1993年分别完成基于当时领先技术的交易系统切换，行业核心机构的交易撮合性能明显提升。深交所的天腾系统在上线当天交易成交笔数超过9万笔，创下深市开市以来的最高纪录；上交所也在1996年经受住了每天360万笔交易的考验。

3. 转变行情通信手段

虽然在1992年前后，上海证券交易所的会员单位已经将营业部开设到全国各地，但当时完全依赖长途电话线路传送股市行情的模式，对居住地不在交易所所在城市的股民来说，不仅会出现股票行情滞后，有时甚至会出现股票行情接收不到的情况。

因此，优化股票行情接收模式，逐渐实现对相对落后通信手段的替换也迫在眉睫，而采用卫星通信的方式成为替换当初通信手段的主要方案。1993年4月，深交所和上交所的单向卫星站先后开始向异地广播实时股票行情和成交数据，证券公司只需要在营业部建一个卫星小站便能够接收实时股票行情，由卫星构成的天网也逐渐成为证券行业的主要通信网络，而原先使用的地面通信网络被用作备份网络。不久之后，双向卫星站又在国内广泛推广，地域差异带来的股票行情接收延时等问题得到有效解决。

4. 支持清算模式变革

在上交所发起股票无纸化交易创新之时，深圳证券登记公司也在1991年末建设了一套单机版的清算系统。虽然该系统上线时只能简单地进行股票登记，对于过户等环节还需要手工方式辅助，但随着服务器版清算系统的推出，过户业务也逐渐实现了自动化。1995年，上海证券中央登记公司和深圳证券登记公司分别启动对清算系统的升级改造。在升级重组过的清算系统支持下，上海和深圳方面回收了原先散落于各地的清算权，确立了二级清算制度。这项变革保障了登记公司和证券公司的资金利用，大大规范了营业部对资金的管理。中国证券业科技发展经历的第一次跨越过程中，在世界范围内创造了很多纪录，具体包括：第一个实现证券发行、交易、清算的全程无纸化；第一个实现证券交易所席位的无形化；第一个实现实时成交回报；建立了世界最大的证券卫星专用网等。而许多后来在国内资本市场发挥核心作用的信息系统，最早都是由规模有限的开发团队自行研制。中国证券行业的信息化建设筚路蓝缕，克服了重重困难，在多个领域实现从无到有的蜕变，中国的证券公司也完成了从手工处理到全面电子化的第一次跨越。

值得一提的是，中国证券信息化建设的高起点起航和持续快速发展，不仅依赖于行业核心机构和经营机构的辛勤付出，那些为行业提供信息技术服务支持的服务商也功不可没，这些专业、敬业的合作伙伴为证券行业的发展夯实了技术底蕴，也为行业培养了大量人才。吃水不忘挖井人，他们的努力和汗水也必将给证券行业带来深远影响。

（二）从分散处理到运营集中化

在证券公司数字化建设基本完成向全面电子化跨越的同时，其规范化管理的基础也逐渐夯实。1999 年 7 月《证券法》的实施，奠定了我国资本市场基本的法律框架，而随后的一系列行业法规和政策措施的制定，也进一步促进了资本市场的规范发展和对外开放。推进证券行业机构治理结构完善也是其中重要的一环。然而，在证券行业综合治理背景下，信息系统建设集中化的征程才刚刚开始，这也正是下一阶段行业数字化工作的重点。

尽管从 1994 年起，就不断有证券公司先后尝试在总部建立集中式的技术系统，但由于受技术手段、管理模式以及证券公司各自历史遗留问题等多方面因素的制约，交易集中化的推进过程一开始相对缓慢。不过，来自行业的顶层设计和监管部门不断细化的监管要求，为推进证券公司的集中化起到了促进作用。为提高行业信息系统安全管理水平，有效防范和化解技术风险，中国证监会在 1998 年发布了《证券经营机构营业部信息系统技术管理规范（试行）》。这份规范明确提出，证券经营机构的计算机信息技术工作必须实行统一归口管理，针对当时证券行业技术管理方面规范化程度相对较低的情况，通过完善制度体系，帮助经营机构推进对信息技术工作的集中管理。

在证券行业开展综合治理的同时，技术的发展也让证券公司交易系统应对更强的交易负荷成为可能，推进证券公司自身交易系统集中建设的各项条件日趋成熟。各大证券公司开始普遍寻求公司层面的业务集中化管理，通过信息系统的统一建设、集中部署和一体化运维，逐步实现数据、运营和管理的集中，并以此来提升自身的信息技术风险管理能力，降低合规风险。

21 世纪初，国内证券公司的集中交易系统从最初的区域集中到现在的全国大集中经历了一个从尝试到大规模发展的过程。而为了促进该项工作的推进，中国证券业协会于2006年专门发布了《证券公司集中交易安全管理技术指引》予以引导。到2008年末，国内主要的证券公司基本实现了交易系统的集中、统一建设和管理。

随着交易系统大集中工作的不断推进，我国证券公司完成了从营业部分散制到总部集中制的跨越。也就是在这一阶段，切实可用的备份系统成为标配，规范化的技术文档管理体系得以建立，营业部技术从业人员的轮岗制度开始执行，而证券行业各类机构与交易相关技术平台的整合能力提升，也为证券行业在随后经历股市“大行情”的考验做好了技术储备。在证券公司从分散处理过渡到运营集中化的过程中，证券公司完成对交易柜台的统一，实现了交易的集中；客户资金从存管在营业部，到由证券公司集中存管，再到第三方存管，实现了资金的集中；业务处理功能从营业部集中到区域中心，实现了业务运营的集中；财务组织从分散在各个分支机构，到建立财务共享中心，实现了财务的区域集中。

尽管早期的集中交易系统顺应了业务发展的需要，但随着资本市场的快速发展，特别是2007年左右的牛市行情带来的高成交量，证券交易系统性能方面的挑战又再次浮现。证券行业部分有前瞻性的经营机构便又开始着力优化交易系统的架构，其中一个主要的方向是部署多个交易中心，并通过将客户按一定的规则分拆后安排至不同的交易中心进行交易，来解决单交易中心的性能容量问题。从2009年开始，证券行业机构的集中交易系统也将随着业务和技术的发展而不断地进行升级，引发了交易技术的又一轮革新。

在这一阶段，客户的交易模式和交易习惯也发生了颠覆性的变化。2000年3月，针对当时刚刚崭露头角的，比电话委托更加高效、易用的网上交易模式，证监会颁布了《网上证券委托暂行管理办法》，开始将证券网上交易纳入统一规范的监管体系，标志着国内证券行业开启了网上交易的新时代。随后，网上交易的软件得到快速发展，网上交易的模式开始在全国范围内流行，到2008年，网上交易已成为市场投资者主要的委托方式。网上交易委托笔数占整个市场委托笔数的比重已经超过了65%。此时，证券业务线上化的趋势已经开始萌芽。

（三）从线下交易到全面线上化

到了21世纪第二个十年，互联网技术愈发日益成熟，证券行业进入了改革发展的新阶段，也开始了从线下交易到全面线上化的跨越。2013年，中国证券业协会发布《证券公司开户客户账户规范》，明确证券公司可以通过见证、网上及证监会认可的其他方式为客户开立账户，随后多项法规指引相继出台，非现场开户的限制被放开。以此为契机，越来越多的证券公司通过自建 PC 客户端、App 等方式将投资交易各项业务逐步迁移到线上。据统计，目前我国证券公司网上开户总数中，移动端占比超过九成；月活跃用户中，客户端占比超过七成。特别是移动 App 已成为金融新零售的重要载体，也是企业触达客户的最重要抓手。

截至 2014 年末，我国共有 35 家证券公司获得互联网证券业务试点资格，证券公司将产品、服务等进行互联网改造，如搭建网上商城，把产品对接到互联网平台进行销售等。为了促进互联网证券业务的创新发展，实现线上线下业务的连通与融合，各家证券公司还纷纷成立电子商务部或互联网金融部，专注于开拓互联网金融平台相关业务。

中国证券行业的科技发展经历三大跨越，方兴日盛。信息系统建设从投资交易、投行承销、风险管理、机构业务等各层面更全面、深入地展开，整个行业基本实现了全面线上化，各种业务完成了从线下到线上的转移。也正是从这个时期开始，数字化转型受到越来越多的关注。

三、证券公司数字化转型现状

为了解决证券行业数字化转型的现状与存在的问题，特向行业相关从业者进行问卷调研。调研结果显示，2017 年，大多数证券公司开始准备并尝试数字化转型，购买相关设备与基础设施，提升数据治理化水平。证券公司近年来的支出变化最大的项目为员工薪酬，主要是线上运营人员和专业技术工作人员等方面的投入增加。员工薪资的费用支付占比在下降，而电子设备维护、折旧、购买所支付费用的占比呈上升趋势，反映了信息技术对推动行业发展起着更加突出的作用。目前我国证券公司实施数字化转型的效果已初步显现，但仍存在不同公司投入差距大、数字化治理水平低下、人才培养体系不健全、数据安全难以保证等问题。

中国证券公司自改革开放以来艰难起步经过 40 多年的发展，从一开始的野蛮生长逐渐认识到行业发展规律，凭借坚韧不拔的意志，创造了一个又一个的商业奇迹，并成为推动国民经济发展的重要力量。然而随着我国开放程度的进一步扩大，我国证券业正面临着前所未有的挑战。信息技术的广泛应用使证券公司不能再像以前那样只是依靠线下营销。大部分券商开始对营销部门减员增效，推动经纪业务的转型，通过转移业务到线上运营寻求新的销售渠道，扩大行业的目标群体，迎合新群体的消费习性，促进公司的长久发展。

随着对外开放程度的不断扩大，在互联网时代背景下，中国证券行业需要不断创新来迎接新的挑战。严峻的市场环境不利于证券公司的正常运转，业务收入也在不断下滑，传统商业模式遭受着前所未有的市场冲击，所面临的风险多种多样，具体呈现以下三方面的特点：首先，随着我国金融市场不断对外开放，国内证券公司不仅需创新自身产品，还要努力在恶劣的国际市场中脱颖而出，争得一席之地。随着国际证券公司涌入中国市场，因其优质的服务和丰富的理财产品体系吸引着国内的高净值客户群体，境内与境外的行业竞争已不可同日而语。其次，复杂的市场环境使众多中小型证券公司只能重组、并组，从而避免或减少被市场淘汰。中小型证券公司的经纪业务向大型公司靠拢集中，希望能在激烈竞争中减少损失。最后，有的证券公司在推广业务的过程中因投资风险丧失了一部分客户，以及管理不当造成客户资产损失。未来公司应着力改善投资环境和优化公司管理，做好基础工作，减少不必要的资源损失。

当前证券市场已快达到饱和状态，竞争日趋激烈，许多公司采取降低佣金的操作方式不仅没有赢得市场，反而使自己举步维艰。我国证券公司数字化转型现状可总结为几个方面。

（一）数字化转型投入两极分化

近年来，证券公司经纪业务的收入因为市场竞争的日益激烈呈逐年下降的趋势。而我国证券行业对经纪业务有着很强的依赖性，在一定时期内无法改变行业收入结构。尽管除经纪业务外，证券公司还推出了资产管理等一系列业务模式，但经纪业务仍是其基础工作模式。为此，证券公司积极采取众多营销手段，如下调市场佣金率以寻求更多的业务，但都没有很好地控制住经纪业务的下降趋势。证券公司面对行业竞争压力，只能降低传统经纪业务的比例，不断调整业务结构，通过数字化转型来变压力为动力。

当证券公司意识到这一点时，在产品和服务创新方面的投入也越来越多，但总体上呈现两极分化的趋势：部分证券公司为了获得更强的竞争优势，对数字技术的投入占比逐年递增，且投资额巨大；而大多数证券公司尽管开始数字化转型，但重视程度不够，很多公司只是增加了这一计划，并未有实际进展，或是科技投入经费严重不足。因此，中国证券行业如果想取得质的突破，摆脱长期以来对经纪业务的依赖，向新的业务产品迈进，就需要通过数字化转型来调整公司收入结构，避免经纪业务收入长期下滑造成公司利润减少的局面。

（二）数据治理水平较低

目前，证券公司的数据技术应用仅限于基础数据支持方面，对信息技术的使用只是浮于表面，并没有做到与金融科技的深入融合。有些证券公司在业务数据集、业务数据实时监控、分析行业数据等方面都开始以数字技术来提升工作效率。移动互联网、人工智能、大数据、云计算等技术的使用对于证券公司的产品创新有着极大的助力，但如何促进技术与传统业务模式的协调发展是每一位专家都热衷讨论的话题。

证券行业数字化转型已成大势所趋，从整体来看，我国证券行业的数字化技术应用场景有限，并没有做到两者真正的结合。相比国外已经相对成熟的业务模式，我国证券行业一方面信息技术只是在咨询服务、账户分析等方面得以应用，信息共享水平偏低，数据治理能力薄弱，数据价值无法得到充分发挥；另一方面在财富管理业务、理财个性化服务、智能交易等方面发挥作用有限。可见，无论是对数据技术应用的深度还是广度，我国证券行业都有着较大的差距。

（三）技术人才供应不足

我国证券行业在转型过程中需要技术人才对公司业务模式进行优化，技术相关人才培养体系不够健全，技术人才的晋升渠道不够畅通，导致大量的技术人才流失给公司转型带来沉重的打击。目前，证券行业需要的是既懂业务又懂技术的人才，两者能力的培训需要系统科学的训练。证券公司员工培训一定程度上有利于相关人才的培养，但由于公司模式的僵化和培养体系的不健全又在抑制优秀人才的产生。技术人才的供应不足使公司需要从市场引进，而这又需要合理规划员工的薪资结构和后续发展。在此基础上，可以尝试以股权激励的方式吸引人才，扭转证券行业技术人才供不应求的局面。

（四）数据安全难以保障

伴随着数字化转型的推进，证券行业在许多方面都开始应用信息技术，应用场景被不断拓展。数字化转型在提升公司工作效率的同时也不可避免地留下安全漏洞。证券行业的发展速度较快，市场的饱和使其竞争程度更加激烈。而我国对证券数字化转型的保障制度和防范措施还比较薄弱，无法有效预防和应对突发事件的发生。此外信息技术与客户信息的联系愈发密切，一旦信息泄露将会给公司造成难以挽回的损失，因此证券公司需要加强数据安全防控。海量的数据对证券公司的数据安全保证提出了挑战，目前我国证券行业正在不断健全相关规章制度，通过身份认证、网络保护等一系列措施加强数据安全防控。同时数据价值的提升也提高了公司的数据风险，需要加强证券公司的信息安全意识和公关团队应对危机的能力。数据安全问题给行业的数字化转型敲响了警钟，在寻求创新发展时不能一味地追求产品创新，同时要注意客户信息保护。App 的应用在提供线上服务的同时注意数据安全管理，才能为客户提供更加开放、安全的投资环境。

第三节　数字化财富管理

一、数字化财富管理的概念

数字化财富管理（Digital Wealth Management）是以数据和技术驱动的、端到端的创新为价值定位，针对价格敏感、便捷性诉求高且乐于尝试技术创新的财富管理客户，提供简单易懂、信息透明、相对更标准的产品，通过互联网、移动端，以视频和机器人等为交互手段，随时随地提供高效、便捷、透明的服务体验。数字化财富管理的本质仍然是实现财富的保值与增值，科技是帮助更高效、更透明、更精准实现最优资产配置的工具与手段。因此，从价值定位、客户、产品、服务及渠道上看，数字化财富管理与传统财富管理都存在着明显的差异（见表 6-5）。

表 6-5　数字化财富管理与传统财富管理的区别

	数字化财富管理	传统财富管理
价值定位	数据和技术渠道的端到端创新	客户经理主导的产品销售服务
客户	对便捷性要求高、乐于尝试技术创新	对综合化服务要求更高
产品	以简单易懂、信息透明、更标准的产品为主	产品种类繁多
服务	突破提供服务时间和空间的限制，以高效、便捷、透明提升客户体验	提供增值服务 以紧密的客户关系和专属服务为核心
渠道	以互联网、移动端为载体， 以视频、机器人为手段	以网店为核心，线上化为辅助

数字化财富管理的特征包括线上化、便捷化、精准化、个性化和专业化。

数字化财富管理的线上化体现在：财富管理者在以数据和技术为导向的端到

端创新价值取向的基础上，可以建立业务关系，与可靠的客户进行在线沟通，实行线上化，实现科学的数字化服务，能为客户提供更高效的服务。

数字化财富管理的便捷化体现在：通过互联网、移动终端、视频、机器人等交互方式，可以随时提供高效、便捷、连续的服务体验。凭借强大的数据共享功能，管理者可以快速从大量数据中提取有效信息，并进行共享，基于平台敏捷性为客户提供服务体验。

数字化财富管理的精准化体现在：科技可以使财富管理更加精准，数据挖掘可以使机构更好地了解客户，数据分析可以是机构更准确地预测客户投资趋势。通过技术和数据分析工具，可以正确分析财富管理市场信息，科学规划财富以提供精准的服务。

数字化财富管理的个性化体现在：科技可以使财富管理更加个性化，降低采购成本，是每个人都能得到专业的投资建议，而现金的算法能够真正满足成千上万客户的不同需求。

数字化财富管理的专业化体现在：互联网技术使财富管理能够克服时间和空间限制，实现自动化，并帮助客户提高财富管理的效率、准确性。

二、数字化财富管理的发展历程与现状

相对而言，全球财富管理机构的数字化进程更早。整体上，全球财富管理市场的数字化进程可以分为三个关键阶段。

第一阶段（2008—2012 年）是以运营效率提升驱动的流程线上化。金融危机后，随着利润空间压缩，各金融机构生存艰难，纷纷将工作重心转移至运营效率提升方面。对传统财富管理机构来说，对外开发低成本的线上服务模式，对内提升线上化程度、优化运营流程成为这一阶段的重中之重。而在此期间，一些在线财富管理公司进入市场，为客户提供低成本、纯线上的理财方式。

第二阶段（2012—2018 年）是以业务赋能、客户需求驱动的数字化。随着财富管理市场日益成熟、客户越来越多样化，部分领先的财富管理机构敏锐地感知到客户需求的变化和新兴渠道的巨大潜力，它们跳出原有“流程线上化”路径，大力推动业务数字化。欧洲、北美的领先财富管理机构，将数字化重心放在业务数字化、新兴渠道和新技术应用方面，以此满足客户的个性化需求。其他机构也紧随其步伐、纷纷布局新业务模式，智能投顾、客户交互平台、理财师赋能成为各家机构数字化重点。

第三阶段（2018 年至今）是以科技驱动的商业模式创新。随着金融科技在大数据、人工智能等关键领域的不断突破，全球财富管理市场数字化转型加速。财富管理机构与金融科技公司开始深度融合，科技手段助推财富管理商业模式创新。传统领先的财富管理机构、互联网平台公司、金融科技公司纷纷进入市场，各方力量不断竞合，探索出全新业务模式。

总的来说，全能型商业银行数字化往往以支持财富客户分层经营的全渠道体验为主，同时借力数字化推动财富管理流程自动化。专业性私人银行一方面通过数字化搭建全渠道客户经营及交互平台，另一方面借力数字化有效传递投顾专业能力。资产管理公司往往通过数字化混合投顾能力建设，向财富管理业务延伸。证券公司则通常利用数字化，驱动线上渠道从传统经纪业务向综合财富管理业务转型。而线上互联网平台机构则致力于借数字化搭建开放生态平台，向全市场的资管合作伙伴提供开放产品和客户经营平台。

目前，中国数字化财富管理进入快速发展阶段，艾瑞咨询的统计数据显示，从内部业务赋能角度看，整个金融行业整体科技渗透情况为 49%，财富管理行业整体科技渗透情况为 26%。整个金融行业整体科技效能释放为 31%，财富管理行业整体科技效能释放为 19%。而从外部生态构建角度看，整个金融行业整体科技渗透情况为 15%，财富管理行业整体科技渗透情况为 9%。整个金融行业整体科技效能释放为 7%，财富管理行业整体科技效能释放为 3%（如图 6-4 所示）。

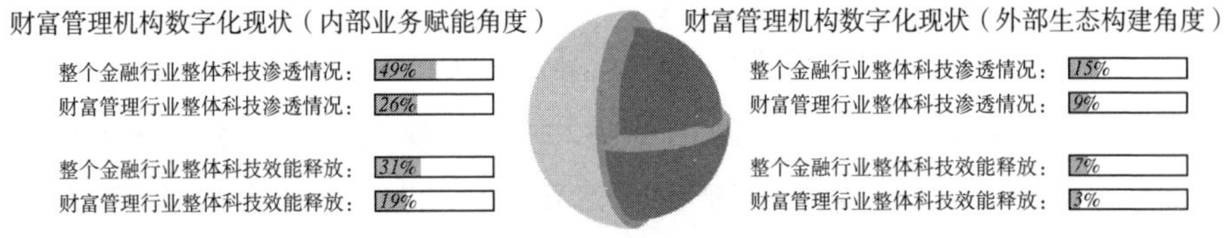

图 6-4　中国数字化财富管理现状①

三、数字化财富管理面临的挑战

（一）宏观环境变化

1. 刚性兑付快速增长但发展堪忧

就某种程度而言，刚性兑付（刚兑）不仅是近年来中国财富管理行业快速

① 资料来源：艾瑞咨询《中国财富管理行业白皮书》。

发展的主要支撑，也是中国财富管理转型的主要障碍。目前，金融管理、信托、投资公司、基金管理公司和其他特殊的信息管理项目都会或多或少地受到刚兑环境的制约。低风险、高回报的理财产品，长期以来吸引了大量的个人理财，并逐渐成为存款的替代品。随着利率市场化进程的加快，虽然金融产品的平均预期收益率与银行存款利率之差距逐渐缩小，但对客户仍具有吸引力。在利率管制时期，银行业不仅通过银行融资为客户提供了更高的回报机会，还积累了大量存款。此外，融资活动通过部分低于设立项目的内部融资基金所需限额的监管来满足商业银行贷款的需求。

但是，刚性兑付也带来了三大隐患：一是导致资源配置失衡和资本价格失调，不利于实体经济的发展。资产收益率很难反映投资背后的实际风险，被低估的资产很有可能被融资，导致出现劣币驱逐良币。二是在隐藏的条件下提高公司整体的负债率，提高资产管理行业的系统风险。刚性存款将分散在投资者手中的风险转移到少数金融机构，在金融系统中积累，隐瞒了实际风险，提高了风险集中度。另外，金融机构的负债率和操作风险的提高，导致融资发展变得不均衡。三是难以进行理性评价。投资者的理性评价必须基于高度透明的信息。绝大多数的证券交易所都是以募集资金的形式进行的，资产管理者很难在一段时间内按投资项目获取明确的财务报表信息，致使投资者无法了解重要信息所以不能进行理性评价。

2. 愈发严格的监管

2016年以前，国内财富管理市场发展迅速。2016年开始改变监管方向。中央政府制定了“去杠杆、防风险”的基调，使监督政策开始进行严格监督，因此，2016年被称为网络金融监管的元年。2017年，监管更加严格，银保监会决定开始“三三四”检查行动，2018年《关于规范金融机构资产管理业务的指导意见》、《关于加大通过互联网开展资产管理业务整治力度及开展验收工作的通知》（以下简称“29号文”）等文件相继出台，进一步加大了对资本管理行业的监管力度，并将实施许可证监管、行为监管及穿透监管的三位一体化管理。

（二）微观环境变化

目前，我国资产管理机构数字能力平台建设在战略定位、具体应用场景、实施安排等方面存在诸多问题，限制了数字化平台的发展，具体有以下几点。

1. 战略定位模糊不清

许多资产管理机构为了解决客户需求过于分散化问题，加强了对数字化建设的应用，但就整体而言，缺乏整体性的规划。系统设计常常倾向于以客户为中心，从而忽略了支持者，其逻辑功能也相对独立。因此，除客户和员工的展示平台外，系统的设计和规划还不够。由于缺乏明确的战略方向，许多财富管理机构对数字化平台的重视程度不够，这导致机构对数字平台的支持不足。

2. 客户满意度低

在规划和构建数字化平台时，无法充分考虑到在实施财富管理数字化转型时业务场景规划的重要性，仍然提供肤浅的表面化服务。数字业务的核心是客户访问，以及客户经理如何为客户提供服务。现场服务无法调查产品管理、资产配置和营销服务，同时也无法考虑如何更好地提供自助服务，这会导致糟糕的客户体验。另外，因为客户经理无法及时获得有效的信息来支持客户投资，会导致销售管理的效率较低，客户的维护成本高，降低了客户对金融服务的满意度。

3. 缺少整体规划，开发周期长、成本高、见效慢

就资产管理平台而言，许多机构尚缺乏整体性的实施计划。在系统开发过程中，它们往往在当前热点领域投入大量资金，盲目追求快速效果，忽视核心领域的建设，导致难以提供统一、可扩展的配置平台。这意味着在实际应用中，每个系统都需要单独连接，数据格式不统一，所用时间长，系统响应速度慢。此外，它还会严重影响后续的迭代开发，如果一个机构将来想在此基础上发展，其技术难点和风险都很高。

4. 注重数字应用平台的建设，忽视了业务流程架构和支持机制

许多资产管理机构都把重点放在数字平台的生产和使用上，幻想仅依靠数字化提升和改造业务，却忽视了对业务流程的构建和系统的修复支持机制。系统的使用不符合业务流程，很容易产生以下结果：组织已经具备构建柔性财富管理系统的功能和结构，但员工不喜欢使用，使数字能力平台不能真正起到支撑作用。

5. 专业性不足，标准化不够

数据系统之间的数据不完全开放，数据标准、数据源和刷新时间不匹配，无法实现高效的数据应用。财富管理机构推进系统基础设施改造，最重要的是加强数据管理能力，开放数据系统，提升了对客户数据和环境数据等非结构化数据的处理和应用的能力。否则，数字转换将无法工作，也无法提供任何好处。中国的财富管理水平不高，行业之间存在显著差异。如何在集中运营和分机构之间取得平衡，并对资源进行合理分配和评估，是一个迫切需要解决的问题。西班牙最大的商业银行即西班牙国际银行就是一个很好的例子，该银行在墨西哥设有办事

处，其高净值业务集中在几个地区中心，其他分行也有许多潜在客户。因此，该银行使用大量数据技术和机器学习算法来分析客户数据并识别潜在客户。该银行在总公司的统一管理下，成立了一支专门的资产管理团队，还为客户提供强大的数据和技术资源，以有效利用和制订全面的计划。

6. 员工参与积极性不高

一线员工的支持和参与程度通常很低。在数字化转型过程中，一线员工对数字化越来越反感，因为数字化已经取代了他们的工作，导致许多部门措施无法实施。为了解决这一问题，企业必须提前向员工披露数字化改革的好处，鼓励员工积极多参与数字化改革，并利用数字化提高工作效率。向员工阐述数字化参与将使他们的工作更有效、更有针对性，并以此促进员工充分参与。

7. 专业型、复合型人才匮乏

在财富管理行业，很少有能全面理解并擅长营销、法律及服务的复合型人才，因此财富管理行业可以尝试通过打造多功能团队来填补这一空白。目前，大多数外国同行都在转向多功能团队，将具备营销、法律、服务这三种技能的人纳入一个团队。中国的财富管理机构也应该遵循这一方针。为了在未来更好地管理资产，必须培养复合型人才。以西班牙商业银行为例，他们为资产管理业务建立了一个投资创新实验室。该实验室致力于创新先进的技术和服务模式，利用人工智能构建先进的产品组合。该实验室的研究团队由在财富管理方面具有丰富经验的专家以及在各个领域具有先进应用技术的专家组成。

8. 数字渠道与传统渠道沟通不畅

许多国内金融机构通常把客户分成两部分：一部分是使用数字化渠道，另一部分是使用传统渠道。客户端不能同时使用多种渠道。客户管理和工作绩效都是分开的。值得一提的是，西班牙的一家商业银行和北美的一家主要银行已经放弃了对渠道和产品的管理，采取了市场细分的管理机制，这是一个巨大的管理模式转变。银行将可变现资产与客户偏好相结合，通过数据划分客户群，根据划分结果将管理权和执行权分配给客户。同时，结合营销活动管理控制系统，提出了分销渠道优先选择的系统算法，旨在为客户提供最佳的服务体验。过去，由于技术上的不足，无法实现完全的一体化渠道管理，近年来，人工智能和大数据管理能力得到了大幅度的提高，进而资产管理实现了全面数字化。

四、数字化财富管理的未来发展趋势

短期来看，数字科技以辅助财富管理的业务为主；长期来看，数字科技将促财富管理行业产生深度变革。

从行业角度看，数字金融基础设施自上而下的建设可以构建更加高效可信的金融体系。从财富管理机构角度看，数字科技应用可以实现机构降本增效、优化成本结构的价值。此外，在数字金融基础设施逐渐完善的背景下，拥有科技创新能力的财富管理机构在与外部合作伙伴的业务协作及数字生态建设中将更具优势，财富管理机构需要进行内部和外部双向并行的数字化升级。

财富管理机构数字化升级的意义不仅在于机构自身的降本增效，还体现在与外部合作伙伴的协作与数字生态构建。在金融行业自上而下推动数字基础设施建设的背景下，数字战略对财富管理机构将是必不可缺的。而目前财富管理机构的数字化能力处于发展初期阶段，且不同财富管理机构的数字化能力差异较大。在财富管理机构进行数字化战略设定与实践上，除了要重视对机构自身业务的赋能外，同时需要对机构外部数字生态进行构建，以及与数字金融基础设施、数字监管体系的衔接。

从需求侧来看，过去 20 年，中国百万美元净值客户数量增长非常迅速，规模增长近 160 倍，人均财富年均增长 14%，远超全球平均 4.6%的增长水平。财富结构逐渐优化，金融资产占比逐渐提升，并呈现证券化趋势，跨境财富管理需求显著增长。同时，养老相关的投资配置刚需为财富管理市场提供了巨大发展空间和机遇。财富管理机构如何通过更专业、优质的金融产品和投教服务，将中国居民的预防性储蓄转化为有远见的投资，是数字时代的新课题。

从供给侧来看，财富管理是国内外各金融机构重要的战略业务方向，以摩根士丹利、瑞银和嘉信等机构为代表的海外财富管理业务具有高权益净利率（ROE）、轻资产和增速较高等特征。无论国内市场还是全球市场，均呈现高度同质化的经济业务和百花齐放的财富管理业务。资产净值越高的客户越需要综合、复杂、专业的定制化服务，与之相对地，大众客户更需要线上化、标准化、体系化的金融产品服务。

近年来，中国特色财富管理发展取得了积极成效，头部财富管理机构专注在本土市场，在财富业务普惠、数字化创新方面走出了一条特色道路，既实现了规模高成长，也为经济社会和金融业客户提供了优质服务。下一阶段，为更好推动行业可持续性发展，我们一要关注多元化，优化财富管理结构，2022 年我国财富管理市场规模达到 84.5 万亿美元，其中存款和房产占比较高，这是当前存在的不足，也是未来发展的重点和亮点；二要更加关注国际化，目前我国财富管理机构在经营结果指标上与国际一流机构仍有较大差距，国内金融市场的全球化程度偏低，要进一步扩大资本市场的双向开放，同时也要评估开放金融市场的安全与效率。

案　例

作为早期智能投顾的开创者 Betterment，其投资哲学广受关注。Betterment 致力于自动化投资——使用由人类专家掌舵的技术来更智能地管理资金，帮助客户实现财务目标。它是如何工作的？机器人顾问使用算法和自动化更快地优化你的投资。它们在幕后做着繁重的工作，管理所有的数据分析，并根据情况调整投资专业知识。客户所需要做的就是用财务目标的细节来填补空白，结果是花更少的时间管理财务，更多的时间享受生活，而 Betterment 会根据客户的时间表和目标金额调整你的风险。此外，机器人顾问的运营成本更低。虽然每个机器人顾问的具体费用各不相同，但它们往往都只是与传统投资经理合作成本的一小部分，这意味着机器人顾问可以节省开支。最终，智能投顾达到人类专业知识和技术的成功结合，即 Betterment 的特色——自动化。

小　结

本章共有三部分内容，包括智能投顾、证券公司数字化转型以及数字化财富管理。智能投顾是本章重点阐述的内容，代表了当前金融行业最具科技特色的业务。通过本章的学习，掌握数字化资产管理涵盖的内容。了解已经发生的、观察正在发生的、判断未来发生的，这是数字化资产管理带来的启发之一。

习　题

1. 谈谈你对智能投顾概念的理解。
2. 简述智能投顾未来的发展趋势。
3. 证券行业数字化转型存在的主要问题。

第七章

数字保险

伴随全球保险业迈进数字经济时代，传统保险行业纷纷开启数字化转型。如何推进保险供给侧结构性改革、增强数字保险服务功能以促进中国经济高质量发展成为一个崭新的时代命题。数字保险作为金融创新的重要领域之一，一是突破了传统保险运营模式，从单纯补偿客户损失转化为利用大数据切实提升风险防范能力；二是从供给侧入手，在高效维护现有保险产品的同时借助人工智能等数字技术不断创新保险产品；三是从需求侧入手，借助大数据平台，利用员工、流程、设备和数据之间的智能互联，提升保险服务功能，最大化满足当今数字经济时代的客户需求。面对当前行业供给与市场需求错配的困境，保险领域各主体积极寻求保险业数字变革，应用数字技术改造产品与服务、改善运营管理，同时探索构建新的业务模式和生态圈，数字保险应运而生①。

第一节　数字保险概述

随着数字技术的飞速发展，各保险机构积极运用数字技术优化保险全价值链——保险产品的设计与定价、展业、核保和理赔。在此过程中，许多创新型产品和服务模式逐渐进入人们的视野，虽然部分保险产品和服务的模式目前仍在试点阶段，比如中国太保集团 AI 中台（该案例入选 2022 年中国保险业数字化转型优秀案例名单）、中国人寿打造的“国寿大脑”智能系统（该案例获 2019 年中国保险业信息化优秀案例一等奖）等，以及各保险机构设计、研发和应用的数字

① ELING M, LEHMANN M. The impact of digitalization on the insurance value chain and the insurability of risks [J]. The Geneva papers on risk and insurance - issues and practice, 2018, 43 (3): 1-38.

化产品，但是已有很多成熟的部分加入保险企业的日常经营中，并在不断改变保险行业的业态。那么，数字保险究竟是什么？它有哪些作用？数字保险又如何发展而来？各个国家的数字保险发展水平如何？本节将着重探究这些问题。

一、数字保险的概念、内涵与作用

《中华人民共和国保险法》（以下简称《保险法》）对保险的定义作出如下规定：保险是指投保人根据合同约定，向保险人支付保险费，保险人对于合同约定的可能发生的事故因其发生所造成的财产损失承担赔偿保险金责任，或者当被保险人死亡、伤残、疾病或者达到合同约定的年龄、期限等条件时承担给付保险金责任的商业保险行为。因此，本书讨论的保险一般情况下指的是商业保险。在全球信息化与数字化背景下，数字技术迅速发展并不断应用于传统行业与新兴行业，保险行业在数字技术的推动下发生了巨大变化，数字保险应运而生。近年来，数字保险受到保险业界、资本市场和监管者的共同关注，成为保险行业未来发展的方向。

（一）数字保险的概念

数字保险指保险行业各参与主体以数字技术为核心驱动力，以数据资源为关键要素，一方面对现有的产品与服务进行改造，优化保险全价值链；另一方面挖掘保险需求未被满足的新兴场景，打通行业上下游产业链，共同构建数字保险生态圈的行为①。

为了使相关概念更加明确，本节通过表 7-1 对数字保险、互联网保险、保险科技和数字普惠保险的概念进行辨析，便于理解四个概念的相同点与不同点。数字保险强调保险业务模式的数字化过程，侧重保险本身。互联网保险是保险公司或新型第三方保险网依托互联网和电子商务技术提供保险服务的商业保险行为，侧重互联网的应用。保险科技是数字技术在保险行业的创新使用，侧重区块链、大数据、人工智能、物联网和云计算等数字技术的应用。而数字普惠保险侧重普惠性，在数字化的过程中，进一步提升保险服务的可及性。

① 曾燕．数字保险导论［M］．北京：高等教育出版社，2023.

表 7-1 数字保险、互联网保险、保险科技和数字普惠保险的概念辨析

概念	相同点	不同点
数字保险	均为保险行业与数字技术融合的体现	侧重“保险”，强调保险业务模式的数字化过程，涵盖方面广泛
互联网保险		侧重“互联网”，强调保险公司借助互联网渠道提供保险服务
保险科技		侧重“技术”，强调数字技术在保险行业的创新应用
数字普惠保险		侧重“普惠”，强调为各类市场主体和人群提供合理有效的保险产品和服务，这些保险产品和服务对消费者而言安全可靠，对供给者而言商业可持续

另外，对于数字保险概念中的参与主体，与传统保险的区别在于，数字保险的参与主体不仅包括传统保险中的参与主体，即保险公司、保险中介机构、投保人和保险监管主体，还包括保险科技公司。随着数字技术的快速发展，保险科技公司也将成为保险市场中的参与主体的一部分①。数字保险参与主体的具体分类如图 7-1 所示。

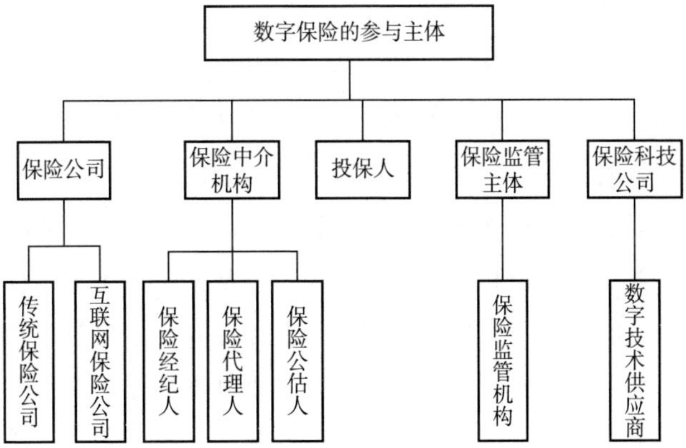

图 7-1 数字保险的参与主体

① 由于本书不涉及再保险内容，因此，数字保险参与主体中不包含再保险公司。

（二）数字保险的内涵

随着数字技术与保险业务的不断融合，数字保险的内涵不断丰富。

1. 数据资源是数字保险的关键要素

数字保险的关键要素是数据资源，它能够帮助保险机构洞察客户的需求，并形成精准的客户画像，从而为客户提供需要的产品和服务。起先，保险机构通过物联网、互联网等与客户进行多触点的高频交互活动，收集客户的消费习惯、生理健康、个人偏好等多维度信息。接着，保险机构运用大数据、人工智能等数字技术识别转化、存储并集中管理收集到的信息，形成客户数据资源。在此基础上，保险机构通过分析上述数据资源深入掌握客户特征和潜在需求，绘制精准的客户画像。最后，保险机构根据客户画像推动产品端更好地满足客户多层次、个性化的保险需求，营销端实现产品适销对路，第三方机构也能提供与客户需求更加匹配的保险产品附加服务。

2. 数字技术是数字保险的核心推动力

《中国银保监会办公厅关于银行业保险业数字化转型的指导意见》提出："到 2025 年银行业保险业数字化转型取得明显成效，基于数据资产和数字技术的金融创新有序实践，个性化、差异化、定制化产品和服务开发能力明显增强，金融服务质量和效率显著提高。"可见，数字保险离不开数字技术的推动。

数字技术主要从以下两个方面赋能数字保险：一方面，保险机构运用数字技术打造数字化中台，赋能数字保险的业务运作。数字化中台包括业务中台和数据中台。业务中台在核心业务逻辑相似的基础上，整合并赋能保险基础服务和流程，快速匹配业务所需的能力和资源，从而帮助前台（与客户进行交互的应用端）快速应对高并发、大规模的业务场景。数据中台实时收集业务流程中产生的数据信息，从而监测保险机构的业务情况，及时控制保险业务中的风险，使保险机构进入业务决策自动改进和良性循环的轨道。另一方面，保险机构运用数字技术不断推演并完善智能定价和智能风控等模型，从而提升了数字保险的智能化与自动化水平。保险机构运用大数据技术收集并储存客户信息和过往交易信息，形成核保与风控的基础数据库。在不断搭建并完善基础数据库后，保险机构运用大数据分析、机器学习等数字技术建立智能的保险定价与风险管控等模型，再通过对模型的实际应用和反馈，持续推动模型的自我优化和迭代，从而实现数字保险定价与风控等环节的自动化和智能化。

3. 优化保险价值链与构建数字保险生态圈

优化保险价值链是数字保险的发展方向之一。传统保险的创新囿于有限的技术与客户信息，难以精准把握客户需求。随着生活水平提高，人们对保险产品有了更高的期待，投保人的购保需求从风险偿付延伸至深层服务和风险预防等多个方面。因此，未来保险机构有必要以客户需求为导向，运用数字技术收集客户数据，从中挖掘客户的真实需求并反馈到保险业务活动中，提供与客户需求更加匹配的保险产品与服务。

构建数字保险生态圈是数字保险的另一发展方向。保险机构运用数字技术打通行业上下游产业链，实现与同行业各个主体高效连接与协作，构建数字保险生态圈。该生态圈主要包括三大主体：保险公司、保险中介机构与保险科技公司。这些主体依靠各自优势实现技术升级，进而相互开展信息共享与专业化分工。其中，保险公司主要负责优化保险产品并提供深层次的附加服务；保险中介机构主要负责保险的高效率展业和保后管理；保险科技公司则面向保险公司和保险中介机构进行技术输出，帮助它们实现数字化升级和落地智能化应用。

（三）数字保险的作用

保险的作用是保险功能在特定社会条件下的反映，是保险对社会发展的影响的具体表现。与传统保险相比，数字保险不仅具有传统保险保障经济、稳定社会和造福人民的作用，而且能够扩大承保范围、提升保险机构竞争力并满足消费者个性化和多样化的保险需求。

从保险产品来看，数字保险能够扩大保险产品的承保范围。数字技术为保险机构的风险识别与管理提供技术支持，从而使数字保险突破现有可保风险的界限，同时使传统的事后补偿保障形式扩展为事前风险预防形式。保险机构的业务经营范围扩展至原来不可承保的风险，显著扩大了保险产品的承保范围，增强了保险经济补偿的作用。例如，在过去保险技术落后、再保险市场规模小的背景下，保险机构难以承保地震、洪水等巨灾风险。但随着数字技术在保险业的应用以及再保险市场的扩大，2016 年 7 月，中国城乡居民住宅地震巨灾保险产品正式全面销售，由中国城乡居民住宅地震巨灾保险共同体共同参与损失分担，巨灾保险制度逐渐由理论迈向实践。

从保险机构来看，数字保险能够提升保险机构的市场竞争力。为保持行业领先地位，传统保险公司主动以数字技术优化原有的业务链条，推出以提升客户体验为核心的业务流程再造和以提高运作效率为核心的企业运营管理方案。对于保险中介机构，一方面，随着数字技术发展，部分仅发挥产品介绍功能的保险代理人逐渐被人工智能所替代；另一方面，保险中介机构连接产品与场景，售前提供专业的前端咨询服务，售后提供优质的增值服务。受益于数字保险突出的互联网属性与技术属性，互联网保险公司和保险科技公司积极布局保险行业，成为保险行业的新型主体。互联网保险公司依托互联网渠道开展保险业务，打造互联网保险生态圈。凭借自身海量的渠道资源与技术能力，保险科技公司为保险机构设计通用技术解决方案，对保险行业进行技术赋能。

从保险消费者来看，数字保险所带来的业务模式创新能够更好地满足消费者个性化与多样化的保险需求。一方面，数字保险能够更好地满足消费者的个性化保险需求。数字保险打破了保险行业与互联网等行业的边界，为我国保险行业注入了新鲜血液。保险机构运用大数据、人工智能等数字技术重塑了保险业务流程，为消费者提供定制化的保险产品与针对性的保险服务，满足了消费者的个性化保险需求。另一方面，数字保险能够更好地满足消费者多样化的保险需求①。近年来，保险行业与通信、汽车、健康等领域正在加速融合，将保险生态圈进一步延伸到上下游行业，打造多产业融合的保险生态圈，为客户提供全方位生活服务，满足了消费者多样化的保险需求。例如，前海人寿布局医养产业，将保险服务链延伸至医疗、养老领域，为消费者打造“保险+医疗+养老”解决方案。消费者不仅可以体验前海人寿自建自营三级医院、高端养老社区的医疗和养老服务，还可以获得高端海外体检、指定专家门诊与专家手术等增值服务。

二、数字保险的发展历程与现状

（一）全球数字保险的发展历程

自20世纪80年代开始，数字技术对保险机构的运营与服务模式的影响愈发重要。根据数字保险的发展特征，可将全球数字保险发展历程大致划分为三个阶段：萌芽期、高速发展期与成熟稳定期（见图7-2）。

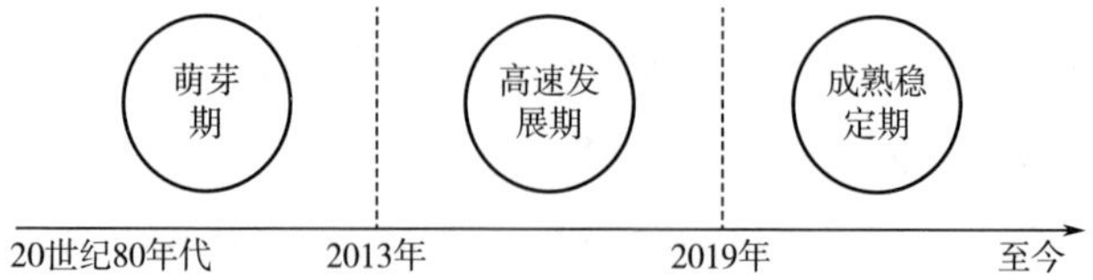

图7-2　全球数字保险的发展历程

① 李涵，成春林．保险科技研究进展：内涵、动因及效应［J］．金融发展研究，2021（11）：73-80.

1. 萌芽期（20世纪80年代—2013年）

计算机信息系统的应用拉开了保险行业数字化的序幕。20世纪80年代，保险机构使用计算机代替手工出单，在一定程度上提高了保险业务效率。日本生命保险公司在1988年全面推广计算机信息系统，建立公司内部数据、电话、传真系统。1989年，该公司建立客户综合资产管理系统，构建了更加全面的客户信息数据库。

互联网在保险行业的应用加速了保险数字化进程。互联网保险最早诞生于美国，尔后在各国不断涌现，网络平台也逐渐成为保险销售的新渠道。20世纪90年代，美国国民第一证券银行首次做出利用互联网销售保险单的尝试。1995年，第三方网络保险平台InsWeb成立，进一步推动互联网在保险行业的应用。20世纪末，美国大部分保险公司已经建立起各自的官方网站。

云计算、大数据等数字技术的成熟与普及推动了数字保险的产生。2006年，谷歌CEO埃里克·施密特在搜索引擎大会上首次提出“云计算”概念，保险领域的云服务业务随之迅速发展。2006年Hadoop的开源与2008年Facebook贡献的Hive很大程度上降低了大数据的使用门槛，推动了大数据技术在保险行业的应用。2009年谷歌启动的自动驾驶汽车项目标志着车联网技术初步成熟，随之而来的是“按驾驶情况付费”的车险等新型保险产品。

得益于数字技术在保险领域的应用，数字保险公司应运而生。许多著名的数字保险领域的公司都诞生于该时期。美国最大的员工福利平台Gusto创立于2011年，其主要竞争对手Zenefits创立于2013年。印度数字保险领域的代表公司PolicyBazzar于2008年成立，在印度数字保险市场中发挥了领头羊作用。全球数字保险公司数量的不断增加拉开了数字保险高速发展的序幕。

2. 高速发展期（2014—2019年）

在高速发展期，数字保险的发展前景受到资本的认可。传统保险公司积极进行数字化升级，数字保险的创投市场也迸发出强大的活力。

面对差异化的客户需求与数字保险新型主体的冲击，传统保险公司推出以数字技术为驱动力的发展战略，积极进行数字化升级。在此时期，传统保险公司进行数字化升级的路径主要有三种：第一，传统保险公司设立数字创新机构，培育企业内部数字技术，从而提高自身市场竞争力。例如，平安科技是中国平安的数字创新机构，致力于为集团内各子公司的数字化升级提供数字化解决方案。2021年第一季度中国平安科技业务总收入238.24亿元，同比增长20.1%。第二，传统保险公司与科技公司、高校或研究机构建立合作关系，将成熟的数字技术解决方案应用于保险业务流程中，同时共同探索数字技术在更多场景、更深层次的应用。例如，安联集团与科技公司 Cyence 合作，将 Cyence 的网络分析平台应用于自身的核保平台，建模分析不同客户的风险趋势，从而为客户提供自动化与定制化的网络风险核保服务。第三，传统保险公司投资数字保险公司，紧跟行业发展趋势。例如，安联集团旗下的 Allianz X 投资了 Lemonade、Nauto 等多家数字保险公司。

在资本推动下，数字保险公司快速发展，数字保险独角兽企业数量增加，业务类型更加广泛。《2023 保险科技洞察报告》显示，2022 年全球 10 大独角兽保险公司分别为 Coalition、WeFox、Next Insurance、Digital Insurance、Ethos、Alan、Newfront、ManyPets、Lemonade 和 Collective Health，其中大部分公司初创于这一时期内，业务类型涉及车险、健康险、宠物保险等多个领域。而从全球数字保险融资总额来看，经历过 2020 年 71 亿美元的高峰后，在 2021 年更是到达史无前例的 158 亿美元，2022 年数字保险总融资额虽有下降，但也接近 80 亿美元。另外，数字保险市场整体融资数量也呈现逐年上升的趋势（见图 7-3）。

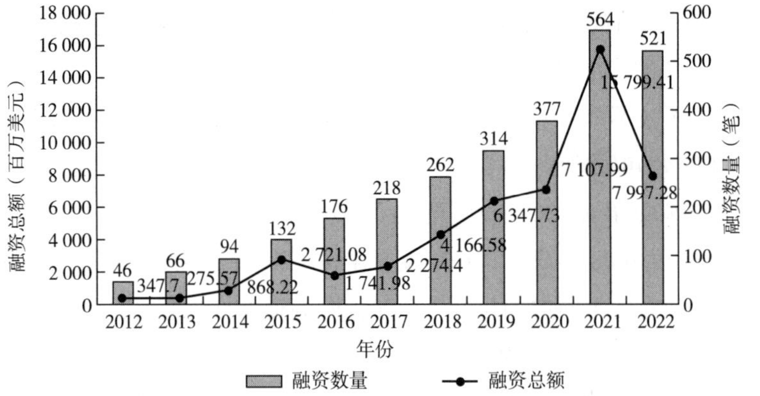

图 7-3　2012—2022 年数字保险融资数量与融资总额①

3. 成熟稳定期（2020 年至今）

在成熟稳定期，数字保险主要呈现以下三个特点：大型融资交易数量与资本并购数量多；数字技术已在保险全价值链的各环节得到不同程度的应用；数字保险公司之间呈现合作趋势。

从资本角度来看，该时期的数字保险相关的资本交易呈现出大型融资交易数

① 资料来源：根据 2022 年 4 季度 Gallagher Re Global InsurTech Report 绘制。

量增多、并购增多的特点，但是在2022年则出现全球放缓的迹象。2021年第一季度的大型融资交易创下历史新高，全球共有8家数字保险公司获得超过1亿美元的融资，融资总额超过11.3亿美元。但在2022年第四季度，融资总额和融资数量均降至2020年第四季度以来的最低水平，融资总额环比下降57%，融资数量降至106笔。其中，保险大型融资环比下降89.7%。但是，从2022年第四季度初创公司的融资数据来看，由于70%左右的企业科技投资仍处于早期阶段，因此，融资总额较2022年第三季度环比增长46.5%①。同时，部分发展势头较好的数字保险公司开始收购小型公司，旨在获取新人才与新技术。2020年共有81家数字保险公司被收购。总而言之，大型融资交易数量的增加与资本并购增加均是数字保险行业集中度提升的表现。

从实际落地情况来看，数字技术已在保险全价值链各环节得到不同程度的应用，其中展业环节落地最多，创新重心逐渐转向理赔服务。麦肯锡于2021年发布的研究报告显示，数字技术在展业环节渗透率最高，各保险公司纷纷推出线上客户服务渠道，各类保险比价平台也相继出现。数字技术在产品设计与定价、核保、理赔环节的应用也不断深入。例如，安联集团的全球数字工厂推出新型定制化产品“客户旅程”，提供针对车险和寿险的定制化解决方案。

在这段时期，数字保险公司之间呈现合作趋势，部分传统保险公司与数字保险公司从竞争关系转向合作关系。受益于长期的经营积累，传统保险公司拥有忠实的客户群与大量客户数据，而数字保险公司则走在行业变革前沿，往往具备成熟的数据分析能力、系统开发能力等，能够更快地对市场变化做出反应。因此，传统保险公司与数字保险公司的合作能为客户提供更优质的保险服务。

（二）中国数字保险的发展历程

纵观世界经济发展历程，中国抓住了第三次技术革命的机遇，大力发展了互联网与数字技术。在新一轮科技革命的浪潮下，我国数字保险业得到迅速发展，保险行业的创新实践不断涌现。在此，将我国目前数字保险的发展历程大致划分为三个阶段：蓄势积淀期、扩张探索期和深化内敛期三个阶段，如图7-4所示。

---

① Gallagher Re, Gallagher, CB Insight. Q4 2022 Gallagher Re Global InsurTech Report [R], 2023.

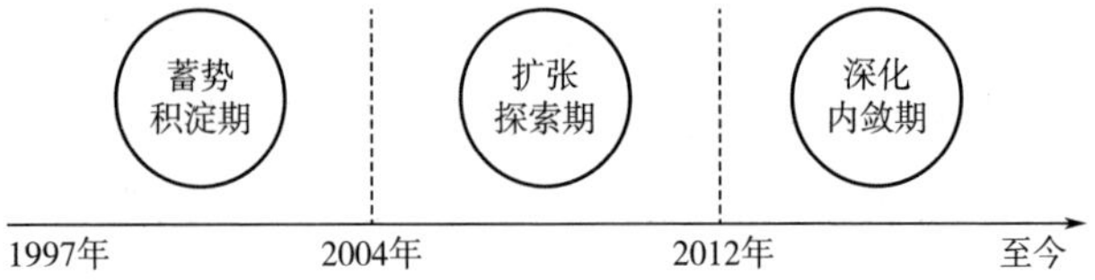

图 7-4 我国数字保险的发展历程

1. 蓄势沉淀期（1997—2004 年）

互联网在保险业的应用是我国数字保险的开端。1997 年底，中国保险信息网（现中国保险网）成立，这是我国第一家保险网站，致力于为消费者提供保险交流、保险咨询共享平台，标志着数字保险在中国诞生。同时，中国保险网的成立也促成了中国网上投保第一单，此举标志着互联网开始应用于保险业务流程。此后，保险行业创新以渠道为重心不断发展并呈现出线上化特点。

在此期间，一方面，中介代理模式、银行与保险公司合作模式（以下简称“银保合作模式”）逐渐替代了传统的柜台销售模式。1992 年，友邦集团将保险代理人制度引入中国，保险代理人制度改变了传统保险展业模式，成为推动保险行业发展的重要力量。2000 年，我国成立第一家保险经纪公司江泰保险公司，标志着中国保险经纪市场正式启动。同年，平安保险公司推出国内首个在银行柜台销售的保险产品，拉开了银保合作模式发展的序幕，此后，中国人寿、泰康人寿等保险公司纷纷推出面向银保渠道销售的产品。另一方面，保险公司纷纷推出专属保险网站。2000 年 8 月，平安保险公司开通自己的全国性网站，线上业务包含证券、保险、银行、个人理财等。同年，中国太平洋保险公司创立了我国第一个贯通全国、连接全球的互联网保险系统。泰康人寿保险公司宣布开通“泰康在线”网站，实现了投保、核保、缴费的全流程线上化。

2. 扩张探索期（2005—2012 年）

2005 年 4 月，随着《中华人民共和国电子签名法》的颁布，中国人民保险公司通过电子签章技术签下国内第一张全流程电子保单，标志着数字保险发展进入扩张探索期。我国保险行业的创新从以渠道为重心转变为以“渠道+产品”为重心。

渠道创新主要体现在互联网保险中介机构的产生、第三方电子商务平台与保险公司合作模式的出现。一方面，优保网、慧择网、向日葵保险网等旨在提供保险产品信息的互联网保险中介机构进入市场。保险公司于线上平台发布相关保险产品信息，消费者可在此平台咨询产品信息、筛选保险产品、比较同类产品价格并完成线上投保行为。互联网保险中介机构的产生很大程度上节省了客户购买保险产品的时间，同时为保险公司提供便利的销售渠道。另一方面，各保险公司逐步探索并开展互联网业务，第三方电子商务平台也成为推动数字保险发展的重要力量。各保险公司积极拓展线上销售渠道，纷纷在淘宝、京东等第三方电子商务平台注册官方旗舰店，探索保险销售新渠道。

保险产品创新主要体现在场景创造的概念进入保险市场。基于自有的海量数据，互联网巨头深入挖掘细分消费场景，分析客户保险保障需求，与保险公司合作推出新型消费场景下的保险产品。此类产品由保险公司负责承保，互联网巨头则提供平台并收取技术服务费和渠道费，实现保险公司与互联网公司的双赢。“退货运费险”是其中最典型的案例之一。为了解决居高不下的退货纠纷率，2010 年淘宝平台与华泰保险公司合作，共同推出“退货运费险”。买家在购买商品时，勾选“运费险”选项并确认下单，即可成功签订保险合同。网络购物发生后，买家若对商品不满意，只需在约定期间退货，即可获得退货运费险的理赔。

监管机构针对互联网保险提出一系列鼓励与规范措施，推动数字保险监管走向规范化、正规化。2006 年 6 月，国务院发布《国务院关于保险业改革发展的若干意见》，鼓励保险公司运用数字技术积极发展互联网保险。2011 年 9 月，银保监会发布《保险代理、经纪公司互联保险业务监管办法（试行）》，促进互联网保险业务健康发展，防范网络保险欺诈事件发生，标志着我国互联网保险监管走向正规化、规范化。2012 年 5 月，银保监会发布的《关于提示互联网保险业务风险的公告》限制开展互联网保险业务的主体，提出除保险公司、保险代理公司、保险经纪公司之外，其他单位与个人不得开展互联网保险业务。激励与规范并重的监管环境促进我国数字保险进入良性发展轨道。

3. 深化内敛期（2013 年至今）

国内第一家互联网保险公司的成立标志着我国数字保险迈入高速发展期。2013 年，银保监会批准了首张互联网保险公司牌照，即蚂蚁金服、腾讯与中国平安集团合资设立的众安在线。作为我国第一家互联网保险公司，众安在线的成立标志着我国数字保险迈入高速发展阶段。众安在线结合了腾讯的用户资源、蚂蚁集团的数字服务体系与中国平安保险集团的保险业务能力，线上可完成投保到理赔的全流程服务，不设置任何线下分支机构。2015 年，银保监会又陆续通过了易安财产保险公司、安心财产保险公司与泰康在线财产保险公司三家互联网保险公司的筹建申请。

在深化内敛期，各大保险公司纷纷推出基于数字技术的保险产品与服务。2015 年，众安保险联合华大基因，共同推出我国首个互联网基因检测保险计划“知因保”。2016 年，基于区块链技术，阳光保险推出“阳光贝”积分服务，成为国内首家推出区块链应用的保险公司。2017 年，中国太保提出“数字太保”战略，2018 年推出首个 AI 保险顾问“阿尔法保险”。2018 年，中再产险、华泰财险与轻松筹合作推出首个基于区块链技术的全程产业链健康险产品——鸿福 e 生尊享版百万医疗保险，为客户提供智能化、透明化的健康保障体系。

在未来，一方面，在保险科技应用创新的过程中，以 AIGC、隐私计算、物联网、区块链为代表的的前沿科技与保险产品及服务会加速融合，撬动更加智能随需、联结互通的深层价值。另一方面，在保险业务模式创新中，保障与服务范畴跨界外延，推动保险产品向服务泛在化、精细化发展。银保协同的综合财富及健康管理策略以及以 IT 运营保险、ESG 垂直生态保险为代表的新型财险模式或将成为保险服务深度融合各行各业的重要抓手。

在保险政策方面，激励创新与严格监管并重，数字保险监管政策在逐步建立与完善。在激励创新方面，相关部门陆续发布文件，鼓励保险公司积极运用互联网等数字技术，培养自主创新能力。2016 年，《中国保险业发展“十三五”规划纲要》明确指出，要推动云计算、大数据等数字技术在保险行业的创新应用。2020 年 1 月，《中国银保监会关于推动银行业和保险业高质量发展的指导意见》提出，保险业的发展需要坚持科技赋能。在严格监管方面，数字保险监管政策还在逐步完善。2015 年 7 月，银保监会发布的《互联网保险业务监管暂行办法》是我国第一部完整规范互联网保险业务的监管规定。2020 年 12 月，银保监会印发《互联网保险业务监管办法》，规范互联网保险业务，维护消费者合法权益。进入“十四五”时期，为深入推进保险业标准化改革，确保“十四五”期间保险标准化工作的有序推进，2022 年 5 月，银保监会印发《中国保险业标准化“十四五”规划》（中国数字保险相关政策见表 7-2）。总而言之，我国数字保险的监管政策是坚持激励创新与严格监管并重，并在政策实施中不断完善，建立有条理、有逻辑、有针对性的政策体系，为保险业的发展提供强有力的支持。

表 7-2 中国数字保险相关政策①

时间	政策
2015 年 9 月	《中国银保监会关于深化保险中介市场改革的意见》

① 资料来源：根据公开信息整理。

续表

时间	政策
2016 年 8 月	《“十三五”现代金融体系规划》《中国保险业发展“十三五”规划纲要》
2017 年 6 月	《中国金融业信息技术“十三五”发展规划》
2019 年 9 月	《金融科技发展规划（2019—2021 年）》
2020 年 1 月	《中国银保监会关于推动银行业和保险业高质量发展的指导意见》
2021 年 2 月	《互联网保险业务监管办法》
2022 年 1 月	《中国银保监会办公厅关于银行业保险业数字化转型的指导意见》
2022 年 5 月	《中国保险业标准化“十四五”规划》

（三）数字保险发展现状

数字技术的发展给保险行业带来前所未有的变革，为数字保险发展开创了新功能。如今，发达国家引领数字保险发展潮流，少数发展中国家的数字保险也处于迅速发展的阶段。

1. 美国

美国是全球数字保险的领先者。在数字保险行业，美国数字保险交易份额占比位居全球第一。根据图 7-5 显示，美国数字保险交易份额占 2021 年全球数字保险交易份额的比例为 42.02%，这一比例在 2022 年增长到 45.68%。从数字保险公司角度看，一方面，美国数字保险公司成长迅速。根据 FinTech Global 于 2021 年 11 月发布的 Insurtech100 榜单，美国的数字保险公司占据全球保险科技企业百强名单中的 30 席。另一方面，美国数字保险公司聚焦于特定的产品领域，深度挖掘数字技术在不同细分市场中的应用，促进数字保险多方向发展①。例如，独角兽企业中，ManyPets 致力于提供宠物保险，Lemonade 致力于提供房屋保险产品，Collective Health 等公司专注于开发健康险。

2. 德国

德国发起数字中心计划，为数字保险公司的发展提供良好环境。2016 年 11 月，德国联邦经济事务与能源部发起数字中心计划，迄今已经设立了 12 个数字中心。数字中心计划聚焦人工智能、物联网等数字技术，为数字保险公司与

① 唐金成，刘鲁．保险科技发展模式比较与经验启示［J］．金融理论与实践，2020（8）：96-102.

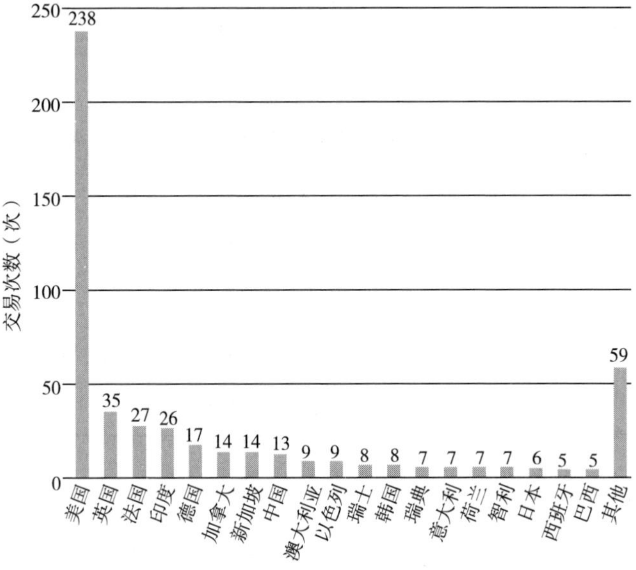

图 7-5　2022 年各国数字保险交易次数①

研究教育机构的合作提供有利环境，意图构建覆盖各领域的数字生态。数字中心计划对德国数字保险人才的培养具有重要作用。以 12 个数字中心之首的慕尼黑科技中心为例，慕尼黑科技中心连接数字保险公司、企业、大学、研究中心、投资者与政府，旨在通过合作创新开发保险产品与服务。慕尼黑科技中心曾发起两个加速器计划：W1 Forward Insurtech 与 Insur Tech Europe pwd。这两个计划通过为期八周的课程，一方面，为数字保险公司提供技术、金融、法律等领域的指导，另一方面，为数字保险公司提供与数字保险独角兽公司或投资者、媒体等跨行业参与者联系的机会。据统计，2022 年，德国数字保险交易总额位居世界第五位，交易份额占比从 2. 13%增至 3. 26%。德国的 WeFox 公司在 2022 年第三季度获得 2022 年度最大的 D 轮融资 4 亿美元。

3. 日本

日本数字保险的发展速度较缓，主要受到人口老龄化、遗留 IT 系统和人才资源匮乏的制约。第一，日本人口老龄化阻碍移动支付的推行。研究显示，日本老年人口比例由 2008 年的 21%上升至 2018 年的 28%，且预计 2038 年将达

① 资料来源：根据 2022 年 4 季度 Gallagher Re Global InsurTech Report 发布的数据绘制。

到34%。与年轻人相比，老年人大多对互联网金融产品的安全性存在疑虑。线上业务操作困难等原因也使得老年人通过互联网办理金融业务的水平较低。日本人口老龄化不断加剧将会阻碍互联网金融产品的推广，进而制约数字保险发展。第二，日本保险公司的遗留IT系统，影响了数字技术的应用。根据日本经济产业省的DX报告，日本金融公司大都有遗留IT系统，并且存在运行时间长、维修成本高等问题。数字技术难以应用到遗留IT系统中，从而阻碍了日本数字保险的发展。第三，日本保险行业人才资源匮乏。数字保险发展离不开具备数据分析能力的技术人员与精通保险行业知识的业务人员。但是，由于日本保险公司的终身雇用制度与员工优厚的福利待遇，传统保险公司的保险行业人才跳槽的意愿低，限制了日本数字保险的发展。

近年来，日本保险公司正加大创新力度，传统保险公司纷纷进行数字化升级，数字保险公司也开始出现。2018年7月，日本第一生命保险公司在美国硅谷设立第一生命创新实验室中心。2018年12月第一生命保险公司推出一款可通过智能手机App进行线上认知功能检查的阿尔茨海默症保险。2018年9月，日本财产保险公司（SOMPO）与中国众安国际签署合作协议，借助众安国际的数字保险解决方案，实现自身保险核心系统的升级。除了日本传统保险公司的科技创新，数字保险公司也开始出现。JustIncase是一家在日本开展业务的数字保险公司，主要提供P2P保险与基于人工智能的健康险与小额医疗险。iChain是日本领先的数字保险公司，致力于运用区块链技术推动保险行业创新。该公司推出的iChain Base是通过将保险单信息存储在区块链上来确保客户信息安全性的保单管理平台。

4. 南非共和国

南非共和国（以下简称“南非”）的数字保险正处于起步阶段，数字分销渠道与创新商业模式快速发展。保险机构逐渐开始拓展数字分销渠道。例如，OUTsurance是一家通过网页、App等数字化渠道提供保险服务的公司，消费者能够通过其在线平台完成保险购买、索赔申请等活动。成立于2016年的Click2Sure是针对高价值消费品提供保险服务，消费者能够通过其在线平台随时访问相关投保记录并完成全流程理赔。除此之外，P2P保险模式在南非开始出现。成立于2018年的Pineapple Insurance是一家典型的P2P保险公司。消费者可以在Pinapple App上发布被保险物品的图片，并选择共同分担风险的人，构建自己的风险分担社区。每一个消费者支付的保费都会进入自己的Pineapple Wallet，当索赔事故发生时，社区中的每个人都需要帮助支付索赔费用，从而达到分担风险与降低个人支付的索赔费用的目的。截至 2019 年，南非共有 22 家数字保险公司，其中 12 家公司使用数字化渠道销售保险产品，6 家提供让客户互担风险的平台即 P2P 保险模式。

随着南非的智能手机普及率及互联网渗透率持续上升，南非数字保险发展前景广阔。Statista 的数据显示，在南非，智能手机普及率已从 2016 年的 29.42%上升至 2020 年的 40%左右，互联网渗透率也在 2020 年达到 56.3%。智能手机普及率与互联网渗透率的提高有助于南非移动互联网行业的发展，增加可获得数字保险服务的消费者数量。

5. 中国

在数字技术的驱动与国家政策的支持下，我国数字保险快速发展，可以归纳为以下四点：数字保险成为保险行业新热点；数字保险创投市场热度升温；保险机构积极践行数字化创新发展；数字技术应用落地发展前景向好。

（1）数字保险成为保险行业新热点。从主体角度来看，我国数字保险市场主体呈现多元化特点。随着互联网等数字技术在保险行业的应用，保险行业主体呈现多元化趋势。数字保险市场参与主体从传统保险公司和保险中介机构二元格局，发展至包括传统保险公司、互联网保险公司、保险科技公司与产业链上下游关联企业在内的多元格局。

从险种角度来看，车险与健康险成为数字保险的发展热点。在财产保险市场，车险成为数字技术主要应用的市场。在商车费改与数字技术发展的背景下，传统车险行业痛点凸显，车险数字化升级成为行业热点。技术服务公司通过提供 SaaS 服务与 UBI 车险服务切入市场，车险企业将互联网等数字技术应用于业务流程改造。在人身保险市场，健康险实现爆发式增长。2020 年，我国健康险原保费收入达到 8 173 亿元，相较 2019 年的 7 066 亿元，同比增长 15.67%，健康险成为人身保险市场中增速最快的险种。同时，聚焦健康险的数字保险公司开始出现。例如，2018 年由众安在线孵化成立的暖哇科技，是一家为健康险业务提供数字化解决方案的保险科技平台。暖哇科技拥有医疗知识库、医疗服务平台、医疗数据平台、商保反欺诈平台、商保风控、定制化保险服务平台与 AI 医疗服务平台七大科技产品，致力于提供涵盖保险产品设计与定价、风控、理赔、系统设计等数字化健康险的解决方案。

（2）数字保险创投市场热度升温。资本市场融资为数字保险发展提供了稳定的资金支持。在融资总额方面，我国数字保险融资规模实现快速增长。如图 7-6 所示，2016 年，我国数字保险融资数量为 38 笔，融资总额为 12.6 亿元。

此后，虽然数字保险融资数量有所降低，但是每年的融资总额不断增长并多年保持在 44 亿元上下。2022 年，受到不确定性因素的影响，我国数字保险融资数量仅为 13 笔，但全年融资总额保持在 42.15 亿元以上。

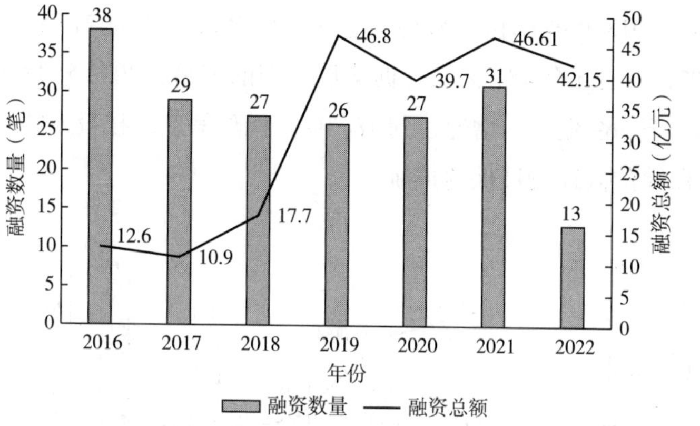

图 7-6 2016—2022 年中国数字保险融资数量和融资总额①

在单笔融资规模方面，我国数字保险领域巨额融资不断出现。2020 年融资金额排名前十的交易总额达到 36.9 亿元，占全年融资总额的 92.9%。其中，水滴公司 D 轮融资与 D 轮后追加战略融资分别达到 2.3 亿美元与 1.5 亿美元，全年合计融资金额达到 3.8 亿美元，在 2020 年全球数字保险融资排名第四位。在融资热点方面，我国数字保险融资热点从渠道转向核保、理赔等多种方向。2013 年前，我国数字保险投资多集中在保险展业环节。2014 年以来，保险产品设计与定价、核保、理赔环节也逐渐受到投资者关注。

（3）保险机构积极践行数字化创新发展。为响应国家政策，中国保险机构开始加大研发投入，以中国平安、中国太保、中国人寿、中国人保为代表的保险公司纷纷提出全面实施数字化发展战略。2016 年 8 月，银保监会发布《中国保险业发展“十三五”规划纲要》，提出要推动大数据、云计算等数字技术再保险行业的创新应用。随后，中国太保在 2017 年提出“数字太保”战略，布局数字化五大战场，揭开了其数字化升级的序幕。2018 年，中国人保发布“智·惠人保”战略，加大科技投入与创新力度，致力于提供更优质的保险产品与服务。2019 年，中国人寿提出“科技国寿建设三年行动方案”，全力建设科技驱动

① 资料来源：根据零壹财经《中国保险科技投融资全景报告 2014-2020 Q3（上篇）》以及 2022 年 4 季度 Gallagher Re Global InsurTech Report 发布的数据绘制。

型企业，以科技重振国寿。2019 年，中国平安保险在以“金融+科技”为核心主业的基础上，提出要强化“金融+生态”建设，并发布 2019 年至 2021 年的发展规划，强化对人工智能、区块链与云计算三大核心数字技术领域的研究。

在大型保险公司的带领下，我国保险机构的科技投入保持较高增速。如图 7-7 所示，2018 年我国保险机构信息科技资金总投入为 213 亿元，此后不断增长，到 2022 年上升至 481 亿元。据艾瑞咨询的测算，2023 年我国保险机构科技投入将增长至 569 亿元，增速达到 18.3%，保险信息科技投入的持续增长能够为我国数字保险的高速发展保驾护航。

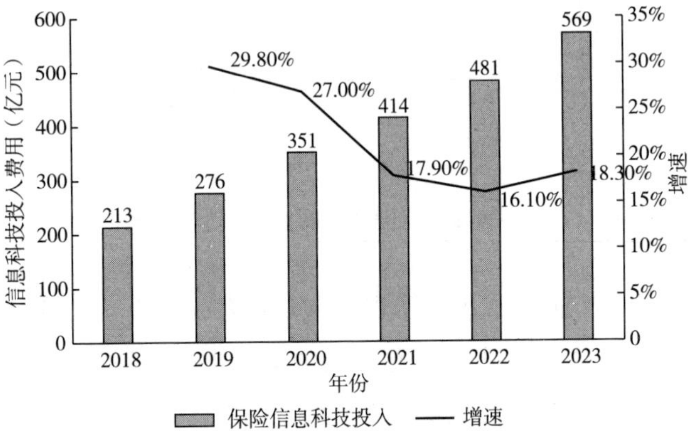

图 7-7　2018—2023 年中国保险业信息科技投入规模及增速①

（4）数字技术应用落地发展前景向好。从应用环节落地程度角度，我国数字技术在保险展业环节应用较多，在产品设计环节应用程度相对较浅，而核保与理赔环节的未来应用重点和突破点在于提高风险控制能力与效率。根据艾瑞咨询调查，保险产品设计与定价环节数字应用程度较浅，现阶段主要是在大数据分析的基础上进行保险产品的差异化定价与定制化设计。数字技术在核保和理赔环节的应用正不断深入。保险展业环节的数字技术渗透时间最长。

从数字技术应用程度角度，大数据、人工智能、RPA/IPA 和云计算技术在保险行业的应用相对成熟，区块链技术与物联网技术等的应用则正处于初步探索阶段②。保险领域重点关注的技术投入方向如图 7-8 所示。调查显示，中国数字

① 资料来源：根据艾瑞咨询《2023 中国保险业数字化转型研究报告》绘制。

② 根据艾瑞咨询调研数据，大数据与人工智能技术的持续攻坚与相互赋能仍为保险机构决策者最关注的实践内容。此外，RPA/IPA 技术拥有可明确量化的良好 ROI，具备从简单任务延伸到复杂流程的巨大价值，成为保险机构关注度持续提升的投入方向。

保险市场中，大数据技术与云计算技术在保险行业的应用相对成熟，人工智能技术在展业环节的应用具有较大突破，区块链技术的应用则还处于初步探索期。

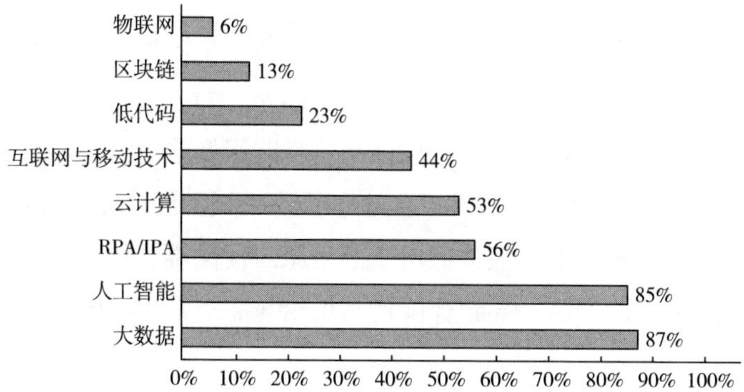

图 7-8 保险机构重点关注的技术投入方向①

第二节 传统保险业数字化转型

本书中“传统保险”指的是保险行业各参与主体不运用大数据、人工智能等数字技术提供保险服务的商业保险行为。在“传统保险”全价值链下，保险产品的设计与定价、展业、核保和理赔均存在一些核心痛点，本节将着重分析传统保险业数字化转型带来的新变化。

一、保险产品设计与定价的数字化转型优势

保险产品设计与定价是保险机构生存与发展的基础，传统保险产品设计与定价存在很多弊病，使得保险产品难以满足客户对保险的需求，也阻碍了保险机构提供合理、公平、科学的产品定价。传统保险产品设计与定价主要存在的问题包括两个方面：一是传统保险产品偏离客户实际购买保险的需求，二是产品定价精确度有待提高。那么，在产品设计与定价的数字化转型过程中，针对以上两个方面，数字保险为保险机构提供了新思路。

① 资料来源：根据《2023 中国保险业数字化转型研究报告》绘制。

（一）传统保险产品设计与定价的痛点

1. 传统保险产品偏离客户实际购买保险的需求

传统保险产品设计以“产品导向”为主，偏离客户实际购买保险的需求。传统保险机构受到数据收集和数据处理能力的限制，难以精准细分客户群体的购买保险的需求，导致许多保险条款与需求产生偏差。如图 7-9 所示，31%的未投保人虽然有购保意愿，但他们由于未发现与自身购买保险的需求相契合的保险产品而延迟了购买保险的计划。例如，在健康保险领域，50 岁以上的中老年人存在较强的健康管理服务需求，但他们由于健康原因投保难、保费高，且市场上缺乏针对该年龄段的保险产品，导致保险产品供给与需求发生错配。

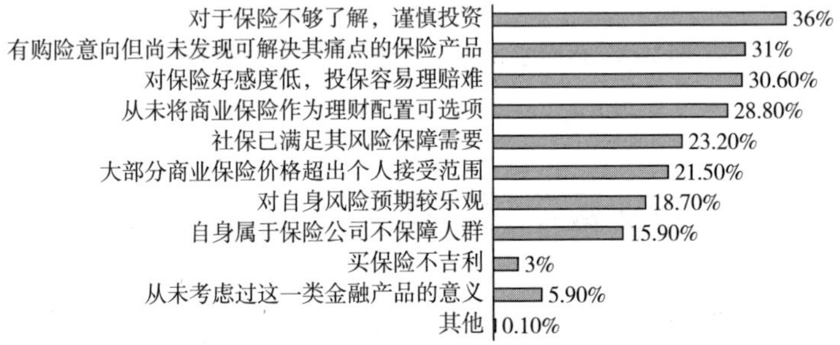

图 7-9　未投保人群没有将保险作为资产配置的一部分原因①

保险产品偏离客户购买保险的需求进而导致产品的客户满意度低。艾瑞咨询 2021 年的调研数据显示，2020 年中国寿险行业整体 NPS 水平仅为 17%，车险行业整体 NPS 水平也仅为 20%，均存在较大提升空间②。这说明，当前保险市场上的绝大部分产品都无法符合客户预期。

2. 保险产品定价精确度有待提高

我国传统保险产品定价精确度有待提高。传统保险机构无法对不同客户做出精准细分，保险费率厘定的科学性不足，难以精准反映客户和保险标的风险情况，究其原因主要有以下两点。

其一，传统保险机构受到严重的信息不对称和费率厘定技术的限制，对不同客户差异定价的精确度较低。一方面，传统保险机构囿于有限的信息收集渠道，

① 资料来源：根据艾瑞咨询发布的《2021 年中国保险用户需求趋势洞察报告》绘制。

② NPS 指的是净推荐值，全名为 Net Promoter Score，由美国贝恩咨询提出。用一个简单的问题，了解客户是不是愿意推荐你的产品，评估口碑，也可以用来评估用户体验和客户满意度。通过了解客户的反馈，也可以迭代、优化产品。

难以保证所采用数据的时效性和全面性。传统保险机构主要依赖历史业务数据和市场调查的抽样数据来厘定费率，这些数据往往存在时效性较差的问题。此外，传统保险机构与同行企业、行业协会、第三方机构之间缺乏信息共享，导致收集数据的渠道较为封闭，现有数据无法全面反映保险标的的风险情况。另一方面，传统保险机构的费率厘定技术相对落后，缺乏动态调整机制。由于缺乏强大的数据存储、处理与分析能力，传统保险机构对保险标的的数据和历史经验数据的存储、处理分析不到位。在数据量庞大、数据维度众多、数据样本差异较大的环境下，传统定价方式对保险标的风险预测的科学性不足。此外，传统保险机构缺乏对保险产品价格的动态调整机制，产品定价难以精确反映保险标的的实时风险情况。

其二，传统保险产品定价原理的科学性有待提高。大数定律是传统保险产品定价的基本原理之一，其假设每个风险分类集中的个体风险状况同质，即每个分类集下保险标的都具有相同的索赔概率。保险机构往往把具有类似特征的损失风险置于同一风险集中分类，并根据该风险分类集过往损失规律所估计的平均风险水平收取相同的保险费率。但这一传统保险产品的定价原理会引发逆向选择，即每个集中分类高风险的个体更倾向于购买保险，导致该分类集的出险率与根据过往损失规律所估计的风险水平发生偏差。尽管保险公司也会针对非标体整个群体调高保险费率或增加某些限制性条款，但由于保险公司只是将非标体归入风险分类子集进行费率调整，而非针对非标个体的风险情况制定差异化价格，所以仍旧会有逆向选择的情况。

（二）数字保险产品设计与定价的优势

针对以上传统保险产品设计与定价中存在的痛点，数字保险为保险机构提供了新的解决思路。

1. 绘制精准的客户画像

数字保险产品设计与定价的核心是从样本数据的测算过渡到全量数据的测算。全量数据在数字保险产品定价中的优势主要包括以下三点：

第一，全量数据意味着保险测算从抽样数据转变至总体数据，覆盖的对象更加广泛。在大数据技术强大的数据处理和存储能力下，保险机构数据收集对象的范围更广，能覆盖尽可能多的潜在客户。

第二，全量数据意味着保险测算从历史数据转变至实时数据，数据的时效性更强。2020 年以来，得益于 5G 通信技术的蓬勃发展，保险机构能够实时收集市场反馈信息和保险标的风险情况等数据。如在“5G+医疗健康”模式下，保险机构可通过穿戴式智能设备等健康检测工具，实时跟踪人体活动的多项指标。

第三，全量数据意味着从保险测算单一数据形式转变至多维数据形式，测算数据维度更加多元。数字技术为保险机构提供了形态更丰富的数据视角，包括文本数据、音视频数据、用户行为数据等类别，能覆盖客户多角度的信息，帮助保险机构更加准确地把握客户的保险需求和保险标的的风险情况①。

保险机构利用全量数据设计更贴合客户需求的保险产品，并针对单一保险标的和投保人给出精准定价。一方面，保险机构可利用全量数据中的客户个人特性、需求偏好、实时风险情况等信息，精确绘制客户画像。客户画像能辅助保险机构挖掘各细分市场中的客户购买保险的需求，在此基础上设计更加符合客户需求的保险产品。此外，全量数据中关于产品销售状况和客户反馈等实时信息，能够辅助保险机构进行产品的优化与迭代。另一方面，保险机构利用全量数据能实现精准定价。保险机构基于实时与多维度的全量数据进行定价决策和调整，能在很大程度上保证保险产品定价的时效性，并使价格精准反映投保人和保险标的的风险水平。

2. 提高产品设计与定价的效率

在数字保险产品设计环节，保险机构运用产品模型降低保险产品设计成本，提高保险产品设计效率。对于部分保险产品，保险机构结合已有条款规则，运用数字技术搭建出标准化的保险产品模型。基于这些产品设计模型，保险机构能够输入客户购保需求和客户基本信息，为客户设计并推荐最佳保险产品组合。在数字保险产品设计流程中，保险机构运用数字技术替代传统人力劳动，使保险产品设计得以自动化，大幅降低保险产品设计成本，同时提高保险产品设计的效率，快速响应客户需求的变化。

在数字保险产品定价环节，保险机构可运用智能定价模型提高定价效率。保险机构整合海量客户数据，运用大数据挖掘分析技术梳理风险因子与定价数据之间的相关性，寻找出更为科学的评估风险的方法，从而搭建出智能定价模型。该模型能够辅助保险机构进行定价决策。保险机构只需将相关参数输入模型中，比如保险标的的使用情况、保险标的的区域环境等特征，以及客户使用习惯、客户信用等客户特征。基于上述参数，智能定价模型能够估算客户风险评分与预测赔

① 张引，陈敏，廖小飞．大数据应用的现状与展望［J］．计算机研究与发展，2013，50（S2）：216-233.

付成本，从而提升保险机构风险定价的准确性和效率。如律商联讯作为一家保险大数据产品及服务提供商，分别从车和人两个维度出发搭建客户风险评分系统，并将其应用于车辆保险产品的定价，从而提升了对客户风险细分的能力以及提高了对车辆赔付水平预测的精确度。

二、保险展业环节的数字化转型优势

保险展业是保险机构触及消费者的重要环节，也是保险机构开拓市场的制胜关键。传统市场展业模式存在诸多痼疾，这阻碍了保险机构高效率展业，主要存在的问题有两个方面：一是保险销售员服务水准有待提高，其流转率较高；二是保险企业展业效率较低，其销售成本较高。那么，在展业环节的数字化转型过程中，针对以上两方面问题，数字保险为保险机构提供了解决思路。

（一）传统保险展业环节的痛点

1. 保险销售员服务水准有待提高且销售员流转率较高

保险销售员主要包括保险机构的销售员和保险中介机构。前者指保险公司内部员工中面向客户群体销售保险产品的销售人员或自建的专属代理人团队，后者包括保险代理人与保险经纪人。传统保险的展业渠道存在的主要问题是销售员服务水准有待提高且销售员流转率较高。

（1）保险机构缺乏对保险销售员的严格筛选和职业发展培训。传统保险机构在销售保险产品时主要使用“人海战术”的方式，主要依靠销售员的人际关系网获客，而不重视对销售员的销售能力、职业品质进行筛选和培训，导致销售员在学习能力、专业能力、道德素质方面良莠不齐。如图 7-10 所示，2021 年保险销售员中，高中及以下占 39.21%，大专学历占 35.71%，本科及以上的仅占 25.07%。由此可见保险销售员的文化程度偏低，这容易导致保险销售员在展业过程中对保险产品解释不到位，进而拉低了行业整体服务水准。

（2）对保险销售员的薪酬激励手段不合理。在保险销售员的薪酬制度中，保险销售的佣金根据保费提成。其中，给财险代理人的佣金大多为一次性给付；寿险代理人的首年佣金提成比重最高，然后佣金提成比重逐年递减，第 5 年后不再获得续期佣金。因此，许多保险销售员更重视保单销售，而忽视保后服务和客户关系管理。同时，保费提成模式使部分代理人倾向于向客户推荐保费更高的保险，导致部分保险客户可能只是买到了保费较高的产品，而非真正契合需求的品类。

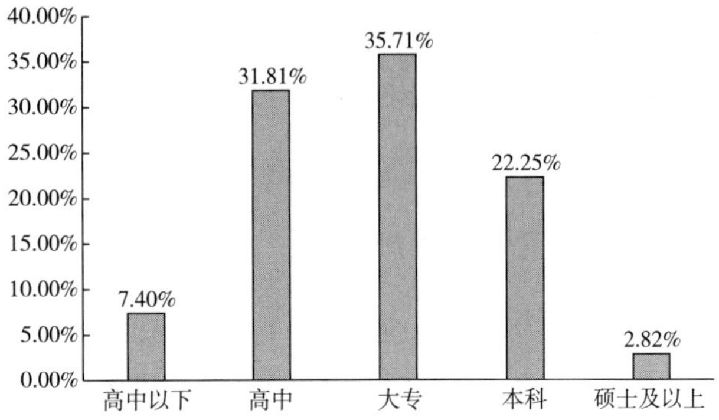

图 7-10　保险销售员的学历分布①

（3）保险销售员流转率居高不下，大进大出现象较为严重。美国寿险行销协会与中再寿险联合发布的《中国保险代理人渠道调查报告 2019》指出，2019 年国内保险代理人的平均从业年限为 1. 65 年，这说明了国内保险销售员的低留存和高流转现状。一方面，这种不断换血的模式会给保险机构遗留下许多"孤儿保单"，造成保后客户关系管理缺位，加大了客户流失风险并损害公司声誉。另一方面，较高的人员流转率会进一步增加保险机构对销售人员的培训频次和培训成本。

2. 保险机构的展业效率较低且销售成本较高

传统保险的展业模式存在展业效率较低且销售成本较高的问题。一方面，传统销售模式依靠人力驱动，会耗费大量人力成本。2019 年保险行业直接销售成本高达 5 503 亿元，相当于保费收入的 15%，接近行业利润总额的 2 倍。另一方面，当前国内保险市场专业代理机构和保险经纪人渠道的发展程度较低，许多大型保险公司主要靠自建代理人团队以及兼业代理机构销售保险产品。

统计资料显示，2021 年我国保险中介渠道实现保费收入 4. 2 万亿元，占全国总保费收入的 87. 95%。截至 2022 年 9 月，保险中介渠道实现保费收入 3. 56 万亿元，占全国总保费收入的 87. 46%。但是，如图 7-11 显示，2019 年我国保险中介渠道保费收入中 50. 40%的保费靠保险公司专属的代理人团队实现，25. 34%的保费来自兼业代理机构，而专业代理机构和经纪人渠道仅贡献了 15. 50%的保费收入。反观国外成熟的保险市场，专业化、职业化的经纪人渠道是保险销售的主力，这使得保险公司能够专注产品研发和风险控制等环节，避免自建代理人团

① 资料来源：根据《2022 中国保险中介市场生态白皮书》绘制。

队带来较高的运营成本。

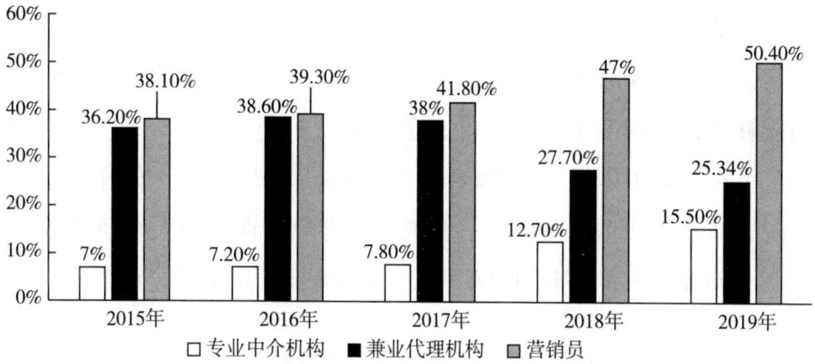

图 7-11 2015—2019 年我国保险中介渠道保费收入结构①

（二）数字保险展业的优势

1. 依托线上线下融合展业渠道

互联网和网上支付的大规模普及为保险展业的线上化布局提供了良好的发展基础。前瞻产业研究院在《2022 年中国互联网保险行业发展现状及市场规模分析》研究报告中指出，2018 年以来，中国互联网保险保费规模持续增长，2020 年中国互联网保险保费规模为 2 909 亿元，较 2019 年同比增长 7.9%。未来，随着传统保险的展业渠道竞争愈发激烈，互联网将成为数字保险展业渠道极具潜力的发展方向。

线上线下融合展业渠道能增强保险公司与客户的双向互动，实现数字保险的高效展业。在传统线下展业渠道的基础上，保险公司依托互联网渠道展业，不仅能实现在网络上推销和交易保险产品，而且能通过互联网的实时信息传输功能接收海量的客户反馈信息。此外，保险公司能通过互联网与客户进行实时、不受地理限制的沟通互动，结合精准的客户画像，针对性地进行数字保险产品的推销、售前咨询和售后服务。

互联网展业渠道推动数字保险产品销售降本增效。传统保险的展业渠道需要耗费大量人力与物力构建线下展业网络。而保险公司使用线上渠道销售数字保险产品，一方面会大幅度降低展业环节的人力成本，另一方面能够实现快捷与简易的全线上购保流程，降低数字保险展业的交易成本和时间成本。

① 资料来源：根据公开数据绘制。

2. 赋能保险销售员展业

数字技术能够推动保险销售团队升级。数字技术能够全方位赋能保险销售员的日常业务活动，包括从售前培训、售中销售到售后服务一系列业务流程，并推动代理人培训系统、薪酬体系、员工业务管理等方面优化升级。通过上述升级，保险机构能够在很大程度上提升展业效率、降低销售成本，从而带动利润增长。平安集团董事长曾在中国平安 2019 年业绩发布会上透露，平安通过打造一支数字技术赋能的高素质代理人队伍，已实现平安寿险代理人的人均新业务利润同比增长 16.4%，新业务利润率达到 47.3%，同比增长 3.6 个百分点。

三、保险核保与理赔环节的痛点及其数字化转型优势

核保与理赔均是提升消费者服务体验的关键环节，其中风险控制是保障保险机构稳定经营和盈利能力的重要环节。但在传统保险核保与理赔的环节中存在诸多弊病，阻碍保险机构提供高质量的核保理赔服务以及有效进行控制风险，主要存在的问题有两个方面：一是信息不对称导致道德风险问题；二是核保与理赔的成本较高、效率较低。在保险核保和理赔环节的数字化转型中，数字保险能够辅助产品风险控制、降本增效。

（一）传统保险核保与理赔的痛点

1. 信息不对称导致道德风险问题

在传统保险核保与理赔过程中，保险机构处于信息劣势方，其主要原因有两点：一方面，保险机构采集保险标的的渠道单一。企业大部分信息来自投保人沟通告知、保险机构收集的证明资料以及历史交易数据，难以保证数据的准确性和真实性。另一方面，保险机构与同行企业、行业协会、第三方机构之间数据无法共享。根据 2019 年 FRISS 保险欺诈调查，在被调查对象中有 34%的保险机构认为，公司在有效应对欺诈方面所面临的最大挑战是外部数据访问不足，这说明保险行业中存在各险企数据共享不足的问题。

信息不对称导致保险的道德风险问题。根据被保险人行为发生的时间可以把道德风险分为两类：若行为发生在保险事故前，则属于“事前的道德风险”；若发生在保险事故后，则属于“事后的道德风险”。对于前一类，被保险人有可能会减少防范或降低风险的行为，甚至故意造成损害或加剧损失以索取赔偿，但保险机构由于无法完全掌握被保险人的行为信息，难以控制该类行为及其增加的赔付风险。对于后一类，保险人依据被保险人提供的报告或高成本的调查来判定事

故发生的原因和损失程度，这给被保险人留下伪造事故或夸大损失的机会，即被保险人的保险欺诈问题。根据国际保险监管者协会测算，全球每年约有20%~30%的保险赔款涉嫌欺诈，总损失金额约800亿美元。在我国，车险欺诈是保险欺诈的重灾区。汽修厂、4S店等专业人员存在通过故意制造交通事故、虚构未曾发生的交通事故以及伪造理赔材料等手段进行保险欺诈的现象。

2. 核保与理赔成本较高、效率较低

复杂的核保理赔流程、繁多的审核材料和以人力驱动为主的服务模式导致传统保险核保与理赔服务的成本较高，效率较低。通常来讲，投保环节包括投保单填写、投保单审核、风险核验、缮制单证、复核签单、保费缴纳等多个步骤。保险事故发生后，保险机构需要经过登记立案、资料审核、现场查勘、理算复核、保险费赔付等多个环节。传统核保与理赔服务全程采用人工办理，需要耗费较大的人力、物力，且效率较低。同时，部分核保与理赔工作对人员专业技能和工作经验要求较高，如重疾险的核保对核保人的医学知识储备要求较高，否则容易发生误判和漏判的问题。

除此之外，核保与理赔较易受到自然地理等不可抗力的负面影响。在大面积受灾区或极端恶劣天气的情形下，查勘效率和准确性会受到较为严重的影响。如在农业险查勘定损中，对于受灾严重、面积较大的土地，损失面积难以确认，查勘人员进入现场进行查勘的难度和危险性也较大。

（二）数字保险核保与理赔的优势

针对以上传统保险核保与理赔中的痛点，数字保险为保险机构提供了解决思路。

1. 整合内外部数据辅助风险控制

保险机构可整合内外部数据，建立客户与保险标的的风险信息数据库。在区块链、云计算等数字技术驱动下，保险机构能够搭建由投保人节点、保险机构节点、监管部门节点等构成的分布式的、不可篡改的信息数据库。其中，保险机构采集保险标的数据信息的方式更加多样化、便捷化，通过车联网、智能可穿戴设备、智能家居等设备的应用，实时掌握客户与保险标的相关的各项数据信息；相关第三方机构能够通过密钥访问并录入数据，如客户的健康医疗记录、车辆风险状况核查信息等，实现外部数据的有效接入。分布式保险数据库能够实现内部经营数据、客户数据、行业数据与相关第三方机构数据的对接和整合，从而打破保险行业不同层级、不同主体之间的数据壁垒，提升保险机构整体服务水平和风控能力。

2. 推动核保与理赔服务降本增效

保险机构主要运用以下三项数字技术推动核保与理赔由“纯人工”向自动化和智能化转变，以实现核保与理赔服务的降本增效。第一是基于人工智能的图像识别技术。保险机构能通过分析关键风险点，有效识别保险标的的损失程度，实现定损的自动化和智能化。例如，太平洋保险与百度智能云联合发布的车辆智能定损产品“太·AI”，通过识别车辆损失的外观图片，自动分析车辆受损部件和损伤类型，判断损失程度，进行快速定损。当前该技术能够精准识别32种车辆的主要部件，部件识别准确率超过98%，损伤识别准确率超过90%。

第二是基于人工智能的生物识别技术，如人脸信息识别、声纹信息识别、电子签名认证等。投保人能够进行身份的线上认证，完成在线自助填单、证明资料线上传输等一系列过程，较大程度上节省了人工认证投保人身份信息的成本。例如，弘康人寿开通的“人脸识别办业务”功能，客户通过面部特征扫描与识别即可完成身份认证，实现足不出户办理保单变更、退保等业务。

第三是基于无人机遥感摄像的技术和传感技术。无人机可对风险事故现场进行图像采集、多角度测量，辅助理赔人员快速、高效和精准地勘查风险损失情况。例如，空中影像分析软件研发公司Betterview先运用无人机技术采集房屋图像与数据，再运用计算机视觉、深度学习等人工智能技术进行数据处理，快速输出关于房屋空间结构、损坏程度、区域风险、建筑许可等信息，从而辅助保险机构进行定损决策和保险欺诈识别，为保险机构核保与理赔提供智能无人机检测的解决方案。

第三节　保险全价值链的数字化创新实践

针对传统保险在全价值链中存在的痛点，数字保险为保险机构提供了新思路、新方法。在具体实践中，保险机构要结合自身情况，不断创新，更好地、更有效率地为客户提供保险产品和服务。

一、数字保险在产品设计与定价环节的实践

随着数字保险的优势逐渐凸显，保险机构纷纷运用数字技术解决自身产品设计与定价的痛点。当前，保险机构对数字保险产品设计与定价的创新主要有三大

实践方向：一是为客户设计个性化保险产品；二是设计场景化数字保险产品；三是为产品提供差异化定价。

（一）为客户设计个性化保险产品

保险机构运用数字技术和客户数据资源，为客户设计个性化保险产品。传统保险产品难以全面覆盖客户需求，且存在高度同质化的问题。于是保险机构开展数字保险在产品设计环节的实践，推动保险产品向定制化、差异化、个性化方向发展。尽管保险机构当前无法为客户定制“千人千面”的保险产品，但通过深入挖掘客户数据资源，能够绘制出更加细致的客户画像，从而设计出更具针对性的保险产品，让产品更加符合客户的保险需求。比如，友邦保险推出的重疾险产品“友如意”，可按客户需求灵活调整保障利益、赔付额度，首批产品包含1 924种组合模式，覆盖投保人个性化的保险需求。

（二）设计场景化数字保险产品

保险机构运用数字技术深入细分场景，挖掘客户的消费需求。随着互联网和移动支付兴起，许多线下业务如购物、医疗、出行、餐饮、旅行、理财等得以在线上布局，众多线上场景相应产生。许多保险机构切入这些场景，提供与客户即时需求相一致的场景化数字保险。

场景化数字保险发展方向之一是碎片化，其特征包括：①产品形式简单，对应客户转瞬即逝的消费需求；②单笔交易成本和保费低廉。保险机构运用数字技术捕捉客户实时保险需求并及时推荐保险产品，在特定时间点与消费者需求精准适配，销售碎片化场景保险产品。如众安保险进行碎片化场景保险创新，推出退货运费险、手机意外险、航空延误险等碎片化场景保险。

场景化数字保险发展方向之二是服务化。与传统保险产品只注重保险赔付的定位不同，场景保险的核心在于为客户打造多触点的服务场景。保险机构需要通过海量信息推送、线上线下服务结合、常态化交流互动等方式，为客户提供场景沉浸式服务体验。中国平安通过流量端和支付端的切入，搭建完整的“患者—提供商—支付方”的综合模式，其中平安好医生是该生态圈的主要组成部分，其推出的“平安医家”致力于打造中国规模最大的互联网医疗服务平台，提供线上医疗问诊、健康商城、健康知识和广告信息推送等线上服务。同时，中国平安与11万家药店、4.9万家诊所、2 000多家体检中心以及医疗机构等合作布局线下医疗服务网络。中国平安通过打造医疗生态圈的服务型场景，提供场景化数字健康保险产品，增强客户黏性，满足客户在医疗健康方面的多层次需求。

（三）为产品提供差异化定价

保险产品的差异化定价分为横向差异定价与纵向差异定价，其中，横向差异定价是指保险机构根据不同保险标的的风险情况给出不同定价，纵向差异定价是指保险机构根据单个保险标的在保险期间风险情况的变化给出不同定价。

横向差异定价能针对不同的投保人和保险标的风险水平给出精准价格。以车险市场产品定价为例，传统车险定价模式主要从车辆的情况出发厘定费率，参考的信息包括车型、车龄、配置、事故经历等，如宝马汽车与保时捷汽车、3 年车龄汽车与 7 年车龄汽车的车险费率存在较大差别。但是，传统保险机构难以基于车辆驾驶人的风险情况进行客群细分，导致保险产品定价的精确度较低。借助数字化解决方案，保险机构可收集并综合分析车辆与驾驶人数据，让车险的风险定价因素由“以车为主”转向“人车结合”。例如，蚂蚁金服推出的“车险分”能够在获得客户授权的前提下，根据客户职业特性、身份特质、信用历史、消费习惯、驾驶习惯等细分特征绘制客户的精准画像。保险机构结合上述精准画像，对保险标的和客户的整体风险情况进行量化分析，进而提高保险产品定价的精确度和差异性。

纵向差异定价能针对同一投保人和保险标的给出反映实时风险水平的精准价格。保险机构能够通过智能手机和车载装置等设备，每天收集投保人的驾驶路线、附近路况、驾驶行为和车辆使用情况等数据。一方面，保险机构将上述数据输入到以人工智能技术搭建的车险定价模型和驾驶行为评分模型中，从而得到最新的投保人风险评分和车险定价。保险机构的运营平台据此对投保人在保险期间的费率进行更新调整，可得到精确反映保险标的风险情况的产品定价。这有助于激励投保人改善驾驶习惯和调整行车路线，使保险机构实现对投保人驾驶行为的有效管理和前馈控制。另一方面，保险机构的运营平台可根据车辆实时数据监测车辆情况，发现异常状况及时发出预警，以提醒投保人及时处理车辆异常情况。

二、数字保险在展业环节的实践

随着数字保险展业的优势逐渐凸显，保险机构纷纷运用数字技术解决自身展业的痛点。当前，数字保险展业的创新主要有打造数字保险展业团队、开拓线上展业渠道两大实践方向。

（一）打造数字保险展业团队

保险机构主要通过搭建智能培训系统、数字化运营管理系统和数字化展业系统，打造数字保险展业团队。这能够有效提高数字保险展业团队的专业素质、服务水准和展业效率。

1. 智能培训系统

智能培训系统提升销售员专业技能和整体素质。该系统能合理评测员工展业技能，提升专业素质的培训课程，针对性地规划每一位员工的职业发展方向。智能培训系统一方面有利于提升销售队伍整体素质，另一方面能显著增强销售员职业获得感、敬业度和忠诚度，从而降低保险销售人员流转率。如平安人寿推出代理人的个人助理 AskBob 工具，能模拟多元化销售场景演练提升代理人的销售技巧，并推出代理人远程培训和线上学习系统，从而有利于培养出高素质、高效能、高留存的代理人队伍。

2. 数字化运营管理系统

数字化运营管理系统对保险销售员业务活动实施精细化管理，提高团队展业效率。首先，保险展业团队管理层通过数字化运营管理系统下达业务指标，并追踪销售员日常业务活动，如员工每天拜访哪些客户，拜访的目的、效果，客户评价如何。其次，管理层利用以上经营数据，结合每位保险销售员个人特长和能力方面的数据，对保险销售员日常展业活动开展精细化和扁平化管理，打造专业化分工型团队，推动展业团队高效率展业。最后，数字化运营管理系统对保险销售员业务活动进行量化分析，并辅以合理的薪酬奖励制度，为销售员打造高保障、合理的薪酬评价体系，从而推动销售员提供高水准服务，并加强客户售后关系管理。

3. 数字化展业系统

数字化展业系统为保险销售员提供“售前获客+售中服务+售后管理”全流程的数字化营销解决方案。在售前获客阶段，数字化展业系统借助大数据技术和物联网技术，收集在社交平台、设备终端等处的潜在销售线索，帮助保险销售员准确判断投保人的保险需求。在售中服务阶段，数字化展业系统运用数字技术赋能保险销售员的营销能力，支持销售员多元化营销需求，帮助销售员促成交易。以 i 云保上线的展业工具“微店海报”为例。保险销售员可事先在海报中设置想要推荐的保险产品以及个人名片，客户扫描“微店二维码”后，可直接进入代理人的专属微店在线浏览保险产品。通过使用“微店海报”工具，化被动等待为主动吸引，从而增加保险展业的成功率。在售后管理阶段，数字化展业系统支持保险销售员为客户提供续保提醒、保单管理等多项服务。如 i 云保可提供家庭成员保单集中管理的功能，支持电子保单获取、续保提醒、在线缴费等服务，能够有效解决客户保单过期等问题，提高客户保后服务体验。

（二）开拓线上展业渠道

保险机构开拓创新线上保险展业渠道，主要包括官网直销渠道、互联网保险中介机构渠道和第三方网络平台渠道。

1. 官网直销渠道

保险机构依托官网直销渠道展示企业品牌和产品信息、销售保险产品、提供在线咨询和服务。一方面，官网直销渠道为具有品牌忠诚度和购买意向的客户提供更加便捷、简易的网上购买保险渠道。另一方面，官网也为保险机构与客户提供实时交流互动平台，理赔信息提交与结果查询、售前客服咨询、保险产品询价等服务都可通过官网渠道实现。例如，中国平安通过官网、App、微信小程序等渠道触达客户，在线销售健康险、意外险、家财险等多种产品，同时提供在线咨询和理赔进度查询等服务。

2. 互联网保险中介机构渠道

互联网保险中介机构是指利用自营网络平台代理销售互联网保险产品、开展保险经纪业务或提供保险公估业务的互联网企业。互联网保险中介的核心业务包括两大板块：一是作为专业保险服务顾问，可为客户提供精准推送、产品问询、方案定制、理赔代办等服务。例如，大童保险推出的"童管家"，充分发挥中介机构的服务属性，提供保险全生命周期的一站式服务。二是整合了保险供应链，提供增值服务，包括产品比价服务、保单托管服务等。产品比价服务运用大数据技术实时追踪并更新不同产品价格的准确数据，充当保险产品信息的整合平台。保单托管服务打破了不同保险机构的服务壁垒，为客户全面管理多个保险机构的保单。

3. 第三方网络平台渠道

第三方网络平台是指除自营网络平台外，在互联网保险业务中为保险消费者和保险机构提供网络技术支持辅助服务的网络平台，主要包括第三方电子商务平台和网络兼业代理机构。第三方电子商务平台收集多类险种下不同商品的产品信息、客户评价信息等，为客户提供产品介绍、产品同类推荐、产品内容比较、产品体验评价等多功能服务。电子商务平台的高浏览量和高交易量具有正外部性。一方面，高浏览量和高交易量会吸引更多保险机构入驻第三方电子商务平台，丰富平台上的保险品类，并产生更多的客户评价信息。另一方面，丰富的产品信息和用户评价信息能有效辅助客户完成投保决策，进而提高平台的浏览量和使用量。两方面优势相互促进，推动更多的客户与保险机构参与进来，创造更大的价值，形成电子商务平台的双边市场效应。保险机构通过该渠道展业的手段主要包括两种：一是直接入驻电商平台开设保险直销店；二是由平台开设保险超市进行保险销售。例如，淘宝当前已有平安、泰康、华泰等保险公司入驻，为消费者提供方便、快捷的保险购买渠道，涉及的险种包括意外险、车险、家财险、健康医疗险等。

网络兼业代理机构主要销售与其主营业务相联系的保险产品，通过将保险产品嵌入其主营业务的场景中，激发并满足客户潜在的风险保障需求。如携程作为旅游出行服务预订平台，依托其天然的用户与流量资源，代理销售航空意外险、航空延误险、旅游意外险等保险产品。

三、数字保险在核保与理赔环节的实践

随着数字保险的优势逐渐凸显，保险机构纷纷运用数字技术解决自身核保与理赔的痛点。当前，数字保险核保理赔的创新主要有两大实践方向：一是搭建核保与理赔线上服务平台；二是搭建数字化风控系统。

（一）搭建核保与理赔线上服务平台

保险机构通过整合再造传统线下核保与理赔流程，依托网页、App、微信小程序等线上服务平台，搭建核保与理赔线上服务平台。对于形式简单的保险产品，该服务平台支持客户在系统上远程自助办理购买业务，以及自主办理保险事故定损与赔付；对于较为复杂的保险产品，客户可以在平台上进行线上身份认证、核保与理赔材料远程传输等。该平台突破传统保险核保与理赔过程中人力成本高、效率低的瓶颈，推动业务办理更加高效、业务流程更加顺畅、服务体验更加优质。

例如，平安车险打造的一站式用车综合服务平台，为客户提供从核保到理赔全流程的一站式线上服务。在核保环节，平安好车主 App 为客户智能推荐个性化车险方案，电子投保流程采用“电子签名+人脸识别+CA 认证”技术，快速办理线上投保业务，同时保证客户投保资料的安全性。在理赔环节，客户通过 App 上传风险事故现场照片、车辆损失照片等内容，理赔后台依托 AI 图片识别技术实现极速定损与智能闪赔，达到 96.4%的现场案件能在 5~10 分钟被极速处理。案件处理完毕后，App 会向客户推荐附近修理厂，并支持一键导航。这样平安公司能够在与客户“零接触”的情况下完成从核保到理赔的全流程业务，实现保险核保理赔的全部线上化。

（二）搭建数字化风控系统

保险机构可利用客户数据资源搭建并不断优化数字化风控系统。保险机构结合人工风险测算的经验，以客户信息数据为训练集进行统计学算法解析，识别出关键风险因素并建立风险规则，从而搭建风险评估与预测模型。接着，保险机构在落地实践中不断迭代与完善模型，优化其风险测算规则，提高风险评估的精确度。

数字化风控系统为保险机构核保与理赔环节的风险控制提供智能化解决方案。首先，风控系统可从客户的核保与理赔资料中识别出关键风险要素数据。在核保环节，资料主要是投保人在线填写的资料信息；在理赔环节，资料主要是投保人上传风险事故现场照片、保险标的受损照片、医疗诊断记录等理赔证明材料。借助人工经验输入和算法推演相结合的方式，风控系统能从上述核保与理赔资料中识别出关键风险要素。接着，系统将关键风险要素数据输入风险评估与预测模型中，自动分析判断是否存在保险欺诈的可能并对此进行评级；对于风险等级较高的客户，系统会发出风险预警，保险机构根据系统的分析结果进行人工二次核验，决定是否进行承保或理赔。

例如，泰康在线打造健康险场景下的反欺诈智能风控模型。泰康在线首先输入数据集进行模型搭建，数据集主要是从医疗理赔记录中获取的与客户风险信息相关的数据。在模型搭建过程中，关键步骤是对理赔风险因子及其关联关系的识别分析和规则鉴定。在模型搭建完毕并投入使用阶段，保险机构直接输入客户理赔信息，风控模型就能够自动提取所需的风险因子相关信息，分析并给出欺诈风险评分，辅助保险机构对客户信息进行欺诈风险识别。

案　例

众安科技上线计量子账系统，推动数字技术赋能保险①

2021年12月20日，众安在线财产保险公司（以下简称“众安保险”）宣布自主研发的IFRS17计量子账系统（以下简称“子账系统”）成功通过了内部保险业务的验证，且将面向行业全面上线。

子账系统首先通过了众安保险内部试验。众安保险旗下子公司众安科技早

① 资料来源：众安保险自主研发IFRS17计量子账系统并完成上线验证［N］. 上海证券报，2021-12-20.

于2018年就启动系统的自主研发工作，经过三年对子账系统的完善，众安科技与核心系统无界山及内部数据平台、业务、财务、OA等系统对接，提前一年实现子账系统在公司内部上线。在遵循IFRS17财务报告准则要求、不影响现有业务系统前提下，子账系统可以成功梳理存量业务，完成过渡期数据准备和计量。在内部试验完成后，众安科技将向众安保险以外的保险机构提供子账系统服务。

子账系统体现了“保险+科技”双引擎驱动的创新理念。该系统具备数据管理、初始确认、假设管理、核心计量、报表等核心功能，可实现系统灵活配置、多计量版本、多账套的服务，满足公司应用过程中的多维度需求。同时，子账系统与众安保险现有各源系统基于标准数据结果对接，实施过程中可以实现快速对接，满足系统实施过渡期内新老系统协同运行及测试的需求。

随着子账系统顺利上线，众安保险将可以加速推动保险机构落地IFRS17，降低保险机构实施IFRS17的启动门槛和工作量。子账系统支持云端及私有化等多种部署方式，可快速扩容、扩展和对接保险机构产品中心、OA、报表等系统，能帮助保险机构解决数据、模型、系统、技术等多方面问题，产品部署最快可在数天内完成。

众安保险开发的子账系统是数字技术在保险行业深度运用的缩影，未来保险行业还会继续探索数字技术在保险行业中的创新运用，积极运用区块链、大数据、人工智能等数字技术实现各保险业务流程再造。

小　结

数字保险指保险业各参与主体以数字技术为核心驱动力，以数据资源为关键要素，一方面对现有的产品与服务进行改造，优化保险全价值链，另一方面挖掘保险需求未被满足的新兴场景，打通行业上下游产业链，共同构建数字保险生态圈的行为。

本章将全球数字保险的发展历程大致划分为萌芽期、高速发展期和成熟稳定期三个时期，将中国数字保险的发展历程大致分为蓄势积淀期、扩张探索期和深化内敛期三个时期。近年来，数字保险已成为全球保险业发展新热点。美国为数字保险的领先者，中国数字保险也处于高速发展阶段。

数字保险相较于传统保险的创新主要体现在产品设计与定价、展业、核保、理赔四个环节。对数字保险产品设计与定价的创新主要体现在设计个性化保险产品、设计场景化数字保险产品、为产品提供差异化定价，数字保险展业的创新主要体现在打造数字保险展业团队和开拓线上展业渠道，数字保险核保与理赔的创新主要体现在搭建核保与理赔线上服务平台和搭建数字化风控系统。

习　题

1. 什么是数字保险？简述数字保险、保险科技与互联网保险的异同。
2. 谈谈对我国数字化保险未来发展路径的思考。
3. 数字保险如何解决保险产品设计与定价中的痛点？
4. 数字保险在核保与理赔过程中有哪些优势？

第八章 大数据与大数据征信

“十四五”规划和2035年远景目标纲要提出，“打造数字经济新优势，充分发挥海量数据和丰富应用场景优势，促进数字技术和实体经济深度融合，赋能传统产业转型升级，催生新产业新业态新模式，不断做强做优做大我国数字经济”。数据资源是数字中国建设的核心要素。习近平总书记多次对数据资源发展作出重要指示，提出促进数据高效流通使用、赋能实体经济，统筹推进数据产权、流通交易、收益分配、安全治理，加快构建数据基础制度体系。目前，我国数据要素产业生态逐步健全，已发布33项大数据领域国家标准，建设成立12个大数据领域国家新型工业化产业示范基地，数据要素产业生态逐步健全。

随着数字化时代的到来，我们正面临着数据爆炸的挑战。大数据技术正在改变我们处理、分析和利用这些海量数据的方式。其中，大数据征信作为金融领域的一个重要应用，已成为人们关注的焦点。在传统的信用评估中，主要依据个人信贷历史和财务状况等信息。然而，大数据技术的发展与应用，使得征信范围得到迅速扩展。现在，征信机构通过分析个人的行为数据，如社交网络活动、在线购物行为、移动电话通话记录等，来评估个人的信用风险。这种转变不仅带来了准确、全面的信用评估，也引发了一些新的挑战和问题，例如，如何保护个人隐私，如何处理数据偏差，以及如何确保算法的透明度等。本章将详细介绍大数据征信的基本概念、技术和应用，并探讨大数据与大数据征信的机遇与挑战，以及大数据监管。

第一节　大数据与大数据征信概述

随着信息技术的高速发展和数字经济新业态新模式出现，数据呈现爆炸式增长，传统的关系型数据库已经无法处理如此海量的数据，我们正在步入一个全新的大数据时代。大数据发展日新月异，它对经济发展、社会秩序、国家治理以及人民生活带来重要影响。近年来，我国网络购物、移动支付、共享经济等数字经济新业态蓬勃发展。

一、大数据时代

大数据时代最早由全球知名咨询公司麦肯锡提出，即“数据，已经渗透到当今每一个行业和业务职能领域，成为重要的生产因素。人们对于海量数据的挖掘和运用，预示着新一波生产率增长和消费者盈余浪潮的到来”。数据正在迅速膨胀并海量聚集，它决定着各行各业的未来发展趋势，党的十九大提出建设科技强国、网络强国、数字中国、智慧社会等发展目标，作出推动互联网、大数据、人工智能和实体经济深度融合等战略部署，为用好大数据、赢得新时代发展指明了前进的方向。2012 年 2 月，《纽约时报》的一篇专栏称：“大数据”时代已经降临，在商业、经济及其他领域中，决策将日益基于数据和分析而作出，而并非基于经验和直觉。

大数据时代是指一个以数据为基础，利用大数据技术进行分析和决策的新时代。这个时代的到来，得益于互联网、移动设备、物联网等技术的迅速发展和普及，使得数据的产生、存储和处理能力迅速提升。通过对海量数据的分析，我们挖掘出有利于创新发展的有用信息，揭示出行业发展的重要动能。同时，大数据技术为人们提供科学、精准和迅速的决策提供依据，为各行业的发展带来了新的机遇和挑战。大数据来源广泛和多样，除了传统的结构化数据，还包括大量的非结构化数据，如文本、图片、视频、社交媒体等。这些数据的整合和分析，可以让我们深入地理解和探索数据背后的深层价值。

大数据时代的出现是多种因素综合作用的结果，其中科技发展、互联网普及、传感器技术进步以及数据量爆炸式增长等都是重要因素。同时，商业需求和技术发展也推动了大数据时代的快速发展。大数据时代出现的原因主要有以下几个方面：①科技发展。随着计算机技术和互联网的快速发展，人们更加方便地收集、存储和处理大量的数据，进而推动了大数据时代的来临。②互联网普及。互联网的普及让人们便捷地获取和共享信息，大量的在线活动也产生了大量的数据，这些数据的规模和速度的增长促进了大数据时代的到来。③传感器技术发展。传感器技术的进步使得各种设备和物品都被连接到互联网，产生大量的实时数据，例如智能手机、智能家居和无人机等。④数据量爆炸式增长。随着互联网、社交媒体、移动设备和物联网等技术的普及，生成的数据量呈指数级增长。⑤数据处理技术优化。云计算、大数据分析、机器学习和人工智能等技术的发展，推进大数据处理快速和高效。⑥商业需求。企业需要了解客户需求、市场趋势、竞争对手情况以及业务数据等，合理制定商业策略，推动了大数据时代企业的高速发展。

利用大规模的数据来提高决策的精度和效率，从而实现快速、更精准的洞察和分析。在大数据时代，数据的规模已经不再是限制，而是成为获取有价值信息的优势。大数据时代主要特点包括以下几个方面：

①数据量相当庞大。大数据时代的数据量非常庞大，从 TB 到 EB 级别的数据规模都被广泛使用。这些数据来自多方面，包括互联网、社交媒体、移动设备、传感器等。②数据类型多样。大数据不仅包括结构化数据，如数据库中的表格数据，还包括半结构化和非结构化数据，如文本、图像、视频等。这些不同类型的数据提供丰富和深入的洞察和分析结果。③信息处理速度快：大数据处理信息的速度非常快，实时处理和预测各种事件和趋势。这主要得益于大规模并行处理和分布式计算技术的发展。④数据价值潜力巨大。通过深入挖掘和分析大数据，发现隐藏的模式、趋势和关联关系，为决策和创新提供重要的支持。这种数据价值潜力已经被广泛应用于金融业、商业、医疗保健、交通物流、政府等众多领域。

二、大数据

（一）大数据的定义

如今，大量的数据贯穿我们的衣食住行。从社交媒体帖子到购物记录，从健康监测设备到公司财务报表，数据无处不在。如何去定义大数据，目前国内外学术界尚未形成统一的定义。大数据到底有多大？一组名为“互联网上一天”的数据告诉我们，一天之中，互联网产生的全部内容刻满 1.68 亿张 DVD；发出的邮件有 2 940 亿封之多（相当于美国两年的纸质信件数量）；发出的社区帖子达 200 万个（相当于《时代》杂志 770 年的文字量）；卖出的手机为 37.8 万台，高于全球每天出生的婴儿数量为 37.1 万人。

在维克托·迈尔-舍恩伯格和肯尼斯·库克耶编写的《大数据时代》[①] 中，大数据是指不用随机分析法（抽样调查），而是采用所有数据进行分析处理。IBM 在 2008 年提出了大数据的 5V 特点，包括 Volume（大量）、Velocity（高速）、Variety（多样）、Value（价值）、Veracity（真实性），这些特点反映了大数据的复杂性，并强调了处理和分析大数据的挑战性。

研究机构 Gartner 对大数据给出如下定义：大数据需要新处理模式才能具有更强的决策力、洞察发现力和流程优化能力来适应海量、高增长率和多样化的信息资产。麦肯锡全球研究对大数据给出如下定义：一种规模大到在获取、存储、管理、分析方面大大超出了传统数据库软件工具能力范围的数据集合，具有海量的数据规模、快速的数据流转、多样的数据类型和价值密度低四大特征。

本书将大数据定义为一种规模庞大、复杂多样的数据集合，无法通过传统的数据处理技术和工具进行处理和分析。这些数据集合通常包含结构化数据（如数据库中的表格数据）和非结构化数据（如文本、图像、音频和视频等）。

（二）大数据的发展历程

大数据的发展经历了以下几个阶段：

第一，萌芽期（20 世纪 90 年代至 21 世纪初）。随着数据挖掘理论和数据库技术的逐步成熟，一批商业智能工具和知识管理技术开始被应用，如数据仓库、专家系统、知识管理系统等。1997 年，“大数据”这一术语首次在美国计算机学会的数字图书馆中出现。

第二，发展期（21 世纪初至 2010 年）。Web2.0 应用迅速猛烈发展，形成了并行计算与分布式两大核心技术。2001 年，美国 Gartner 公司率先开发了大型数据模型，提出了大数据的 3V 特性（Volume、Velocity、Variety）。2005 年，Hadoop 技术应运而生，成为数据分析的主要技术。2007 年，数据密集型科学的出现为大数据的发展提供了科学依据。2008 年，*Science* 杂志推出了一系列大数据专刊，详细讨论了一系列大数据的问题。

第三，突破期（2010 年至 2014 年）。社交网络的流行导致大量非结构化数据出现，传统处理方法难以应对，数据处理系统和数据库架构开始重新引发人们

① 迈尔-舍恩伯格，库克耶，等．大数据时代：生活、工作与思维的大变革［M］．杭州：浙江人民出版社，2013.

的思考。2010 年，美国信息技术顾问委员会发布了一份题为《规划数字化未来》的报告，详细描述了政府工作中对大数据的收集和使用。2011 年，麦肯锡全球研究院发布《大数据：下一个创新、竞争和生产力的前沿》，大数据概念开始风靡全球。

第四，成熟期（2014 年至今）。在这个阶段，大数据技术已经相对成熟，应用范围不断扩大。各种数据处理技术层出不穷，大数据显现出应用活力。同时，随着人工智能技术的发展，大数据与人工智能的结合将带来更多的机会和挑战。

三、大数据的应用

（一）大数据的应用领域

大数据的应用涵盖了电商、医疗、传媒、安防、电信等领域，众多行业均可从大数据中获取有价值的信息，帮助企业和社会制定战略决策。

1. 电商领域

电商网站通常会有海量的商品信息，顾客在浏览时可能面临信息过载的问题。大数据技术通过分析顾客的购买记录、浏览记录和搜索记录等，为每位顾客提供个性化的商品推荐，提升购物体验。大数据技术可以分析历史销售数据、顾客行为数据等，电商企业可以进行市场预测。通过对历史价格数据、竞争对手的价格数据以及顾客的购买行为数据进行分析，企业制定科学合理的价格策略，以实现利润最大化。通过对销售数据、库存数据以及供应商数据的分析，企业及时预测需求和调整库存，提高供应链的效率和响应速度。

2. 医疗健康领域

大数据技术应用于医疗领域中的诸多方面，如临床决策支持系统、电子病历管理和个性化治疗等。通过对大量医疗数据的分析，测算出疾病的潜在规律和趋势，提高医疗效率和治疗效果。

3. 传媒与广告领域

大数据技术帮助传媒企业进行精准的用户画像，了解受众群体的需求和偏好，实现广告的精准投放和个性化内容推荐，提高广告效果和用户满意度。

4. 安防领域

大数据应用于安防领域可实现视频图像分析、人脸识别、快速检索、精准定位，并能够进一步挖掘海量视频监控数据背后的价值信息，辅助决策判断。

5. 电信领域

电信行业利用大数据技术分析网络流量和用户行为，优化网络资源分配，提升网络性能和用户满意度。对运营数据进行实时监测和分析，及时发现和解决潜在问题。对电信欺诈行为进行监测和预警，实施风险管理。

6. 公共服务领域

"智慧城市"已经在多地尝试运营，通过大数据，政府部门得以感知社会的发展变化需求，科学化、精准化和合理化地为市民提供相应的公共服务以及资源配置。

（二）大数据在金融行业的应用

大数据正在推动金融行业的创新和发展，帮助金融机构开展多元化的便捷服务，精准服务客户，并提高运营效率。大数据应用于金融行业主要体现在风险管理与合规、客户关系管理、投资策略与市场预测、个性化金融、交易欺诈识别和运营效率优化等方面。

1. 风险管理与合规

金融机构利用大数据进行高级数据分析，管理风险并遵守合规要求。例如，通过分析大量的交易数据，机构检测到可能的欺诈行为或市场操纵行为，采取必要的行动来防止这些行为。大数据还可以帮助金融机构精准评估其总体的风险状况，科学化管理其资本。

2. 客户关系管理

金融机构可用大数据来更好地服务它们的客户。例如，通过分析客户的交易历史、信用记录和个人信息，金融机构为客户提供更合适的产品和服务，或者提供定制化的推荐。大数据能够帮助金融机构预测客户的行为，满足他们的需求。

3. 投资策略与市场预测

通过大数据，金融机构更准确地预测市场动态和投资趋势。例如，通过分析大量的财经新闻，据此预测股市的表现。基于大数据的分析能帮助投资者做出更明智的投资决策。

4. 个性化金融

大数据帮助金融机构提供个性化的服务。例如，金融机构根据客户的行为和偏好，为客户提供更适合他们的贷款、保险或投资产品。

5. 交易欺诈识别

金融机构利用大数据和机器学习来检测和预防欺诈。例如，通过大数据分析客户的交易模式，金融机构可检测到异常的交易行为，并立即采取行动阻止欺诈行为。

6. 运营效率优化

利用大数据，金融机构能更好地解决其运营中的效率问题。例如，通过大数据分析金融机构业务流程的数据流，发现哪些业务环节可能存在瓶颈，优化金融机构运营效率。

四、大数据征信

大数据征信是指通过收集、整理企业和个人的信用信息，运用大数据技术为金融机构提供风险控制和决策参考的征信方式。简单来说，大数据征信就是利用互联网、云计算、人工智能等新一代信息技术，对企业、个人的信用信息进行深度分析和挖掘，以实现对信用主体的精准画像，并为金融机构提供科学、严谨的风险定价、授信审批等服务。

大数据征信的范围包括企业和个人的财务信息、行为信息和社交网络信息等。大数据能够帮助征信机构全面地了解授信对象的信用状况，减少信息不对称，增强反欺诈能力，提高征信效率和征信成本。大数据征信能够根据不同金融机构的需求，为其提供定制化的服务，例如风险评估、客户画像、市场预测等。大数据征信的类型主要包括个人信用征信、企业信用征信、互联网征信、社交征信、行为征信等方面。

个人信用征信是通过收集和分析个人的信用相关数据，如个人贷款记录、信用卡使用情况、还款记录等，评估个人的信用状况和信用风险。

企业信用征信是通过收集和分析企业的经营数据、财务数据、征信记录等，评估企业的信用状况和信用风险。

互联网征信是通过对互联网用户的在线行为数据进行分析，如网购记录、社交媒体活动、在线支付行为等，评估个人或企业的信用状况和信用风险。

社交征信是通过分析个人在社交网络上的社交关系、社交行为等数据，评估个人的社交信用状况和社交风险。

行为征信是通过分析个人或企业的行为数据，如消费行为、交通出行记录、手机使用行为等，评估个人或企业的信用状况和信用风险。

除了传统的征信机构和金融机构外，互联网企业也是大数据征信的重要主体。例如电商企业、运营商、支付公司等，通过大数据技术对用户进行信用评估，提供信用支付、信用消费、信用借款等服务。这些互联网企业的数据来源广泛，包括用户消费记录、支付记录、社交网络信息等，通过大数据技术进行处理和分析，准确评估用户的信用状况和信用风险水平。需要注意的是，大数据征信的范围和具体内容可能因不同地区和法律法规的不同而有所差异。

传统征信与大数据征信在数据来源、数据量、数据维度、信用评估时间、信息整合、征信机构、法律风险、应用场景、成本与效率等方面均存在差异（如表 8-1 所示）。随着技术和数据的不断发展，传统征信与大数据征信之间的界限也逐渐模糊。许多传统征信机构正在采用大数据技术进行信用评估和服务拓展，而一些大数据征信机构也在积极与传统征信机构合作，共同推动征信行业的发展。

表 8-1　传统征信和大数据征信对比

	传统征信	大数据征信
数据来源	专业化机构采集数据，如财务和金融交易信息等	海量、多样化、实时、有价值的数据，如互联网、移动支付、社交媒体等
数据量	有限的数据量，主要来自专业机构	巨大的数据量，通过大数据技术进行处理和分析
数据维度	主要涉及财务和金融交易信息等	广泛的数据维度，包括但不限于信贷、消费、社交等
信用评估时间	更新不及时，有一定的延迟性	实时更新，动态交互，及时反映信用状况变化
信息整合	数据整合难度较低，主要来自专业机构	涉及大量数据的整合和清洗，包括去重、校验等
征信机构	专业征信机构，如中国人民银行等	各类征信机构，如央行、商业银行、互联网平台等
法律风险	法律体系较完善，对征信机构的设立和业务开展有明确规定	在个人隐私保护等方面存在法律风险和挑战
应用场景	主要应用于金融、信贷、招聘等领域	广泛应用于金融、电商、移动支付、社交媒体等领域
成本与效率	业务开展成本较高，审核流程繁琐，耗时较长	通过大数据技术降低成本，提高征信效率，实现精准风险定价

大数据征信作为一种基于大数据技术的创新征信方式，它能够弥补传统征信的不足之处，提高征信的效率和精度，为金融机构提供科学、严谨的风险管理和

决策支持，但同时也面临着数据整合难度大、数据真实性和准确性不足以及法律风险高等问题。

大数据征信具有数据来源广泛、数据类型多样化、数据处理速度快以及应用场景丰富等优势。大数据征信的数据来源非常广泛，包括信贷、消费和社交等，能够全面反映个人信用情况，从而提高信用评估的精准度和效率。大数据征信的数据类型多种多样，包括结构化数据、半结构化数据和非结构化数据等，能够更准确地反映个人信用状况，帮助企业了解客户需求，制定精准的市场策略。大数据征信采用先进的大数据技术，实时更新和处理海量数据，能够更及时地反映个人信用状况的变化。

大数据征信仍存在数据整合难度大、数据真实性和准确性有待提高、法律风险高以及技术挑战等劣势。大数据征信需要处理的数据量巨大，整合和清洗数据需要耗费大量时间和资源。这会降低大数据征信的效率，也会影响数据的准确性和可信度。大数据征信的数据来源主要是互联网，互联网企业大多采取爬虫技术获取，影响大数据征信的准确性和可信度，也会影响其应用效果。大数据征信在个人隐私保护等方面存在法律风险和挑战，需要加强法律意识和合规管理。如果不能很好地保护个人隐私，会引发一系列法律问题和道德伦理问题。大数据征信需要具备先进的技术和数据处理能力。例如，需要具备大规模并行计算、分布式存储、数据挖掘和分析等技术能力，以便处理和分析海量的数据。同时，需要开发高效的数据清洗和整理工具，以确保数据的准确性和可信度。

第二节　大数据征信的技术应用

大数据技术通过对海量、多样性的数据进行高效的收集、整合和分析，为各行各业提供了全面的信用视角和准确的指导。大数据技术的应用为金融机构、政府机构和其他信用评估机构提供了精准高效的信用评估方法。

一、数据收集和整合

在大数据征信中，数据的收集和处理是一个非常重要的环节，包括数据的清洗、整合、分析和挖掘等步骤，在这个过程中，需要使用各种技术来收集、存储、处理和分析大规模的数据，例如数据爬虫、数据接口、数据传输协议以及数据清洗等。

（一）数据爬虫

数据爬虫是指能够通过自动化方式从互联网或其他数据源中收集大量的信用相关信息，包括社交媒体、公共记录、电商平台、银行、保险公司等数据源。通过数据爬虫，这些分散的数据被集中获取并整合在一起，形成一个大规模的信用数据集，对企业和金融机构具有重要的参考价值。

在实际操作中，数据爬虫的技术应用主要包括数据源识别与选择、数据爬取、数据清洗与整理、数据特征提取、模型建立与应用、数据更新与异常检测等步骤。

第一，数据源识别与选择。大数据征信需要从各种不同的数据源中获取信用相关信息，包括银行、保险公司、电商平台、社交网络等。数据爬虫要先识别和选择合适的数据源，以获取与信用相关的数据。

第二，数据爬取。利用爬虫技术，自动从一个或多个网站上抓取和提取与信用相关的数据。通过使用 Python 或其他编程语言的爬虫框架实现，如 Beautiful Soup、Scrapy 等。

第三，数据清洗与整理。在抓取数据后，数据爬虫需要对数据进行清洗和整理，以去除重复、错误或不完整的数据，并对数据进行标准化处理，提高数据的准确性和质量。

第四，数据特征提取。通过数据挖掘、机器学习等技术，从数据中提取出有用的特征，这些特征用于建立信用评估模型，以预测信用风险。

第五，模型建立与应用。利用所提取的数据特征，建立相应的信用评估模型，如逻辑回归、决策树、随机森林等。这些模型应用于对个人或企业的信用状况进行评估和预测，为金融机构和企业等提供信用决策的参考。

第六，数据更新与异常检测。定期或实时更新数据，确保数据的及时性和准确性。对数据进行实时监控和异常行为检测，如恶意拖欠、欺诈行为等，为企业提供及时的信用风险提醒。

需要注意的是，在数据爬虫的应用过程中，需要遵守相关法律法规和网站的使用协议，确保数据的合法性和合规性。同时，还需要根据具体的业务需求和应用场景进行定制和优化，使数据爬虫能够更好地服务于大数据征信系统。

（二）数据接口

数据接口是指不同系统之间用于交换和共享数据的接口，为不同平台上的应用提供一种轻松灵活的数据交换方式，它能友好地支持不同数据格式，也能保护被交换的数据不受多种系统的影响，有效地提升不同系统之间的数据交互性、规范性、安全性和应用能力。它在大数据征信中的应用具体体现在数据交互、数据规范、数据安全、数据治理、数据应用等方面（如表 8-2 所示）。

表 8-2　数据接口在大数据征信中的应用

	概　　念	内　　容
数据交互	数据接口技术实现不同系统之间的数据交互，使得不同系统之间的数据互相传递和共享	数据采集、数据传输、数据交换
数据规范	为了保证不同系统之间的数据能够正确地对接和传输，需要使用数据接口技术对数据进行规范化和标准化	确定数据格式、数据类型、数据命名规则
数据安全	通过采取必要措施，确保数据处于有效保护和合法利用的状态，以及具备保障持续安全状态的能力	数据加密、身份验证、访问控制
数据治理	通过建立规范、流程和责任来管理数据的实践	数据清洗、数据去重、数据整合、数据转换
数据应用	以数据价值实现为目标，对数据进行加工处理并形成数据成果的过程	数据查询、数据分析、数据挖掘

（三）数据传输协议

数据传输协议是指在进行数据传输时所采用的相关规则和标准。它规定了数据传输时的数据结构、顺序、编码方式、校验方式、网络拥塞控制等控制信息和算法。简单来说，数据传输协议定义了数据如何在不同系统之间进行可靠的传输，以及如何保证传输的效率和准确性。

数据传输协议实现了数据的高效和可靠传输。例如，TCP/IP 协议是一种广泛使用的传输协议，它提供了数据包的传输和重传机制，以确保数据在网络中稳定地传递。在大数据征信中，这种协议用于保证数据在传输过程中的完整性和准确性，可以避免数据丢失或损坏。

数据传输协议提供了数据的安全保障。例如，使用 SSL/TLS 等加密协议实现数据的加密传输，保护数据不被未经授权的第三方获取或篡改。在大数据征信中，这种协议增强了数据传输的安全性，可以避免数据泄露和被攻击。

数据传输协议提高了数据的可访问性。例如，使用 HTTP 协议实现在不同平台和应用程序之间的数据共享和访问。在大数据征信中，这种协议用于不同系统之间的数据交互和查询，可以提高数据的可用性和可访问性。

数据传输协议提供数据的可扩展性。例如，使用 FTP、SFTP 等协议实现大量数据的快速传输和备份。在大数据征信中，这种协议用于快速地传输和处理大量的数据，可以提高数据处理的效率。

（四）数据清洗

从广义上讲，数据清洗是将原始数据进行精简以去除冗余和消除不一致，并使剩余的数据转换成可接收的标准格式的过程。狭义上，数据清洗特指在构建数据仓库和实现数据挖掘前对数据源进行处理，使数据实现准确性、完整性、一致性、唯一性和有效性以适应后续操作的过程。

在大数据征信中，数据清洗主要针对不准确、不完整、不相关、有噪声、无关数据或空值等数据部分，通过识别和替换、修改或删除这些数据，从而提高数据的质量和可用性，主要涉及以下几个方面：

第一，不良数据的清洗。在大数据征信过程中，经常会遇到缺失值、异常值等不良数据，这些数据会影响信用评估的准确性。数据清洗帮助识别和纠正这些不良数据，例如通过插值填补缺失值，或剔除异常数据等，以提高信用评估的可信度和准确性。

第二，数据整合。大数据征信的数据来源众多，包括银行、保险公司、电商平台、社交网络等，由于不同数据源的数据格式、类型和命名方式等可能不同，需要进行数据整合和转换。数据清洗能够将不同数据源的数据进行转换和标准化，以便将它们整合在一起，为后续的信用评估提供全面、准确的数据基础。

第三，数据去重。大数据征信过程中，往往会存在重复的数据，这些数据会影响信用评估的准确性和效率。数据清洗帮助识别和去除重复的数据，保证数据的唯一性和准确性。

第四，数据标签化。通过对数据进行分类和命名等操作，将数据实现标签化处理，以便后续的数据分析和挖掘工作。数据清洗帮助将数据进行合理的分层，使得信用评估过程科学和高效。

二、数据存储和管理

大数据征信涉及的数据量规模巨大，在合理时间内达到撷取、管理、处理并整理成为服务于经营决策的有效信息需要依赖强大的数据存储能力，因此需要采用高效、可靠和安全的数据存储和管理方法来确保这些数据的正确性和可靠性，并能够有效地进行检索和分析。数据存储和管理是大数据处理和分析的重要基础，依托于分布式文件系统、数据库技术和数据仓库。

（一）分布式文件系统

分布式文件系统是一种高效、可扩展、分布式的文件存储和访问系统，它能够存储海量数据并支持并发访问。在分布式文件系统中，数据被存储在多个节点上，并且在每个节点能够独立地处理数据请求，从而提高系统的可靠性和性能。

在大数据征信中，分布式文件系统用于存储和管理大量的信用数据，包括用户的基本信息、信用记录、消费行为等。通过使用分布式文件系统，实现数据的共享访问、持久化存储以及共享访问等功能，提高数据的处理效率和使用价值。

（二）数据库技术

数据库技术是一种计算机辅助管理数据的方法，通过研究数据库的结构、存储、设计、管理以及应用的基本理论，并利用这些理论来实现对数据库中的数据进行处理、分析和理解的技术。它是一种高效、可扩展、可靠的数据存储和管理技术，存储海量数据并支持并发访问。在数据库技术中，数据被存储在表格中，并且表格之间可以建立关联关系。通过使用数据库技术，实现对数据的快速查询、更新和操作，并且对数据进行安全性和完整性的保护，提高数据的处理效率和使用价值。

（三）数据仓库

数据仓库是一个用于长期存储历史数据并支持在线分析处理的系统。它以主题为导向，集成来自多个数据源的数据，提供统一的数据视图。数据仓库是一种为企业所有级别的决策制定过程提供所有类型数据支持的战略集合，它是一个单个数据存储，出于分析性报告和决策支持目的而创建。在大数据征信中，数据仓库用于对信用数据进行多维度、多层次的分析和挖掘，发现用户信用状况中的隐藏的规律和趋势。

数据仓库中的数据是按照主题或业务过程划分，使得数据分析灵活便利。数据仓库还提供了多维数据分析、数据切片、数据透视表等功能，支持大规模数据分析和挖掘，它是企业级决策分析和业务报表等的重要支撑工具。

三、数据分析

数据分析是指用适当的统计分析方法对收集来的大量数据进行分析，将它们加以汇总和理解并消化，以求最大化地开发数据的功能，发挥数据的作用。利用数据分析技术能够从复杂的数据中提取有用的信息，发现隐藏的关联规则和风险趋势，帮助企业和监管机构更好地了解借款人的信用状况、评估风险、制定相应的政策和措施，推动整个社会的信用体系建设。通常采用的数据分析方法包括统计分析、聚类分析、关联分析、时间序列分析、决策树和文本分析等。

统计分析是指运用统计方法和相关知识，对数据资料进行收集、整理、分析和解释，揭示数据背后的规律和特征，为决策提供支持和参考。统计分析主要方法包括描述性统计和推断统计。

聚类分析是一种将数据分为不同群体的数据分析方法，通过将数据按照一定的特征和标准进行聚类，将数据分为不同的类型或类别。通过聚类算法将数据分成若干个群体，使得同一群体内的数据尽可能相似，不同群体的数据尽可能不同。例如，通过对消费者群体的消费行为、信用历史等数据进行聚类分析，将消费者群体划分为不同的类型，为企业的营销策略提供参考。

关联分析是一种数据挖掘技术，用于从大型数据集中发现频繁出现的模式、关联和相关性。这种分析方法通常用于市场购物篮分析、客户关联分析、商品关联分析等方面。通过关联分析，发现数据之间的关联和规律，帮助企业了解客户需求和购买行为，改进产品设计、营销策略和生产计划。关联分析主要算法包括Apriori 算法、FP-Growth 算法等。

时间序列分析是一种统计方法，用于分析和预测一组按照时间顺序排列的数据。它通过研究数据随时间变化的情况，探索数据之间的长期趋势、季节性变化、周期性波动和随机扰动等因素，对未来的发展做出预测和判断。时间序列分析的主要工具包括回归分析、指数平滑、ARIMA 模型等。

决策树是一种监督学习模型，通常用于分类问题。根据给定的训练数据，通过构建决策树模型，预测新数据的类别或结果。在构造决策树时，通常采用自上而下的递归方式，从根节点开始，对每个内部节点进行判断，根据不同的测试结果走向不同的分支，直到到达叶节点为止。

文本分析是指对文本进行表示和特征提取的方法，它通过对文本中的词汇、语法和上下文等信息的分析，提取文本中的特征和语义信息。文本分析是一种重要的文本挖掘和信息检索技术，它通过对文本数据的预处理、特征提取、建立模型等步骤，实现对文本信息的自动化处理和智能分析。例如，通过对借款人的申请材料进行文本分析，提取借款人的信用特征，为其信用评分模型提供参考。

四、数据可视化

数据可视化是指将数据以视觉化的方式呈现，帮助人们理解和分析数据。数据可视化技术有多种分类，包括图表、图形、地图、动画等，展示多维度的数据集。这些技术用于大数据征信中，可帮助识别数据中的模式、趋势和异常值，支持信用评估和风险预测等应用。

图表可视化是一种数据可视化技术，它使用图形或图像来呈现数据，包括各种属性和变量，以帮助人们更好地理解和分析数据。图表可视化通常包括各种类型的图表，如柱状图、折线图、饼图、散点图等，它们通过颜色、形状、大小等特征来表达数据的信息和特征。图表可视化可清晰地展示数据的分布特征、趋势和关系，它们是数据可视化最基础的形式。

数据矩阵可视化是指将矩阵数据以图形或图像的形式进行呈现的一种技术。常见的数据矩阵可视化方法包括热力图、气泡图和网络图等。

3D 可视化是将现实世界的物体和景观以三维模型的形态展现出来，让人们在计算机或其他数字设备上以更直观的方式进行观察。具体而言，3D 可视化技术通过模型建立、材质与纹理的添加以及渲染和光照等步骤，将真实世界中的物体转化为计算机可以理解和处理的数据，并利用各种图形和视觉效果，让人们真实地感受到物体的特征和形态，利用颜色和光线效果来展示数据的大小和分布情况。

交互式可视化专注于利用图形和图像将数据信息以易于理解和分析的方式呈现给用户，例如交互式的手势和声音，它让用户能够以直观、易用的方式与数据交互。交互式可视化常被用于构建一种仪表板，通过图形和图像快捷简便地传递数据信息，帮助用户进行数据分析和决策。这些可视化工具通常以动态交互的方式应用，允许用户通过简单的操作（如点击按钮或滑动滑块）来查询和调整数据，理解数据的实时变化。

五、数据安全和隐私保护

在大数据时代，数据安全和隐私保护是至关重要的。大数据环境中的数据安全主要涉及数据的可靠性、可用性和保密性，而隐私保护主要涉及如何在使用和共享数据时保护用户的个人信息和敏感信息。数据安全和隐私保护主要涉及数据加密、访问控制、差分隐私、数据备份和恢复。

(一) 数据加密

数据加密是指通过某种算法将明文数据转换成密文数据的过程。在大数据征信领域，数据加密技术用于保障借款人和债权人之间的数据安全，防止敏感数据泄露。通过对征信数据的加密存储和传输，保护借款人的隐私和商业机密。加密技术可以防止数据篡改和恶意攻击，提高征信数据的安全性和可信度。

另外，加密技术也可以用于大数据征信中的数据完整性保护。通过对数据的完整性校验和加密，保证数据的真实性和完整性，避免因数据泄露、篡改等因素对征信结果产生不良影响。数据加密技术可有效保障借款人和债权人之间的数据安全，保护个人隐私和企业机密，提高数据可信度和完整性，促进征信行业的健康发展。

(二) 访问控制

访问控制是按用户身份及其所归属的某项定义组来限制用户对数据的访问进行权限控制，防止未经授权的访问和泄露。

在实现访问控制时，需要先对系统中的所有功能进行标识并组织起来，再对所有的数据进行标识并托管起来。这些被标识的功能和数据通过一个简单的、唯一的接口展现给应用系统。这个接口的一端是应用系统，另一端是权限引擎。

权限引擎的主要任务是回答谁是否对某个资源具有实施某个动作（运动、计算）的权限问题。权限引擎通过对资源的访问请求进行判断和授权，能够保证只有授权的用户才能访问特定的资源，保障了系统的安全性和可靠性。

(三) 差分隐私

差分隐私是一种在密码学中使用的手段，旨在当从统计数据库查询时，最大化数据查询的准确性，同时最大限度减少识别数据记录的机会。

差分隐私通过在查询结果中添加一定的噪声来实现隐私保护。这种噪声的数量取决于查询结果的敏感度，即查询结果中包含的个体信息数量。差分隐私的主要目标是使数据用户无法推断出特定个体的信息，同时尽量保留数据的整体信息。

差分隐私是一种强大的工具，它为数据用户提供了一种有效的途径来处理敏感数据，而无须获得用户的明确同意。此外，差分隐私用于数据挖掘、统计分析和机器学习等领域，为数据安全和隐私保护提供了强有力的支持。

(四) 数据备份和恢复

数据备份是指将电子数据以文件的形式从其原始存储位置移动到其他存储媒

介的过程。为了防止数据丢失或损坏，保护数据的完整性和可用性，备份数据在原始数据丢失或损坏时可用于恢复这些数据。

数据恢复是指当原始数据丢失或损坏时，使用备份的数据进行还原的过程。数据恢复是数据备份的一个重要应用，当数据库或数据存储设备中的数据因为各种原因（如误删除、病毒攻击、软件故障等）丢失或损坏时，通过之前备份的数据，尽可能地恢复和还原这些数据，避免数据丢失造成的损失。根据备份的类型，数据恢复分为完全恢复和不完全恢复两种。完全恢复是指将数据库恢复到被破坏前的状态，而不完全恢复是指将数据库恢复到被破坏前的某个特定时间点的状态。

在具体的数据恢复工作中，可根据数据的存储状态进行分类。当存储介质出现损伤或由于人员误操作、操作系统本身故障所造成的数据无法读取、丢失时，采用物理恢复的方法，即通过特殊手段读取在正常状态下不可见、不可读、无法读的数据。而当数据库文件损坏或丢失时，采用逻辑恢复的方法，即通过将数据库中的数据导出并再导入的方式进行数据恢复。

第三节　大数据征信的机遇与挑战

大数据技术的不断发展，例如分布式存储和计算、实时数据处理等技术，为大数据征信提供了更多的可能性。大数据征信也面临着一些挑战。首先，数据安全和隐私保护是大数据征信的最大挑战。大量的个人和企业信息被存储和分析，如果不进行有效的安全和隐私保护，很容易被黑客攻击或者被滥用。其次，大数据征信还面临着数据质量和数据精度的问题。由于数据的来源和格式各不相同，如果不进行有效的数据清洗和处理，很容易出现数据错误和误导。此外，由于大数据分析的复杂性，也可能出现模型偏差和算法误差等问题。大数据与大数据征信的机遇与挑战并存。

一、大数据征信的机遇

（一）信用评估的准确性提高

大数据征信采集、处理和分析大量多样化的数据，有助于减少信息不对称，提高信用评估的准确性。通过利用先进的数据挖掘和关联规则学习等技术，大数据征信能够在海量的数据中发现隐藏的关联，从而全面、准确地评估个人或组织的信用状况。

（二）实现个性化信用服务

大数据技术能够针对不同用户的需求和风险偏好，提供个性化的信用服务和风险控制策略。对于贷款机构而言，根据个人的信用历史、财务状况以及其他相关信息，提供定制化的信贷产品。

（三）优化风险管理流程

大数据征信实时监测和预警风险，帮助金融机构或其他组织优化风险管理流程。利用大数据技术对历史和实时数据进行深入分析，有助于深入了解风险来源和模式，并制定有效的风险管理策略。

（四）开拓新的商业模式

大数据征信正在与各行各业合作，共同开拓新的商业模式。例如，在金融领域，大数据征信可以与银行、保险、证券等机构合作，提供精准的风险评估和信用服务；在公共服务领域，大数据征信可以与政府机构合作，提高公共服务的质量和效率。

二、大数据征信的挑战

（一）数据安全和隐私保护

大数据征信涉及大量个人和企业数据，因此数据安全和隐私保护是首要挑战。为了防止数据泄露和滥用，应采取有效的技术和管理措施。例如，对数据进行加密处理，建立完善的数据访问权限管理制度以及定期审查和更新安全策略等。同时，还需要加强保护用户隐私的法律政策制定，确保信用信息的安全和隐私保护。

（二）数据质量和有效性问题

尽管大数据征信可以处理海量的数据，但这些数据的质量和有效性可能存在一定问题。为了确保信用评估的准确性，需要对数据进行有效的清洗、筛选和验证。同时，还需要解决不同来源的数据之间可能存在的差异和冲突，对不同数据要进行标准化和整合。此外，数据的时效性和更新速度也是需要考虑的问题，以确保信用评估的及时性和准确性。

（三）技术与人才瓶颈

大数据征信需要有专业的技术和人才支持。当前市场上具备大数据分析和征

信专业知识的人才相对较少，因此需要加大对人才的培养力度，还需要不断研发新技术，提高大数据征信工作的效率和质量。

（四）法律法规与监管政策

大数据征信涉及多个领域和多个部门，因此需要完善的法律法规和监管政策来保障信用信息的合法使用和监管的有效实施。对于新兴的大数据征信业务，需要制定相应的监管政策来规范其发展。同时，还需要加强对数据安全和隐私保护的法律法规构建，确保信用信息的安全和隐私保护。

第四节　大数据征信监管

数字经济、互联网金融、人工智能、大数据、云计算等新技术新应用快速发展，催生一系列新业态新模式，但相关法律制度还存在时间差、空白区。时代在进步，实践在发展，法律体系必须与时俱进加以完善。对大数据和大数据征信的监管需要从多个方面入手，包括数据安全管理、隐私权的保护、风险管理、信息安全与合规性管理、数据治理与管理以及法律责任与纠纷解决等。只有全面、科学地进行数据监管，才能保障大数据征信的健康发展。

一、机构管理

在大数据征信监管中，机构管理的内容主要是对征信机构的市场准入管理、申请和审批、资质管理、业务范围管理、从业人员管理、注册资金管理等方面进行监管。

市场准入管理：为了确保征信市场的有序和健康发展，需要对征信机构的市场准入进行管理。监管部门需要制定相应的法规和标准，对征信机构的资质、技术能力、管理水平等进行评估，确保其符合开展征信业务的条件。

申请和审批：征信机构必须向监管部门提交相应的申请材料，包括公司基本信息、资质证明、业务计划等，监管部门对申请材料进行审批。

资质管理：征信机构必须具备相应的资质和证书，如企业法人营业执照、税务登记证、组织机构代码证、法定代表人身份证等，这些资质和证书必须真实有效，并在规定期限内进行年检和备案。

业务范围管理：征信机构必须在核准的业务范围内开展征信活动，不得超越范围经营。监管部门需要对征信机构的业务内容进行实时管理和监督，确保其符

合法定要求和行业规范。

从业人员管理：征信机构的从业人员必须具备相应的职业资格证书和从业经历，并遵守职业道德规范。

注册资金管理：征信机构必须具备相应的注册资金，并根据业务类型和规模满足相应的资本要求。

二、运营规范

征信机构在运营过程中，需要严格遵守相关法律法规和行业标准，确保征信服务的合规性和准确性。监管部门需要对征信机构的运营情况进行监督和管理，包括对其数据源合法性、数据使用规范、信息安全规范等方面进行考核和管理。

（一）数据源合法性

为了保证大数据征信的合法性和公正性，运营规范中必须考虑数据的来源是否合法合规。征信机构必须遵循数据采集和存储的规范要求，包括对数据的采集范围、采集方法、存储介质、存储时间等方面的规定。数据采集的范围和数据来源必须按照相关法律法规和行业标准进行合规性和安全性的审核，以避免数据采集的违法违规和不安全问题。

（二）数据使用规范

征信机构在运营规范中必须考虑数据处理的方法、流程和合规性，包括对数据的查询、使用、复制、删除、传输等方面的规定。数据使用规范要求应当根据相关法律法规和行业标准严格执行。

（三）信息安全规范

大数据征信过程中涉及大量的个人信息和企业敏感信息，征信机构在运营过程中必须考虑信息安全和隐私保护的问题，必须制定严格的信息安全和隐私保护政策，采用先进的技术手段和管理措施来确保数据的安全性和隐私性。征信机构必须遵循信息安全规范，采取相应的安全技术措施，保护数据的安全性和完整性，防止数据泄露、被篡改或损坏。征信的规范要求应当根据相关法律法规和行业标准严格执行。

（四）服务质量规范

大数据征信服务的对象是广泛的，服务质量的好坏直接影响到客户对征信机构的信任度。征信机构必须考虑服务质量和可靠性的要求，建立完善的服务流程

和服务标准，保证服务的高效性和稳定性，提供符合客户需求和行业标准的征信服务。服务质量规范包括对服务流程、服务内容、服务时间、服务态度等方面的规定。

（五）合规经营规范

大数据征信机构必须遵循合规经营规范，遵守相关法律法规和行业准则，不得从事任何违法违规的经营活动，建立完善的内部管理制度和合规风险防控机制，自觉接受监管部门的监督管理。监管部门要定期对征信机构的合规经营情况进行监督管理，监督管理的具体内容包括对其业务记录、客户投诉、合规报告等方面。

三、个人信息保护

在大数据和大数据征信监管中，个人信息保护涉个人信息范围、个人信息保护原则以及处理个人信息的合规性等方面。

（一）个人信息范围

明确个人信息的定义和范围。个人信息是以电子或者其他方式记录的能够单独或者与其他信息结合识别特定自然人的各种信息，包括自然人的姓名、出生日期、身份证件号码、生物识别信息、住址、电话号码、电子邮箱、健康信息等。

（二）个人信息保护原则

在处理个人信息时，应遵循合法、正当、必要的原则，不得过度处理。同时，需要符合相关法律法规的规定，如征得该自然人或者其监护人同意，公开处理信息的规则，明示处理信息的目的、方式和范围等。

（三）处理个人信息的合规性

处理个人信息的，应当遵循合法、正当、必要原则，不得过度处理，并符合下列条件：征得该自然人或者其监护人同意，但是法律、行政法规另有规定的除外；公开处理信息的规则；明示处理信息的目的、方式和范围；不违反法律、行政法规的规定和双方的约定。

四、征信服务范围

大数据征信监管主要强调的是对于征信数据的合规性管理和使用，确保数据的准确性、完整性和保密性，同时对征信业务进行规范和监管，确保征信的公

正、公平和透明。征信服务范围主要包括收集、整理、存储、加工、分析信用信息，生成信用报告、信用评分、信用评级等信用信息产品，以及基于这些产品衍生的其他信用信息产品和服务。对征信服务监管的内容包括明确征信活动的定义、规定征信信息的范围、保证市场竞争的公平性和业务运营的合规性等。

（一）明确征信活动的定义

征信活动涵盖了个人信用报告、信用评分等业务，以及信用查询、信用监控、信用修复等服务。通过征信活动，金融机构能够准确评估借款人的信用风险，达到合理控制风险、提高贷款审批效率、降低不良贷款率等效果。

（二）规定征信信息的范围

征信信息包括但不限于个人和企业的身份、地址、交通、通信、债务、财产、支付、消费、生产经营、履行法定义务等信息，以及基于前述信息对个人和企业信用状况形成的分析、评价类信息。通过制定标准和规范，明确征信业务的范围和边界，防止征信机构超范围经营或提供不合法、不公正的征信服务。

（三）市场竞争的公平性

要求征信机构在市场竞争中保持公平性和合法性，不得采取不正当竞争手段进行业务拓展和市场争夺，同时要建立公平竞争审查机制。

（四）业务运营的合规性

要求征信机构按照法律法规和规范性文件的规定，建立健全的内部管理和监督机制，规范业务运营流程和操作程序，不得违反规定或超越权限开展业务活动。

五、行业标准

大数据征信监管的行业标准是为了规范行业的发展、保障信息安全、提高信息质量、促进行业自律和加强监管执法而设立的。这些标准和规范的制定和实施，将有助于提高大数据征信行业的整体水平和社会信任度，推动社会信用体系的健康发展。

（一）数据处理和信息安全标准

监管机构应制定相关标准，规范数据处理流程和信息安全保障措施，具体包括数据清洗、数据整合、数据存储、数据加密、数据脱敏、数据访问控制等方面的规定，以及信息安全审计的要求，保证个人信息不被泄露和滥用。

（二）信息质量评估和控制标准

监管机构应建立信息质量评估和控制的机制，包括数据清洗、数据整合、数据分析和数据挖掘等方面的质量控制标准和控制流程，确保数据的准确性、完整性和可信度。

（三）业务运营和自律标准

监管机构应制定相关标准和规范，规范大数据征信机构的业务运营和自律行为，具体内容包括服务承诺、服务等级、服务可用性等方面的规定，以及自律组织的建设要求，促进行业内部的自我约束和管理。

（四）监管和执法标准

监管机构应制定相关标准和规范，规范对大数据征信行业的监管和执法行为，具体内容包括监管机构的职责、监管程序和执法标准等方面的规定，确保监管和执法的公正性、透明度和权威性。

（五）知识产权保护标准

大数据征信行业涉及大量的数据和信息，涉及知识产权保护的内容。监管机构应制定相关标准，规范对知识产权的保护行为，包括制定知识产权登记、知识产权运营审查等方面的规定，确保知识产权得到充分的保护。

六、经营合规性监管

经营合规性监管是大数据征信中不可或缺的一环，它能够确保大数据征信机构的经营行为符合法律法规、行业标准和道德规范，维护市场的公平和透明，保障信息安全和隐私，促进大数据征信行业的健康发展。

（一）制定合规经营标准

监管机构应制定相关法律法规、行业标准和道德规范，明确大数据征信机构的合规经营标准。这些标准应包括数据采集、处理和应用、信息安全、服务质量和行业自律等内容，指导和规范大数据征信机构的经营行为。

（二）资质审查和许可

监管机构应对大数据征信机构的经营资质进行审查和许可。审查内容包括对征信机构的背景、实力、专业能力和合规性等方面进行全面评估，确保其具备从事大数据征信业务的条件和资格。

（三）业务合规监管

监管机构应加强对大数据征信机构的业务监管，确保其业务操作的合规性和公正性。这包括对大数据征信机构数据处理和应用方式、信息查询和使用权限、服务质量等方面进行检查和评估，防止不合规行为的发生。

（四）信息质量评估和审查

监管机构应建立信息质量评估和审查机制，对大数据征信机构采集、处理和应用的数据信息进行质量评估和审查。这有助于确保征信信息的准确性和完整性，防止信息失真和不公正的情况发生。

（五）执法和处罚

监管机构应加强对大数据征信机构的执法力度，对不合规的行为进行严肃查处和处罚。同时，监管机构还应建立健全的举报机制，鼓励公众对不合规的行为进行举报，以便及时发现和处理问题。

七、征信信息的安全性监管

在大数据征信中，对征信信息的安全性监管至关重要，因为征信信息涉及个人和企业的信用状况、经济情况、家庭状况等敏感信息，一旦泄露或被滥用，将会对个人和企业的权益造成严重损害。因此，必须通过严格的法律法规、准入管理、信息采集和使用限制、信息保护措施以及加强监督管理等手段，全方位保障个人和企业征信信息的安全。

（一）制定严格的法律法规

政府应制定严格的法律法规，明确大数据征信机构的职责和义务，对征信信息的采集、使用、查询和保护等方面的流程进行全面规范，保障个人和企业征信信息的安全。

（二）强化准入管理

监管机构应对大数据征信机构进行严格的准入管理，对其资质、技术实力、运营能力、信息保护能力等方面进行全面评估，确保大数据征信机构具备从事征信业务的能力和条件。

（三）严格控制信息采集和使用范围

大数据征信机构应严格遵守相关法律法规，在采集和使用征信信息时，必须明确信息的来源、内容和目的，并确保征信信息的合法性和合规性。

（四）强化信息保护措施

大数据征信机构应采取多项措施保护征信信息的安全，包括数据加密、访问控制、安全审计、备份和恢复等措施，确保征信信息不被泄露、篡改或损坏。

（五）加强监督管理

监管机构应加强对大数据征信机构的监督管理，对其业务运营、信息安全和合规性等方面进行定期检查和评估，及时发现和纠正存在的问题。

案　例

邦盛科技——实时智能技术的“为快不破”

你在前端“秒杀”，他在后台“狂欢”。每年的“6·18”“双11”是全民的购物狂欢节，也是欺诈团伙“薅羊毛”的饕餮盛宴。薅羊毛的黑产不过是冰山一角，刷单、套现、黑卡、诈骗等几乎所有互联网触及的领域，都是网络黑产的滋生之地。

据统计，当前我国黑产从业者超过200万人，黑产市场规模高达1 100亿元。长期以来，黑产和“反数据诈骗”阵营进行着紧张的对垒。在他们的攻防战中，围绕数据而来的隐私与服务、道德与利益之间的博弈从未停止。

2019年，大数据行业迎来史上最严的查处，杭州、上海等地多家大数据智能风控公司接连被警方调查，原因均与利用爬虫技术进行用户数据提取、应用违规有关。

这场监管风暴让数据服务商受到重创。作为数据智能技术服务商，邦盛科技专注大数据技术，坚守不碰灰色数据的底线，才能免受这次行业的“清洗整顿”。

2010年，邦盛科技创立，王新宇带领创业团队耗时五年自主研发出流式大数据实时处理平台“流立方”，并研发了一整套金融领域实时反欺诈与授信产品，在零售银行交易反欺诈市场占有率超过75%。

过去十余年，邦盛科技一直在技术领域全力冲刺，与时间赛跑。对王新宇来说，他现在需要思考的是作为一家技术驱动的人工智能公司如何在行业瞬息万变的情况下，持续保持技术领先并赋能行业创新发展。

小　　结

本章论述了大数据和大数据征信的基本概念，详细介绍了大数据技术在征信过程中的具体应用，它们为征信机构提供了更高效、更准确和更全面的信用信息处理方式。大数据技术的进步为征信行业带来了诸多发展机遇，如提高征信效率和准确性等；大数据技术也带来了诸多挑战，如数据安全和隐私保护等问题。因此，强调大数据征信监管的重要性，提高大数据征信的社会信任度，必须建立完善的行业标准和监管机制。通过掌握大数据技术及其在征信中的应用，推动大数据征信的健康发展。

习　　题

1. 什么是大数据和大数据征信？它们之间有什么关联？

2. 大数据征信有哪些技术应用？它们在征信过程中起什么作用？

3. 大数据征信面临的机遇和挑战主要有哪些？如何应对这些挑战？

4. 举例说明大数据征信在实际生活中的应用场景，并简要说明其应用优势和可能产生的风险。

第九章
物联网金融

导入案例

在2009年，美国前进保险公司（Progressive Insurance）利用自身对细分市场的深度研究，率先在美国推行UBI车险。他们通过车载装备、智能手机等设备，将司机的驾驶习惯、驾驶技术、车辆信息等数据综合起来，建立“人—车—路”多维度模型，然后利用大数据确定保险价格，成为业内远程信息处理的先行者，并被业内认为是车险实现成熟化和科学化的重要里程碑。

传统的UBI通常指跟踪里程和驾驶行为的汽车保险，由车载信息技术驱动。保险公司能够收集消费者的个人驾驶数据，并根据每个消费者的驾驶行为提供目标价格折扣。全球UBI市场主要分为四类：车载诊断系统电子狗（OBD－II dongle）、智能手机、黑匣子、其他。其中，OBD在北美地区占据了主要市场份额，而在欧洲和亚太地区，黑匣子市场处于领先地位，智能手机排在第二位。

通过使用OBD车载诊断系统和机器学习，保险公司可以判断驾驶员在每次驾驶过程中的表现。通过这些数据，保险公司能够更准确地根据驾驶员个人情况制定保险费用，并以降低保费的方式奖励驾驶更安全的驾驶员，最高可降低30%。

美国前进保险公司迄今为止已对驾驶员进行了超过1兆7 000亿次的“快照”观察，并表示其价格是基于“实际驾驶行为”，而不仅仅是基于车主居住地和所拥有的汽车类型等传统因素。该保险公司还与Zubie公司合作，Zubie是车联网设备制造商，物联网设备可以直接嵌入汽车仪表盘底部，监测汽车的“健康状况”，并将相关数据传输到智能手机。此外，Zubie系统还包括汽车与驾驶员的监测和分析系统，可帮助客户了解驾驶线路、驾驶习惯等。保险公司利用远程信息处理数据，根据客户的驾驶行为和车辆的使用率计算客户的保险费，通过提高安全驾驶水平降低保费率，同时主动管理事故风险。广泛应用车载技术也影响了消费者对UBI的态度，他们更乐于分享驾驶信息以获得个性化的保险报价。

随着车载信息服务技术和物联网的发展，UBI 市场开始呈现上升趋势。PTOLEMUS UBI 季度表显示，2013 年全球 UBI 市场渗透率不到百分之一，而2016年 UBI 市场增长率高达 32%，有效 UBI 车险保单达到 1 400 万份；2017 年全球约有1 740 万件有效UBI 车险保单，增速为26%；2018 年，有效 UBI 保单数进一步增长至 2 480 万。根据 Global Market Insights 的研究报告，预计到2024年，全球UBI 市场规模将从 2018 年的 340 亿美元增长至超过 1 070 亿美元①。

① 清华大学五道口金融学院．UBI车险全球一览：车联网浪潮中的保险业［J/OL］．道口保险观察，2019-08-15.

第一节　物联网金融的起源与发展

党的二十大报告提出，“加快建设制造强国、质量强国、航天强国、交通强国、网络强国、数字中国。加快发展物联网，建设高效顺畅的流通体系”。物联网金融作为一种新兴的金融模式，以其独特的优势，为实体经济提供了更加高效、更便捷的金融服务。在金融供给侧结构性改革的背景下，稳增长与防风险成为目前关键任务。我国实体经济的供给侧结构性改革推动着金融供给侧结构性改革的深化，而金融服务实体经济则是其本质要求。在这个背景下，物联网在金融领域的应用将更加深入，发展空间广阔。物联网金融以客观信用为核心，对实体经济的全过程客观感知，实现了资金流、信息流、实体流的三流合一。这将有助于金融回归本源，更好地服务实体经济。在我国金融供给侧结构性改革的推动下，金融机构正在不断创新，以满足实体经济的多元化融资需求。在金融供给侧结构性改革的大背景下，金融机构应充分发挥物联网金融的优势，创新金融服务，助力实体经济的高质量发展。同时，政府也应加大对物联网金融的政策支持，为其发展创造有利条件。在未来的发展中，物联网将不断深化在金融领域的应用，推动金融与实体经济的深度融合。

一、物联网的起源

物联网可以追溯到 1990 年，当时美国施乐公司推出了网络可乐售卖机（Networked Coke Machine）。这款售卖机连接到网络上，可通过计算机程序监控可乐的库存和可乐冰冻程度，并通过邮件向用户反馈状态，这标志着早期基于计算理念的物联网技术的诞生。1995 年，比尔·盖茨在《未来之路》一书中提及物物互联概念，设想了诸多物物互联场景，但受到当时无线网络、硬件和传感设备的发展限制，这一概念并未引起广泛关注。1999 年，美国麻省理工学院（MIT）的凯文·阿什顿（Kevin Ashton）教授首次明确提出了物联网概念，并成立自动识别技术中心（MIT Auto-ID），提出“万物皆可通过网络互联”的观点，阐述了物联网的基本含义。在阿什顿的领导下，物联网研究逐渐发展，为后来的物联网热潮奠定了理论和技术基础。因此，凯文·阿什顿被誉为“物联网之父”。

2003 年，美国《技术评论》预测传感网络技术将成为未来十年改变人们生活的首要技术。从那时起，主流媒体开始用“物联网”取代原先的“传感网”

（Sensor Network，SN），明确两者之间的区别。2004 年 3 月，韩国政府推出了 u-Korea（泛在韩国）战略。为实现这一目标，韩国通信部发布了《数字时代的人本主义：IT839 战略》报告，报告指出，泛在网络社会（Ubiquitous Network Society，又称“u 网”）将是一个由智能网络、最先进的计算技术和其他领先数字技术基础设施构成的技术社会形态。泛在网络能帮助人们在任何时间、任何地点享受到现代信息技术带来的便利。2004 年 5 月，日本总务省提出了 2006—2010 年日本 T 发展任务“u-Japan”战略，旨在 2010 年将日本建设成一个任何时间、任何地点、任何物体、任何人都能连接的泛在网络社会。随着 u 战略逐渐被多个国家纳入信息化战略，2005 年 4 月 8 日，在日内瓦举办的信息社会世界峰会上，国际电信联盟成立了“泛在网络社会国际专家工作组”，为国际物联网讨论提供一个常设资讯机构。2005 年 11 月 17 日，在突尼斯举行的信息社会世界峰会上，国际电信联盟发布了《ITU 互联网报告 2005：物联网》，报告明确了“物联网”的概念（信息和通信技术已经从满足人与人的沟通发展到实现人与物、物与物之间的连接，将任何时间、任何地点、连接任何人，扩展到连接任何物品，万物的连接就形成了物联网），并将之称作 The Internet of Things，从而确立了物联网的合法地位。

之后物联网逐渐在全球范围内得到重视，物联网相关技术和产业在各国政府组织的带领下在全球范围内展开。2008 年欧盟制定了欧洲物联网政策路线图，隔年正式提出“e-Europe”物联网行动计划，出台《物联网战略研究路线图》《RFID 与物联网模型》等，提出加快物联网产业发展的战略性举措。2009 年 7 月，日本政府制定了新一代的信息化战略“i-Japan”战略，目标是将数字信息技术融入每一个角落。2009 年 10 月，韩国通过了物联网基础设施构建基本规划，将物联网市场确定为新增增长动力，提出“通过构建世界最先进的物联网基础设施，打造未来广播通信融合领域超一流信息通信技术强国”的目标。2009 年 8 月 7 日，温家宝总理在视察无锡时提出建设“感知中国”中心，三个月后国务院正式批准同意支持无锡建设国家传感网创新示范区（国家传感信息中心），由此推动了物联网在中国的发展。之后随着“加快物联网的研发应用”被写入“十二五”规划，科技部、工业和信息化部、发展改革委等有关部门也相继推出各项政策，从财政、信贷、税收等方面对物联网产业进行扶持，以促进物联网产业在中国的发展。2010 年，中国物联网产业规模就达到了 1 933 亿元，成为继计算机、互联网和移动通信之后引发新一轮信息产业浪潮的核心领域。2013 年，国家标准委下达了物联网等 47 项国家标准计划，工信部电子工业标准化研究院发布了首个 RFID 国家标准《信息技术射频识别 800/900MHz 空中接口协议》，以此推进物联网标准化工作，加快建立我国物联网标准体系。国家发展改革委、工业和信息化部、科技部、教育部、国家标准委联合物联网发展部际联席会议相关成员单位制定了十个物联网发展专项行动计划，为整个物联网产业的发展从顶层设计到行业应用等方方面面提供了一系列完整的、完善的战略。在技术研发、标准研制、产业培育和行业应用等方面，我国物联网经过这几年的发展已具备一定的基础，物联网的理念和相关技术产品已经广泛渗透到社会经济民生的各个领域，在越来越多的行业创新中发挥关键作用。物联网凭借与新一代信息技术的深度集成和综合应用，在推动转型升级、提升社会服务、改善服务民生、推动增效节能等方面正发挥重要的作用，在部分领域正带来真正的“智慧”应用①。

二、物联网金融的发展

物联网金融作为金融科技的重要组成部分，近年来在我国取得了显著的发展。至 2023 年 2 月，物联网技术已成功应用于 27 家商业银行、4 家头部保险公司、3 家金融租赁机构以及三十多个行业大类的实体企业 2 359 家，为金融行业的创新发展注入了新的活力。

物联网技术在金融领域的应用，首先是缓解了小微企业的融资难题。以国家电网公司与中国建设银行为例，通过电力物联网手段，为中小微企业提供信用贷款服务，全年授信额度达 200 亿元。这一创新举措不仅降低了融资成本，提高了融资效率，还有效缓解了中小微企业融资难、融资贵的问题。其次在金融领域，物联网技术的应用拓展到了保险行业。通过对物联网设备的数据分析，保险公司能够更为精准地评估风险，为客户提供个性化的保险产品。此外，物联网技术还在支付、征信、投资等领域发挥着重要作用，为金融业务的创新提供了技术支撑。最后物联网技术还在智慧农业领域发挥了重要作用。随着我国农业现代化进程的推进，智慧农业的发展日益受到重视。预计到 2025 年，我国智慧农业市场规模将达到 3 340 亿元。物联网技术在农业生产、流通、销售等环节的应用，为农业产业链的优化升级提供了有力支持，助力了农业产业的数字化转型。2013 年 5 月，我国农业农村部启动农业物联网区域试验工程。物联网金融助力智慧农业，推动信贷业务发展。2019 年，平安产险推出智慧农业一体化服务，将

① 李晓雯．物联网金融发展现状与安全问题研究［J］．物流科技，2017，40（1）：134-136.

物联网等技术应用于农业生态项目，创新“科技+贷款+保险”的农村金融服务模式，解决了中小养殖户贷款难题。目前，活体资产监管平台已成功应用于四川达州、广西河池、内蒙古通辽等地，覆盖20万余头牛只监管。

物联网助力汽车金融风险防控。随着互联网发展及我国汽车金融市场放开，汽车金融迅速发展。预计到2025年，中国汽车金融市场容量将达到5 250亿元。传统业务模式存在权属不清、信息不对称等问题，风险防控难题阻碍了企业发展。物联网应用于汽车金融，为金融机构打造了全方位风险防控体系。2019年4月，苏宁金融基于物联网的汽车库融平台上线，实现对车辆的实时监控，提高了信息透明度和信贷风险管控能力。目前，该平台已为客户提供近2亿元汽车库存融资业务授信额度。

供应链金融是以供应链和产业链为基础，运用金融科技，整合物流、资金流、信息流等，构建核心企业主导、上下游企业一体化金融供应体系和风险评估体系，提供全面金融解决方案。物联网技术使得动产管理更便捷，降低了信息不透明风险，促进供应链金融发展。如2014年8月，中信银行与海尔集团合作成功实施在线融资项目，创新实现银行系统与海尔集团电子商务平台直连，实现物流与资金流闭环管理，为近万家经销商提供融资服务，平台交易量已超100亿元。2017年12月，江苏银行推出全流程线上物联网动产融资产品，企业借款、提款、还款、质押、解押等流程线上化，最快2分钟完成，大幅节省时间及资金成本。物联网通过双向管理（金融管理与物联网管理）的方式，将射频识别卡和银行卡集成在同一张卡上，实现了一卡全环节支付，改变了传统金融服务模式。这种金融卡的服务主要体现在两个方面：一是面向货运车辆，借助货运物联网金融服务，实现一车一卡，集成卡车运营等商务活动，创新了金融服务；二是打通了燃气、水表、电表等公共服务物联网，实现服务共享。例如，2012年12月推出的山东物流金融卡，除了具备一般信用卡的信贷功能外，还具有园区快捷支付、省内高速通行、中石化加油优惠、车辆保险购买、特约商户折扣、物流金融服务和物流信息服务等功能①。

① 周炳，王小红．物联网技术在金融领域的应用［J］．物联网技术，2022，12（4）：94-96.

第二节　物联网金融的概念、特征与体系架构

物联网金融的出现对于金融行业来说具有重要的意义。它利用物联网技术，即通过对物品的感知、识别和追踪来构建新的金融服务模式，优化业务流程，改善经营管理。随着物联网技术在我国的广泛应用，尤其是与金融领域的深度融合，物联网金融对经济发展产生了深远的影响。它实质上是金融机构利用物联网技术整合人、物和金融信息流，构建线上金融体系，实现了对传统互联网金融的升级。

首先，物联网金融促进了金融服务的智能化和个性化发展。传统的金融服务主要是面向客户，而物联网金融是将传感器等智能设备应用到各种物品中，使得这些物品能够感知、收集和传输数据。通过物联网技术，金融机构可以更好地了解客户的需求和行为，提供更加个性化的金融产品和服务。例如，通过对智能家居设备的数据分析，金融机构可以根据客户的生活习惯和消费行为，为其提供量身定制的理财建议和信贷产品，满足客户的个性化需求。

其次，物联网金融提高了金融服务的效率和便捷性。传统的金融服务往往需要人工参与，而物联网金融通过自动化和智能化技术的应用，实现了金融服务的自动化和无缝连接。例如，在支付领域，物联网金融可以实现智能支付，让客户无须携带现金或银行卡，只需通过智能设备或手机就可完成支付。此外，物联网技术还可以实现金融机构与各类设备、系统的实时连接，从而提高金融服务的响应速度和处理能力，降低了成本，提升效率。

再次，物联网金融拓展了金融服务的范围和深度。传统金融服务大都会有服务的时间和地点限制，而物联网金融打破了这些限制，使得金融服务可以随时随地进行。通过物联网技术，金融机构可以实现对各类物品的追踪和管理，例如车险公司可以通过车载设备实时监测车辆状态，提供定制化的保险服务；农业金融机构可以通过农田的土壤湿度传感器和气象数据，为农户提供精准的农业信贷。物联网金融的出现拓宽了金融服务的领域，使得金融服务能够更好地服务于人们的生产与生活。

最后，物联网金融带来了新的风险和挑战。随着物联网技术的发展，物联网设备的数量不断增多，安全问题成为物联网金融面临的重要挑战。在物联网金融中，客户的个人信息和财务数据将被大量采集和传输，安全保护变得尤为重要。金融机构需要加强对数据的加密和防护，建立健全的安全保障体系，以确保客户

数据的安全和隐私。

物联网金融通过整合人、物和金融信息流，构建线上金融体系，对金融行业产生了深远的影响。它促进了金融服务的智能化和个性化发展，提高了金融服务的效率和便捷性，拓展了金融服务的范围和深度。随着物联网技术的不断发展，物联网金融将在未来发挥越来越重要的作用，为金融行业带来更大的创新和发展机遇。

一、物联网金融的概念

物联网金融是新兴事物，近年来发展迅猛，目前国内外还没有关于物联网金融的权威定义。对于物联网金融的定义，学术界众说纷纭，未能统一。武晓钊认为，物联网金融是物联网中所有的金融场景、金融服务、金融应用的总和，不能局限于金融业务自身，而应当扩展到所有存在物联网因素的金融业务范围①。蒋洪印、李沛强认为，物联网金融是金融与物联网的融合，是金融的延伸②。吴少驹提出，物联网金融是在互联网的基础上，通过物联网技术将实体经济与金融相互连接的全新金融模式，物联网技术的发展是物联网金融的重要基础③。邵平提出，物联网金融是一种新生的金融业态，区别于传统经济中的金融传导方式，有效地提升了实体经济和虚拟经济的融通效率④。石永认为，物联网金融是促进普惠金融、共享金融、绿色金融发展的有力支撑，尤其是在信用体系建设方面，数据更加准确，范围更加广泛⑤。李雪迎认为，作为一种全新的金融模式，物联网金融是物联网技术和金融的相互融合，其技术含量要高于传统的金融模式，也比普通的互联网金融模式更客观、更准确、更智能⑥。郭行飞通过研究指出，在运用物联网金融的过程中，能够有效降低信用风险和操作风险，这是物联网金融的概念和特征决定的，相比传统的供应链金融，物联网金融的风险规避功能明显更具优势⑦。

---

① 武晓钊．物联网时代的金融服务与创新［J］．中国流通经济，2013，27（7）：21-24.

② 蒋洪印，李沛强．物联网金融及其在现代物流创新发展中的应用［J］．商业时代，2014（10）：20-21.

③ 吴少驹．物联网在互联网金融中的应用［J］．全国商情（经济理论研究），2015（23）：73-74.

④ 邵平．物联网金融与银行发展［J］．中国金融，2015（18）：16-18.

⑤ 石永．信用体系视角探索物联网金融发展［J］．中国新通信，2018，20（9）：76-77.

⑥ 李雪迎．物联网金融模式下我国商业银行贷前控制研究［J］．中国商论，2018（10）：37-38.

⑦ 郭行飞．物联网金融模式下供应链融资风险识别与控制研究［J］．现代营销（下旬刊），2018（2）：36.

综合以往学者的研究结论，本书将物联网金融定义为：物联网金融是与物联网相关的所有金融产品与服务的总和，包括场景应用和创新，实现信息流、资金流、实体流的有机统一的一种新型金融业态。

物联网金融作为一种全新的金融业态，正逐渐改变我们的金融世界。它以物联网应用为核心，将金融服务延伸到整个物理世界，实现了商业网络、服务网络和金融网络的有机融合。这种金融模式是通过商业银行等金融机构对物联网技术的部署和运用，有机整合信息流、资金流和实体流，全面掌握实体经济动态。这不仅提高了金融风险防范水平，也开启了金融服务面向整个物理世界的新篇章。物联网金融将金融网络与物联网深度融合，金融服务不再仅仅面向“人”，而是拓展到整个物理世界。这种新型金融业态有助于提高金融服务效率，降低金融风险，并为用户提供更加便捷、个性化的金融服务。它预示着金融服务将更加精准、高效，为我国的经济发展注入新的活力。这无疑是对传统金融模式的一次重大突破，也是我国金融业发展的重要方向。

二、物联网金融的特征

物联网金融是一种新兴的金融形态，具有以下特点：首先，物联网金融的最显著特征之一是拓展了金融业务的范围。传统金融服务主要面向人，而物联网金融将金融服务延伸到整个物理世界。通过应用物联网技术，可以实现对物理环境的感知和控制，将金融服务拓展到以往无法涉足的领域，如智能家居、智能交通、智慧城市等，丰富金融活动的内容并扩大其应用领域。其次，物联网金融通过融合不同金融网络，实现了商业金融网络、金融服务网络等的有机融合。传统金融网络相对独立，而物联网金融可将各种商业网络进行整合发展和资源优化，实现了各网络之间的优势互补。通过融合不同网络，物联网金融能够提供更加综合和全面的金融服务，为用户提供更高效、便捷的金融体验。物联网金融还具备实现自动化和智能化的能力。通过物联网技术，金融服务可以实现自动化处理，从而提高处理效率和用户体验。物联网金融还能够进一步实现智能化，借助人工智能、大数据等技术，对用户的需求进行分析和预测，提供个性化的金融服务。这种自动化和智能化的特点，使得物联网金融能够更好地满足现代社会不断变化的金融需求。最后，物联网金融创造出了多样化的金融模式。通过将现实世界的金融服务与虚拟世界的金融服务相结合，物联网金融创造出形式多样的金融商业模式。例如，通过虚拟货币和区块链技术，物联网金融促进了数字货币的发展和应用；通过智能合约等技术，物联网金融推动了金融交易的自动化和安全性。

总而言之，物联网金融的优势在于拓展金融业务范围、融合金融网络、实现自动化和智能化，以及创造多样化的金融模式。这些特征使得物联网金融成为当今金融领域的重要趋势，为经济社会发展提供了新的机遇和挑战。

（一）拓展金融业务范围

作为一种新兴形态的金融服务模式，物联网金融拓展金融业务范围的特点主要表现在以下几个方面。

首先，物联网金融通过连接金融机构、物联网设备制造商、科技公司等不同行业的参与者，促进跨界合作和创新。传统金融业务往往受限于传统渠道和业务形态，而物联网金融的出现打破了这种限制，金融机构可以借助物联网设备的分布式网络，拓展业务渠道和客户接触点。通过物联网技术的应用，金融机构能够更加便捷地与用户进行交互和沟通，提供更加个性化和定制化的金融服务。

其次，物联网金融是基于网络金融的延伸和进步。网络金融是物联网金融的基础，而物联网技术的发展使得网络金融服务更加专业化和智能化。物联网技术将先进的互联网技术融入物理世界，为金融服务提供了更广阔的发展空间。物联网金融通过物联网设备的智能化和数据化，能够提供更加个性化的金融服务，并且可以根据客户的行为和需求实时做出反馈和调整。

再次，物联网金融拓展了新的业务渠道。通过物联网技术的应用，金融机构可以提供更加便利的企业融资服务和消费者金融服务。例如，通过物联网设备和传感器的连接，可以实现智能家居的贷款和分期付款服务，满足客户对高品质生活的需求。同时，物联网金融还可以推动农村金融的发展，通过物联网设备和传感器对农田、农作物等进行监测和管理，为农民提供个性化的金融服务，帮助其提高生产效率和收益水平。

最后，物联网金融的应用还使得金融机构能够及时掌握市场动态，并根据市场收集到的信息及时做出政策调整。通过物联网设备获取的海量数据，金融机构可以进行数据分析和挖掘，发现市场趋势和客户需求，以便更好地制定金融产品和服务策略。同时，物联网技术还可以提高金融机构的风险管理能力，通过对物联网设备和传感器的监测和预警，及时发现和应对风险事件，保障客户的资金安全和权益。

（二）融合金融网络

物联网金融能够融合金融网络的特征主要体现在以下两个方面。

一方面，物联网金融是数据驱动的。物联网金融借助大数据和智能分析技术，对大量设备生成的数据进行采集、存储和分析，通过对客户行为、偏好和风险的精准评估，为金融机构提供更准确的决策依据。通过实时监控和分析客户数据，物联网金融可以追踪客户的消费行为和趋势，提供更精准的产品推荐和个性化服务。此外，物联网金融还可以通过对设备的远程监控和风险评估，减少潜在风险和欺诈行为。然而，物联网设备的安全性和数据隐私也是物联网金融需要关注的重要问题，需要建立完善的安全机制。

另一方面，移动支付是物联网金融的趋势。移动支付是利用移动终端对物品消费或其他金融服务进行财务支付的方式。随着移动互联网的发展，现代金融业务正逐渐向移动支付倾斜。用户通过利用各种移动设备，包括手机、传感器和互联网设备等，向银行金融机构发出财务支付指令，实现货币的直接支付或网上资金转移。移动支付与物联网有着密切的联系，移动终端的联网实现了移动支付的顺利进行。未来随着移动互联网的深入发展，移动支付将能够实现自动化支付，从而将移动物联网与商贸物联网相结合，为客户提供更加便捷、安全可靠的金融交易体验。

物联网金融和互联网金融都以互联网为基础，具备开放、协作、分享的特点。相比传统金融业务，物联网金融具有更高的透明度、参与度、协作性，交易成本更低，操作更便捷。然而，发展不是简单的重复，新事物会吸收、继承和发展旧事物的积极因素，并增加新内容。物联网金融在许多方面超越了互联网金融，可以看作是对互联网金融的改进。从本质属性来看，互联网金融主要服务于虚拟经济，而物联网金融则服务于实体经济。互联网金融是虚拟经济快速发展到一定规模后金融创新的结果，主要包括网络信贷、第三方支付和虚拟财产保险等服务。大多数情况下，互联网金融并不创造实际价值和使用价值。以“余额宝”为例，它吸引了银行存款客户，通过协议存款回流给银行，其高收益完全依赖于虚拟经济，与实体经济没有直接联系。而物联网金融是建立在实体世界的智能化、网络化基础之上，通过整合各种经济活动、提高市场交换和资源配置效率，切实地创造社会财富。物联网金融始终面向实体经济，为实体经济提供金融服务。例如，供应链金融将银行信用融入上下游企业的购销行为，增强商业信用，促进长期战略协同发展，提升供应链企业的核心竞争能力，有利于实体经济的结构调整。因此，物联网金融的实际价值远远超过互联网金融。

传统意义上的互联网金融侧重于人与人之间的远程交流，通过互联网直接完成金融交易。然而，互联网金融无法准确评估交易对手的特征，如纯线上 P2P

平台在用户获取、信用审核和筹资过程中存在隐匿、伪造和欺诈的空间，导致坏账率增加。而物联网金融实现了人与物、物与物的即时交流，人与人之间以物为媒介间接完成金融交易。物联网作为客观性的手段，可以对生产、销售等全流程进行精准评估，最大限度地规避信用风险，提高可靠性。

（三）实现自动化和智能化

借助大数据和智能分析技术，物联网金融可以提供更准确的决策依据，降低风险。物联网金融的发展将进一步推动金融业向数字化、智能化方向发展，为客户提供更加个性化、高效的金融服务。在物联网金融中，通过物联网设备的互联互通，实现了对客户的个性化定制和智能化服务。具体而言，物联网金融可以根据用户的消费行为和习惯，提供个性化的推荐和优惠活动。

首先，物联网金融借助物联网设备的数据采集和分析能力，能够准确地了解用户的消费喜好、购买习惯和行为模式。通过大数据分析和智能算法，物联网金融能够将客户的个性化需求与相应的金融产品相匹配，为客户提供更加贴合实际需求的金融服务。例如，在购物场景中，物联网金融可以根据客户的购买历史和偏好，智能地为客户推荐符合其偏好的商品，提升个性化的购物体验。

其次，物联网金融还可以通过智能化服务提供更高效的风险评估和欺诈检测。通过对物联网设备的远程监控和风险评估，物联网金融可以及时发现潜在的风险和欺诈行为，减少金融机构和用户可能面临的风险。例如，在线支付场景中，物联网金融可以实时监测客户的消费行为和交易模式，发现异常交易并及时采取相应的措施，确保交易的安全性和可靠性。

此外，物联网金融的智能化服务还可以提供更加便捷和高效的金融操作和管理。通过物联网设备的互联互通，客户可以通过移动终端或其他智能设备进行金融操作，如账户查询、转账支付等，无需传统的线下操作，节省了时间和精力。同时，物联网金融还可以实现自动化的金融管理，通过智能分析和预测，为客户提供个性化的理财建议和资产配置策略，帮助客户更好地管理和增值自己的财富。

（四）多样化的金融创新

物联网金融不仅在支付体系、信用体系和服务体系等方面改变了现有金融体系，还催生了新的金融业务形态和金融模式。例如，在支付方面，物联网金融推动了移动支付的发展，通过物联网技术实现了更便捷、安全的支付方式；在信用体系方面，物联网金融利用物联网技术和大数据分析，建立了多维度的信用评估模型，提供了更精准的信用服务；在服务体系方面，物联网金融通过整合金融服务和物联网技术，推出智能支付、智能投资和智能保险等新型金融产品和服务。物联网金融是物联网和金融的深度融合，它使得金融服务从传统的独立领域扩展至各个垂直行业。通过物联网技术，物联网金融与各个行业深度融合，打破了传统金融行业的壁垒，创造了新的商业模式和价值链，推动了行业的融合和创新。例如，在保险领域，物联网金融促进了 UBI 车险业务的发展，利用车联网技术了解驾驶员的驾驶习惯，并通过对车辆信息、周围环境等数据的分析，建立了多维度的保险定价模型，为保险公司提供更准确的定价和风险评估，同时也为消费者提供了更加个性化和更优惠的保险服务。

物联网金融利用物联网技术实时监控抵押物或融资租赁标的物的状态，通过数据采集和分析，提升了风控的精准度。例如，在金融信贷领域，物联网金融可以实时监控抵押物的状况，以此评估贷款的风险；在金融租赁领域，物联网金融通过对设备状态的监控和分析，可以准确评估租赁对象的安全性和还款能力，提升了融资租赁机构的风控准确性。

物联网金融通过支持实体经济进行物联网改造，催生了新的金融范式。传统金融主要以虚拟货币流转和金融交易为核心，而物联网金融则将重心放在实体经济的数字化和智能化上。通过物联网技术，物联网金融可以实时采集和分析实体经济的数据，并以此为基础重新设计金融服务和产品，提供更贴近实际需求的金融服务，从而促进实体经济的发展。

物联网金融的多样化创新特点主要体现在以下几个方面：首先，智能化支付与投资。物联网技术使得支付和投资变得更加智能化。通过物联网设备的互联互通，消费者可以使用手机或其他智能设备进行支付，实现便捷的无现金交易。同时，物联网金融还提供了智能投资工具，通过对大数据的分析和智能算法的运用，为投资者提供个性化的投资建议和风险控制方案。其次，风险管理和预警。物联网金融通过实时监测和数据分析，帮助金融机构更有效地管理风险。例如，在金融信贷领域，物联网技术可以实时监控抵押物的状态，提高风控精准度。再次，数据驱动的个性化服务。物联网金融通过对物联网设备产生的海量数据进行分析，可以实现个性化定制的金融服务。例如，在金融投资领域，物联网技术可以通过对客户的购买行为和偏好进行分析，提供个性化的投资推荐和理财规划。最后，促进金融创新和合作。物联网金融为金融机构和科技公司之间的合作提供了更多可能性。通过与物联网企业合作，金融机构可以借助物联网技术的创新能力，开发出更加智能化和个性化的金融产品和服务。同时，物联网金融还促进了金融机构之间的合作，通过共享数据和技术资源，推动金融创新和业务拓展。

三、物联网金融的体系架构

物联网金融的体系架构主要包括物联网层、数据层、应用层和安全层等四个关键组成部分，各层之间相互配合、相互支持，共同构建了一个完整的物联网金融系统。这一体系架构使得物联网金融能够实现数据采集、数据处理和数据应用的全过程，并确保数据的安全性和可靠性，为金融服务的创新和发展提供了坚实的基础。

（一）物联网层

物联网层是物联网金融的基础层，它包括各种传感器、设备和网络等组成的物联网基础设施。该层负责实时采集和传输与金融相关的数据，以支持后续的数据处理和应用。物联网层的关键技术包括传感器技术、通信技术（如无线传感网络、蜂窝网络、低功耗广域网等），以及物联网协议等。

（二）数据层

数据层是物联网金融的核心层，它涵盖了数据的存储、处理、分析和挖掘等方面。在物联网金融中，大量的数据从物联网层采集而来，经过数据集成和清洗后，存储在大数据平台或云平台中。通过数据分析和挖掘，可以从海量的数据中提取有价值的信息和模式，为金融决策提供支持。

（三）应用层

应用层是物联网金融的上层，它包括各种基于物联网数据的金融服务和应用。在这个层面上，物联网金融可以应用于金融信贷、金融租赁、保险等多个领域。例如，在金融信贷方面，可以利用物联网数据评估借款人的信用风险；在金融租赁方面，可以通过物联网监控设备状态，提高资产管理和租赁风控的精确性；在保险方面，可以利用物联网数据设计个性化的保险产品和定价策略。

（四）安全层

安全层是物联网金融体系架构中至关重要的一环。由于物联网涉及大量的数据传输和互联设备，安全性是其中的关键问题。安全层负责保护物联网金融系统中的数据安全、隐私保护和网络安全等方面的需求。安全层的关键技术包括身份认证、数据加密、访问控制以及网络安全防护等。

第三节 物联网金融的应用与发展瓶颈

一、物联网金融的应用

物联网金融的应用非常广泛。物联网技术与金融行业的结合，可以实现数字化服务和金融服务的全链条融合，包括底层数据采集、网络层数据回传、数据处理、行业模型构建和产业金融应用输出等。这种结合还可以实现产业链、区块链和数字孪生链的三合一模式，打破了实体经济产业与金融行业之间的信息壁垒，形成信息流、商流、物流和资金流的综合体系。当前物联网金融主要应用于智慧制造、智慧物流、智慧农业、智慧能源、智慧车联和智慧基建等六大行业。我们通过分析和记录监控对象、监管设备、业务流程和风险模型等四个维度的场景、流程、对象、动作、标准，来深入了解物联网金融中的各环节。

（一）智慧汽车保险

汽车金融生态中，通过物联网技术的快速普及，结合大数据、人工智能、云计算等相关信息技术，可以实现广泛的保险业务场景应用，涵盖标准化、非标准化、个性化、定制化等多层次的服务体系，覆盖私家车、商用车、网约车、经销商、二手车等全方向业务场景，可利用物联网技术记录车行距离、车行轨迹、车行安全、车权转让等一系列关键数据，并进行智能化管理和数据挖掘，设计出市场竞争力强、客户满意度高、运营成本低廉的金融产品和服务，完善的汽车金融服务生态体系。

如图 9-1 所示，智慧车联物联网的发展经历了三个阶段，分别是 V2C 人车互动阶段、V2V 车车交互阶段以及 V2X 万物互联阶段。

智慧车联模块可以将车辆监管能力封装为 aaS 服务，为客户提供一站式、专业化、个性化的产融结合解决方。该模块基于车联网硬件设备和行业软件应用，为物流车队提供综合服务，包括车辆定位、轨迹跟踪、视频监控、里程管理、异常分析、油量识别以及安全预警等。这些服务旨在解决如油耗不当、驾驶行为不良、报销不实、在途情况不明等痛点，并通过数据可视化展示、智能报表统计、车队轨迹分析以及车辆安全预警等功能实现精细化管理，全面支持核心企业、无车承运人平台以及个体司机的用户体验，促进整个车辆生态系统的发展。

为了实现上述目标，企业可以将包含北斗 BDS 或 GPS 定位传感器、运动传

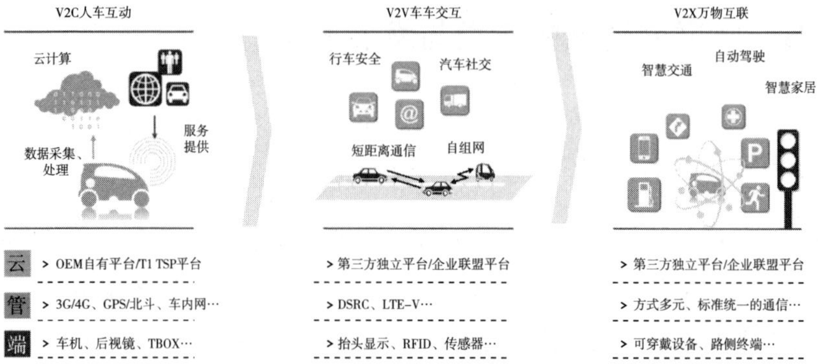

图 9-1　智慧车联物联网发展阶段

感器、前后摄像头及图像识别设备、SIM 卡和电脑软件的盒子安装在汽车上。利用导航定位技术，可以追踪和定位失窃的车辆，帮助客户找回丢失的车辆。此外，当车联网设备检测到车辆与前车的距离超过根据车速计算出的安全距离时，会自动发出警报，提醒驾驶员减速以确保安全；还可以通过视频提取和图像识别对驾驶员的行为状况进行监测，例如疲劳驾驶、抽烟和使用手机等危险行为，一旦发现这些情况，系统会自动提醒驾驶员规范驾驶。在发生车辆碰撞或意外事故时，承运企业可以直接联系客户以确保其人身安全。在紧急情况下，车联网设备还可以自动呼叫应急救援部门进行救援操作。通过这些功能，智慧车联模块为客户提供了全方位的车辆监管服务。

在车险业务中，总会存在一些蓄意骗保的案例，导致大部分财产险公司的车险业务盈利能力较弱。为了应对这种情况，可以为每辆投保的汽车，尤其是商用车辆，安装物联网传感器，实时采集车辆的位置、行驶轨迹、驾驶状态等行为监测数据。通过这种方式，可以有效地避免蓄意骗保事件的发生。

（二）智慧奶牛养殖

以养殖行业为例，金融机构可利用物联网技术来实现动态监控。这种监控可以帮助解决传统生物资产难以被监控和估值的问题，同时还可以用智能技术降低成本。通过全周期监控和跟踪生物资产，并协助打通上下游产业链，形成供应链追溯，可以升级新型供应链融资模式。此外，从物联网平台采集的生产运行数据和销售数据反馈给养殖企业，帮助企业提升信息化管理水平。

在养殖行业的实际经营中，核心奶企的上游牧场面临着一些问题。受制于多种因素，牧场行为难以规范化和数字化，导致养殖效率低下，无法有效管理奶牛的饲料和健康状况。此外，作为产业链上游末端，牧场的经济效益不高，养殖周期长。在传统经营模式和技术手段下，牧场经营缺乏信用评价和资产抵押措施，导致银行无法实时核实其经营情况，更无法掌握养殖环境的状态，从而导致牧场融资困难。通过物联网与金融服务相结合，银行可以提供标准化的行业金融服务方案，为牧场提供养殖贷款。利用物联网技术直接采集养殖场景信息，对奶牛进行实时监控，确定产奶量、饲养情况和生长状态，实现对银行授信资产的动态风险监控。

在针对上游牧场的养殖贷款业务中，物联网智能监控主要涉及奶牛和环境两个方面，对于奶牛的监控包括数量、重量、位置、体积和生命体征等信息；对于环境的监控则包括牛舍、奶厅、牧场和空气质量等。利用物联网实时数据的采集，银行可以对养殖奶牛的核心管理环节如饲料喂养、疾病防治和产奶情况等进行统计分析，帮助评估牧场的信用并进行风险预警。

物联网终端设备包括牛耳钉、牛脚环、牛项圈等单体可穿戴监测设备，以及环境传感器、TMR 饲喂设备、饲喂监控设备和智能摄像头等（如图 9-2 所示）。银行通过标准接口将这些设备的监控数据实时接入物联网平台，再与信贷系统、风控系统、渠道系统以及其他内部管理系统进行数据交互，实现对牧场生产经营的实时监控、智能识别和提前预警，从而提升银行对授信资产的风险控制能力。

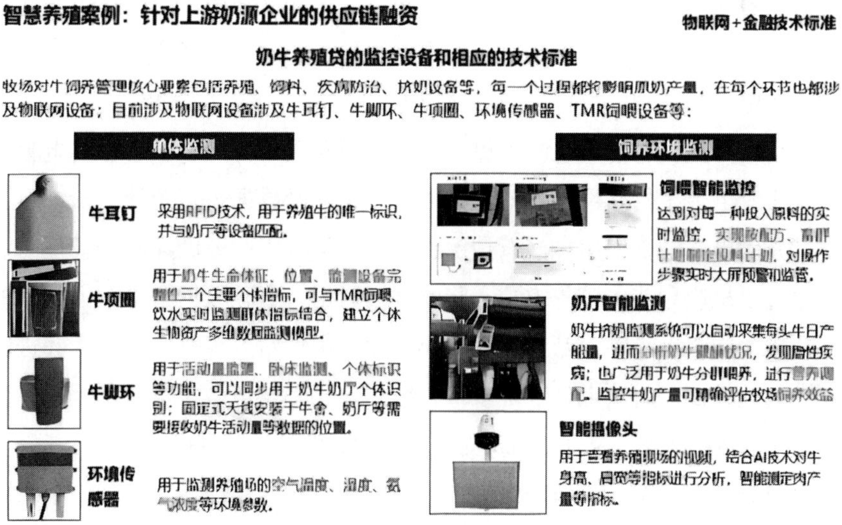

图 9-2　智慧奶牛养殖的物联网金融应用流程

针对牧场的物联网监控应用不仅可以帮助银行进行风险管控，还可以向牧场提供在线养殖解决方案，帮助提升经营管理质量和效率。

（三）智慧能源站点

在新能源行业中，物联网金融同样拥有着巨大的发展潜力和业务潜力。物联网平台的引入可以帮助银行与企业建立金融+科技的服务连接。在实际操作层面，通过终端传感器等设备将场站的各类监测数据实时传送至银行物联网平台。银行可以结合已有的征信数据、财务数据和金融数据，将信息流、资金流、物流和商流合为一体，并进行多维数据的关联组合和交叉佐证。这样可以为场站融资申请提供审批和贷后监控预警所需的大数据支持。

另外，物联网平台还可以将以上多维数据和模型应用于充电场站、光伏站点，从而提供能力输出。这可以通过线上方式和移动方式帮助场站主体快速了解整体运行情况、设备运行情况、充发电量和用户访问行为等运营数据。同时，它还可以有效监测生产运行状态，及时进行设备管理维护，减少经营运营成本，发现潜在商机。

目前，新能源站点如充电场站和光伏站点在融资能力上存在限制，贷后管理成本较高。这是因为新能源行业的企业规模、经营模式和技术能力受限，导致与银行存在严重的信息不对称问题。同时，金融机构缺乏有效的管理抓手，限制了金融业务的拓展。此外，场站设备状态、充电发电数据和用户访问行为等运营数据未能及时反馈给银行，无法帮助银行准确评估企业的生产经营能力。

在光伏电站项目中，可以通过接入光伏电站的传感器、气象站、光伏子阵、逆变器、组串等设备，并结合光伏电站终端控制模块，将设备状态、发电数据和并网数据实时上传至物联网平台。银行通过对物联网数据进行统计分析，可以识别和掌握光伏电站的真实生产经营情况，进而增强融资业务的风险预警能力。银行可以通过手机应用或电脑等方式，将物联网数据、金融数据和第三方数据的组合模型应用于中小型场站，帮助这些中小企业和用户站点实时监测生产和进行故障诊断，有效控制和解决电站系统故障、组件老化和发电效率低下等问题，同时降低企业整体运维成本，从而提升对企业还款能力的评价和认可。

在充电场站项目中，可以通过对充电桩的充电状况、性能、位置以及工作人员的位置、数量和环境温度等环境监控数据的收集，一方面支持能源的充分利用，降低能源损耗，提升充电站的智能化经营水平；另一方面，为支持充电站建设的金融产品提供信用分析和风险控制服务。

二、物联网金融的发展瓶颈

物联网金融的发展瓶颈主要包括安全隐患、标准化与互操作性问题、数据隐私保护、技术与成本限制以及法律法规与监管体系不完善等方面的挑战。要克服这些瓶颈，需要加强安全保障措施、推动标准化进程、加强数据隐私保护、加大技术研发投入，并建立健全的法律法规和监管体系，以促进物联网金融的可持续发展。

（一）安全隐患

物联网金融在实际应用中涉及大量的数据传输和存储，其中包含了各类敏感信息，如用户身份信息、交易记录等。物联网设备的普及性和连接性，造成了物联网金融更容易受到黑客攻击，安全隐患成为制约物联网金融发展的重要因素。物联网金融的安全隐患主要包括以下几个方面：

1. 数据泄露

物联网金融涉及大量用户的个人信息、交易记录等敏感数据。如果这些数据在传输或存储过程中受到黑客攻击或未经授权的访问，就可能导致用户的个人隐私被泄露。黑客可以通过窃取用户的身份信息和交易记录，进行诈骗、盗取资金等违法活动。

2. 设备漏洞

物联网设备存在可能的软件或硬件漏洞。黑客可以利用这些漏洞入侵设备，篡改设备原本的功能或者进行恶意控制。例如，黑客可以入侵智能家居设备，关闭安防系统或偷窃用户财产。

3. 无线通信安全问题

物联网设备之间的通信往往使用无线网络，如 WiFi、蓝牙等。这些无线通信可能存在安全漏洞，黑客可以通过监听、中继攻击、重播攻击等手段截取通信内容或干扰通信连接，进而获取用户的敏感数据或者干扰正常交易。

4. 软件安全性

物联网金融系统中的软件可能存在缺陷、漏洞或后门，黑客可以利用这些安全漏洞进行攻击。例如，黑客可以通过入侵金融系统的软件，篡改用户的账户余额或者进行恶意交易。

5. 物理安全问题

物联网设备也面临物理安全风险，比如设备被盗窃、被损坏或者被替换等。

黑客可以通过物理方式获取设备上的数据或者操控设备，进而对用户进行攻击或者欺诈。

为了应对物联网金融的安全隐患，需要采取一系列的安全措施，包括加密通信、身份验证、网络防火墙、安全审计等技术手段。此外，制定完善的安全标准和规范，提升用户的安全意识，并加强相关法律法规的监管，也是确保物联网金融安全的重要举措。

（二）标准化与互操作性问题

标准化问题是指不同厂商开发的物联网金融设备或系统之间存在差异，缺乏通用的技术标准和规范，无法互相兼容或无法进行集成。在物联网金融领域，不同设备、系统或平台之间缺乏统一的标准和互操作性，导致设备、系统或平台无法有效地进行数据交换和协作。这会导致物联网金融系统的开发、布署和运营存在困难，增加系统的复杂性和交互成本，并限制相关技术的创新和应用。

互操作性问题是指由于缺乏兼容性和标准化，不同物联网金融设备、系统或平台之间无法有效地进行数据交换和协作。这种情况下，不同设备或系统之间无法实现信息共享、数据传输和功能扩展等互操作需求，限制了物联网金融应用的拓展和发展。

物联网金融的交互中由于涉及众多不同品牌、不同类型的设备和系统，各种设备和系统之间的标准化和互操作性问题成了一个挑战。缺乏统一的通信协议和数据交换标准，导致不同设备和系统之间无法有效地进行数据交互和交流，限制了物联网金融的发展空间。例如，不同金融机构可能选择不同的物联网设备或系统，导致无法实现系统之间的无缝对接和数据交换；不同金融服务提供商之间无法实现合作共赢；用户面临选择不同金融产品和服务时会有兼容性和集成问题等。

因此，解决物联网金融的标准化与互操作性问题至关重要。这需要制定和推广统一的技术标准和规范，确保不同设备、系统或平台的兼容性和互操作性。同时，加强各方的合作与沟通，促进业界共识的形成，推动物联网金融领域的互联互通和融合发展。

（三）数据隐私保护

物联网金融的数据隐私保护是指在物联网金融应用中，对客户个人信息和敏感数据进行有效的保护和管理，以确保其不被未经授权的访问、使用、泄露或滥用。物联网金融产生了大量的数据，这些数据直接关系到客户的隐私和个人信息。在数据收集、处理和存储过程中，如何保护用户的数据隐私成了一个重要问题。这包括保护客户的身份信息、交易记录、财务数据等敏感信息，防止其被不法分子或未经授权的第三方窃取或滥用。数据隐私保护在物联网金融领域尤为重要，因为物联网设备和系统产生的数据量庞大，并涉及个人的金融交易、健康状况、消费习惯等敏感信息。如果这些信息落入黑客手中，可能会导致个人隐私的泄露、金融欺诈、身份盗窃等风险。缺乏完善的数据隐私保护机制和法律法规的制定，容易引发客户隐私泄露的风险，降低客户对物联网金融的信任度。为了保护物联网金融的数据隐私，需要采取一系列的措施：①隐私权政策。制定透明、明确、易于理解的隐私权政策，告知客户数据收集和使用方式，明确权责关系。②数据加密。对存储和传输的敏感数据进行加密处理，确保数据在传输和存储过程中不易被窃取或篡改。③访问控制。建立严格的访问控制机制，限制只有授权的用户或系统才能够访问和处理敏感数据，避免未经授权的访问。④匿名化和脱敏。对一些敏感信息进行匿名化或脱敏处理，使得个人身份无法直接被识别，从而降低个人隐私被泄露的风险。⑤安全审计与监测。建立完善的安全审计机制，对物联网金融系统的数据访问和使用情况进行监测和审计，及时发现和应对安全漏洞或异常行为。⑥防范教育与合规培训。加强客户对数据保护的教育，为防范金融欺诈提供相关的合规培训，帮助客户更好地保护自己的隐私。

物联网金融的数据隐私保护是确保用户个人信息和敏感数据在物联网金融应用中得到有效保护的重要工作。通过合理的技术手段和管理措施，可以降低数据泄露和滥用的风险，增强用户对物联网金融的信任和可接受性。

（四）技术限制与成本限制

物联网金融涉及物联网设备、传感器、数据处理平台等多个技术环节的综合应用。目前物联网金融在技术与成本上还有一些限制，如设备的功耗、传输带宽、计算能力等方面的问题，这些问题限制了物联网金融的规模化应用。只有深入理解并针对这些限制进行优化和解决，才能更好地发展物联网金融。

1. 技术限制

首先是设备功耗的限制，物联网金融需要大量的感知设备来采集各种数据，并将这些数据传输到云端进行处理和分析。然而，由于物联网设备通常是通过电池供电，因此设备功耗成为一个重要的限制因素。设备功耗高会导致电池寿命较短，增加维护和更换的成本。因此，在设计物联网金融解决方案时，需要考虑如何降低设备功耗，延长电池寿命，例如采用低功耗的通信模块、优化数据采集和传输的策略等。其次是传输带宽限制，物联网金融中需要将大量的数据从设备传输到云端进行处理和分析，而传输带宽是有限的资源。如果数据量过大或者传输速度过慢，会导致数据传输延迟和拥塞，影响物联网金融应用的实时性和稳定性。因此，在设计物联网金融系统时，需要考虑如何优化数据传输协议、压缩数据大小、减少数据传输量等，从而提高传输效率。最后是计算能力的限制，物联网金融中的数据处理和分析通常是在云端进行的，需要有足够强大的计算能力来支持。然而，云端计算资源有限，而且数据规模往往较大，如何快速有效地进行数据处理和分析成为一个挑战。为了克服这个限制，可以采用分布式计算架构、云计算资源的弹性调度等技术手段来提高计算能力，并根据不同的业务需求灵活调整资源分配。

2. 成本限制

物联网金融的实施和运营都需要投入大量的资源和资金，面临较大的成本局限。首先是基础设施建设，物联网金融需要建设稳定高效的网络基础设施，包括通信网络、数据中心等。这些基础设施的建设和维护成本较高。其次是设备成本，物联网金融依赖于大量的物联网设备，如传感器、智能终端等。这些设备的成本较高，并且需要定期更新和维护。再次是数据存储与处理，物联网金融产生的数据量巨大，需要进行存储和分析，以提供有价值的服务。数据存储和处理的成本在一定程度上限制了物联网金融的发展。最后是安全投入，为了确保物联网金融系统的安全性，需要投入大量的资源来实施安全措施和进行物联网安全监测。这些安全投入也是成本的一部分。

面对技术与成本限制，物联网金融相关企业和组织需要进行有效的规划和管理，寻找解决问题的方法。例如，加强技术研发和标准制定，提高系统的安全性和兼容性；优化基础设施建设和设备选购，降低实施成本；采用云计算和大数据分析等技术手段，提高数据的管理和利用效率。此外，政府、金融机构和企业也可以开展合作，共享资源，降低实施和运营的成本，推动物联网金融的发展。

（五）法律法规与监管体系不完善

物联网金融的快速发展也对法律法规和监管体系提出了新的挑战。目前对物联网金融领域的法律法规和监管政策相对滞后，无法及时跟上技术和市场的发展。缺乏对物联网金融相关业务的明确监管规定，容易引发行业乱象，阻碍市场健康发展。

物联网金融发展过程中的法律法规和监管体系不完善的问题，具体表现为：

第一，缺乏专门的法律法规。物联网金融是一个较新的领域，目前还缺乏针对其特点和需求的专门法律法规。传统金融监管体系未能完全适应物联网金融的快速发展和特殊风险，无法全面覆盖物联网金融业务的各个方面，包括数据隐私保护、智能合同的法律效力、网络安全等方面的规定。

第二，监管的滞后性。物联网金融技术的发展速度往往远远快于法律体系的构建和修订过程，导致监管的滞后性。这使得监管部门难以及时了解和应对新兴的金融业务模式和风险，从而可能造成监管的漏洞和缺失。

第三，跨界监管难题。物联网金融涉及多个领域的交叉，如金融、通信、互联网等，相关监管机构之间的协调合作不够紧密，存在多领域管理边界模糊的情况。这给监管带来困难，使得监管责任和权限的界定变得复杂，容易出现监管的盲区。

第四，风险防控体系不完善。物联网金融的发展涉及大量数据的采集、传输和存储，涉及用户的隐私和敏感信息。然而，当前法律法规对于数据安全和隐私保护的规定还相对不完善，缺乏明确的责任主体和保障机制，导致风险防控体系的不完善。

为了解决物联网金融的法律法规与监管体系的不完善问题，需要加强对立法机构人员专业能力的培训，建立跨部门、跨领域的协调机制，特别是对数据隐私保护、网络安全和智能合同等方面要进行共同规范和完善。此外，还需要加强监管和更新技术手段，提升监管部门的监管水平，加强风险防控和监管的有效性。

第四节　“万物互联”的战略意义与未来趋势

一、“万物互联”的战略意义

物联网金融的最终发展阶段，将在“万物互联”的基础上实现金融产品和服务的全新业态。“万物互联”是指通过互联网和传感器技术，将一切能够联网和感知的物体（包括设备、传感器、机器、车辆、建筑物等）连接在一起，进行信息交换和数据共享。它是物联网的核心理念之一。

“万物互联”的目标是通过连接各种物体和设备，实现智能化、自动化和高效率的交互。这种互联性可以在各行业领域发挥重要作用，如智能家居、智能城市、工业自动化、智能交通等。通过“万物互联”，物体可以相互交流和协调工作，使得我们的生活更加便捷和智能化。例如，智能家居系统可以通过连接家庭电器、照明和安防设备，实现远程控制和自动化管理，提高生活的舒适度和安全性。智能城市可以通过连接交通设施、公共服务和城市基础设施，提供更高效的交通管理、资源利用和环境监测，改善居民的生活质量。不仅如此，“万物互联”还有助于实时收集、处理和分析大量的物联网数据，从而为企业和组织提供更准确的信息和产品洞察力，改善决策和业务流程。在工业领域，“万物互联”可以实现智能制造和工厂自动化，提高生产效率和产品质量。“万物互联”代表了一种全新的网络连接方式，将物理世界和数字世界紧密结合，为人类开创出可持续发展的未来。

“万物互联”的物联网金融的战略意义在于，借助物联网技术的不断发展，实现了数字世界和物理世界的无缝连接。这种连接不仅使得各类终端设备都能成为互联网接口，还推动了各种场景的数字化，进一步驱动产业的数字化转型。在此基础上，产业链发生了变迁，整个行业生态也发生了深刻的变革，“万物互联”的物联网金融极大地推动了金融行业的升级和发展。

首先，“万物互联”的物联网金融使得金融服务的覆盖范围得以扩大。通过物联网技术，金融机构能够更加精准地触达客户，提供个性化的金融服务。无论是农村地区还是边远山区，只要有网络覆盖，就能享受到便捷的金融服务。这不仅有助于提升金融服务的普及率，还有助于缩小城乡差距，促进金融资源的均衡分配。

其次，“万物互联”的物联网金融提高了金融服务的效率。借助物联网技术，金融机构可以实时获取企业的经营数据，对企业的信用风险进行精准评估。这样就能大大降低了金融机构的信贷风险，提高了信贷审批的效率。“万物互联”的物联网金融还可以实现资金的实时划转，降低支付成本，提高资金周转效率。

再次，“万物互联”的物联网金融丰富了金融产品和服务。在物联网的基础上，金融机构可以为企业提供更加定制化的金融产品，如供应链金融、物联网保险等。这些产品和服务既能满足企业的个性化需求，又能促进产业链的协同发展。“万物互联”的物联网金融有助于防范金融风险。通过物联网技术，金融机构可以实时监控企业的经营状况，及时发现潜在的风险因素。这有助于金融机构提前采取风险防范措施，降低金融系统的整体风险。

最后，“万物互联”的物联网金融促进了金融行业的创新。物联网技术的应用，使得金融机构要不断开发新的产品和服务，以满足市场的多元化需求。这种竞争和创新的氛围，有助于金融行业的持续发展。

二、“万物互联”的未来趋势

“万物互联”的物联网金融凭借其独特的优势，极大地推动了金融行业的升级和发展。“万物互联”的未来趋势将会是更广泛的应用领域、AI与边缘计算的结合、数据安全与隐私保护、边缘与云的融合以及跨平台互操作性的提升。

（一）更广泛的应用领域

随着技术的不断进步，“万物互联”的物联网将渗透到更多的应用领域。目前已经涵盖了智能家居、智能城市、工业自动化等领域，未来还有望扩展到农业、医疗健康、能源管理、交通运输等各个行业。这将创造更多的便利服务和效益，推动各行业的数字化转型。

（二）AI与边缘计算的结合

人工智能（AI）在“万物互联”中的应用将会更加普及和成熟。通过将AI算法和模型部署在设备或传感器的边缘计算节点，可以实现更快速的数据处理和数据分析，减少对云端服务器的依赖性，并提供更及时的响应和决策能力。

（三）数据安全与隐私保护

由于“万物互联”涉及大量的数据交换和共享，数据安全和隐私保护将成为发展关键问题。未来的发展趋势将注重在设备级别和数据传输过程中加强安全措施，保护用户的敏感信息，并制定更健全的法律规范来监管数据使用。

（四）边缘与云的融合

未来的“万物互联”将更加注重边缘计算和云计算的融合。通过在边缘设备上进行数据的预处理和筛选，将有价值的数据传输到云端进行深度分析和存储。这种边缘与云的结合将提高系统的效率和响应速度，并减少对网络带宽和存储资源的需求。

（五）跨平台互操作性

未来的发展趋势将推动不同设备和平台之间的互操作性。通过制定统一的通信协议、数据标准和接口规范，实现设备之间的互联互通。这样可以避免各种封闭的生态系统，提供更大的灵活性和互操作性，促进不同厂商和产品的协作和集成。

随着物联网技术的不断进步，“万物互联”的物联网金融将在未来发挥更加重要的作用，为经济社会发展提供更加全面、高效和优质的金融服务。

案　例

万链指数的数字信用供应链金融智慧服务平台

截至2021年，我国中小企业数量达到了 4 881 万家，占全国企业数量超过90%。这些中小企业对经济发展做出了巨大贡献，创造了我国国内生产总值的60%，贡献了50%以上的税收，并提供了80%的城镇就业机会。然而，长期以来，中小企业一直面临着融资难的问题（如图9–3 所示）。这主要是因为在初创期，中小企业的抗风险能力较差，融资渠道有限，缺乏可用作担保的资产，以及创业初期财务信息披露不规范等所致。

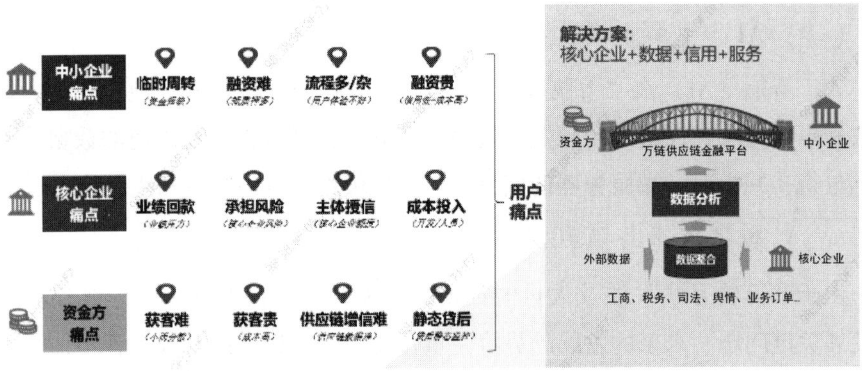

图 9–3　数字信用供应链金融智慧服务有效解决客户痛点

同时，新冠疫情的暴发进一步加剧了中小企业的融资难。在疫情的背景下，新型办公模式的推广催生了对跨越空间的新型信贷模式的需求。我国的数字经济得到了迅猛发展，人工智能、区块链、云计算和大数据等四大技术为此提供了基础数据支持。

在这样的背景下，万链指数提出了“数字信用”方案，依托大数据、云计算等核心技术，以“科技+数据+信用+场景”为核心，构建了数字信用供应链金融智慧服务平台，旨在解决中小企业面临的问题。这个平台充分利用中小企业自身的数字信用，解决了目前银行信用评价机制不完善、中小企业缺乏充足的抵押物、中小企业融资效率低以及融资成本高等问题。

由于中小企业经营管理水平相对较差，财务制度不完善，信息披露不全面，以及存在信息不真实和模糊真实经营状况的问题，银行等金融机构为了保证自身资金的安全，通常会通过提高利率等条件来覆盖风险损失，这导致中小企业客户整体的信用评分被压低，使得中小企业难以从银行获得贷款。同时，银行等金融机构缺乏为中小企业贷款的信用记录，进一步加剧了中小企业融资难题。许多核心企业的中小型经销商由于业务规模小、运作模式不规范、技术落后、人才匮乏等因素，在供应链上处于弱势地位。按照市场的“二八定律”，这部分群体占市场的绝大多数，对销售额做出了巨大贡献，并产生了大量资金需求。然而，由于信用教育数据缺失等因素，它们一直面临着融资难、放款周期长、审核通过困难等问题。市场上对大额供应商融资业务相对成熟，但对于这种小而分散的下游资金需求却难以满足。

因此，研发数字信用供应链金融智慧服务平台的初衷就是解决这些真正有资金需求却难以得到满足的弱势群体所面临的问题。该平台依托大数据、云计算等核心技术，采用“科技+数据+信用+场景”的核心理念，为中小企业提供切实可行的数字信用解决方案，帮助它们解决融资难题。

该平台以助力中小微企业融资为目标，从工业互联网平台下的生态场景切入，整合中小微企业分散的数据，包括工商数据、政务数据、司法数据、税务数据、舆情数据、供应链交易数据和金融数据等。利用大数据分析技术、区块链技术等工具对企业进行全方位的评估分析，绘制出企业360度的全景视图，建立便捷的桥梁连接企业和银行，帮助中小微企业快速获得资金支持。与此同时，资金方可以有效降低营销成本和金融风险，产业资源方可以拓宽业务渠道，发展优质的合作伙伴。因此，该平台不仅可以助力中小微企业融资，还能提升有关资源方的质效，实现多方共赢。该平台的业务不仅提升了银行办公效率、降低了风险，还实现了业务规模的质的飞跃。

该平台的所有技术设计理念都是基于最大化提升用户体验的原则。通过一系列决策引擎分析和数据分析，快速绘制出客户的全貌视图，通过大数据分析的技术手段，具有更直观的展现形式，帮助业务人员和风控人员在日常工作中提高效率。通过建立区块链中的联盟链，解决核心企业与资金方的数据共识问题，使得业务人员在与合作方谈判时，数据的安全性和准确性更有说服力。通过应用人脸识别等技术，提高客户鉴别速度。自上线半年以来，该模式帮助中小微企业解决了资金周转难题，降低了资金方的营销成本，同时提升了银行办公效率和降低了融资风险，实现了业务规模的质的飞跃。

该平台模式打破了传统供应链金融方案，削弱了核心企业的权利，通过大数据和云计算技术，深度挖掘信息流、订单流、物流和资金流，通过线上加线下、中小企业加交易方的结合方式，充分挖掘数据的价值。同时，该模式还打破了传统信贷审批模式，将企业与企业主彻底分离，按照企业的实际经营情况，将企业财产和个人财产分离，改变了企业主将个人财产（如房产）进行抵押和签订个人连带担保等将企业信用直接与个人信用挂钩的传统信贷审批模式。该模式还创新了“五零”流程体验（如图9-4所示），即零签字、零见面、零延迟、零浪费和零增信。

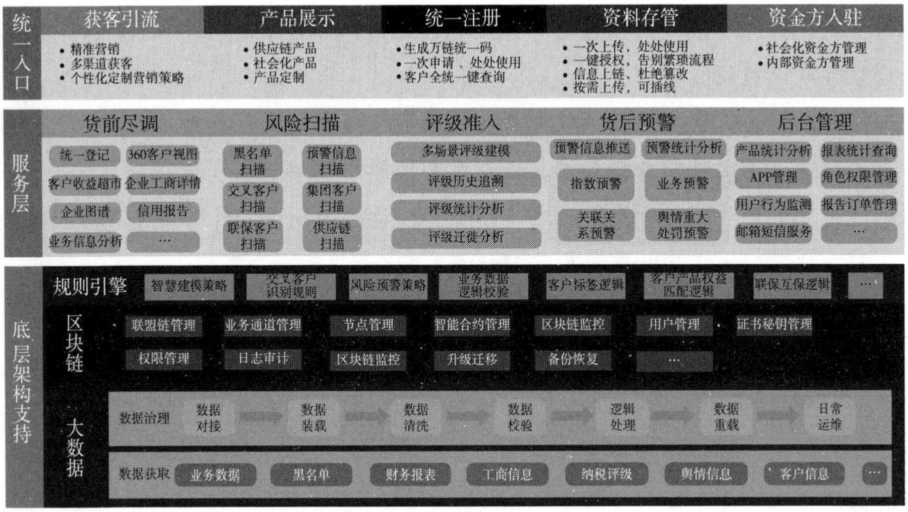

图9-4　创新“五零”流程体验

基于中小企业融资需求，平台与商业银行达成合作。以“科技+数据+信用+场景”为核心理念，中小企业通过和其交易对手之间的数据互通互联，平台获取了企业采购、销售、行业特点和成熟度等各种数据，并对这些数据进行结构化处理和量化。平台通过三个核心系统——智能风控引擎系统、智能支付清算系统和智能信贷管理应用系统，建立了“数字信用”评价模型，并构建了中小企业交易和行为数据库，以辅助银行进行信贷产品设计。平台所提供的信贷产品具有纯线上和纯信用的特点，能够帮助中小企业获得银行信贷。

截至目前，平台的系统已经服务了超过3万家中小企业客户。通过与合作商业银行共同使用“数字信用”方案，平台已经为中小企业发放了超过70亿元的信用贷款和25亿元的“货+信”贷款。平台的“数字信用”方案成功将中小企业的坏账率控制在0.2%以下，远低于行业平均水平。此外，平台还提供企业预警服务，累计发布了四千多条预警信息，金融机构采纳并保全规避损失达千万余元。

同时，该平台的系统也拓宽了中小企业的融资渠道，并加强了“贷前、贷中、贷后”的全流程监管，以维护金融稳定。通过激活大量的“沉淀”数据，平台构建了中小企业交易和行为数据库，并打造了新型数据市场，推动多行业、多领域、跨部门、跨层级的数据有序流通，实现了数据资源化、资产化和资本化。

目前，“数字信用”方案已与华润银行、微众银行等十家商业银行达成合作协议，并与海尔集团、欧普照明、舒蕾集团等几十家核心企业实现了数据互通互联。

小　结

本章主要介绍了物联网金融的起源与发展、概念、特征与体系架构、应用与发展瓶颈以及物联网金融对未来的战略意义和趋势。物联网金融是物联网技术与金融行业的融合创新，它通过连接各种物品和设备，实现数据的采集、分析和决策，为用户提供个性化、高效和安全的金融服务。物联网金融的兴起是由于物联网技术的成熟和金融行业的需求。物联网金融具有智能化、互联互通和数据驱动的特征。它依靠物联网设备和传感器收集数据，并结合大数据和人工智能进行分析和决策，实现金融服务的智能化和个性化。物联网金融的应用与发展也面临一些挑战，其中包括技术安全隐患、隐私保护、跨界监管等方面的问题。物联网金融具有“万物互联”的战略意义和未来趋势。它将推动金融行业的数字化转型和创新，提升金融服务的效率和用户体验。未来，物联网金融将进一步融入各个领域，推动智慧城市、智慧交通等产业的发展，并催生出更多的创新业务模式和应用场景。物联网金融将为人们的生活带来更多便利和服务创新，成为数字经济时代的重要组成部分。

习　题

1. 什么是物联网金融？
2. 举一个物联网金融实际应用的例子。
3. 简述物联网金融的优势。
4. 简述“万物互联”的意义。

第十章
数字金融基础设施

2022年底，中共中央、国务院印发《关于构建数据基础制度更好发挥数据要素作用的意见》，提出我国数据基础制度框架，明确提出强化数据安全保障体系建设，把安全贯穿数据供给、流通、使用全过程。习近平总书记重点强调要加强信息、科技等产业升级，布局云计算、建设人工智能、建设宽带基础网络等设施，构建现代化基础设施体系。这些举措将对数字金融领域的发展注入强大动能，对数字金融的基础设施的保障更加完善。

随着数字技术的飞速发展，数字金融已经成为全球金融领域的重要组成部分。数字金融通过互联网、大数据、人工智能等技术的应用，实现了金融服务的数字化、智能化和高效化。数字金融的发展离不开数字金融基础设施的支持。

第一节　数字金融基础设施概述

数字金融基础设施是构建数字金融体系的重要基础和促进数字经济发展的关键，它在连接金融机构和数字科技、打造高效安全的数字金融服务体系、促进金融数字化转型等方面发挥着重要作用。

一、数字金融基础设施的内涵

数字金融基础设施是指通过数字技术手段为金融机构提供信息和数据处理服务的基础设施，包括通信网络基础设施、数据与算力基础设施、支付清算基础设施、加密与安全基础设施、监管与合规基础设施、科技基础设施。这些数字金融基础设施有助于提高金融机构的数字化水平和服务效率，推动数字经济发展，也为金融监管和风险防范提供了有力保障。

通信网络基础设施包括互联网、移动通信网、支付清算网等，为金融机构提供数字化、智能化的基础支撑。

数据与算力基础设施包括数据中心、云计算基础设施、大数据基础设施等，为金融机构提供数据存储、处理、计算等服务，是数字化转型的基础。

支付清算基础设施包括支付系统、电子货币系统、移动支付系统等，为各类金融机构提供高效、安全、便利的支付清算服务，是数字化金融服务的核心。

加密与安全基础设施包括密码算法、数字证书、安全协议等技术，为金融机构提供安全保障，确保数字金融交易的安全性和可靠性。

监管与合规基础设施包括监管科技平台、合规科技平台等，为金融机构提供合规管理和监管支持，保障金融市场的公平规范。

科技基础设施包括人工智能、区块链、物联网等技术，为金融机构提供数字化转型的技术支撑，提升金融服务的智能化水平。

二、数字金融基础设施的分类

为满足不同金融机构和市场的需求，数字金融基础设施根据其功能和应用范围可以划分为支付系统、结算系统、交易平台、银行核心系统、证券系统、保险系统、风险管理系统、数据管理系统、金融信息安全系统、金融监管系统（表10-1）。

表10-1 数字金融基础设施分类

	用途	内容
支付系统	支持各种电子支付工具和支付网络的建设和运行	网银、移动支付、电子钱包
结算系统	用于处理金融交易的结算和清算	银行间支付系统、证券交易结算系统
交易平台	提供金融资产交易的平台	股票交易系统、期货交易系统、外汇交易系统
银行核心系统	用于支持和管理银行业务	存款、贷款、借记卡、信用卡
证券系统	用于证券市场交易、结算和资金清算	证券交易所和证券登记结算公司的系统
保险系统	用于保险业务的管理和理赔处理	保单管理、理赔处理、保费结算
风险管理系统	用于金融机构进行风险评估、风险监测和风险控制的系统	风险评估、风险监测

续表

	用　　途	内　　容
数据管理系统	用于管理金融数据的系统	数据存储、数据处理和数据分析
金融信息安全系统	用于保障金融业务安全的系统	身份认证、数据加密、防火墙
金融监管系统	用于监管机构对金融市场和金融机构进行监管的系统	监管报告、监管数据分析

三、数字金融基础设施的功能

通过提供安全、高效的交易和结算平台，数字金融基础设施提高了金融市场的流动性和效率。数字金融基础设施对风险管理和信息交流的支持，有助于提高金融机构的风险控制能力和决策水平。此外，数字金融基础设施的金融包容性功能，使得金融服务能够更广泛地惠及社会各个层面。数字金融基础设施在现代金融体系中扮演着不可或缺的角色，对实现金融创新和可持续发展具有积极的影响。

（一）提供金融交易平台

数字金融基础设施提供了安全、高效的金融交易平台，使金融机构和客户能够在全球范围内进行各种金融交易。通过数字金融基础设施，客户方便地进行电子支付、转账和结算等操作，不受时间和地理限制。这大大提高了交易的效率和便捷性。

（二）实时资金清算与结算

数字金融基础设施提供了强大的资金清算与结算系统，确保了金融交易的安全性和准确性。通过数字金融基础设施，金融机构能够实时清算和结算交易，减少了传统金融机构中的人为错误和延迟。这为金融市场提供了可靠的交易保障，降低了交易风险。

（三）金融信息管理

数字金融基础设施使金融机构能够高效地管理和处理大量金融信息。通过数字化技术和数据分析，金融机构能够了解到市场趋势、客户需求和交易行为。这为金融机构提供了更准确的决策依据，从而提升经营效益和市场竞争力。

（四）风险管理与安全保障

数字金融基础设施在金融交易中起着关键作用，其功能也包括风险管理和安全保障。通过数字金融基础设施，金融机构能够进行实时的风险评估和监控，及时发现和应对突发风险。同时，数字金融基础设施采用了先进的加密技术和身份验证系统，确保金融交易的安全性和防止欺诈行为。

（五）助推金融创新和发展

数字金融基础设施促进了金融行业的创新和发展。通过数字化技术的应用，金融机构能够推出更多类型的金融产品和服务，满足客户多样化的需求。数字金融基础设施也为技术创新和金融科技企业提供了良好的发展平台，推动了金融行业的转型和升级。

（六）金融包容性

数字金融基础设施在金融包容性方面发挥着重要作用。通过数字化技术的应用，数字金融基础设施能够让更多的人群获得金融服务。例如，数字金融基础设施提供移动支付和线上银行服务，可以满足居住在偏远地区或没有银行账户的人们的金融需求。数字金融基础设施的发展降低了金融服务的门槛，能够提供更优质的金融产品和服务。

四、数字金融基础设施在金融行业中的重要性

第一，数字金融基础设施提升金融服务的效率和质量。借助云计算、大数据等技术，数字金融基础设施可帮助实现金融服务的自动化和智能化。通过数据分析和挖掘，金融机构可以准确评估客户信用状况，快速审批贷款和通过信用卡申请，提高服务质量和服务效率。

第二，数字金融基础设施能够增强金融行业的安全性。密码学、区块链等技术的应用，可以保护金融交易的安全性和隐私性。例如，区块链技术中的分布式账本实时记录每一笔交易，并借助密码学原理确保交易的不可篡改性和可追溯性，有效防止金融欺诈等问题的产生，保障金融行业的安全。

第三，数字金融基础设施促进了金融市场的稳定和繁荣。数字金融基础设施借助大数据、人工智能等技术，实时监测和分析市场状况、价格波动、投资风险等因素，帮助投资者更准确地做出投资决策，提高了金融市场的效率和稳定性。数字金融基础设施支持金融创新和业务拓展，为金融机构提供了更多的商机和竞争优势。

第四，数字金融基础设施提升金融行业的监管效率。数字金融基础设施提供全面、准确的数据支持，帮助监管部门了解市场情况和金融机构的风险状况，制

定科学、精准的监管政策和措施。监管部门可通过数据挖掘和分析，实时监测金融机构的运营状况和金融风险水平，及时发现和处置潜在风险，从而保障金融行业的稳定健康发展。

第二节　信息技术与互联网金融

信息技术对金融行业的影响非常显著。例如，在金融领域，尤其在银行业金融服务中，零信任架构在建立可信环境方面产生至关重要的作用。同时，跨链信任促进了金融场景深度融合，区块链技术可实现不同区块链间金融资产的转移、跨境金融交易，对金融资产的快速锁定和读取跨链金融数据有重要意义。信息技术与互联网金融相互促进、共同发展，为金融行业带来了巨大的变革和机遇。

一、信息技术

（一）信息技术的定义

信息技术（Information Technology，IT）是指用于管理和处理信息所采用的各种技术的总称。它主要是应用计算机科学和通信技术来设计、开发、安装和实施信息系统及应用软件，包括传感技术、计算机与智能技术、通信技术、控制技术等。

（二）信息技术的发展历程

信息技术的发展历程大致划分为四个阶段：

第一次信息技术革命：语言的产生。大约发生在五十万年以前，人类使用语言进行交流，逐渐产生了社会规范和自然规律，并形成了最早的文化。

第二次信息技术革命：文字的出现。大约发生在五万年以前，人们发明了文字，并以此进行信息记录和传播，这使得信息的传递不再局限于口头传递，而是通过文字进行持久和广泛的传播。

第三次信息技术革命：造纸和印刷术的发明。造纸术和印刷术的发明，使得信息的记录和传播方便，不再局限于手写和口头传输，大大加快了信息传播的速度和广度。

第四次信息技术革命：电信技术的发明。电信技术的发明，使得信息的传播速度大大提高，远距离的信息交流变得更为便捷。随着电信技术的发展，人类社会逐渐进入了现代信息化社会。

第五次信息技术革命：数字技术革命。数字技术革命始于20世纪60年代，主要包括计算机技术、网络技术和现代通信技术等。数字技术的快速发展，使得信息的收集、处理、存储和传输过程变得快速、高效、可靠和廉价，极大地推动了社会经济的发展和进步。

信息技术在社会和经济领域有着广泛的应用，如电子商务、智能制造、智慧城市、人工智能等。这些应用不仅提升了生产效率和生活品质，也在一定程度上改变了社会结构和人类生活方式。

（三）信息技术的分类

根据表现形态的不同，信息技术可分为硬技术与软技术。硬技术是指各种信息设备及其功能，如显微镜、电话机、通信卫星、多媒体电脑。软技术是指有关信息获取与处理的各种知识、方法与技能，如语言文字技术、数据统计分析技术、规划决策技术、计算机软件技术等。

根据工作流程中基本环节的不同，信息技术可分为信息获取技术、信息传递技术、信息存储技术、信息加工技术、信息标准化技术。信息获取技术包括信息的搜索、感知、接收、过滤等，如显微镜、望远镜、气象卫星、温度计、钟表、Internet 搜索器中的技术等。信息传递技术是指跨越空间共享信息的技术，又可分为不同类型，如单向传递与双向传递技术，单通道传递、多通道传递与广播传递技术。信息存储技术是指跨越时间保存信息的技术，如印刷术、照相术、录音术、录像术、缩微术、磁盘术、光盘术等。信息加工技术是指对信息进行描述、分类、排序、转换、浓缩、扩充、创新等的技术。信息加工技术已有两次突破：从人脑信息加工到使用机械设备（如算盘、标尺等）进行信息加工，再发展为使用电子计算机与网络进行信息加工。信息标准化技术是指使信息的获取、传递、存储、加工各环节有机衔接，与提高信息交换共享能力的技术，如信息管理标准、字符编码标准、语言文字的规范化等。

根据信息设备不同，可以把信息技术分为电话技术、电报技术、广播技术、电视技术、复印技术、缩微技术、卫星技术、计算机技术、网络技术等。也有人从信息的传播模式，将信息技术分为传者信息处理技术、信息通道技术、受者信息处理技术、信息抗干扰技术等。

根据技术功能层次不同，可将信息技术体系分为基础层次的信息技术（如新材料技术、新能源技术），支撑层次的信息技术（如机械技术、电子技术、激光技术、生物技术、空间技术等），主体层次的信息技术（如感测技术、通信技术、计算机技术、控制技术)，应用层次的信息技术（如文化教育、商业贸易、工农业生产、社会管理中用以提高效率和效益的各种自动化、智能化、信息化应用软件与设备)。

(四) 信息技术的特征

有人将计算机与网络技术的特征，如数字化、网络化、多媒体化、智能化、虚拟化等，当作信息技术的特征。我们认为，信息技术的特征应从如下两方面来理解：

第一，信息技术的一般特征是技术性，主要表现为方法的科学性、工具设备的先进性、技能的熟练性、经验的丰富性、作用过程的快捷性、功能的高效性等。

第二，信息技术具有区别于其他技术的特征，即信息性，主要表现为信息技术的服务主体是信息，核心功能是提高信息处理与利用的效率、效益。

二、互联网金融

(一) 互联网金融的定义

互联网金融是传统金融行业与互联网精神相结合的新兴领域，广义上包括互联网企业通过互联网实现的金融创新以及传统金融行业通过互联网进行的业务创新，狭义上仅指互联网企业通过互联网实现的金融创新部分。

本书将互联网金融定义为借助互联网技术、移动通信技术实现资金融通、支付和信息中介等业务的新兴金融模式。它与传统的商业银行间接融资和资本市场直接融资的融资模式不同，具有成本低、效率高、覆盖广、便利性强等特点。

1. 成本低

互联网金融模式下，资金供求双方通过网络平台自行完成信息甄别、匹配、定价和交易，无传统中介、无交易成本、无垄断利润。一方面，金融机构节省了开设营业网点的资金投入和运营成本；另一方面，消费者可在开放透明的平台上快速找到适合自己的金融产品，削弱了信息不对称，交易更省时省力。

2. 效率高

互联网金融业务主要由计算机处理，操作流程完全标准化，客户不需要排队等候，业务处理速度更快，用户体验更好。

3. 覆盖广

在互联网金融模式下，客户能够突破时间和地域的约束，在互联网上寻找需要的金融资源，金融服务更直接，客户基础更广泛。此外，互联网金融的客户以小微企业为主，覆盖了部分传统金融业的金融服务盲区，有利于提升资源配置效率，促进实体经济发展。

4. 便利性强

互联网金融随时随地进行交易，操作灵活，节省时间，客户在任何时候都可以快速完成购买与交易程序。一般情况下，用手机和电脑登录官方网站或者安装手机应用，输入账户、登录名、密码等信息在网上进行操作。

（二）互联网金融的分类

从企业组织形式的角度，互联网金融包括三种基本形式：网络小额贷款公司、第三方支付公司、金融中介公司。此外，商业银行推广的电子银行、网上银行、手机银行等也属于互联网金融的范畴。

从发展模式的角度，根据我国的金融监管环境和信用制度，互联网金融分为第三方支付、P2P 网络借贷、大数据金融、信息化金融机构四种模式。

第三方支付指的是拥有雄厚资金和良好信誉支撑的独立结构，它对接着商业银行的支付结算系统，保证买卖双方的资金运转和交易安全，确保了交易的正常进行。第三方支付除了日常的支付、转账及结账等业务外，也可以融通小额资金。

P2P 网络借贷通过网络平台实现资金借贷双方的直接联系，有利于实现资源的合理配置，改变了传统金融系统中的业务模式。

大数据金融通过大量数据的分析和挖掘，把握消费者的行为习惯和风险偏好，开展金融产品和服务的创新，提高效率并降低成本。

信息化金融机构通过信息技术改进传统金融机构的服务和产品，使其更符合市场需求。

（三）互联网金融的优势和风险

互联网金融具有便捷快速、投资门槛低、信息透明度高和多元化投资选择等优势。互联网金融业务的办理方式更为简单、方便，客户通过手机、电脑等设备轻松地完成金融业务操作，避免了传统金融机构需要面对面办理业务的烦琐流程，节省了客户的时间和精力。互联网金融投资门槛较低，例如基金产品起点购买金额只需 100 元，远低于传统金融机构动辄万元的投资门槛。互联网平台上获取理财产品的信息包括收益率、申购费率、赎回费率等，使投资者更容易了解投资项目，做出明智的投资决策。互联网金融的发展丰富了金融产品类别，如 P2P

理财、基金、股票等，投资者根据自己的风险承受能力和理财需求选择适合自己的投资产品，实现多元化投资，降低投资风险。

然而，互联网金融也面临着信息安全风险、投资风险、监管风险等问题。互联网金融业务主要依赖互联网技术，因此客户个人信息和资金交易存在被黑客攻击、恶意软件攻击等安全隐患，可能导致资金损失、个人信息泄露等风险。虽然互联网金融产品具有较低的投资门槛，但任何投资都存在风险，需要投资者根据自己的财务状况和风险承受能力合理规划投资方案，避免盲目追求高收益而忽略风险。由于互联网金融业务涉及多个领域，包括支付、借贷、理财等，其监管政策也存在不确定性。例如，在某些地区可能允许的金融业务在其他地区可能被禁止，因此投资者需要关注所在地区的监管政策，避免因存在监管风险而造成损失。

三、信息技术在互联网金融中的应用

大数据、云计算、区块链等信息技术在互联网金融领域有着广泛的应用，这些技术的应用有助于提高金融服务的效率、安全性和便利性，为互联网金融的发展带来了新的机遇和挑战。

在互联网金融领域，大数据技术被广泛应用于风险管理和信贷决策。金融机构通过大数据分析，准确地评估借款人的信用风险，有效管理贷款组合，快速审批贷款申请。大数据还可以帮助金融机构理解客户个性化需求，设计和提供个性化的产品和服务。

云计算使得金融机构能够更灵活地处理海量数据，提高数据处理效率，并保证数据的安全性和隐私性。通过云计算技术，金融机构可实现快速的数据处理和分析，更好地支持业务决策。

区块链技术应用于金融领域，实现分布式账本和智能合约，提高交易速度和安全性。区块链可用于数字货币的交易和转移，降低交易成本和时间。

智能技术对于金融服务将发挥重要作用，声纹识别用于金融安全，人脸识别和指纹识别用于远程支付和收款等；智能技术帮助金融机构自动化处理信贷审批流程，自动识别和评估信用风险。

未来移动金融是金融的发展趋势，而移动互联网技术对于拓宽互联网金融的时空维度大有裨益，使真正的移动金融成为现实，便捷与高效是其显著特点和作用。

未来移动搜索及智能搜索技术可对金融信息的比价和匹配起到关键的作用。尤其是新一代的智能搜索技术与推送技术应用，将为互联网金融提供优质高效的金融服务。

四、信息技术对互联网金融的影响

信息技术对互联网金融的影响主要体现在提升金融服务质量、增强金融数据处理能力、推动金融业态创新、加强金融监管等方面。在享受信息技术带来的便利和机遇的同时，我们也需要关注并应对信息技术给互联网金融带来的风险和挑战。

（一）提升金融服务质量

信息技术的应用显著提升了金融交易的效率。通过网络技术，金融市场不再受限于时间和空间，交易随时随地进行。例如，利用计算机程序自动执行买入和卖出的操作，提高了交易速度和效率。同时，信息技术使金融服务便捷和人性化，客户随时通过手机或电脑进行转账、支付等操作，极大地提高了服务质量和客户体验。

（二）增强金融数据处理能力

信息技术也极大地改变了金融市场的数据处理方式。对金融市场而言，数据是非常重要的资源，而信息技术则是数据的主要处理和分析工具。通过大数据分析，金融机构准确地评估信用风险、管理贷款组合以及快速地审批贷款申请。

（三）推动金融业态创新

信息技术的快速发展推动了金融业的创新，尤其是在电子金融业务方面。各种新兴的电子金融业务近些年屡见不鲜，如电子银行、网上银行、网上证券经纪业务等。这些新兴的电子金融业务不仅提供了便捷、高效的金融服务，也改变了传统金融业务的形式。

（四）加强金融监管

信息技术的发展使得金融监管精准和有效。通过数据挖掘和分析技术，监管机构实时监测金融市场的动态，及时发现和防范各种金融风险。同时，信息技术也使得金融数据的透明度更高，有利于增强公众对金融市场的信任。

（五）扩大金融影响

信息技术的发展使得越来越多的人能够接触到金融服务和产品，金融业的影响范围广泛。例如，通过互联网平台，金融服务和产品可以覆盖到更多的地区和人群，扩大了金融业的影响力。

第三节　区块链技术及其金融应用

随着科学技术的不断发展，金融业正在经历前所未有的变革。其中，区块链技术以其独特的特性在金融领域崭露头角，为金融行业的未来发展带来了巨大的想象空间。

一、区块链技术的定义和发展历程

区块链技术是一种去中心化的分布式数据库技术，它以块的形式记录和存储交易数据，并使用密码学算法保证数据的安全性和不可篡改性。每个块都包含了前一个块的哈希值和自身的交易数据，形成了一个不断增长的链条。

区块链起源于比特币，2008 年 11 月 1 日被首次提出，2009 年 1 月 3 日第一个序号为 0 的创世区块诞生，同年 1 月 9 日出现序号为 1 的区块，并与序号为 0 的创世区块相连接形成了链，标志着区块链正式诞生并步入实践。这项技术的发展经历了如下阶段：

2008 年中本聪第一次提出了区块链的概念①，在随后的几年中，区块链成为电子货币比特币的核心组成部分：作为所有交易的公共账簿。利用点对点网络和分布式时间戳服务器，区块链数据库能够进行自主管理。为比特币而发明的区块链使它成为第一个解决重复消费问题的数字货币。

2014 年，“区块链 2.0”成为一个关于去中心化区块链数据库的术语。对这个第二代可编程区块链，经济学家们认为它是一种编程语言，允许用户写出更精密和智能的协议。

2019 年 1 月 10 日，国家互联网信息办公室发布《区块链信息服务管理规定》②。2019 年 10 月 24 日，在中央政治局第十八次集体学习时，习近平总书记强调，“把区块链作为核心技术自主创新的重要突破口”“加快推动区块链技术

---

① NAKAMOTO S. Bitcoin: a peer-to-peer electronic cash system [EB/OL]. 2008-10. www.bitcoin.org.

② 关于区块链信息服务备案管理系统上线的通告，http://www.cac.gov.cn/2019-01/28/c_1124053347.htm.

和产业创新发展”①。

2021年，区块链被写入“十四五”规划纲要中，各部委发布的区块链相关政策已超60项，各部门积极探索区块链发展方向，强调各领域与区块链技术的结合，加快推动区块链技术和产业创新发展，区块链产业政策环境持续利好发展。

2022年11月，蚂蚁集团数字科技事业群开发的区块链存储引擎LETUS（Log-structured Efficient Trusted Universal Storage）首次对外开放。

2022年11月14日，北京微芯区块链与边缘计算研究院长安链团队成功研发海量存储引擎Huge，可支持PB级数据存储，是目前全球支持量级最大的区块链开源存储引擎。

2023年2月16日，区块链技术公司Conflux Network宣布与中国电信达成合作，将在香港地区试行支持区块链的SIM卡。

2023年3月30日，全国医保电子票据区块链应用正式启动，它成为全国统一医保信息平台建设的重要组成部分。

二、区块链技术的基本原理

（一）区块链的类型

区块链分为三种类型：公有区块链、行业区块链和私有区块链。

一是公有区块链：世界上任何个体或者团体都可以发送交易，且交易能够获得该区块链的有效确认，任何人都可以参与其共识过程。公有区块链是最早的区块链，也是应用最广泛的区块链，各种的虚拟数字货币均基于公有区块链，世界上有且仅有一条该币种对应的区块链。

二是行业区块链：由某个群体内部指定多个预选的节点为记账人，每个块的生成由所有的预选节点共同决定，即预选节点参与共识过程，其他接入节点参与交易，但不过问记账过程。本质上还是托管记账，只是变成分布式记账，预选节点的多少，如何决定每个块的记账者成为该区块链的主要风险点，其他人可通过该区块链开放的API进行限定查询。

三是私有区块链：仅仅使用区块链的总账技术进行记账，可以是一个公司，

① 我国必须走在区块链发展前列，http://politics.people.com.cn/n1/2019/1026/c1001-31421642.html.

也可以是个人，独享该区块链的写入权限，本链与其他的分布式存储方案没有太大区别。

（二）区块链的核心技术

区块链采用的核心技术有分布式账本、非对称加密、共识机制和智能合约。

分布式账本指的是交易记账由分布在不同地方的多个节点共同完成，而且每一个节点记录的是完整的账目，因此它们可都参与监督交易合法性，也共同为交易作证。

非对称加密保证了存储在区块链上的交易信息是公开的，但是账户身份信息是高度加密的，只有在数据拥有者授权的情况下才能访问，保证了数据的安全和个人的隐私。

共识机制就是所有记账节点之间怎么达成共识，去认定一个记录的有效性，这既是认定的手段，也是防止篡改的手段。区块链提出了四种不同的共识机制，适用于不同的应用场景，在效率和安全性之间取得平衡。

智能合约是基于这些可信的不可篡改的数据，可自动化地执行一些预先定义好的规则和条款。以保险为例，如果每个人的信息（包括医疗信息和风险发生的信息）都是真实可信的，那么对于一些标准化的保险产品就可以进行自动化的理赔。

（三）区块链系统的组成

一般来说，区块链系统由数据层、网络层、共识层、激励层、合约层和应用层组成，如图 10-1 所示。

数据层封装了底层数据区块以及相关的数据加密和时间戳等基础数据和基本算法；网络层则包括分布式组网机制、数据传播机制和数据验证机制等；共识层主要封装网络节点的各类共识算法；激励层将经济因素集成到区块链技术体系中来，主要包括经济激励的发行机制和分配机制等；合约层主要封装各类脚本、算法和智能合约，是区块链可编程特性的基础；应用层则封装了区块链的各种应用场景和案例。

三、区块链技术的特点和优势

区块链技术的特点是去中心化、数据难以篡改、透明度高、高度安全和匿名性等。区块链系统中的数据由分布在全网的众多节点共同维护，每个节点都有完整的账本副本，使得区块链系统无需中心化服务器即可正常运行。区块链系统中

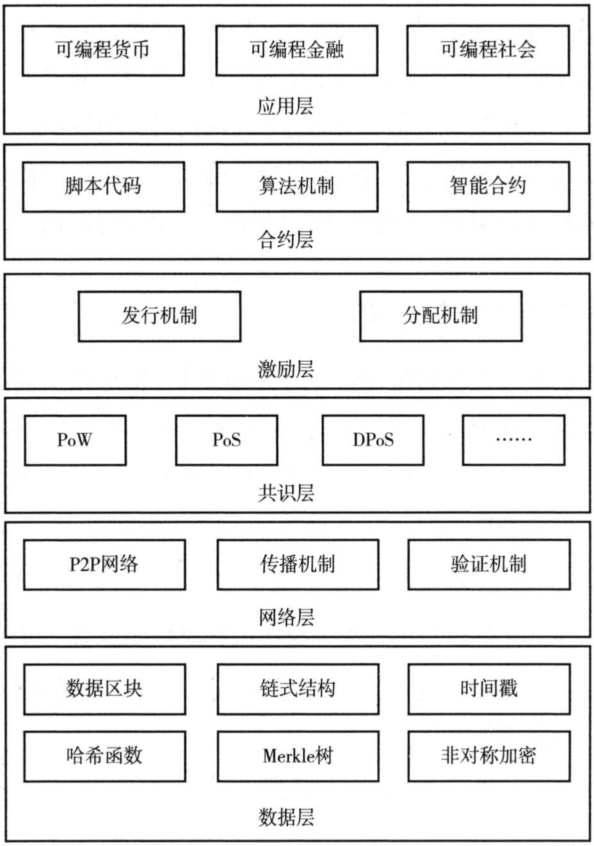

图 10-1　区块链系统的组成

的数据一旦被记录，就无法被篡改或删除，这就保证了数据的真实性和可靠性。区块链系统中的数据对所有参与者都是公开的，使得每个参与者能够了解交易的详细信息，但同时通过加密技术保护了交易者的隐私。区块链系统使用了先进的加密技术，使得数据在传输和存储过程中都得到了充分保护。除非有法律规范要求，单从技术上来讲，各区块节点的身份信息不需要公开或验证，信息传递匿名进行。

区块链技术的优势主要表现在提高数据安全性和可靠性、去中心化、透明度和公开性、减少交易成本和提高效率、增强供应链的可追溯性和透明性、促进去中心化金融的发展等方面。区块链技术采用密码学技术对数据进行加密和解密，使得数据在传输和存储过程中高度安全可靠，避免数据被篡改或泄露。区块链技术通过分布式存储和计算，不依赖于任何中心机构或第三方信任，使得信息的传输和存储具有高度自主性和安全性。区块链技术采用的分布式账本技术，使得数据的记录和交易具有高度透明度和公开性，任何人都可以查询和监督数据。区块链技术省去传统交易中的中介机构和繁琐的手续，使得交易成本大幅降低，同时提高交易的效率。区块链技术实现供应链中商品的可追溯性和透明性，使得消费者能够追踪产品的来源和质量，增强对供应链的信任。区块链技术促进去中心化金融的发展，使得金融服务的门槛更低、更加民主化和普惠化。

四、区块链技术的风险和挑战

区块链技术面临着法律和监管政策的不确定性、标准化领域仍属空白、底层技术存在瓶颈、区块链基础设施建设亟须改进等风险和挑战。通过加强监管改革、法律和监管政策的支持、标准化建设、技术研究和底层设施建设等措施，可推进区块链技术的发展应用。

(一) 区块链技术应用的监管力度不足

区块链技术的应用和发展需要得到更多监管机构的支持，以确保其合法性和合规性。目前，监管机构对于区块链技术的了解不足，导致监管出现空缺和漏洞，不利于区块链技术的发展应用。

(二) 法律和监管政策的不确定性

区块链技术的应用和发展需要得到更多法律和监管政策的支持和规范。目前，很多法律和监管政策对于区块链技术的应用和发展存在漏洞和不足，难以有效地对区块链技术进行规范管理。

(三) 标准化领域仍属空白

区块链技术的应用和发展需要进行标准化的工作，以确保其互通性和互操作性。但是，目前对区块链研究的标准化领域仍然属于空白，各个国家或地区的标准不一致，导致区块链技术的应用发展存在一定的障碍。

(四) 底层技术存在瓶颈

区块链技术的应用和发展需要解决很多底层技术的问题，例如数据存储、计算速度、隐私保护等方面。目前，这些技术问题仍然是制约区块链技术发展的瓶颈。区块链的底层技术需要与现行的行业标准相容才能实现大规模商用。但目前区块链技术的应用和发展存在一定的孤立性，难以与现有的基础设施和行业标准进行有效的融合。

五、区块链技术在金融领域的应用场景

区块链技术在金融领域具有广泛的应用场景，可用于跨境支付数字票据供应链金融业务、跨境支付数字票据、保险业务、征信等业务。

（一）区块链+跨境支付

区块链技术有助于降低金融机构间的对账成本及争议解决的成本，显著提高支付业务的处理速度及效率，这一点在跨境支付领域的作用尤其明显。通过区块链的平台，绕过中转银行，减少中转费用。区块链安全、透明、低风险的特性，提高了跨境汇款的安全性，以及加快结算与清算速度，大大提高了资金利用率。

（二）区块链+数字票据

票据业务通过区块链技术搭建一个可行的交易环境，避免信息的互相割裂和风险事件。例如京东金融，通过区块链技术，所有参与方在票据平台上的交易、查询等业务操作都需要使用私钥进行认证与数据加密。

（三）区块链+证券发行与交易

通过去中心化的分布式账本技术，能够实现传统金融所不具备的优势。在数字证券发行和交易中，传统券商、交易所和清算机构的职能都被区块链技术所替代，将整个过程变得简单、快捷和透明。同时，区块链技术可以提高交易效率、增强交易透明度、降低交易风险、创新交易模式等。

（四）区块链+供应链金融

供应链金融在业务处理中，有大量的文件审阅、验证各种交易单据以及纸质文件的工作，这些业务的处理都要依赖大量人工来完成，而区块链技术的分布式记帐和自动存储能够代替人工完成交易处理工作。

六、区块链技术对金融行业的影响

区块链技术对金融行业产生了深刻的影响，可提高效率、降低成本，增强安全性、透明度和可追责性，主要体现在结算和清算、风险管理、金融合同管理、投资和资产管理、保险业、银行业等领域。

区块链技术能够实现实时、高效、安全的交易结算和清算。通过分布式账本技术，消除传统金融体系中的中介机构，直接连接借款人和投资人，实现点对点交易。这极大地减少了交易成本和时间，同时提高了透明度和可追责性。

在风险管理方面，通过智能合约和链上监管，制定明确的交易规则，控制交易对手风险，减少欺诈行为。同时，通过数据分析工具对链上数据进行挖掘和分析，对客户进行更准确的信用评级，提高信贷风险管理的效率和准确性。

区块链可创建、存储和更新数字合同，这些合同在交易双方之间具有法律效应。智能合约能够自动执行合同条款，提高合同执行的效率和可靠性，降低合同执行成本。

区块链技术提供了透明的资产交易平台，降低了投资风险，提高了资产流动性。例如，区块链用于证券发行和交易、数字货币投资、供应链金融等场景。

区块链技术实现了智能合约自动执行赔付，降低欺诈风险，提高了保险行业的赔付效率和可靠性。

区块链技术简化了银行间的交易和结算流程，提高效率，降低成本。同时，区块链技术可以帮助银行对客户信息进行分析，提升银行反洗钱和反恐怖融资的能力。

第四节　金融大数据与云计算

一、金融大数据

（一）金融大数据的定义和特点

金融大数据指的是在金融领域中产生和收集的大量数据，这些数据既包括结构化数据（如股票价格、财务报表等），也包括非结构化数据（如新闻、社交媒体数据等）。

金融大数据有如下特点。

第一，数据规模巨大。金融大数据的数量庞大，既包括结构化数据，也包括非结构化数据，而且这些数据呈现高速增长的态势。

第二，数据来源广泛。金融大数据的来源非常广泛，既包括金融机构内部的业务数据，也包括外部的宏观经济数据、社交媒体数据、市场数据等。

第三，数据处理复杂。由于金融大数据的类型和来源非常多样化，因此需要采用先进的数据处理和分析技术，如大数据存储技术、数据挖掘技术、机器学习技术等，对这些数据进行深入地分析和挖掘。

第四，数据价值密度高。金融大数据中蕴含着大量的有价值的信息，通过对这些数据的分析和挖掘，理解市场动态、客户行为、风险状况等，为金融企业提供有价值的决策支持。

第五，数据更新及时。金融大数据的更新速度非常快，需要及时处理和更新数据，以反映最新的市场动态和信息。

这些特点使得金融大数据在金融行业中具有重要的应用价值，为金融企业提供全面、准确、及时的决策支持和服务。

（二）金融大数据的重要性

金融大数据的出现给金融行业带来了巨大的挑战和机遇，具有重要的应用价值。它对金融行业的影响主要体现风险管理、市场分析与预测、金融产品创新与个性化服务、高频交易和算法交易等方面。

第一，风险管理。金融大数据帮助金融机构进行风险评估和预测。通过对大量交易数据、市场数据和公司数据的分析，金融机构能够提前预警和管理各种风险，包括市场风险、信用风险、操作风险等。

第二，市场分析与预测。金融大数据帮助投资者、分析师和交易员更好地理解金融市场的运行和趋势，进行准确的市场分析和预测，做出更明智的投资决策。通过对大量市场数据和新闻数据的挖掘和分析，发现金融市场的规律和趋势，为决策提供参考和支持。

第三，金融产品创新与个性化服务。金融大数据帮助金融机构和科技公司创新金融产品和服务，提供更个性化、定制化的金融服务。通过对客户交易数据、消费数据和行为数据的分析，了解客户的需求和偏好，设计和推出更符合客户需求的金融产品和服务，提高客户满意度。

第四，高频交易和算法交易：金融大数据支持高频交易和算法交易的实施。通过对大量市场数据进行实时分析和处理，进行快速的交易决策和执行，捕捉市场中的瞬间机会，提高交易效率和收益。

二、云计算

（一）云计算的定义

云计算是一种基于互联网的新型计算模式，它把原本存储于个人计算机、移动设备等个人设备上的大量信息集中在一起，使其强大的服务器协同工作。云计算的定义可以从专业人员和一般用户两个角度来理解。

对于专业人员而言，云计算是分布式处理、并行处理和网络计算的发展，或者是这些计算机科学概念的商业实现。它是一种新兴的共享计算资源的方法，能够将巨大的系统连接在一起，以提供各种计算服务。

对于一般用户而言，云计算是指通过网络以按需求、易扩展的方式获得所需的服务，即随时随地只要能上网就能使用各种各样的服务。

（二）云计算的特点

云计算是一种具有弹性伸缩、高可靠性、高可用性、节约成本和简化管理等特点的新型计算模式。

第一，弹性伸缩。可根据用户业务的需求自动调整计算资源和存储资源的规模。这种弹性伸缩的特点提高了计算资源的利用率，降低了计算成本。

第二，高可靠性。通过数据冗余和备份等方式，保证数据的安全性和可靠性。云计算平台通过自动化运维和监控等方式，可以保证系统的稳定性和可靠性。

第三，高可用性。通过负载均衡和故障转移等方式，保证系统的可用性。这种高可用性的特点极大提高了用户的体验和服务质量。

第四，节约成本。云计算平台通过资源共享和按需付费等方式，降低用户的计算成本和存储成本。用户根据自己的业务需求，灵活地选择计算资源和存储资源的规模和使用方式，从而降低成本。

第五，简化管理。云计算平台通过自动化运维和管理等方式，简化了系统的管理和维护工作。同时，云计算平台还可以通过全球化服务网络，为用户提供全球范围内的计算资源和存储资源。用户可以在任何地方、任何时间、使用任何设备，访问云计算平台的服务，享受全球化的服务体验。

（三）云计算的发展历程

云计算可追溯到 1956 年，克里斯托弗·斯特雷奇（Christopher Strachey）发表了一篇有关虚拟化的论文，正式提出了虚拟化的概念。虚拟化是今天云计算基础架构的核心，是云计算发展的基础。尔后随着网络技术的发展，逐渐孕育了云计算的萌芽①。

2006 年 8 月 9 日，Google 首席执行官埃里克·施密特（Eric Schmidt）在搜索引擎大会首次提出云计算的概念，云计算的出现成为互联网的第三次革命②。

2008 年，微软发布其公共云计算平台（Windows Azure Platform），同年，中

---

① 许子明，田杨锋．云计算的发展历史及其应用［J］．信息记录材料，2018，19（8）：66-67.

② 罗晓慧．浅谈云计算的发展［J］．电子世界，2019（8）：104.

国许多大型网络公司纷纷加入云计算的阵列。

2009 年 1 月，阿里软件在江苏南京建立首个“电子商务云计算中心”。同年 11 月，中国移动云计算平台“大云”计划启动。到现阶段，云计算已经发展到较为成熟的阶段。

2020 年，我国云计算市场规模达到 1 781 亿元，增速为 33.6%。其中，公有云市场规模达到 990.6 亿元，同比增长 43.7%；私有云市场规模达 791.2 亿元，同比增长 22.6%①。

（四）云计算的基本原理

云计算的基本原理是将计算资源、存储资源和应用程序等服务，通过网络以按需、易扩展的方式提供给用户，实现大规模、分布式与共享的计算和存储能力。这种服务模式使得用户无须在本地拥有强大的计算机设备，也不需要安装和维护各种软件，只需通过云服务提供商提供的界面即可使用多样化服务。

云计算通过分布式存储技术、数据管理技术、编程模式和虚拟化技术等关键技术的实现，能够提供弹性的、高效的、可靠的、成本节约的计算和存储资源服务，使用户专注于业务的开发和创新。

第一，数据存储技术。云计算需要存储和管理大量的数据，因此需要采用分布式存储技术来确保数据的高可用性、高可靠性和经济性。这种技术采用冗余存储的方式，保证存储数据的可靠性，同时通过高并发访问、持久化存储等手段，保证数据的安全性和完整性。

第二，数据管理技术。云计算需要对大量数据进行高效的管理，包括数据的存储、检索、分析等。数据管理技术是云平台中非常关键的一环，它需要解决如何在海量数据中快速、准确地找到目标数据的问题。为了解决这个问题，云平台通常采用数据库领域中列存储的数据管理模式，将表按列划分后存储，以提高数据检索的效率。

第三，编程模式。为了方便用户使用云计算平台的各种服务，云计算采用简单的编程模型，例如 Map-Reduce 等。这种编程模型将复杂的并行执行和任务调度向用户和编程人员开放，使得用户轻松地开发出高效、可扩展的应用程序。

第四，虚拟化技术。虚拟化技术是云计算中的重要技术之一。虚拟化技术能够将物理硬件资源虚拟化成多个虚拟资源，实现资源的共享、灵活调度和高效利

① 人工智能与云计算正加速形成应用生态，http：//finance.people.com.cn/n1/2021/1015/c1004-32255265.html.

用。虚拟化技术包括计算虚拟化、存储虚拟化、网络虚拟化等。

（五）云计算在金融领域的应用

金融云，是指利用云计算的模型，将信息、金融和服务等功能分散到庞大分支机构构成的互联网“云”中，旨在为银行、保险和基金等金融机构提供互联网处理和运行服务，同时共享互联网资源，可解决现有问题并且达到高效、低成本的目标。金融与云计算的结合，如今只需要在手机上简单操作，就可以完成银行存款、购买保险和基金买卖。阿里巴巴、苏宁金融、腾讯等企业均推出了自己的金融云服务。

云计算在金融领域的应用帮助金融机构提高业务效率和服务质量，实现金融业务的数字化、智能化和高效化。云计算能够帮助金融机构降低 IT 成本、增强数据安全性和隐私保护，提高金融机构的竞争力和市场适应性。云计算在金融领域的应用场景包括以下几个领域：

第一，银行领域。通过数据分析和处理，对贷款、信用卡等业务进行风险评估和管理。银行还可以实现快速、低成本的客户信息核实和录入，提高银行业务效率和客户满意度。

第二，保险领域。利用云计算技术，对保险产品的性能、价格、风险等要素进行全面的数据分析和模拟，准确地制定保险产品和定价策略。通过云计算，保险企业能够实现高效、精准的理赔和客户服务，提高保险行业竞争力。

第三，证券领域。证券公司利用云计算技术，对股票、基金等金融产品的价格波动和趋势进行分析和预测，科学制定证券投资策略和风险控制方案。证券公司还能够实现快速的开户和交易服务，提高证券公司的业务处理能力。

第四，监管领域。金融监管机构利用云计算技术，对金融机构的业务数据和风险状况进行实时监测和分析，及时发现和防范金融风险，保障金融市场的稳定和健康发展。

第五节　人工智能及其金融应用

一、人工智能的定义和发展历程

人工智能（Artificial Intelligence，AI）是研究、开发用于模拟、延伸和扩展人的智能的理论、方法、技术及应用系统的一门新的技术科学。它是计算机科学的一个分支，旨在生产出一种能以人类智能相似的方式做出反应的智能机器，该领域的研究包括机器人、语言识别、图像识别、自然语言处理和专家系统等。人工智能从诞生以来，被越来越多地应用于工业、商业、金融、教育、医疗等各个领域。

人工智能的发展是一个不断探索、创新和实践的过程。在这个过程中，不同阶段的研究成果和技术突破不断推动着人工智能的发展和应用。同时，随着技术的不断进步和应用场景的不断拓展，人工智能还将迎来更为广阔的发展前景。人工智能的发展历程大致分为以下几个阶段：

第一阶段，起步发展期（1943—1956 年）。这个阶段是人工智能的探索和概念阶段，主要研究方向是运用符号逻辑进行概念的推理。这个阶段的主要代表人物是艾伦·图灵（Alan Turing）和约翰·莫奇利（John Mauchly），他们提出了“图灵测试”和“ENIAC 计算机”，这些研究奠定了人工智能发展的基础。

第二阶段，反思发展期（1957—1976 年）。第二阶段，在这个阶段，人们开始对人工智能的内涵和可能性进行反思。1957 年，罗森布拉特（Rosenblatt）提出了感知机模型，这是一种能够对输入进行分类的二元线性分类器，它是现代神经网络的起源。

第三阶段，应用发展期（1977—1989 年）。这个阶段人工智能开始在各个领域得到应用。人们开发出真正意义上的人工智能系统，如自然语言处理系统、专家系统等。其中，自然语言处理系统在语音识别、机器翻译等方面得到了广泛应用。

第四阶段，平稳发展期（1990—2008 年）。在这个阶段，人工智能进入平稳发展期。随着互联网的发展和应用，人工智能技术开始在各个领域得到广泛应用，如智能家居、智能医疗、智能金融等。同时，人工智能技术也得到了政府和企业的高度重视，开始成为推动经济发展和社会进步的重要力量。

第五阶段，蓬勃发展期（2008 年至今）。从 2008 年开始，人工智能进入蓬勃发展期。随着大数据、云计算、深度学习等技术的不断发展，人工智能技术得到了更为广泛的应用。同时，人工智能技术也成了推动经济发展和社会进步的重要力量，并开始对人类的生产生活方式产生深远影响。

二、人工智能的实现方法

人工智能的实现方法多种多样，不同的方法适用于不同的应用场景，目前采用的主流方法有机器学习、自然语言处理、计算机视觉、专家系统和神经网络，其中机器学习和深度学习是如今人工智能领域最受欢迎的技术，它们在语音识别、图像处理、自然语言处理等领域取得了显著的成果。未来，随着技术的不断进步和创新应用场景的不断拓展，人工智能的实现方法将更加多元化。

（一）机器学习

机器学习是人工智能的核心技术之一，它是指通过让计算机自主学习数据和经验，提高其性能和准确性的过程。机器学习分为监督学习、无监督学习和强化学习三种类型。监督学习是指通过给计算机提供带有标签的数据，让计算机学习如何将输入映射到输出的过程。无监督学习是指通过给计算机提供没有标签的数据，让计算机自主发现数据中的模式和规律的过程。强化学习是指通过让计算机在与环境交互的过程中不断调整自己的行为，最大化其获得奖励的过程。机器学习的实现方法主要包括神经网络、决策树、支持向量机等算法。

（二）自然语言处理

自然语言处理是指通过计算机技术对自然语言进行处理和分析的过程。自然语言处理分为语音识别、语音合成、文本分类、文本生成等几个方面。语音识别是指通过计算机将人类语言转化为机器可以理解和处理的文本信息。语音合成是指通过计算机将机器生成的文本信息转化为人类听懂的语音。文本分类是指通过计算机将文本信息自动归类到指定的类别中，而文本生成是指通过计算机自动生成人类能够理解的文本信息。

（三）计算机视觉

计算机视觉是指通过计算机技术对图像和视频等信息进行处理和分析的过程。计算机视觉应用于许多领域，如人脸识别、图像分类、视频监控等。实现计算机视觉的方法主要包括图像处理、模式识别、机器学习等。

（四）专家系统

专家系统是一种模拟人类专家解决问题的智能系统。它通过构建一个庞大的知识库和推理引擎，在某一特定领域内通过模仿人类专家思维和解决问题的方式来解决实际问题。专家系统分为基于规则的专家系统和基于框架的专家系统两类。

（五）神经网络

神经网络是一种模仿人类神经系统工作方式的算法，通过训练和学习来提高自身的性能。神经网络可应用在许多领域，如语音识别、图像处理、自然语言处理等。神经网络的实现方法包括前馈神经网络、循环神经网络、卷积神经网络等。

三、人工智能对金融行业的影响

人工智能对金融行业的影响是多方面的，从有效降低运营成本、提升金融服务效率，到提高风险管理和控制能力，再到改变银行内部管理，完善和优化组织架构，以及促进银行业智慧化金融转型，改变了银行竞争格局，无不体现出人工智能在金融领域的重要性。

人工智能的应用能够显著降低银行的运营成本并提升金融服务效率。例如，通过智能客服机器人和巡检机器人，全天候不间断地提供服务，优化业务流程、提升服务效率并降低运行成本。同时，利用机器学习和自然语言处理技术，银行能更好地理解客户需求，为客户提供更为精准的金融服务，提升客户满意度。

人工智能在风险管理方面的应用也至关重要。通过人工智能技术建立的风控模型，能够实时、动态监控借款人的还贷能力，以减少因坏账造成的损失。这种智能风控不仅提高了银行的风险管理水平，也提升了风险评估的准确性和灵敏度。

人工智能也在改变银行内部管理，推动组织架构的优化和银行业务流程的改进。借助智能机器的帮助，越来越多的操作性岗位被人工智能替代，不仅提高银行的运营效率，也有利于提高银行的管理水平。同时，人工智能技术可帮助银行深入挖掘和分析大数据，发现更多的优质客户，为银行贷款提供决策服务。

人工智能的应用也推动了银行业向智慧化金融转型。随着技术的不断进步和应用场景的不断拓展，人工智能已经成为银行重塑核心竞争力的重要方向。围绕核心竞争，银行将进一步提升行业的智能化水平，并对竞争模式进行深度变革，这必然会改变银行间的竞争格局。

然而，尽管人工智能给金融行业带来了诸多好处，但也有一些问题需要我们关注。这些问题的解决需要我们不断探索和实践，以实现人工智能与金融行业的有机结合。

第一，数据隐私和数据安全。人工智能需要大量数据来训练模型和进行预测，但数据的获取和处理过程中存在隐私泄露和数据安全问题。例如，黑客可能会攻击存储数据的服务器，获取敏感信息并造成数据泄露。此外，在训练模型时，大数据可能被误用或滥用，导致客户隐私和安全受到威胁。

第二，算法透明性和可解释性。人工智能模型需要具有透明性和可解释性，以便人们能够信任它们并理解其工作原理。然而，很多复杂的机器学习模型难以解释，甚至模型的开发者也难以理解其内部机制。这可能会导致人们不信任这些模型，甚至抵制它们的广泛应用。

第三，算法的不确定性。人工智能模型在处理复杂的问题时可能会出现不确定性。例如，人工智能模型在处理金融投资时也可能会出现不确定性，会导致投资失败和损失。

第四，法律和伦理问题。人工智能的应用还涉及许多法律和伦理问题。例如，人工智能应用于自动驾驶汽车时，如果汽车在行驶过程中发生事故，事故责任应该由谁承担？此外，在人工智能应用中如何保护个人隐私也是一个重要的法律和伦理问题。

四、人工智能在金融领域的应用场景

人工智能在金融领域的应用场景非常广泛，包括智能投顾、风险管理、客户服务、金融监管、量化交易等。这些应用场景的不断发展帮助金融机构提高服务质量和效率、加强风险管理、改进金融监管并获得更好的投资收益。

（一）智能投顾

智能投顾是一种基于人工智能的投资顾问，它根据投资者的风险偏好和投资目标，提供个性化的投资建议和投资策略。智能投顾通过分析大量的金融市场数据，快速地帮助投资者做出明智的投资决策，获得良好的投资收益。

（二）风险管理

金融机构利用人工智能技术来加强风险管理，例如通过机器学习算法来识别和评估借款人的信用风险，以减少不良贷款的风险。人工智能帮助金融机构识别和预测市场风险、流动性风险等，管理风险并避免损失。

（三）客户服务

金融机构利用人工智能技术来提高客户服务的质量和效率。例如，通过使用智能客服系统，银行快速回答客户的问题，提升客户服务的满意度。此外，人工智能还能够通过自然语言处理技术自动分析客户投诉和处理业务流程，快速地解决客户问题并提升客户满意度。

(四) 金融监管

监管机构利用人工智能技术来改进金融监管。例如，通过使用自然语言处理技术，监管机构自动分析大量的监管文件并发现可能的违规行为。此外，人工智能还能帮助金融机构管理和分析大量的内部数据，发现可能的欺诈行为或其他违规行为。

(五) 量化交易

人工智能快速地分析大量的金融市场数据，帮助投资者制定更有效的投资策略和交易计划。例如，通过使用机器学习算法，投资者可分析历史数据并确定股票价格的变化模式，以制定投资策略和交易计划，从而获得良好的投资收益并降低风险。

案 例

浦发银行 AMA——精准触达客户的自动化营销利器

互联网和新兴科技飞速发展，转型和创新浪潮席卷而来，在深刻改变人们生活理念和行为模式的同时，也为传统金融业带来巨大的挑战。2008 年马云喊话银行业，“银行不改变，我们就改变银行”，是互联网金融为商业银行带来的发展之问。

银行以灵活的姿态迅速作出回应，并在发展中不断思考科技变革对银行的影响。最先发生变化的是“二八定律”被颠覆，作为理性“经济人”，商业银行往往把主要精力放在占比 20%却能带来 80%价值的客户身上。相较之下，拥有最广泛资金需求的长尾客群，却多被传统金融所忽略。

随着大客户思维换挡、互联网时代指数思维的序幕拉开，商业银行纷纷开始借助具有低成本、覆盖面广优势的线上移动渠道开展批量营销。其中，浦发银行以敢为人先的姿态，针对海量长尾客户，打造了精准触达客户的自动化营销利器。

近年来，为顺应新一轮技术变革，浦发银行充分发挥信息科技的先行作用，推进服务模式重构，不断提升数字化经营管理能力。浦发银行打造的 AMA 智能营销机器人，是银行业内首个线上营销全流程自动化闭环项目。该项目通过建立涵盖目标数据洞察、预先策略规划、执行过程跟踪、营销数据捕捉、可视化评估分析、策略迭代优化的完整营销闭环，用数字化的方式扩展银行的客户经营服务能力，解决了营销场景中的规模化和差异化矛盾问题，实现了营销活动开展全链路上的自动化和无人化。

小　结

本章介绍了数字金融基础设施的内涵与功能，包括信息技术与互联网金融、区块链技术及其金融应用、金融大数据与云计算、人工智能及其金融应用等方面的内容。这些技术为金融业提供了数字化、智能化的支持，对金融行业的转型升级具有重要意义。其中，区块链技术提供去中心化、高信任度、高透明度的数据交换和价值传输服务，适用于数字货币、供应链金融、贸易融资等领域；云计算提供灵活、高效、低成本的数据存储、计算和运维服务，为金融机构提供便捷的IT解决方案。通过本章的学习，了解数字金融基础设施在现代金融体系中的重要地位和作用，以及未来数字金融发展的趋势。

习　题

1. 简述数字金融基础设施的内涵与功能。
2. 区块链技术在金融领域的应用有哪些？
3. 人工智能在金融领域的应用有哪些？

第十一章
数字金融创新

导入案例

2004年，工商银行率先在行业内启动了基于“一云多芯”技术架构的信息技术应用创新转型工作，目前已取得重要阶段性成果。工商银行云内信创芯片服务器已达到数千台，为各类业务应用和办公系统提供全栈信创基础运行支撑环境。该“一云多芯”信创金融云具有三个显著特点：体系完备，涵盖IaaS、PaaS、分布式数据库、中间件、大数据等全栈基础平台；自主研发，包括自研PaaS云平台、MySQL分布式数据库iSQL等关键技术平台；规模化应用，已实现生产、测试、研发的全场景规模化应用，并经受住了金融企业级的考验。

工商银行金融信创云平台在兼容适配性方面，硬件上实现了多芯兼容，同一平台可包含IntelX86、鲲鹏芯片、海光芯片等异构芯片服务器。IaaS层计算节点兼容主流的IntelX86、海光芯片和鲲鹏芯片服务器，存储和网络节点兼容主流的IntelX86和鲲鹏芯片服务器。网络接入设备兼容主流国产网络设备。软件方面，基于国内领先云产品进行自主创新适配改造，自研PaaS平台基于IteX86、海光芯片、鲲鹏芯片云主机搭建容器集群，由PaaS管理平台统一调度，具备覆盖IntelX86、海光芯片、鲲鹏芯片等多种芯片的应用级调度布署、弹性伸缩及故障恢复能力。操作系统方面，满足云主机、裸金属及容器等计算服务全面兼容麒麟v7/v10操作系统的能力，同时配套适配高斯DB及iSQL等国产或自研数据库，以及宝兰德等中间件，具备从硬件设备到云主机、容器、分布式存储、数据库、操作系统、中间件等全栈适配能力。工商银行金融信创云确保安全性的方式包括两部分：云内建安全和云安全服务。云内建安全涵盖身份认证与授权、资源隔离、镜像安全、多副本冗余、操作日志审计和日志归集等。云安全服务则提供网络安全防护、主机安全防护、堡垒机与用户集中管理等。该云服务满足了我国信息安全的等级要求。通过统一管理主流和非主流信创芯片，并提供云化服务，工行金融信创云成功实现了多种信创芯片计算资源池的统一管理和灵活调度。这为金融用户提供了安全、灵活发展的信创技术路线。同时，充分利用信创产业的技术和产品能力，为金融用户提供全栈服务。金融级高可用性设计增强了云存储和云网络服务的高可用能力，提升了金融业务的连续性，有效化解了业务网络不稳定的金融风险。

工商银行的“一云多芯”信创金融云平台已取得阶段性成果，明确了技术架构体系，并稳步推动规模化应用。该平台保障了银行的信息技术应用创新转型工作，同时确保了供应链安全。该平台具备多芯兼容、交叉复用、灵活调度和全栈布署等核心技术特点。多芯兼容实现了云平台对X86、鲲鹏芯片、海光芯片等多异构芯片算力的支持。交叉复用使云平台支持多芯片计算资源在管控、网络、存储等配套设施中的交叉共享。灵活调度则构建了云平台资源的芯片调度能力，满足了云服务在多芯片场景下的快速迁移需求。全栈布署实现了从硬件设备到云主机、容器、分布式存储、数据库等全栈信创云服务资源供应。在此基础上，工商银行应用系统得到了可灵活发展的安全信创技术路线，资源利用能力更高效灵活，采用信创技术栈的门槛和成本大幅降低。同时，工商银行充分利用信创产业技术和产品能力，为金融用户提供基于全栈信创软硬件技术堆栈的服务。

目前，工商银行已在上云过程中管理了数千台信创芯片服务器，供应了数万个容器，为业务系统转型奠定了坚实的技术基础。通过这一转型实践，工商银行形成了一套可复制推广的信创云服务资源供给体系，为金融行业信息技术应用创新转型建设提供了有益借鉴①。

① 数字金融创新案例调研组．数字金融创新思考与案例精选［M］．北京：中国金融出版社，2022.

第一节　数字金融创新的重要意义

2023年10月30日，习近平总书记在中央金融工作会议上发表重要讲话：“持续推进我国金融事业实践创新、理论创新、制度创新，奋力开拓中国特色金融发展之路，以金融高质量发展助力强国建设、民族复兴伟业。”数字金融创新将进一步促进金融行业高质量发展和经济繁荣。数字金融创新是指基于信息技术和数字化手段，对传统金融模式、金融产品和金融服务进行革新和改进的过程。它包括借助新技术推动金融业务的升级和变革，提供满足用户需求的新型金融产品和服务。数字金融创新对金融行业和经济社会发展具有重要意义。它推动了金融业务的升级与转型，满足了用户多样化需求，降低了金融服务成本，创造了新的商业机会，并增强了风险管理能力。

第一，数字金融创新可以推动金融业务的升级与转型。通过引入新技术和创新模式，数字金融创新改变了传统金融机构的经营方式和服务模式。这种创新提升了金融业务的效率、便捷性和安全性，促进了金融机构的竞争力和盈利能力。

第二，数字金融创新满足了用户多样化需求。通过创新，数字金融带来了更多元化、个性化的金融产品和服务，满足了用户对金融服务的不同需求。用户可以更方便地进行支付、投资、借贷等操作，享受到更高效、便捷、智能的金融体验。

第三，数字金融创新降低了金融服务成本。传统金融业务通常需要大量的人力和物力资源，而数字金融创新通过应用新技术和优化业务流程，实现了自动化、智能化的处理和服务，从而大幅度降低了成本，提高了金融机构的效益。

第四，数字金融创新创造了新的商业机会。通过技术创新和服务创新，数字金融开辟了新的市场空间，推动了新兴产业的发展。金融科技公司、互联网平台以及其他创新型金融机构都可以通过数字金融创新获得竞争优势。

第五，数字金融创新加强了风险管理能力。引入大数据、人工智能等技术手段，数字金融创新提升了金融机构的风险管理能力。通过对海量数据的分析和建模，金融机构能够更准确地评估风险、预测市场变动，并采取相应措施进行风险管理，提高了金融市场的稳定性和抗风险能力。

一、数字金融创新的源动力

技术驱动力、用户需求和体验导向、金融市场的竞争与变革、政策和法规支持以及资本投入和市场潜力等是数字金融创新的源动力。这些动力相互作用，推动着数字金融的持续创新和发展。

（一）技术驱动力

技术的快速发展是数字金融创新的重要源动力，新兴技术的应用和发展在推动金融创新中扮演了重要角色。人工智能、大数据、区块链、云计算等新兴技术的应用，为金融业务提供了更多的可能性和创新空间。这些技术的成熟和推广，推动了数字金融产品和服务的不断创新与改进。

第一，大数据技术。大数据技术可以处理和分析庞大的数据量，从中提取有价值的信息。通过数字金融创新，大数据技术可以更广泛应用于风险评估、客户画像、市场分析等方面，帮助金融机构做出更准确的决策。

第二，人工智能和机器学习。人工智能和机器学习技术可以通过模式识别、自动化决策等方式，提高金融机构的效率和精确性。例如，机器学习可以应用在信用评分、反欺诈、投资组合管理等领域，提供更精准的服务和产品。

第三，区块链技术。区块链是一种去中心化、不可篡改的分布式账本技术，具有安全、透明和高效的特点。在数字金融领域，区块链技术可以应用于跨境支付、智能合约、供应链金融等方面，增强交易的安全性和可信度。

第四，云计算和边缘计算。云计算和边缘计算技术提供了强大的计算和存储能力，使得金融机构可以灵活地调整资源，并实现了高效的数据处理和分析。这些技术可以支持数字化金融服务，加速交易处理和决策制定的速度。

（二）用户需求和体验导向

用户对金融服务的需求和期望也是数字金融创新的重要驱动力。随着社会的发展，用户对于金融产品的便捷性、个性化、安全性和智能化的要求越来越高。数字金融创新致力于满足用户的新需求，通过技术和创新的手段带来更好的用户体验。

数字金融创新的用户需求和体验导向是指在数字金融产品和服务设计中，以满足用户需求和提供良好用户体验为核心目标的理念和方法。它强调将用户放在创新的中心，深入了解用户需求、习惯和偏好，并根据这些需求和偏好来设计和优化数字金融产品和服务。

用户需求导向意味着要真正理解用户的痛点、期望和挑战，从用户角度思考和洞察，发现和解决问题，提供更有价值的解决方案。这要求对用户进行广泛的调研，包括用户访谈、用户行为分析、市场调研等，以收集和整合用户反馈和数据，全面了解用户需求，从而指导产品和服务的创新。

用户体验导向则注重提供愉悦、便捷和高效的用户体验。数字金融产品和服务在设计过程中应注重实现用户界面的友好性、交互的流畅性、操作的简便性等方面，确保用户能够轻松使用、理解和享受数字金融。此外，用户体验还包括用户对产品或服务的感知、情感和满意度等方面，通过优化用户体验，提升用户忠诚度，并促进用户口碑传播。

数字金融创新的用户需求和体验导向非常重要，因为在竞争激烈的市场环境中，用户是决定产品和服务成败的关键因素。只有深入了解用户需求、关注用户体验，才能提供具有差异化和吸引力的数字金融产品和服务，达到用户的期望，建立良好的用户关系，并获得竞争优势。

（三）金融市场的竞争与变革

金融市场的竞争和变革是数字金融创新的重要推动力。传统金融机构面临着来自科技企业、互联网平台和新型金融公司等新兴竞争对手的挑战，为了保持市场竞争力，传统金融机构需要不断创新和改进。同时，监管机构也在积极推动金融科技的发展，为数字金融创新提供了更加宽松的环境。

数字金融创新对金融市场竞争与变革指的是在数字化技术的推动下，金融行业发生的竞争激烈和结构性变革的过程。随着数字化技术的快速发展和普及应用，传统金融机构和新兴科技公司之间的竞争愈发激烈，同时也引发了金融市场的全面变革。

首先，数字金融创新带来了更加激烈的市场竞争。新兴科技公司通过引入互联网、大数据、人工智能等技术，以创新的商业模式和产品理念挑战传统金融机构的地位。这种竞争促使传统金融机构加快转型步伐，优化内部流程、降低成本，并加大对技术创新和数字化转型的投入。

其次，数字金融创新引发了金融市场的结构性变革。传统金融机构与新兴科技公司的竞争和合作推动了金融市场的重塑。许多新的业务模式和金融产品涌现，如互联网支付、P2P 借贷、虚拟货币等，改变了传统金融行业的传统观念和业务模式。监管机构也在不断调整和完善监管政策，以适应数字金融创新带来的新挑战和风险。

最后，数字金融创新推动了金融市场的开放和国际化。随着数字金融技术的全球共享与合作，金融市场逐渐去中心化，办理跨境金融业务会更加便捷和高效。传统金融机构需要在全球范围内寻求合作伙伴，参与国际竞争，同时也面临来自全球竞争对手的挑战。

（四）政策和法规的支持

政策和法规对数字金融创新的发展起到了重要的支持作用。政府出台相关政策和法规，为数字金融创新提供市场准入、规范发展和监管保护等方面的支持，激发了各方的创新活力。

数字金融创新政策和法规的支持是指政府和监管机构制定和实施一系列政策、法律和规章，旨在积极推动和支持数字金融创新的发展。政策和法规支持体现在以下几个方面。

第一，创新激励。政府通过设立专项基金、提供税收优惠等方式，为数字金融创新提供资金和财税支持。同时，也鼓励金融机构和科技企业加大研发投入，推动技术创新和数字化转型。

第二，优化监管环境。政府和监管机构积极调整和优化监管框架，为数字金融创新提供相应的监管政策和指导性文件。这既有针对新兴科技公司和创新模式的特殊监管规定，也包括对传统金融机构的监管要求的调整。

第三，数据隐私和安全保护。政府加强对个人数据隐私和信息安全的保护，确保数字金融创新过程中的数据使用合规和安全。同时，政府也在完善相关法律法规，明确数据保护的责任主体和违规行为的处罚机制。

第四，对金融市场的开放与合作。政府鼓励和支持数字金融创新在国际市场的拓展和合作。通过加强国际合作，推动金融市场的开放和互联互通，为数字金融创新提供了更广阔的发展空间。

第五，人才培养和技术支持。政府通过教育培训、研究机构建设等方式，支持数字金融创新相关领域的人才培养和技术研发。同时，也鼓励金融机构与科技企业进行合作，共同推进数字技术在金融领域的应用。

（五）资本投入和市场潜力

投资者对数字金融领域的投资热情高涨，资本的持续流入为数字金融创新提供了源源不断的动力。同时，数字金融市场具有巨大的市场潜力和发展前景，吸引了更多的参与者。

数字金融创新的资本投入和市场潜力是指数字金融领域吸引的资金投入和市场发展前景。数字金融创新需要大量的资金支持，包括在研发技术、建设基础设施、扩大市场份额等方面的资金投入。这些资金可以来自风险投资、私募股权、创业投资、政府资金支持等渠道。数字金融创新领域的高速发展吸引了众多投资者的关注和参与，为创新企业提供了更多的资本支持。数字金融创新所涉及的市场潜力巨大。随着科技的进步和数字化转型的推进，越来越多的人开始接受和使用数字金融服务，如移动支付、P2P 借贷、区块链、人工智能风控等。数字金融产品和服务的市场需求不断增长，同时也催生了新的商业模式和机会。数字金融市场的规模不断扩大，为创新企业带来了广阔的发展空间。

数字金融创新的资本投入和市场潜力互为因果，资本投入的增加推动了创新企业的研发能力和市场竞争力，而市场潜力的存在又吸引了更多的资本进入。这种良性循环促进了数字金融创新的快速发展，推动了整个行业的繁荣和壮大。

二、推动数字金融创新的市场需求

需求引发变革。用户对于更便捷、高效、个性化的金融服务的需求不断推动数字金融创新发展，数字化技术的进步则为满足这些需求提供了支持和可能性。

数字金融创新能够有效解决金融痛点和满足用户需求。数字金融创新通过提供便捷、高效、安全的金融产品和服务，能够有效解决传统金融存在的痛点。用户对于更方便、更快捷、更个性化的金融服务有着日益增长的需求，而数字金融创新正是针对这些需求进行了创新和优化。

数字金融创新改变了传统金融模式。传统金融模式存在着一定的局限性，包括时间成本高、流程烦琐、空间限制等。而数字化技术的发展使得金融服务不再受制于时间和空间的限制，能够以轻量级、线上化的方式提供服务，满足用户随时随地的需求。

数字金融创新促进经济和社会快速发展。数字金融创新可以促进经济和社会的发展。通过提供普惠金融服务，数字金融可以帮助解决融资难、融资贵等问题，支持小微企业、农村地区和贫困群体的发展。同时，数字金融创新也可以推动经济结构的升级和转型，促进科技创新和产业升级。

数字金融创新可以快速适应新兴市场和消费习惯。随着互联网和移动通信技术的普及，新兴市场的崛起和消费习惯的改变，让数字金融创新得到了广阔的市场空间。特别是在发展中国家和地区，传统金融服务覆盖率较低，而数字金融能够以低成本、高效率满足人们的支付、借贷、保险等金融需求。

推动数字金融创新的因素众多，政策环境和技术条件的改善提供了基础，市场需求和资本支持为创新企业提供了机会，行业竞争和合作机制则推动了创新的不断迭代。这些市场因素的变化和创新将推动金融行业向更加智能、高效、包容和可持续的方向发展，其中起主要推动作用的市场需求有以下几个。

（一）更便捷、更高效的支付和结算需求

随着数字化支付方式的普及，人们对于支付和结算的便捷性和高效性有着更高的期望。数字金融创新可以满足用户随时随地进行支付和结算的需求，提供更快速、安全、便捷的支付和结算服务。

传统的支付和结算方式通常需要较长的处理时间和烦琐的手续，而数字金融创新可以利用互联网技术和金融科技，简化支付和结算流程，大大提高效率。例如，电子支付、移动支付和实时支付等技术手段可以实现即时到账和无纸化操作，缩短资金流通周期，提升资金使用效率。

传统支付和结算方式往往伴随着高昂的手续费和运营成本，而数字金融创新可以通过自动化、智能化的技术手段，降低中间环节的费用和人力资源成本，为用户提供更经济高效的支付和结算服务。比如，区块链技术的应用可以实现去中心化的交易验证和确认，减少第三方中介机构的参与，降低了交易成本。

便捷、高效的支付和结算方式有助于拓展商业模式和服务创新。数字金融创新为企业提供了更多的支付和结算选择，可以支持跨境交易、供应链金融、金融科技合作等新型商业模式的发展。此外，通过与其他领域的技术创新（如人工智能、大数据分析等）结合，数字金融创新还能够为企业提供更精准的数据分析和风险管理服务，以促进商业发展。

传统支付和结算方式受限于地域和渠道，无法满足部分人群的支付需求，而数字金融创新可以通过移动支付、电子钱包等方式打破时空限制，促进金融包容和普惠金融的发展。特别是在发展中国家和偏远地区，数字金融创新可以为无银行账户或无法轻易接触到金融服务的人群提供支付和结算渠道，使其能够参与到经济活动中。

（二）对风险管理和保险的需求

传统的风险管理和保险业务通常涉及繁琐的手续和复杂的流程，而数字金融创新可以通过自动化、智能化的技术手段，提高风险管理和保险业务的效率。例如，区块链技术的应用可以实现可信、透明的数据共享和交换，简化理赔和结算流程，避免人为错误和欺诈行为，提升风险管理效率。

数字金融创新可以通过提供更精确、定制化的风险管理和保险产品，满足个体和企业在风险管理方面的需求。数字金融技术可以通过大数据分析、人工智能等技术手段，实现快速识别和评估风险。通过收集和分析大量的数据，数字金融

创新可以发现和挖掘隐藏在数据中的风险，并利用算法模型进行量化和预测，可帮助金融机构和企业更好地识别、评估和管理风险。

数字金融创新可以根据个体用户的实际情况和风险偏好，提供个性化的风险管理和保险产品。通过搜集个人或企业的数据，数字金融创新可以量身定制符合其需求的保险方案，提供更精准的风险防范和保障服务。例如，基于车辆行驶数据的车险定价模型，可以根据个体的驾驶行为和路况等因素，提供个性化的保费定价和保险方案。

数字金融创新为保险业带来了新的商业模式和创新产品。例如，基于互联网和移动技术的互联网保险、共享经济中的众包保险等新型保险模式的出现，为用户提供了更便捷、灵活的保险选择。数字金融技术的发展还促进了保险业与其他相关行业（如健康、物联网等）的融合，推动了跨界创新和合作。

（三）资金融通和投资需求

数字金融创新可以打破传统金融机构的地域和门槛限制，为企业和个人提供更广泛、便捷的资金融通和投资渠道。P2P 网络借贷平台、股权众筹、数字化资产交易所等创新形式可以满足个体和企业的资金融通和投资需求，促进资源配置的效率和经济发展。

数字金融创新通过互联网和移动技术打破了传统金融机构的地域限制，提供更便捷、高效的资金融通服务。例如，P2P 网络借贷平台通过在线撮合投资者和借款人，提供了一种直接、快速的借贷渠道，降低了中间环节的成本和时间，促进了资金融通。

数字金融创新拓展了投资者的选择范围，为投资者提供了更多元化、个性化的投资渠道。互联网金融平台通过信息技术和数据分析，能够为投资者提供更全面、精准的投资信息和建议，帮助他们更好地分散风险、寻找适合的投资机会，改善投资状况。

数字金融创新催生了许多新型的投资产品和工具。例如，数字货币、区块链资产等新兴的数字化资产，为投资者提供了全新的投资机会和方式。同时，通过智能合约技术，数字金融创新还推动了去中心化金融（DeFi）的发展，为投资者创造了更开放、透明、低成本的投资环境。

数字金融创新可以通过大数据分析和人工智能等技术，提供更全面、精准的投资风险管理工具和服务。例如，基于大数据的风险评估模型可以帮助投资者更好地掌握投资风险和收益预期，指导其进行合理的资产配置和风险控制。

（四）金融包容和普惠金融需求

数字金融创新可以实现金融服务的普及和包容，满足个体和中小微企业等群体的金融需求。通过数字金融创新，可以降低金融服务的成本和门槛，提供更加贴近用户需求的金融产品和服务，让更多人能够享受到金融服务的便利。

数字金融创新可以通过互联网和移动技术，将金融服务扩展到传统金融机构无法覆盖的地区和人群。例如，移动支付和电子钱包等数字支付工具，使得无银行账户的人群也能方便地进行支付和转账，提升了金融服务的普惠性。

数字金融创新为不同群体提供了量身定制的金融产品和服务。例如，小额贷款平台通过数据分析和风险评估模型，能够为小微企业和低收入人群提供定制化的贷款产品，满足了他们的资金需求，促进了经济发展和社会包容。

数字金融创新通过在线教育和金融科普平台，提供了全民金融知识普及的渠道，增加了普通民众对金融知识的了解和参与度。这有助于提高个人理财能力，降低金融风险。

数字金融创新推动了金融监管的转型升级。传统金融监管主要面向传统金融机构，而数字金融创新也带来了新的监管挑战。因此，监管部门需要创新监管手段和制度，以适应数字金融创新的发展。例如，采用区块链技术实现金融交易数据的透明性和可追溯性，加强监管效果，保护消费者权益。

金融包容和普惠金融需求推动了数字金融创新的发展。通过普及金融服务、定制金融产品、普及金融知识和创新金融监管，数字金融创新满足了不同群体的金融需求，促进了金融包容和普惠金融的实现。

第二节　数字金融创新的经验与教训

数字金融创新既有成功的经验，也有失败的教训。总结数字金融创新的经验和教训有助于知识积累、效率提升、强化监管、促进合作等目标的实现，对于推动数字金融行业的健康发展和可持续创新至关重要。

通过总结数字金融创新的经验，可以将成功的实践和有效的方法转化为经验，为后续的创新提供参考和指导。这有助于数字金融行业的迭代发展，避免重复犯错，加快技术和商业模式的演进。数字金融创新过程可能会面临一系列挑战和风险，通过总结教训，可以及时发现并解决问题，提高创新的成功率。数字金融创新通常涉及新的业务模式和技术应用，对监管部门和风险管理提出了新的挑战。通过总结数字金融创新的经验和教训，可以帮助监管部门更好地理解行业动态，更新监管政策和措施，维护市场稳定和消费者利益，促进各利益相关方之间的合作与共享。金融机构、科技公司、学术界和监管部门等可以通过共同分享经验和教训，加强沟通和协作，共同解决行业面临的问题，形成更加健康和可持续的数字金融生态系统。

一、数字金融创新的经验

在数字金融创新过程中，积极推动金融科技合作，提升基础设施建设，加强金融监管适应性，鼓励试点创新，注重风险管理和消费者保护等实践，成为数字金融的健康发展的可靠保障。这些实践经验可以为未来的数字金融创新提供有益的参考和指导。

（一）积极推动金融科技合作

数字金融创新离不开与金融机构和科技公司之间的合作。数字金融创新通过提高效率、拓展服务边界、数据驱动决策、跨界合作和监管与合规等方面的积极作用，推动了金融科技合作的发展。这种合作模式有助于金融机构和科技公司共同创新，提升金融服务的水平和质量，推动整个金融行业的发展和变革。金融机构需要积极主动与科技公司进行合作，共同探索创新的商业模式和技术应用。

第一，提高效率。数字金融创新利用科技手段提高了金融机构内部业务流程的效率，例如，通过智能化的数据处理和自动化的流程优化，可以降低成本、提高效率，更好地满足客户需求。这使得金融机构可以更加专注与科技公司的合作，推动创新和合作的发展。

第二，拓展服务边界。数字金融创新扩大了传统金融机构的服务边界，使得金融科技合作得以实现。例如，通过数字支付、云计算、区块链等技术，金融机构可以与科技公司联合开发新的金融产品和服务，满足不同人群和行业的需要。

第三，数据驱动决策。数字金融创新使金融机构能够更好地收集、分析和利用大数据，从而实现更为精准的风险评估和决策制定。科技公司在数据分析和人工智能等领域的专长，为金融机构提供了更多的合作机会，共同进行数据驱动决策和风险控制。

第四，跨界合作。数字金融创新促进了金融机构与科技公司之间的跨界合作。金融机构可以借助科技公司的技术和创新能力，开发出更具竞争力的金融产品和服务；而科技公司也可以通过与金融机构的合作，扩大市场份额，获得更多的用户和数据资源。

第五，监管与合规。数字金融创新还推动了金融科技合作在监管和合规方面的发展。金融科技合作需要遵守相关法律法规和监管政策，数字金融创新为金融机构和科技公司提供了更好的工具和方法，帮助其遵循监管要求，确保金融业务的稳健运行。

（二）加强数字金融基础设施建设

数字金融创新需要依托稳定高效的数字金融基础设施。金融监管部门和金融机构应加强对数字金融基础设施的建设和投入，包括安全可靠的网络技术、数据中心和云计算等。同时，要加强网络安全防护，保障数字金融系统的安全稳定运行。

第一，支撑创新技术应用。数字金融基础设施是支撑各种创新技术应用的基础。例如，数字支付、区块链、人工智能等技术需要稳定、安全、高效的基础设施环境才能发挥其最大价值。提升数字金融基础设施建设，可以为创新技术的应用提供强有力的支持，推动数字金融创新的深入发展。

第二，提高金融服务效率和质量。数字金融基础设施的优化和升级可以提高金融服务的效率和质量。例如，建设高速稳定的网络通信基础设施可以加快交易和查询速度，完善的数据存储和处理系统可以提高数据分析的准确性。提升数字金融基础设施的建设水平，可以为金融机构提供更好的技术支持，提高金融服务的效率和用户体验。

第三，加强信息安全保护。加强数字金融基础设施建设对于加强信息安全保护至关重要。在数字金融领域，涉及大量的敏感数据和交易信息，必须采取有效的安全措施来保护用户利益和系统稳定。通过加强数字金融基础设施的安全性能，例如加密技术、身份验证等，可以提高信息安全水平，防范网络攻击和数据泄露等风险。

第四，促进金融科技合作与创新。加强数字金融基础设施建设可以促进金融科技合作与创新。优质的基础设施环境吸引了更多的金融机构和科技公司参与数字金融创新，推动了金融科技合作的发展。同时，数字金融基础设施的完善也为新的业务模式和创新产品的出现提供了支持，促进了数字金融创新的蓬勃发展。

（三）加强金融监管适应性

数字金融创新带来了新的监管挑战，监管部门应及时跟进并调整监管政策。金融监管需要兼顾创新和风险防控，采取灵活的监管手段和制度，保护金融系统稳定、用户权益和信息安全。

第一，风险防控与用户保护。数字金融创新带来了新的业务模式和技术应用，同时也带来了新的风险和挑战。加强金融监管适应性可以及时识别、评估和应对数字金融创新中的市场风险、信用风险、操作风险等各类风险，以及针对用户数据隐私和资金安全的保护。建立健全监管体系，可以有效预防金融风险，维护金融市场秩序，确保用户的合法权益得到保护。

第二，促进市场竞争与创新发展。加强金融监管适应性可以促进数字金融市场的竞争和创新发展。监管机构在制定监管规则和政策时，应灵活应变、与时俱进，以适应快速变化的数字金融创新。这样能给予企业充足的发展空间和创新动力，推动行业技术和商业模式的创新，提高数字金融产品和服务的质量。同时，积极开展监管试点、推动监管科技等举措，也有助于为创新企业提供更加包容和支持的环境。

第三，维护金融系统稳定。数字金融创新的发展对金融系统的稳定性提出了新的挑战。加强金融监管适应性可以通过制定合理的规则和监管要求，防止系统性风险传导和扩大。监管机构可以加强对系统重要性机构和关键基础设施的监管，建立风险识别和监测机制，及时应对潜在的金融风险。这样可以保障金融体系的稳定运行，防范金融危机的发生，维护社会经济的稳定发展。

第四，促进国际合作与标准制定。加强金融监管适应性还可以促进国际合作与标准制定。数字金融创新具有跨境特性，需要跨国合作来解决监管跨界问题。通过加强国际间信息共享、合作交流和经验借鉴，可以推动国际监管标准的协调一致性，降低跨境金融活动的监管风险；同时，也有利于增进各国监管机构之间的合作信任，共同应对全球范围内的数字金融挑战和风险。

（四）鼓励金融创新试点

为了推动数字金融创新，政府可以设立特殊的创新试点区域。这些试点可以提供宽松的监管环境和政策支持，吸引金融科技企业、金融机构和投资者积极参与，推动数字金融创新的落地和应用。

第一，推动技术应用和商业模式创新。鼓励金融创新试点可以为数字金融创新提供实验场景与机会。通过试点项目的开展，可以尝试新的数字金融技术应用和金融模式，开拓数字金融领域的新市场。这种创新试点能够推动金融行业的数字化转型升级，为经济发展注入新的动力。

第二，激发市场活力与竞争力。鼓励金融创新试点能够促进市场活力和竞争力的提升。试点项目的开展可以吸引更多创新企业和金融机构的参与，推动数字金融市场的竞争与变革。在试点项目过程中，优秀的创新企业和金融机构可以通过充分竞争和市场验证，获得更多机会和资源支持，进一步发展壮大。

第三，优化监管与政策环境。鼓励金融创新试点可以为监管部门提供实践和经验积累的机会。通过监测和评估试点项目的运行情况，监管机构可以更好地理解数字金融创新的风险和机遇，为制定合理的监管政策和规则提供依据。试点项目也可以促进监管部门与创新企业、金融机构之间的沟通与合作，建立更加适应性和包容性的监管框架。

第四，增强国际竞争力与影响力。鼓励金融创新试点还可以提升国家的国际竞争力和影响力。在数字金融领域，各国都在积极探索创新和发展的路径。通过积极开展金融创新试点，国家可以成为数字金融创新的引领者和示范者，带动国内数字金融产业的发展，并在国际上树立良好的形象和声誉。

（五）注重风险管理和消费者保护

数字金融创新需要注重风险管理和消费者保护。金融机构和科技公司应加强内部风险控制和合规管理，确保数字金融业务的安全可靠。同时，政府和监管部门应建立健全法律法规和监管制度，加强对数字金融产品和服务的监管，保护消费者权益。

第一，风险管理。数字金融创新往往涉及新兴技术和新的商业模式，可能带来新的风险。例如，互联网金融、区块链、人工智能等技术的应用可能伴随着数据安全风险、网络攻击风险、违规风险等。风险管理是确保金融系统稳定运行和保护投资者利益的关键环节，可以对潜在的风险进行评估、监控和控制，降低系统性风险和市场失序的风险水平。

第二，消费者保护。数字金融创新直接涉及消费者的利益和权益。消费者是金融市场的主体，保护消费者利益是维护金融市场稳定和良性发展的基础。在数字金融创新中，需要关注金融产品和服务的透明度、公平性、安全性等方面，确保消费者能够真实、准确地了解和评估金融产品的风险和收益，从而做出明智的决策。同时，要建立健全纠纷解决机制和投诉渠道，及时解决消费者的合理诉求。

第三，维护金融系统稳定。数字金融创新的发展可能引发新的系统性风险，对金融系统的稳定性构成挑战。为了防止金融危机的发生，需要注重风险管理和监测，及时采取调控措施来维护金融系统的稳定。同时，数字金融创新还可能涉及跨界经营、跨境业务等复杂情况，需要强化国际合作和监管，以应对跨境风险的传递。

第四，增强公众信任。数字金融创新的成功与否与公众对金融体系的信任程度密切相关。如果数字金融创新缺乏有效的风险管理和消费者保护机制，可能导致金融市场的不稳定和消费者的损失，从而削弱公众对金融系统的信心和信任度。通过风险管理和消费者保护，可以增强公众对数字金融的信任，推动数字金融的可持续发展。

二、数字金融创新过程中的教训

在数字金融创新的过程中，我们积累了宝贵的经验，但也从中受到了深刻的教训。这些教训提醒我们，在数字金融创新的道路上要注重平衡、安全、透明、合作和共享，以实现数字金融行业的可持续发展。

（一）监管与创新的平衡

数字金融创新需要在监管与创新之间找到平衡。监管机构应及时跟进和适应新的技术和业务模式，但也不能过度限制和阻碍创新的发展。平衡监管与创新的关系，可以促进行业的健康发展和风险的有效管理。数字金融创新的监管与创新的平衡，是指在推动数字金融发展和满足市场需求的同时，确保合规监管和风险管理的有效实施。监管与创新之间存在着一种微妙的平衡，既要鼓励和支持数字金融创新，又要维护金融市场的稳定和消费者的权益。

首先，监管机构需要明确数字金融创新的边界和规则，制定相关政策和法规以规范行业发展。这些规则应该能够适应技术进步和市场需求变化，同时确保金融系统的安全和稳定运行。其次，监管机构应加强对数字金融创新的监测和评估，及时识别潜在风险，并采取必要的监管措施进行风险防范。监管部门应与行业内各方保持密切合作，共同建立风险管理框架，确保创新活动不会导致系统性风险。监管机构还应积极倡导合规文化，促使数字金融相关企业和机构自觉遵守监管规定，履行社会责任。监管机构可以通过监管沙盒、创新试点等方式，提供一定的容错空间，鼓励进行合规创新。最后，监管部门与数字金融企业、机构之间需要建立良好的沟通机制，共同探讨监管政策和创新需求之间的平衡点。这样可以促进监管政策的及时跟进和创新活动的有效推动，从而实现监管与创新的有机结合。

总之，监管与创新的平衡需要权衡市场发展和风险防范的关系，不断优化监管政策，保持监管的前瞻性与灵活性，以促进数字金融的健康发展和金融体系的稳定运行。

（二）数据隐私与安全保护

数字金融创新涉及大量的个人和机构数据，数据隐私和安全保护至关重要。创新者和监管机构应加强对数据隐私和安全的保护意识，采取必要的技术措施和法律法规监管，防范数据泄露、滥用等风险。数字金融创新的数据隐私与安全保护是指在数字金融业务中对个人和机构的信息进行有效保护，防范数据泄露、滥用和未经授权的访问。它涉及对用户个人身份信息、交易数据、资金流动等敏感信息的保护，以确保用户的隐私权利和数字金融系统的安全稳定。

第一，合规与法律要求。数字金融机构必须遵守相关法律法规，明确用户数据的收集、使用和存储规则，如个人信息保护法、网络安全法等。同时，加强与监管机构的合作，确保数据处理符合监管要求。

第二，数据收集与使用。数字金融机构在收集用户数据时，应明确告知用户所收集数据的目的、范围和使用方式，并取得用户的明示同意。同时，要确保数据收集的合理性、必要性，并遵循数据最小化原则，尽量减少收集不必要的敏感信息。

第三，数据存储与保护。数字金融机构应采取安全可靠的技术手段和管理措施，如加密存储、访问控制、安全审计等安全技术措施，保护用户数据的存储和传输安全，防止数据被恶意攻击或非法获取。

第四，访问权限和数据共享。数字金融机构应建立严格的权限管理机制，确保只有授权人员才能访问和处理用户数据。在数据共享方面，需要明确规定共享范围和目的，并与相关机构签署保密协议，保护用户数据的安全性。

第五，补救漏洞和应对安全事件。数字金融机构应建立健全风险管理和事件响应机制，及时发现和修复系统漏洞，应对数据泄露、安全事件等情况，及时通知用户和相关监管机构，采取合适的补救措施。

数字金融创新的数据隐私与安全保护是为了确保用户个人数据的安全性和隐私权利，维护数字金融系统的稳定运行和社会信任。数字金融机构需要积极采取措施，加强技术和管理层面的保护，建立全面的数据安全体系，以应对日益增长的网络威胁和数据风险。

（三）透明度与信息披露

维护数字金融产品和服务的透明度与信息披露是保护消费者权益和维护市场

秩序的重要环节。创新者应提供充分、准确、透明的信息，使消费者能够了解产品的特性、风险和收益，并做出明智的投资决策。数字金融创新的透明度与信息披露是指在数字金融业务中，相关机构主动向用户和利益相关方提供关于产品、服务、运营和风险等方面的准确、全面、及时的信息，并公开透明地向公众披露相关信息。

第一，对产品与服务信息的披露。数字金融机构应向用户充分披露产品和服务的相关信息，包括产品特性、费用、收益及风险等内容，确保用户能够了解产品的本质和风险特征。同时，应提供清晰明了的产品说明书、合同条款和风险揭示书等文件，以便用户做出理性的决策。

第二，运营信息披露。数字金融机构应向用户和利益相关方公开披露基本情况、经营状况、治理结构、内部控制体系等信息，以保证市场的透明度和公平竞争。包括年度报告、财务报告、审计报告等信息的及时发布，让投资者了解运营状态和财务状况。

第三，风险披露与提示。数字金融机构应向投资者充分揭示产品和服务可能存在的风险，包括市场风险、信用风险、流动性风险等，并以合适的方式进行风险提示，以确保投资者能够充分了解和评估自身承担风险的能力。

第四，数据隐私披露。数字金融机构应向用户明示数据收集、使用和存储方式，并告知用户相关个人信息的使用目的和范围。此外，还应向用户说明数据的保护措施和个人隐私权利的保护政策，确保用户对个人数据的知情权和选择权。

第五，监管信息披露。数字金融机构应遵守监管要求，及时向监管机构披露相关信息，包括运营数据、风险管理情况等。这有助于监管机构对市场运行情况进行监测和评估，从而保护投资者的利益。

保持透明度与信息披露，数字金融机构能够建立健康、可持续的发展模式，增强用户和市场的信任，提高金融系统的韧性和稳定性，这也是促进数字金融行业可持续发展的重要基石。

（四）合作与共享

数字金融创新在快速发展阶段，因为缺乏足够的合作与共享，在诸多数字金融产品和服务的推广和普及过程中，都曾经出现增加数据重复获取的成本、提高技术准入的门槛、降低创新的积极性等一系列深刻教训。分享经验和资源，促进协同创新，有助于降低创新成本，增加创新的成功率。创新者、监管机构、金融机构、科技公司等应加强沟通与合作，共同推动数字金融创新的发展。数字金融创新的合作与共享是指不同机构、企业或个体之间通过合作与共享资源、技术、数据、渠道等要素，推动数字金融领域的创新发展。

第一，资源合作与共享。不同机构可以通过合作共享各自的资源，包括技术、资金、人才等。例如，金融科技公司可以与传统金融机构合作，共享技术和创新能力，提供更便捷、高效的金融服务。

第二，数据共享与开放。数字金融创新需要大量的数据支持，各方可以通过共享数据来加强创新能力。数据共享可以促进风险管理、反欺诈、客户洞察等方面的协作与创新。同时，数字金融创新也催生了开放银行模式，通过开放数据接口共享用户授权的数据，为用户提供更多个性化的金融服务。

第三，渠道合作与共享。数字金融创新需要覆盖广泛的用户群体，合作与共享渠道资源可以有效扩大服务范围。例如，金融科技公司可以与互联网企业、电商平台等合作，共享线上渠道和用户流量。

第四，技术合作与互补。不同机构可以通过技术合作与互补，共同研发新的数字金融技术，并推动技术标准的制定与应用。例如，区块链技术的合作与共享可以促进数字资产的交易与流通，提升金融行业的安全性与效率。

第五，生态系统建设与合作。数字金融创新需要形成完整的生态系统，各方可以通过合作构建全方位的创新生态。例如，金融科技孵化器、创业加速器等机构可以与创新企业和投资机构合作，共同培育和推动数字金融创新项目的发展。

通过合作与共享，数字金融创新能够充分发掘各方的优势，加快创新速度，降低创新成本，提高服务质量，实现多方共赢。合作与共享也有利于形成开放、包容的创新环境，推动数字金融产业的长期健康发展。

（五）教育与普及

数字金融涉及复杂的技术和金融概念，普通投资者和消费者需要接受相关知识的教育和培训，增强风险意识和投资能力，同时，金融机构还需要为众普及金融知识和消费者权益保护的宣传，增强公众对数字金融的理解和认同；否则就会因为缺乏对数字金融产品和服务的足够了解，提高了风险发生的概率，造成巨大损失。数字金融创新的教育与普及指的是通过各种方式和手段，要向公众普及数字金融知识和技能，提高他们对数字金融的理解和应用能力。

第一，提高公众的金融素养。数字金融涉及各种新的金融产品、服务和技术，但是公众对于数字金融的理解和认知水平不同。通过普及教育活动，提高公众的金融素养，让他们更好地理解数字金融的概念、原理和风险，从而做出更明智的金融决策。

第二，推广数字支付。数字金融创新推动了移动支付、电子支付等数字支付方式的发展。通过普及教育活动，向公众介绍数字支付的便利性和安全性，引导他们更多地采用数字支付方式，提高支付的效率和便捷性。

第三，培养创新人才。数字金融创新需要专业的人才支持，包括技术人员、数据分析师、风控专家等。普及教育的目标之一是培养和引导更多的人才投身数字金融领域，具备相关的知识和技能，推动数字金融产业的发展。

第四，传播创新理念。数字金融创新带来了许多创新的理念和模式，例如共享经济、区块链、云计算等。通过普及教育活动，向公众介绍这些创新理念，并促进其在实际生活和工作中的应用，推动数字经济的发展。

第五，保护用户权益。数字金融创新面临着一些新的风险和挑战，包括信息安全、隐私保护等方面。普及教育活动可以加强公众对于数字金融风险的认知和防范意识，提高用户的安全意识和权益保护意识。

通过对数字金融创新的教育与普及，可以促进公众对数字金融的参与和支持，推动数字金融产业的良性发展。同时，也有助于构建稳定、可信赖的数字金融环境，提升社会整体的金融素质和数字化水平。

数字金融创新过程中的经验和教训都是宝贵的财富，可以为数字金融领域的发展提供指导和借鉴。通过借鉴成功案例，可以避免重复犯错，加速创新过程，并在更短的时间内取得成果。例如，了解先进的技术应用、商业模式和监管实践等方面的经验，可以帮助其他机构或国家快速跟进和推动发展。数字金融创新过程中也会遇到一些挑战，我们应该及时总结并吸取教训，以提高创新的成功率和可持续性。例如，数字金融创新容易引发新的风险和安全隐患，需要引以为戒并加强防范。此外，关于监管政策的灵活性、合规管理的重要性等方面的挑战也需要重视。金融机构、科技公司、学术界、监管部门等各方机构应该加强沟通和交流，共同探讨经验和总结教训，共同解决行业存在的问题。这有助于形成更加健康、可持续的数字金融创新生态系统。

第三节　数字金融创新的发展模式与未来趋势

一、数字金融创新的发展模式

数字金融创新的发展模式是指在数字技术的支持下，金融服务和业务模式发生变革的方式和路径。在当前环境下，数字金融创新的发展模式主要有科技驱动模式、用户驱动模式、开放共享模式等几种常见发展模式，不同的模式可以相互结合、交叉应用，以满足不同的业务需求和创新目标。在实际应用中，金融机构要根据自身情况选择合适的发展模式，充分发挥数字技术和创新的优势，推动数字金融的创新和发展。

（一）科技驱动模式

在科技驱动模式下，数字技术被广泛应用于金融业务和服务的各个环节，科技驱动模式通过引入新技术和改进现有技术，提升金融机构的效率和服务体验，推动数字金融的创新和发展。科技驱动模式强调科技的应用和创新对数字金融的推动作用，数字金融机构通过技术和创新来提升业务效率、提供更好的金融产品和服务，从而实现增长。科技驱动模式下的数字金融创新注重技术创新，充分利用信息技术、云计算、大数据、人工智能等新兴技术，提升金融机构的核心竞争力。科技驱动模式重视数据的收集、分析和应用。通过采集和分析大量的金融数据，数字金融机构可以更好地了解客户需求、市场趋势和风险状况，从而为客户提供个性化、智能化的金融产品和服务。科技驱动模式鼓励数字金融机构与科技公司进行开放合作，共同推动技术和业务创新。数字金融机构可通过与科技公司合作，快速引入创新技术和解决方案，提高自身的创新能力和市场竞争力。科技驱动模式注重改善用户体验。数字金融机构通过技术创新和数字化转型，提供更便捷、个性化的金融服务，提高客户满意度，培养客户黏性，促进业务增长。

（二）用户驱动模式

用户驱动模式注重根据用户需求进行定制化和个性化的金融产品和服务。通过对用户进行深入的洞察，数字金融创新围绕用户需求进行设计和开发，提供更加贴近用户的金融解决方案。用户驱动模式强调用户参与和体验，推动数字金融的创新和发展。用户驱动模式强调以用户为中心，满足用户需求和提供个性化的金融产品和服务。数字金融机构可以更好地理解用户的需求、习惯和偏好，从而调整和优化自身的业务模式、产品设计和服务流程。数字金融机构通过深入的用户研究，了解用户对金融的需求、行为和痛点。通过调查、分析和用户反馈等方式，收集并分析大量用户数据，揭示用户需求的特点和趋势，并基于此制定相应的创新策略。基于对用户需求的洞察，数字金融机构可以设计和提供更加个性化的金融产品和服务。例如，根据用户的风险承受能力和投资目标，提供量身定制的投资组合；根据用户的消费习惯和信用记录，提供精准的信贷服务；通过人工智能和大数据分析，为用户提供个性化的理财建议等。数字金融机构鼓励用户参与和反馈，通过用户参与活动、用户调研和评价等方式，了解用户对产品和服务的满意度和改进建议。数字金融机构可以根据用户反馈，不断优化和改进产品设计和服务流程，提升用户体验和满意度。数字金融机构通过与其他企业、创业公司和科技公司等进行合作，共同开展创新项目和服务。例如，与科技公司合作开发智能投顾系统，提供更智能化的投资建议；与电商平台合作推出金融支付服务，提供便利的支付方式等。这种合作模式可以结合不同领域的专业知识和资源，为用户提供全方位的金融解决方案。

（三）开放共享模式

开放共享模式通过开放数据、接口和平台，促进不同金融机构及其他相关方之间的协作和共享。这种模式下，各方可以共同参与创新，通过数据共享和技术集成，实现资源的最优配置和创新能力的提升。开放共享模式能够打破传统金融的壁垒，促进金融创新的融合和跨界发展。开放共享模式强调通过开放的合作和共享资源，促进数字金融生态系统的协同发展。通过开放共享模式，数字金融机构可以实现资源整合、技术共享和生态合作，提供更加丰富和便捷的金融服务。数字金融机构通过开放接口和标准，将自身的业务能力和数据资源开放给合作伙伴和第三方开发者。通过统一的接口和标准，不同系统和平台能够互相连接和交换信息，实现数据的共享和流通。例如，银行可以开放支付接口给电商平台，实现在线支付的便利和安全。数字金融机构积极构建数字金融生态系统，与其他金融机构、科技公司、创业企业等进行合作，形成互补优势和资源共享。通过生态合作，不同机构可以共同开展创新项目和服务，分享客户资源、技术能力和市场渠道等。例如，银行和科技公司合作推出基于区块链的供应链金融服务，提高供应链金融的效率和可信度。数字金融机构通过数据共享和分析，实现对大数据的挖掘和价值提取。通过与其他行业、企业和政府部门分享和交换数据，数字金融机构可以更好地了解用户需求、市场趋势和风险特征。同时，通过数据分析和挖掘，数字金融机构可以提供更准确和个性化的金融服务，例如信用评估、风险控制和投资建议等。数字金融机构应积极构建开放的创新平台，鼓励第三方开发者和创业企业参与数字金融创新。通过开放平台，数字金融机构可以吸纳更多的创新思维和技术能力，推动金融科技的发展和应用。例如，通过开放 API 和开发者工具包，银行可以吸引创业企业和开发者参与金融应用的开发创新。开放共享模式能够促进数字金融生态系统的健康发展。

二、数字金融创新的未来趋势

数字金融创新可以打破时空限制，让金融服务覆盖到人口稀少、交通不便的地区，实现普惠金融。通过数字化技术，金融服务可以轻松触达农村地区、偏远地带以及全球各地的用户，支持他们进行支付、借贷、保险等金融活动。数字金融创新提供了更多的数据和技术手段，有助于金融机构更好地监测、预测和管理风险。通过大数据分析、风险模型构建等技术手段，可以对风险进行更精准的评估和管理，降低金融系统的系统性风险，并提高整个金融体系的稳定性。数字金融创新激发了金融行业的竞争活力，推动了金融产品和服务的创新。新兴科技的应用为金融机构提供了更多创新和变革的机会，同时也给新进入者带来了竞争的挑战。这种竞争与创新相互促进，有助于提高金融业的质量、效率和用户体验。数字金融创新的未来趋势主要有以下几个方向。

（一）人工智能在金融领域的应用

未来，人工智能技术在金融领域的应用将进一步扩展。

如图 11-1 所示，通过人工智能算法对大数据进行分析和挖掘，可以提供更加精准的风险评估和预测，改进客户体验和服务质量。人工智能可以通过自然语言处理和语音识别等技术，加强智能客服机器人的应用。这些机器人可以帮助客户进行基本的咨询、问题解答和产品推荐等工作，提供更便捷、高效的客户服务体验。人工智能可以通过大数据分析和机器学习算法，对海量的交易数据进行实时监测和风险评估，帮助金融机构发现异常交易、预测风险，并及时采取措施防

图 11-1　人工智能的未来发展趋势

范金融欺诈行为。未来将有更多金融机构引入智能机器人和虚拟助手等人工智能技术，提供智能化的金融咨询和投资建议。人工智能可以根据用户的个人偏好和风险承受能力，提供个性化的投资组合建议和财务规划建议。通过深度学习和强化学习算法，人工智能可以分析用户的投资行为和市场趋势，从而提供更加精准的投资支持。人工智能可以应用于自动化交易系统和智能投顾服务，通过算法交易和量化投资策略，实现高效的交易执行。这样可以降低投资者的交易成本，并提供更加智能的投资建议。人工智能可以帮助金融机构加强风险控制和合规监管。通过数据挖掘和模型训练，人工智能可以及时监测和预警系统性风险，提高金融机构的风险管理能力，并协助监管部门加强市场监管和风险防范工作。

（二）区块链技术的应用

区块链技术有望在数字金融领域发挥更大的作用。区块链的去中心化、不可篡改和可追溯等特性，可以提高交易的透明度和安全性，降低交易成本，改善金融机构之间的协作效率。

如图 11-2 所示，区块链技术可以提供安全、快速和低成本的跨境支付和结算解决方案。通过使用区块链的去中心化特性和智能合约功能，可以实现实时清算和减少支付中间环节，降低跨境支付的成本和风险。区块链技术可以改变传统的证券发行和交易方式，实现去中心化的数字证券发行和可编程的智能合约交易。这将使得证券市场更加透明、高效，并且能够实现实时结算和资产流转。区块链技术可以提供更加安全和可控的身份认证和数据隐私保护解决方案。通过使用区块链的分布式账本和密码学算法，可以实现去中心化的身份验证和数据共

图 11-2　区块链技术的未来发展趋势

享，保护用户隐私和防止数据泄露。区块链技术可以改善供应链金融和贸易融资的效率和可信度。通过建立去中心化的供应链平台和智能合约，可以实现对货物流转和交易流程的实时监控，提高融资的可靠性和可持续性。区块链技术可以帮助金融机构加强风险管理和提升监管合规的能力。通过建立共享的区块链数据库和智能合约执行机制，可以实现对交易数据和资产流动的实时监测和追溯，改善风险防范和合规管理的效果。区块链技术在金融领域的应用未来将更加广泛和深入，预计会有更多的金融机构采用区块链技术，推动数字资产发行、交易和结算等金融业务的创新，为金融行业提供更安全、高效和可信的解决方案，并推动金融行业向数字化和智能化转型。

（三）数字货币和支付创新

随着加密货币的兴起，未来数字货币有望在金融领域发挥更大的作用。越来越多的国家开始探索发行中央银行数字货币，以提高支付效率、降低成本、增加金融包容性。此外，移动支付、电子钱包和 P2P 支付等新型支付方式也将得到进一步推广和创新，提供更便捷、安全的支付体验。

如图 11-3 所示，越来越多的国家开始研发和探索中央银行数字货币，这是传统货币与区块链技术相结合的产物。中央银行数字货币可以通过区块链技术实现去中心化、安全、快速的支付和结算，同时保留中央银行的发行权和货币政策调控能力。以比特币等加密货币为代表的去中心化支付系统将继续发展壮大。这

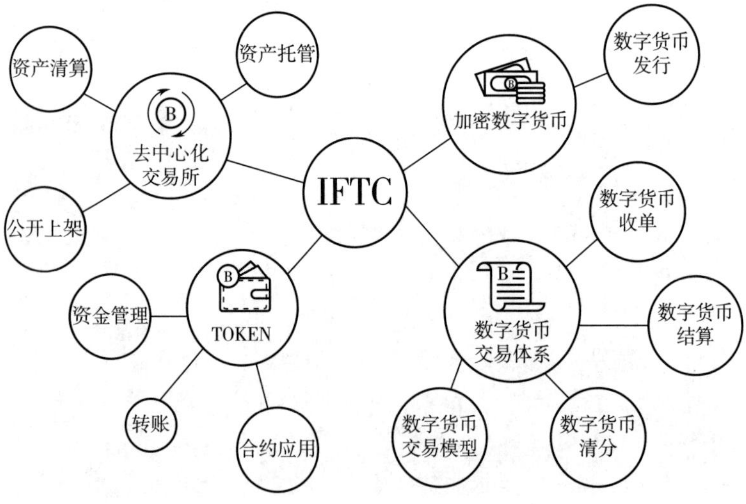

图 11-3　数字货币和支付创新的未来发展趋势

些货币利用区块链的特性，消除了传统金融机构的中间环节，实现了点对点的快速、低成本的跨境支付。在未来，这些去中心化支付系统可能会进一步优化和扩展，设计更好的用户体验和更广泛的支付场景。区块链技术可以提供更加安全和高效的跨境支付解决方案。随着区块链技术的进一步成熟和应用，可以预见跨境支付将实现实时清算和结算，降低汇款费用和时间成本，提高国际贸易的支付速度和效率。移动支付将与数字货币相结合，提供更加便捷、安全的支付方式。此外，随着物联网技术的发展，人与物之间的支付也将变得更加智能化和自动化。数字货币和支付创新将不仅仅是支付工具，还将与大数据和人工智能等技术相结合，实现支付数据的分析和应用。未来，支付数据可能成为金融机构提供个性化金融服务和风险评估的重要依据，进一步推动金融科技的发展和金融服务的智能化。

（四）数据安全和隐私保护

随着数字金融的发展，数据安全和隐私保护将成为关注的焦点。未来将出现更加严格的数据保护法规，并出台相应的技术和管理标准，以确保用户的个人数据得到有效保护。数据共享和隐私权的平衡也将成为一个重要议题，金融机构需要积极探索可行的数据安全模式和隐私保护机制。随着数据泄露和网络攻击的风险不断增加，金融机构将加强技术安全保障措施，包括采用更加安全的加密算法、多因素身份验证、生物特征识别等，以确保用户数据的安全性和完整性。未来，金融机构可能会采用区块链技术来建立安全的分布式账本系统，确保数据的安全存储和传输，同时实现数据的匿名化和隐私保护。随着数字化和数据驱动金融服务的推进，相关国家和地区将加强数据隐私保护的法律和监管框架。金融机构将需要遵守更严格的数据保护规定，确保用户数据的合法获取、使用和存储，同时采取措施保护用户隐私。未来，用户对于个人数据的管理和控制权将得到更多重视。金融机构将提供更加透明的数据管理机制，让用户能够更加方便地控制和保护自己的个人数据。数据共享可以促进金融创新和个性化服务，但需要平衡创新和用户隐私保护之间的关系。未来，金融机构将遵守更加严格的数据共享规范，确保数据在合规和安全的前提下进行共享，同时保护用户的隐私和权益。

（五）金融科技生态系统的构建

未来数字金融创新将构建开放、协同的金融科技生态系统。不同金融机构、科技公司和创新企业将加强合作，形成互补优势，通过数据共享和技术集成实现资源整合和创新能力的提升。金融科技生态系统的构建将推动数字金融创新跨界发展和综合应用。金融科技推动金融机构加强数字化转型，提升数字化金融能力。未来，金融机构将进一步整合和优化现有的数字化金融基础设施，建设强大的数字化平台，以实现金融业务的全流程自动化和数字化管理。金融科技生态系统的未来将是开放的。金融机构将积极与科技公司、创业企业、第三方服务提供商等进行合作，共同构建开放式的金融生态系统。通过数据共享、技术接入和合作创新，实现金融业务的互联互通和价值链的拓展。

案　例

中信银行零售业务链式反欺诈智能风控①

中信银行针对当前商业银行在反欺诈实践中面临的问题，已经建立了相对成熟的风控体系，能够有效应对基于非法获取客户信息进行的“盗用型”欺诈交易。然而，随着银行风控能力和安全组件风险识别能力的提升，诈骗团伙也改变了作案手法，通过电话、微信、视频会议等新的社交工具来精心布置骗局，实施远程、非接触式的诱导型诈骗，以达到转移客户资产的目的。对于这种纯诱导型诈骗事件，银行往往受限于部门、渠道、行外机构之间的信息壁垒，只能在交易末端进行单点防控，缺乏整合全链路欺诈信息的能力，各部门的防控策略互相独立，无法进行多渠道一体化的防控，导致对欺诈事件的拦截效果不佳。为了解决这个问题，中信银行致力于打破机构、部门、渠道、产品之间的信息限制，建立联防联控体系，具体措施包括引入公安、社交、电信等外部风险信息，在欺诈交易关键链路上进行整合，跨渠道、跨产品建立风险集市。同时，基于机器学习和大数据技术，建立链式反欺诈智能风控体系，将防控模式从单点防控转变为以客户为中心的链式防控模式。通过动态调整风控策略，制定梯度拦截管控措施，实现对欺诈事件的精准防控。在此过程中，中信银行将尽量减少对客户交易体验的干扰，最大程度解决单点防控机制误报率高、管控手段有限的问题。通过建立这样的智能风控体系，中信银行能够实现更精确、更综合的欺诈防控，并保障客户的资金安全。

一、痛点难点

中信银行积累的电信网络诈骗案例库显示，诈骗分子已经发展出通过电话、视频等方式，假冒公检法、平台客服、电商客服等角色，对客户进行欺骗、威

① 数字金融创新案例调研组．数字金融创新思考与案例精选［M］．北京：中国金融出版社，2022：11.

胁、精神控制，诱导客户自行操作转账，或者通过屏幕共享或远程协助方式，在客户自己的设备上进行操作。这种新型诈骗方式与客户本人的行为非常相似，很难用传统的防控手段来预防。同时，诈骗分子不再满足于骗取客户自身资金，而是引导客户在银行及互联网平台进行各类借贷，以谋求欺诈利益的最大化，对客户和银行造成了巨大的危害。

二、解决方案

中信银行针对上述诱导型电信网络欺诈手法，创新性地建立并不断完善零售业务链式反欺诈智能风控体系，通过对诈骗信息从外链向内链传导过程的智能监控和风险识别，在客户交易行为链路的关键节点开启分段分级预警，以提升业务反欺诈整体的精准性和有效性。如图 11-4 所示。

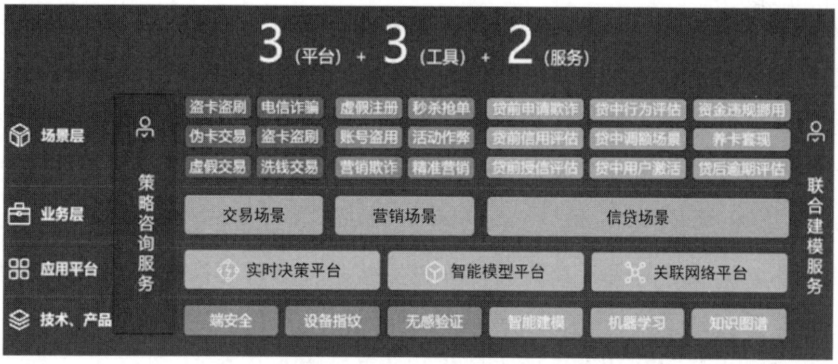

图 11-4　中信银行零售业务链式反欺诈智能风控分层

（一）风险决策内链（动态调整、分级管控）

中信银行打通多渠道、多场景、客户账户层级的壁垒，结合业务安全组件的部署和应用，可以跨渠道、跨业务综合研判客户操作行为风险，以链式防控代替单一场景防控。在高风险场景部署智能验证码，避免客户被黑产撞库攻击行为获取客户信息。在登录、贷款申请等关键交易场景校验设备指纹信息，既能防范传统非本人操作行为，又能检测和预警设备篡改、设备信息冒用等风险。通过常态化风险交易监测和对抗能力，实现对高风险欺诈场景的分类分级监控。建立了一整套欺诈风险决策链信息库，将电子渠道按场景、交易、事件、因子进行梳理组合。当客户在登录、查询、贷款、转账、支付、数币充值等任一场景的操作与历史操作行为出现较大偏差时，会根据其行为划分可疑等级，并联动加强各关键业务节点的风险防控强度。对于部分可疑行为，在动账时会通过电话核实、人脸识别等强认证方式进行交易真实性验证。随着各节点风险系数的递增，动态调整防控策略，针对确认属于异常的交易，甚至可以在交易未动账时就完成对客户账户的管控。

（二）信息共享外链（欺诈信息共享、联防联控）

鉴于诱导型本人操作诈骗的交易环节处于链路末端，中信银行积极拓展与反诈中心、腾讯、移动等机构的合作，逐渐补全客户被骗局发生阶段的信息链路。这部分信息是银行单独无法获取的，在个人信息保护到位的前提下，通过联合学习建模探索，构建诱导型反诈模型，将反诈防火墙前置到客户受骗的初始阶段。在实际防控实践中，拦截效果显著提升，因为客户在受骗初期被诈骗的程度并不高，通过短信、消息推送等轻度劝阻机制将对客户体验的干扰降到最低。

（三）风险处置协同链（总分支联合调度、内外部协同劝阻）

风险处置协同链是指在保护客户资金的前提下，实现总行和各分支机构之间快速联动处置能力的一种协同机制。具体来说，当总行发现可疑欺诈交易时，会立即通报相应的分行，并要求其核实该交易情况。分行在核实过程中会与当地反诈中心和派出所等相关部门密切配合，力求将每一位客户从骗局中解救出来。这种协同机制不仅可以治标，既能保护客户资金安全，还可以治本，增强了客户反诈意识。

通过各分支机构对可疑欺诈交易的核实结果，总行可以对反欺诈风控体系进行优化，从而打造了一个闭环的反欺诈运营体系。通过实施这种风险处置协同链，银行可以更加高效地应对欺诈风险，并保护客户的利益。

三、效果与亮点

中信银行的零售业务链式反欺诈智能风控体系在保障客户资金安全、提升整体形象方面显现出了一系列效果与亮点。

首先，从2021年5月至今，中信银行应用链式反欺诈智能风控体系，在阻断和座席外呼干预方面取得了显著成果。通过这一体系的运作，中信银行成功拦截了数百起电信诈骗事件，挽回了客户6 000余万元的损失。这体现了中信银行反欺诈智能风控体系的内外双链监测、防控和处置能力的精准有效性。

其次，中信银行的案例经验证明了该反欺诈智能风控体系的有效性。例如，某日下午5点左右，中信银行总行通过监测客户操作手机银行过程中的异常行为，发现某客户疑似正在遭受电信诈骗。中信银行第一时间冻结了该客户的账户，并通知分支行立即处理。通过联系商户工作人员和客户家人等方式坚持跟进工作，最终成功找到了仍在尝试转账的客户，避免了客户更大的损失。类似的案例还有很多，这些案例展示了中信银行反欺诈智能风控体系在预警、干预和处置方面的高效性，并得到了客户的赞赏。

最后，中信银行的反欺诈智能风控体系积极减轻了分支行的负担，并增加了客户黏性。通过及时拦截电信诈骗事件，避免客户资金受到损失，中信银行有效地保护了客户的利益，增强了客户对银行的依赖。同时，中信银行通过与客户密切配合，进行风险提示和劝说等工作，进一步加强了与客户的沟通和合作。这不仅增加了客户对中信银行的忠诚度，还有助于吸引新客户并促进客户转移资金至中信银行。

总的来说，中信银行的零售业务链式反欺诈智能风控体系在当前电信诈骗事件高发的情况下显现出了卓越的效果与亮点，其高效的监测处置能力和精准的分析拦截能力，体现了其反欺诈团队的使命感和责任感。这一体系的运行不仅有效保障了客户资金安全，也提升了中信银行的整体形象，为银行业务的发展打下了坚实的基础。

小　结

本章主要探讨了有关数字金融创新的市场需求、经验教训、发展模式和未来趋势。重点介绍了数字金融行业所面临的市场需求，包括个人金融服务、企业金融服务、支付和结算等方面，强调了用户对便捷、高效、安全的金融服务的需求。总结了在数字金融创新过程中的经验教训，探讨了数字金融创新的发展模式和未来趋势。最后介绍了几种常见的数字金融创新模式，讨论了数据驱动的金融服务、区块链和人工智能在金融领域的应用以及开放式金融生态系统等未来趋势。

习　题

1. 简述推动数字金融创新的市场需求。
2. 总结在数字金融创新过程中的经验与教训。
3. 简述数字金融创新的未来发展趋势。
4. 简述数字金融创新的重要意义。

第十二章 数字金融监管

随着时代的发展与进步，我们已迈入数字金融时代，金融行业也迎来了前所未有的机遇与挑战。在这个全新的格局下，金融监管体系的重构与治理创新成为关键议题。传统的金融监管模式在面对数字金融的高速发展、跨境业务的蓬勃增长以及不断演变的风险形势时，显现出局限性。因此各国相关监管机构必须积极探索创新的监管方法。

第一节 数字金融发展面临的风险

数字金融为实体经济提供了必要的服务，但是其发展可能也带来一些问题，甚至增加了系统性金融风险，从而给金融监管提出新的挑战。

一、传统金融数字化转型面临的安全问题

当前，在整体信息技术能力不断提升的基础上，金融业信息化、数字化继续深入发展，以移动金融、互联网金融、智能金融等为代表的金融新业态、新应用、新模式蓬勃兴起，传统金融机构和金融科技公司良性竞合的关系初步形成，为数字化转型提供了宝贵的实践经验和较好的技术基础。但我们也要清醒地认识到，目前我国金融业的数字化转型客观上还面临着很多挑战。

传统的金融系统建设模式下，每个业务系统拥有独立的安全防护设备，业务系统规模较小，网络结构简单，各个系统间边界清晰，资源独立，安全运维也相对简单。在数字化时代，数据集中带来业务系统规模的激增，云计算技术的大规模应用，使网络边界完全被打破，业务资源池化，原有碎片化的安全架构已完全不能适应业务架构的融合与扩张。传统金融企业如何差异化保障业务系统的安全性，也成为数字化转型过程中的重要课题。

因此，金融企业的数字化转型，对安全体系的三个核心需求分别是安全能力

的快速部署、安全能力的差异化部署及安全状态的可视化。数字化安全架构带来的挑战，根本是降低运维安全复杂度，提高安全弹性伸缩能力，差异化交付安全能力。

传统金融数字化转型承受的压力总体可归纳为以下四个方面：

第一，行业竞争压力。银行业原来是计划经济下比较稳定的行业，但随着经济的发展，银行间的竞争也在加剧，所以中小银行需要在与大银行的竞争中找准自己的定位。

第二，科技不足的压力。中小银行因规模较小和人才储备不足，受到很多限制，所以中小银行需要通过与金融科技公司的合作来提升自己的科技及业务能力。

第三，合规压力。中小银行在国家监管政策持续更新迭代的情况下，需要科技化的数据治理与合规监管工具。

第四，自身业务发展和获客方面的压力。大型互联网公司切入金融业务市场，在和互联网公司竞争的同时，令中小银行在获客方面面临多种挑战，竞争压力巨大。

对于具体存在的安全问题，我们可以从“金融数字化”的基本内涵入手来进行分析。“金融数字化”的内涵主要是利用信息技术实现电子支付、电子票据、电子钱包等功能，即将传统金融工具数字化、电子化，这里的安全问题包括资金安全、信息安全、交易安全、法律合规安全等。

资金安全又包括盗刷、钓鱼、电信诈骗、网络诈骗、假冒票据、伪基站诈骗等各种不当获取他人账户资金的问题。用户资金安全问题可以分为两大类：一类是“盗取”，犯罪分子通过各种技术手段盗取他人账户资金；另一类是“骗取”，利用各种骗术，通过短信、电话等手段进行诈骗，让人们主动汇款给犯罪分子。针对第一类“盗取”资金的犯罪行为，可以通过技术手段，进行一定程度的防范，但仍然很难根除，据统计，平均的支付交易坏账率在 10BP（万分之一），即一万元的支付交易可能有一元是坏账。第二类“骗取”资金的犯罪行为，最典型的就是电信诈骗，这是一个很难解决的问题。本书试图设计一些解决这些问题的方案，并对方案的可行性进行一定的分析说明。

信息安全所指的信息主要包括与账户使用人的金融业务相关的信息，个人资料、账户基本信息、交易信息、交易行为及交易特征信息等，以及交易者手机通讯录、历史及实时定位信息、访问网络的信息、手机内存放的图文资料等更为广泛的信息。信息安全问题涉及信息的获取范围、取得方式、信息归属权（所有权)、使用权、保管权等，还涉及信息有效期等。其中，跨境交易涉及的用户信息的归属权更为复杂，各个国家对信息安全的规定不尽相同。保存用户信息的机构在处理跨境业务的时候，执行哪个国家的数据安全法律，也是难以解决的问题。2019 年 6 月，某国法院要求中国的银行提供涉及触发美国相关制裁规定的交易数据，就是一个典型的案例。撇开霸权主义的因素，我们的确应当审慎研究当金融机构面临这样的跨境数据主权问题时，应当采取怎样的对策。

交易安全主要是指当交易纠纷出现的时候，是否能够挽回经济损失。支付宝的代收代付功能有效地解决了互联网上买卖双方之间结算安全的问题，利用第三方托管交易资金，完成交易后再将资金转移给收款人（卖方），从而有效维护了购买人的资金安全，反过来也防止了恶意退货、侵犯卖方经济利益的情况的发生。还有一种风险是支付交易的道德风险，即使的确是交易本人发出并执行的电子支付交易，也可能被交易本人否认并要求赔偿，给第三方公司（往往是支付清算公司）带来损失。

法律合规安全主要指的是非法的支付交易，如洗钱、非法集资、赌博等非法交易、非法跨境交易、非法期货市场等。如果支付清算机构为这些非法交易提供了帮助，也会触犯业务合规性的法律法规。即使是合法的支付业务，支付机构在操作时，也需要符合一系列标准和规范，否则，也会出现合规风险，比如资金池、公对私非法转账、支付机构之间互联、挪用备付金、垫资、交易信息安全及反洗钱报送要求等。

电子钱包涉及了更多的个人安全问题，由于电子钱包基本上都是基于物理载体，包括 NFC、ETC、接触式芯片卡、手机内存等载体（目前磁条卡已经比较少），所以其安全性就多了一些和近距离通信相关的问题，此外还有脱机支付安全问题、充值安全问题、电子芯片安全问题、终端设备安全问题等。

二、“互联网+金融”面临的安全问题

“互联网+金融”的主要业务类型有众筹、互联网保险、互联网小贷、P2P、互联网共享经济、互联网基金、团购、在线供应链金融、消费金融、网络扶贫、网络股票、以网络期货为主的网络各类数字化资产交易，以及手机红包、手机彩票等特定业务。

“互联网+金融”首先是有法律合规风险。P2P 从野蛮生长到受到严格监管，是典型的例子；网络众筹等行为很容易演变为非法集资；互联网小贷需要金融牌

照并受到严格约束；共享经济很容易演变为圈钱运动；消费金融很可能涉及非法放贷；网络彩票很容易演变为私彩（目前被严格禁止）；网络期货很多都是诈骗平台；手机红包成为变相行贿的方式；网络证券发行很多是变相非法融资及诈骗；等等。

其次是大范围的用户金融财产安全问题。由于缺乏对互联网创新的有效监管，一部分平台属于欺诈类平台，比如 E 租宝之类的 P2P 平台，动辄就有几百亿元的资金被卷走。这样的项目影响范围巨大，资金额度非常高，给社会带来非常严重的负面影响。2018 年，网络借贷行业因为集中暴雷，行业景气度出现大幅回落。在政策监管方面，针对暴力催收、非法金融活动、恶意逃废债、合规检查标准不统一等问题，国家和地方下发了一系列政策文件。《2018 年中国网络借贷行业年报》显示，截至 2018 年底，行业正常运营平台数量下降至 1 021 家，相比 2017 年减少 1 219 家，总体贷款余额下降至 7 889.65 亿元，同比下降 24.27%。

再次是信息安全问题。互联网平台汇聚了大量用户信息，用户信息的泄露会带来很多不可预计的后果。存储用户信息的平台内部、外部都可能有人盗窃出卖用户信息，对这样的信息泄露问题，监管机构目前还没有很好的对策。

最后是面临项目风险，特别是大型项目风险。很多项目未必是诈骗项目，但由于没有很好的商业模式、没有很好的经营团队等而失败，但其用户数量巨大，项目一旦失败，将给用户带来很大的资金损失。比如 ofo 共享单车，商业模式不正确导致项目失败，数十亿元押金无法退还。私募基金和理财产品也存在同样的问题，项目一旦失败，带来的资金损失是相当大的。

三、数字货币引起的安全问题

数字货币主要指数字加密货币，主要以分布式账本也就是区块链技术为基础，它引起的安全问题不容忽视。

首先是数字货币的法律合规安全性。数字货币第一大问题是不被认可。空气币（没有任何资产、信用背书）的数字加密货币，基本上不被大多数国家认可为“货币”。首次代币发行（ICO）打着众筹的旗号，仍然是一种以所谓“未来潜在收益”为基础的空气币，显然也很难被国家认可。证券代币发行（STO）模式表面上看，是一种利用区块链技术的股权公平公开的发行机制，但是一个缺少有效监管的业务，怎么可能实现真正的公平公正公开，怎么可能保护投资人权益呢？第二大问题就是货币发行权。银行、互联网企业、大型企业、支付企业，发行的数字加密货币都缺少发行权，很容易受到监管者限制。即使是所谓的“有资产背书的稳定币”，在无法确保在“资产的可信可控”条件下，真正成为可信、可靠的数字货币。第三大问题就是，即使是某个国家发行的“稳定币”有政府背书，但被跨境使用时，同样可能违反其他国家的金融监管法规，仍然无法实现自由合法的交易，区块链技术能够穿透国界进行可信交易的优势也就没有意义了。第四大问题就是链上非法信息问题，目前在比特币、以太坊等国际知名区块链上面，至少有10%的区块含有非法、有害的信息。显然，这些非法信息对所有国家和政府都是一个隐患。

其次是数字货币的技术安全问题。区块链自身安全并没有得到很好的解决，大算力攻击并不是天方夜谭。智能合约的可靠性一直难以保证，密钥（地址）安全也是一个大的难题。此外，还可能遭受服务攻击等。

再次是数字货币的交易安全问题。主要包括交易效率难题、交易风险问题、交易平台风险问题、交易时效性以及交易延迟问题等，诈骗、盗窃数字资产的问题同样存在。另外，基于区块链的交易出现异常情况时，如何应急处理解决？对公链来说，由于无法找到相应的客服人员和平台管理人员，很难获得经济赔偿，甚至无法取证。过度的便捷支付，某种意义上对支付交易来说是增加风险的，很可能因为误操作而无法撤回；数字货币支付确认速度过低，也会影响交易效果，这就类似如果卖出股票的交易确认延迟一分钟，就可能失去卖出机会产生很大亏损。

最后是数字货币的信息安全问题。主要是用户个人信息泄露，泄密源头包括链本身设计漏洞、交易平台泄密、用户操作终端信息泄密等。

第二节　国内外数字金融监管政策与框架

一、数字金融监管的整体思路和基本框架

（一）数字金融监管的整体思路

数字金融具有数字化、虚拟化和长尾化的特征。数字化既包括了新型的线上金融产品和服务，也包括了传统金融机构的线上化和智能化；大量新兴技术在金融业务中广泛使用，带来了全新的技术安全风险，数据资产成为新型重要资产，

数据安全和对消费者的隐私保护需要提上议程。虚拟化是指数字身份和线上金融活动日益普及，这令金融交易行为的可追溯性面临更大困难。反洗钱和反恐怖主义融资等监管难度加大，数字货币的兴起更是对传统货币政策提出挑战。长尾化指的是数字金融具有普惠性，通过数字化方式可以有效降低金融服务的触达成本和提供金融服务的门槛，将更多人群和企业纳入金融体系；传统系统重要性金融机构“大而集中”的风险逐渐让位于长尾企业“小而分散”的风险，市场波动引发的共振性加强，系统性风险面临扩大化。

此外，数字金融作为新兴产业，被各国视为提升金融市场国际竞争力的核心战略，各国在加强金融监管的同时，积极拥抱金融科技。基于数字金融的上述特征，当前国际数字金融监管普遍采取以下三种思路。

第一，以传统金融监管框架为主，通过补充立法和明确属性界定等方式将新业态纳入既有监管框架。当前，数字金融普遍被视为金融业创新发展的衍生产物，秉承技术中立的原则，在监管思路上更多强调数字金融与传统金融的一致性和传承性。绝大多数国家因此没有为数字金融设立新的监管机构，而是按照其金融业态纳入既有的金融监管体系。

数字金融发展暴露的传统金融监管体系的不足之处主要包括三大类。首先，大量新型金融产品和服务的涌现挑战了现有金融监管立法，新业态的法律属性界定不明晰，新技术带来新的法律问题，留下监管空白。其次，大量混业跨界经营的出现，使既有监管框架面临权责分工不明晰的问题。最后，数字货币等全新的金融工具对传统监管体系和货币政策构成了全方位的冲击，需要谨慎探究新型监管方式。

因此，当前国际数字金融监管的整体思路大体上以现有金融监管框架为基础，对新兴金融科技领域补充立法，明确监管权责，提升现有框架的监管有效性，保持监管的一致性，同时谨慎推行数字货币。目前，世界主要国家对第三方支付、网络信贷、互联网众筹和互联网保险等较为成熟的数字金融业态已经有了较为清晰的属性界定和监管权责划分；在数据安全、个人隐私保护和人工智能运用等领域持续补充立法，加大监管力度；同时在积极探索数字货币的特性，有针对性地设计监管工具。

第二，鼓励监管科技发展，丰富金融监管的工具和技术手段，积极推动金融监管的数智化。数字技术的发展推动了金融业的数字化转型，也为金融监管提供了全新的监管工具和手段。大数据、人工智能和区块链等技术在监管领域的应用使传统的金融监管方式开始向动态化、自动化和智能化转变。数据采集、整合报送、风险监控、分析报告等监管流程均可以通过新型数字技术线上高效完成，极大地降低了监管成本，加强了监管机构对金融风险的监测能力。

当前监管科技的应用主要集中在数据收集和数据分析两大块。在数据收集领域，目前投入应用的监管科技主要包括自动化报告和实时监控、数据验证、数据可视化和云计算、聊天机器人和法规解读器等。在数据分析领域，正在推广的监管科技应用主要基于大数据，使用机器学习和人工智能等技术，提取人类难以识别的数据模式，监测内幕交易和市场操纵等可疑行为，其监测范围包括反洗钱与反恐怖主义融资、流动性风险监测和信用风险监测等。

目前，世界主要国家都在监管科技领域积极尝试和探索，以美国、英国和新加坡为代表的国家和地区大力支持金融科技企业在监管科技领域的创新。英国最早提出数字化监管的概念，并将监管科技列为独立行业；瑞士和荷兰的金融监管部门明确鼓励监管科技发展；澳大利亚监管机构联合独立的创新中心和监管科技企业，组建行业协会，共同探索监管科技的发展策略。美国证券交易委员会引入市场信息数据分析系统，通过云计算对股票交易数据进行分析处理，并建立全国检察分析工具，通过大数据和人工智能技术审查大量市场交易，监督违法违规的交易行为。英国金融行为监管局、美国商品期货交易委员会和香港金融管理局探索开发了智能机器人系统，用于监管机构与被监管金融机构沟通、自动调取和共享数据，其中美国商品期货交易委员会还于 2018 年发布了《监管科技与机器人规则手册》。

第三，平衡金融监管和金融创新，将促进数字金融发展提上战略日程。各国高度重视数字金融的创新发展，在密切关注数字金融监管的同时，致力于提升本国在数字金融创新方面的竞争力。各主要国家先后发布了数字金融发展战略，对于如何平衡数字金融监管和金融创新发展提出了构想。2015 年，新加坡发布《金融科技监管指南》，阐述了在审慎金融监管的同时鼓励数字金融发展，促进数字金融创新的战略思路。2017 年，美国国家经济委员会发布《金融科技监管框架》白皮书，系统性地探讨了数字金融监管的基本原则，以及如何设计数字金融政策。2018 年，英国发布《英国金融科技产业战略》，提出将英国建设成为数字金融中心。新加坡知识产权局在 2018 年启动 Fintech Fast Track 计划，为本国金融科技创新开通快速的专利申请程序。2015 年，韩国金融服务委员会设立金融科技支持中心，提出鼓励金融创新的方针，鼓励金融科技发展。

为了在实施审慎数字金融监管的同时鼓励和推动金融科技创新，2015 年，英国金融行为监管局开创了新型创新监管工具——监管沙盒，允许企业在沙盒试点中测试创新的金融产品或服务，并根据测试情况决定是否向全市场推广。目前，世界各国已经纷纷跟进建立监管沙盒试点，为数字金融企业提供一个真实的浓缩版市场空间，在确保消费者权益不被侵害的前提下，为新型数字金融创新产品或服务提供相对宽松的监管环境，鼓励金融科技发展（见表 12-1）。

表 12-1　主要国家监管沙盒试点基本情况①

国家	时间	基本情况
英国	2016 年 5 月	英国金融行为监管局正式启动监管沙盒项目
	2017 年 12 月	完成三轮监管沙盒测试
	2018 年 10 月	提出“跨行业沙盒”
	2020 年 1 月	启动全球金融创新网络，建立跨国沙盒试点
美国	2018 年	美国消费者金融保护局和美国商品期货交易委员会合作开发美国首个金融科技监管沙盒
新加坡	2016 年 11 月	发布《金融科技监管沙盒指引》文件，并于 2017 年初开放监管沙盒测试招募
	2019 年 8 月	推出“快捷沙盒”，为测试的数字金融创新产品和服务提供更快捷的服务
澳大利亚	2017 年 2 月	发布《金融科技产品及服务测试》，开放沙盒测试
	2020 年 2 月	将监管沙盒的测试时长从 12 个月扩展至 24 个月
马来西亚	2018 年 11 月	建立“普惠金融”沙盒
加拿大	2019 年	扩大监管沙盒测试范围，新纳入 9 项金融服务解决方案
韩国	2019 年	韩国金融服务委员会开放第一批沙盒试点

（二）数字金融监管的基本框架

1. 数字金融监管的国际组织

目前，世界各国和主要国际金融监管机构均已将数字金融监管提上议程。数字金融带来的新型风险在全球金融体系内具有极强的传导性，各国均成立了相应的数字金融监管部门，或明确已有监管机构对于新业态的权责分工。

从主要国际组织的数字金融监管机构来看，随着数字金融的发展，各大国际

① 资料来源：《中国数字金融创新发展报告（2021）》。

组织均成立了专门的工作组，从不同角度对数字金融的监管进行理论上和实践上的探究。目前国际上行使数字金融监管权力的部门主要包括金融稳定理事会、巴塞尔银行监管委员会、支付与市场基础设施委员会、国际证监会组织、国际保险监管协会等。

金融稳定理事会关注金融科技领域区块链和分布式账本技术的发展动态，并分析其潜在风险，通过成立金融创新网络工作组，跟进金融科技的有关研究。

巴塞尔银行监管委员会专门成立了金融科技工作组，主要关注数字金融对银行经营模式、市场地位和银行业系统风险的影响，并对银行监管提出挑战；通过实地调查，了解各国对金融科技的态度、现行监管框架以及支持数字金融发展的政策体系。

支付与市场基础设施委员会设立了国际清算银行，成员来自各国央行，主要职责是制定和推动实施支付清算领域的国际标准，提升全球与各国支付清算体系的效率和安全性。该委员会主要关注数字金融对传统支付方式和支付体系等金融基础设施的影响，评估数字金融对支付清算领域可能带来的潜在风险，包括对央行功能的影响。

国际证监会组织对金融科技领域如区块链、云计算、大数据和智能投顾等新技术进行全面评估，在 2014 年和 2016 年发布了众筹行业的研究报告。

2. 数字金融的监管模式

国际保险监管协会重点关注金融科技监管中反欺诈、金融数据和消费者权益保护这三大项工作，于 2015 年发布了《普惠保险业务准则》。

从监管模式来看，目前，国外数字金融监管模式主要分为三种——机构监管、功能监管和行为监管。机构监管以金融机构本身作为监管的对象，具有避免重复监管的优势。欧盟对部分数字金融业态采用机构监管的模式，如第三方支付。但是由于数字金融领域存在大量混业经营的现象，机构监管整体被采用的较少。功能监管是指针对相同功能和法律关系的金融产品或服务均按照统一规则由同一监管部门监管，代表国家如美国。功能监管根据金融产品和服务的性质对监管对象进行划分，主要针对交易过程本身。如第三方支付在美国被定义为“货币转移业务”，因此被纳入货币服务业务的监管范围。行为监管针对从事金融活动的人和机构。监管部门根据要求颁发牌照，从事哪一项业务则需要领取对应牌照，代表国家如英国。

3. 数字金融的监管领域

当前各国对数字金融的监管集中在四个领域。第一是支付结算领域，包括电子支付和第三方支付；第二是存贷款和资本筹集领域，包括金融机构的数字化以及网络信贷和互联网众筹；第三是网络安全、数据安全和用户隐私保护领域；第四是数字货币领域。各国高度关注数字金融的创新发展，并成立监管沙盒、创新中心和创新加速器等，以平衡金融监管和金融创新。表 12-2 所示为主要国家推动数字金融创新驱动的负责部门。

表 12-2　主要国家推动数字金融创新的负责部门①

国家	监管沙盒	创新中心	创新加速器
美国		货币管理署、消费者金融保护局	
英国	英国金融行为监管局	英国金融行为监管局	英国央行
澳大利亚	澳大利亚证券和投资委员会	澳大利亚证券和投资委员会	澳大利亚证券和投资委员会
意大利		意大利央行	
德国		德国联邦金融监管局	
法国		法国金融审慎监管局、法国金融市场管理局	法国国家银行
比利时		比利时国家银行、比利时金融服务和市场管理局	

二、国外数字金融的监管政策与框架

（一）美国数字金融的监管政策与框架

美国高度重视数字金融的发展和创新，力争在数字金融领域保持全球领先的竞争力，因此美国坚持在以消费者保护、安全和稳健为第一优先原则的基础上，鼓励数字金融的创新发展。整体而言，美国监管界将数字金融视为金融业创新发展的衍生产物，更侧重其与传统金融的一脉相承性，因此美国并没有单独设立新的监管机构，而是按照金融业态将其纳入现有的金融监管框架。美国数字金融的监管以功能监管为主，无论金融科技的应用涉及金融的哪个子部门，均结合其功能特征，明确其在现有金融监管框架中的定位。

① 资料来源：《中国数字金融创新发展报告（2021）》。

从监管框架上，根据美国国会研究中心发布的《美国金融科技监管机构概述和最新监管政策》，美国对数字金融监管大体上分为三部分：来自银行监管机构的监管，来自消费者保护机构的监管和来自证券监管机构的监管。

从监管原则上，美国国家经济委员会2017年发布的《金融科技监管白皮书》提出了数字金融监管的十项原则：①以更宏大的眼光看待金融生态系统；②以消费者保护为基本出发点；③推动普惠金融发展，保障金融健康和安全；④承认并克服科技偏见，鼓励金融科技发展；⑤提高金融科技监管透明度；⑥建立互用和协同的技术标准；⑦加强网络安全、数据安全和隐私保护；⑧提高金融机构的效率和效力；⑨维护金融稳定，监管系统性风险；⑩加强数字金融监管的国际合作。

从监管政策上，美国遵从功能监管的基本思路，根据不同的业态将数字金融产品和服务纳入既有监管体系，对第三方支付、网络信贷、互联网众筹、网络信息安全、数据安全和消费者保护，以及数字货币等监管对象分别进行了规范，并明确了既有监管部门对于各类新业态监管的权责分工。

（二）英国数字金融的监管政策与框架

英国对数字金融监管整体上更为主动和包容，鼓励金融创新和金融科技发展，从监管模式上看以行为监管为主。2013年成立的英国金融行为监管局旨在保护消费者合法权益和维持金融秩序，在保证金融监管的同时积极促进技术创新。

英国最有特色的创新监管政策是监管沙盒机制。2015年5月，英国金融行为监管局发布《监管沙盒》报告，提出监管沙盒构想。这是全球首次提出沙盒试点的构想。监管沙盒机制搭建了一个缩小的真实市场作为“安全空间”，在此范围内企业可享受一定的监管豁免。企业对各类数字金融创新产品、服务和商业模式进行短期、小范围的测试，如果测试效果得到认可，测试完成后可以进一步向市场推广。2016年5月，英国第一个监管沙盒落地。2018年，英国金融行为监管局提出搭建“全球沙盒”的构想，尝试建立跨境沙盒试点，并提议建立全球金融创新网络以促进各国金融监管机构信息共享和技术方法交流，为企业提供跨境测试的平台。2019年，第一批跨境沙盒测试项目完成申请。

在传统的监管沙盒试点的基础上，英国金融行为监管局还设计了虚拟沙盒和伞形沙盒机制。虚拟沙盒基于行业自律，行业自行搭建测试平台并邀请消费者和企业进入，在虚拟环境而非真实市场中进行测试，最终根据测试数据的收集分析对产品进行数据模拟。该机制服务于尚无法达到监管沙盒准入要求的初创型小微企业，促使其对金融创新进行自我监管。伞形沙盒基于非营利企业授权机制，部分获得完整授权牌照的非营利行业组织可以作为“沙盒保护伞”评估参与测试的项目并代表授权，充分发挥行业自律的作用，弥补监管的滞后性。

（三）欧盟数字金融的监管政策与框架

欧盟对数字金融的监管以行为监管为主，辅之以一定的机构监管，如针对第三方支付。目前，欧盟对第三方支付机构给出了明确的界定，先后颁布了《境内市场支付服务指令》《关于电子货币机构业务开办、经营和审慎监管的指令》等针对性法规，明确规定电子支付服务商必须是银行，非银行金融机构需要取得银行牌照才可以从事第三方支付业务。此外，欧盟要求第三方支付平台必须在央行设立专门账户存管沉淀资金，且严格限制沉淀资金挪作他用。

针对网络信贷，欧盟主要通过严格信息披露进行监管，要求只有注册的信贷提供者才有权通过互联网发布信贷广告，并提出额外的信息披露要求；同时规定借款人在 14 天内享有无须说明理由的撤销权。

欧盟高度关注数字金融的创新监管，于 2019 年发布《金融科技监管、创新与融资的 30 条建议》，对欧盟的数字金融战略和金融科技行动提出了构想。2020 年，欧洲监管机构提出应当充分考虑数字金融在应对疫情方面做出的贡献，在做好消费者保护的基础上，进一步推动欧盟数字金融的发展。

（四）新加坡数字金融的监管政策与框架

新加坡为了在数字金融发展上争取主动权，保持全球竞争力，对数字金融创新监管予以高度重视。新加坡金融管理局出台了一系列政策鼓励国内创业公司和数字金融生态的成长发展，支持数字金融创新。在数字金融监管政策方面，新加坡以法律手段为主。

新加坡对数字货币的发展采取较为宽松的监管模式，允许数字货币交易按照相关法律法规合法进行，并于 2020 年发布《数字货币所得税课税指南》，对数字货币交易的税务问题进行了规范。根据该指南，发行支付性代币获取收益时，根据支付性货币的具体功能决定是否需要纳税；发行功能性代币获取收益时在商品和服务交付环节需要纳税；把发行证券性代币获取的收益属性界定为资本，暂不征税。

新加坡高度重视数字金融的创新监管。2015 年，新加坡金融管理局提出建立智慧金融中心的计划，并建立了金融科技署和金融创新中心。2016 年，新加坡发布《金融科技监管沙盒指引》，支持广大金融科技企业参与沙盒测试。2020年，新加坡知识产权局推出快速通道，规定未来两年内合格的数字金融创新申请可在6个月内获得专利批准，加速金融科技的创新开发。疫情期间，新加坡金融科技协会和新加坡金融管理局还推出补助计划，支持金融科技公司应对疫情冲击，并推出“金融科技服务提供商合规准备框架”，发布针对数字金融公司自测的评估框架和工具包，提高整体行业自律水平。

（五）日本数字金融的监管政策与框架

日本对数字金融发展整体保持鼓励态度，在对其审慎监管的同时，大力推动数字金融创新发展。其中在数字货币领域采用了较为宽松和鼓励的监管政策，且区块链和虚拟货币被视为日本数字金融创新发展的重点。日本认可数字货币和数字货币交易，主要通过法律手段进行监管。2016年，日本通过《资金结算法》，正式对虚拟货币进行立法管理，对数字货币交易所的业务范围、准入制度和经营规则均设置了严格要求。日本《支付服务法》引入加密资产交易许可证，且逐步计划通过央行发行法定数字货币。

2020年新冠疫情暴发后，日本放宽对数字金融监管的限制，以应对疫情对数字金融企业的冲击。为了降低银行业投资数字金融企业的难度，加快传统银行的数字化转型，疫情期间日本允许银行在投资金融科技企业时无须再按照超过15%的股份才能获得审批的规定，只需要上报投资行为。

（六）国外数字金融监管的经验借鉴

以上国家的经验表明，第一，进一步推进监管沙盒试点工作，强化数字金融创新监管。2017年，中国第一个由政府主导的沙盒计划——区块链金融沙盒计划落地贵阳。2018年12月，中国人民银行发布《关于开展金融科技应用试点工作的通知》，决定在北京、上海、江苏、浙江、福建、山东、广东、重庆、四川和陕西10个省市设立监管沙盒。目前，中国的监管沙盒试点正在逐步推行中。在监管沙盒的试点探索过程中，我国严格明确风险底线和安全标准，进一步落实监管沙盒执行的制度细节，利用大数据、区块链和人工智能技术，建立风险动态监测感知、高效处置的风控体系。此外，还参照英国的全球金融创新网络计划，构建国际互动的跨国监管沙盒，以便企业在不同的地区推广新技术，测试企业对不同金融环境和司法环境的适应性。

第二，大力发展监管科技，促进金融监管政策体系的数字化和智能化。发展监管科技已经成为国际数字金融创新监管的重要战略。应当不断完善监管科技的基础设施，提高金融机构和监管部门以及监管部门内部的数据共享水平，搭建数字金融监管的共享数据库，利用人工智能和区块链技术，设计智能化的数字金融跨地区、跨部门监管程序。

第三，积极开展数字金融监管的多边合作与数据共享，减少跨境监管空白。首先，金融科技活动不是局限于国内，而是跨越国界的，而且往往会引发复杂的管辖权问题。其次，一国的监管行动将对其他国家产生影响，其他国家的监管机构会获得特定类型数字金融监管影响的有用信息。制定合理的数字金融监管政策应当考虑国际层面，监管机构应与其他国家监管机构建立联系，共享信息并防止冲突。最后，随着区块链等技术的发展，数字货币等现象造成的全球性金融风险迫切要求各国之间展开数字金融监管方面的合作，弥补跨境监管空白。以全球稳定币为例子，由大型高科技公司和金融公司发起的稳定币计划对于全球金融稳定、货币政策乃至国际货币体系都可能构成挑战和风险，因此跨境金融监管合作和数据共享至关重要。

三、中国数字金融监管政策与框架

数字金融是一种新型的金融服务业态，更是金融业未来整体转型升级的目标与方向。近年来，数字金融蓬勃发展，不断改变创新现有的金融服务模式和流程，有效降低金融服务成本，提高金融服务质量和效率。防范金融风险是金融业的永恒主题，合理有效的数字金融监管在保障数字金融安全和效率上扮演着关键角色。为探索构建符合我国国情、与国际接轨的数字金融创新监管工具，实现对数字金融创新应用事前、事中、事后全流程的审慎与柔性监管。

数字金融监管框架由三部分组成，分别为监管规则、监管工具和监管能力。监管规则包括数字金融发展顶层规划、数字金融风险管控和业务规范的规则、金融行业标准。监管工具主要指“金融科技创新监管工具”，即中国版监管沙盒，监管机构秉承包容、审慎的监管理念，旨在守住金融安全刚性底线，拓宽监管的柔性边界，预留足够的创新空间。监管能力指企业平台基于数字技术进行风险防控，以及监管机构依托数字化的监管手段来实现监管的智能化和程序化，发展监管科技。

（一）在监管规则层面，顶层设计逐步完善

在监管顶层设计上，为处理好金融安全与金融创新的关系，打造与国际接轨的中国特色数字金融监管体系，规范和引导数字金融稳步健康发展，2019 年以

来，国务院、中国人民银行、银保监会等部门出台了一系列相应的监管规则，主要分为以下三类。

一是数字金融发展顶层规划。2019 年 9 月，中国人民银行正式印发《金融科技（FinTech）发展规划（2019—2021 年）》，从顶层设计上指明了我国数字金融发展的整体纲要、发展目标和基本原则。

二是数字金融风险管控和业务规范的监管规则。在银行互联网贷款监管方面，2020 年 7 月，银保监会发布《商业银行互联网贷款管理暂行办法》，旨在规范商业银行互联网贷款行为。在小额贷款公司监管方面，2020 年 8 月 20 日，最高人民法院宣布将民间借贷利率的司法保护上限锚定 LPR，以 LPR 的 4 倍取代原本以 24%和 36%为基准的“两线三区”，降低了民间借贷的最高利率；2020 年 9 月 16 日，银保监会发布《关于加强小额贷款公司监督管理的通知》，有效弥补了小贷行业监管政策缺失的不足，有利于进一步规范小额贷款公司经营行为。在金融控股公司监管方面，2020 年 9 月 13 日，国务院印发《关于实施金融控股公司准入管理的决定》《关于实施金融控股公司准入管理的决定》，加强对非金融企业投资控股的金融控股公司的监管，进一步补齐监管的短板，牢牢守住金融安全的底线。在互联网保险业务监管方面，2020 年 9 月 28 日，银保监会发布《互联网保险业务监管办法（征求意见稿）》，加强对互联网保险公司、传统保险公司、保险中介机构、互联网代理机构等主体开展互联网保险业务的监管。在互联网基金销售监管方面，2020 年 8 月 28 日，证监会发布《公开募集证券投资基金销售机构监督管理办法》，加强对基金销售机构在持牌准入、有序退出，以及业务规范等方面的监管，进一步规范基金销售行为。在商业银行互联网贷款监管方面，2020 年 7 月 17 日，银保监会发布《商业银行互联网贷款管理暂行办法》，进一步明确了商业银行互联网贷款的风险管理要求、合作机构管理要求和消费者保护要求等，有效规范业务经营行为。

三是金融行业标准。为了推动金融业高质量发展，加强对金融治理的支撑，2019 年以来我国加紧推动金融行业标准制定。截至 2019 年 11 月底，我国已完成国家金融标准 65 项、金融行业标准 252 项。除此之外，大数据、云计算、人工智能、区块链等 17 项金融行业标准已经立项，正在加紧制定。

在对 P2P 行业乱象整治上，2019 年，政府持续加大 P2P 网贷机构整治力度，并积极引导其良性退出和转型。2019 年 1 月，监管部门出台《关于做好网贷机构分类处置和风险防范工作的意见》（以下简称“175 号文”），决定了整年“坚持机构退出”的主基调。2019 年，我国网贷行业成交量为 9 649.11 亿元，相比 2018 年网贷成交量（17 948.01 亿元）减少 46.24%；截至 2019 年 12 月，网贷行业总体贷款余额下降至 4 915.91 亿元，相比 2018 年下降 37.69%。截至 2020 年 8 月底，超过 200 家网贷机构接入央行征信系统和百行征信系统，全国实际运营 P2P 网贷机构降至 15 家，较 2019 年初下降 99%，全国 P2P 整治进入尾声。

国家大力推进 P2P 网贷机构良性退出，同时也积极引导部分机构转型，转型方向主要包括小贷公司、助贷公司、消费金融公司和综合理财公司。在转型小贷公司方面，2019 年 12 月出台的《关于网络借贷信息中介机构转型为小额贷款公司试点的指导意见》（以下简称“83 号文”）对网贷机构转型小贷公司提出了基本要求，指明了方向。在转型助贷业务公司方面，由于助贷没有牌照要求，门槛较低，且其业务模式与 P2P 相近，因此助贷模式成为网贷机构转型的主要方向之一。为防范金融风险，各地区纷纷将助贷模式纳入监管范围。比如，2019 年 4 月，上海银保监局发布《关于规范在沪银行业金融机构与第三方机构合作贷款业务的通知》，提出了银行与第三方机构合作贷款时的相关要求；2019 年 10 月，北京银保监局印发《关于规范银行与金融科技公司合作类业务及互联网保险业务的通知》，明确指出金融科技合作机构准入要进行严格审批。在转型消费金融公司方面，消费金融公司需要经营牌照，准入门槛高，虽然对大部分中小网贷平台转型来说难度较大，但可作为大型网贷平台的转型出路。例如，2019 年 7 月，陆金所正式决定退出网贷业务，全面转型持牌消费金融公司。在转型综合理财公司方面，与转型消费金融公司类似，同样需要较大的注册资本、较高的准入门槛和相关的牌照资质，对中小网贷平台来说并不可行。

（二）在监管工具层面，积极探索金融科技创新监管试点

基于我国数字金融监管的具体实际，借鉴英国监管沙盒先进的设计理念和运营模式，中国人民银行于 2019 年 12 月提出“金融科技创新监管工具”，秉承包容、审慎的监管理念，旨在积极探索更具引导性、启发性和激励性的新型柔性监管方法，破解“一管就死、一放就乱”困局，打造符合内在发展规律的监管模式，推动数字金融守正、安全、普惠、开放发展。自 2019 年以来，中国人民银行联合国家发展改革委等五部委在北京、上海等地区开始金融科技创新监管试点。截至 2020 年 8 月底，北京、上海、重庆、深圳、雄安新区、杭州、苏州、广州、成都 9 个城市的金融科技创新监管试点已全面落地，其中包括 60 个惠民利企的创新项目，涉及 60 余家金融机构以及 30 余家科技公司，这些项目涵盖物

联网、大数据、人工智能、区块链等前沿技术在金融服务各场景的应用。金融科技创新监管试点有助于推动金融创新和监管的良性互动和发展。

（三）在监管能力层面，监管科技与合规科技不断发展

1. 企业平台基于各种数字技术进行风险防控

首先，大数据为金融行业风险管理提供数据基础，在风控、信贷、金融反欺诈等业务领域应用广泛。2019 年，我国大数据产业规模超过 8 000 亿元，金融行业位于中国大数据技术与服务市场收益之首，金融（包括银行、保险、证券与投资）、政府（包括中央政府和地方政府）以及通信三者总和占中国总体的 50%以上。

其次，海量数据的存储、管理、分析和维护需要云计算技术作为支撑。2019 年，我国云计算整体市场规模达 1 334 亿元，增速 38.6%；金融云市场规模达到 33.4 亿美元，同比增长 49.6%。金融机构加快业务上云，2019 年应用云计算的企业占比达到 66.1%，金融行业位居前列。一方面，传统金融机构将客户营销系统等辅助性业务系统迁至云端，不仅可以优化客户体验，而且有利于提高金融服务效率；另一方面，金融科技企业原本大部分业务建于云端，能为传统金融机构提供上云服务。

再次，基于大数据和云计算的数据基础和算力、算法支持，人工智能技术广泛应用于贷前审批、贷中管理、贷后催收的全流程风险控制。2019 年，中国人工智能产业融资规模为 898 亿元，人工智能企业工 797 家，占世界总数的 14.8%。在人工智能的应用场景上，金融行业仅次于安防。而在智能金融领域，智能风控、智能保险和智能客服的市场规模占比超过 70%，智能风控也被银行业和金融科技企业认为是未来最有价值的技术落地场景。

最后，区块链作为一种分布式的公共账本，能及时记录每一节点的信息且几乎无法修改，保障了用户信息安全，有效打通了数据孤岛，有利于金融行业网络安全和金融交易安全。如今区块链技术正处于落地探索阶段，以银行业为代表的金融机构资本雄厚，数字化转型意愿强，更容易找到供应链金融、跨境支付等应用场景。2019 年，中国金融机构区块链技术资金投入 29.9 亿元，较上年增长 23.6%，2019 年是中国 5G 商用元年，6 月，中国工商银行推出首家基于 5G 应用的新型智慧网点；7 月，中国建设银行推出首批三家“5G+智能银行”；截至 2020 年 9 月，我国已累计建设 5G 基站 69 万个，终端连接数已达到 1.6 亿个。未来 5G 技术普及应用，基于超大带宽、超大规模连接等特性，与大数据、云计

算、区块链、人工智能等数字技术结合形成“技术生态圈”，全面提升金融机构风险防控能力。

2. 监管机构注重发展监管科技，扩大监管的广度和深度

监管科技是指将大数据、人工智能、区块链等数字技术应用于监管过程，辅助监管机构提升风险监测识别效率，辅助被监管机构提升合规效率和降低合规成本的技术工具、手段和系统。从应用主体分析，监管科技包含“监管”（“科技+监管”，SuperTech）与“合规”（“科技+合规”，CompTech）两个方面。从“监管”端来看，随着5G技术、大数据、人工智能、区块链等数字技术的不断创新和逐步成熟，监管科技的数字化和智能化水平逐步提高，以监管规则为核心、以数字化监管为手段来创新金融科技监管工具，来持续提升金融风险技防能力。从“合规”端来看，“科技+合规”已经形成产业化、常态化的大趋势，金融机构天然倾向于研究应用合规科技，将合规科技导入业务管理全流程，从而增强合规能力，降低合规成本，最终达到完善运行模式、提升经营效率、增加利润的目标。以证券行业监管处罚为例，据中国证监会发布的《2019年上市公司年报会计监管报告》，截至2020年9月，除了暴风集团等3家公司，沪深两市共有3 847家公司披露了年度财务报告；据华锐金融科技研究所的统计数据，2019年至2020年4月末，证券行业违规处罚案例达到189起，其中资产管理业务29起，共涉及16家机构，遍布10个省市，违反相关法律法规达17部。合规科技和监管科技的进步有助于规范金融机构和科技企业行为，改善合规结果，增强风险管理能力，同时也有助于监管机构更好地识别风险、化解风险，提升监管效能。

第三节 数字金融监管发展趋势和框架建设

一、数字金融监管的发展趋势

在未来，以创新监管工具为基础、监管规则为核心、数字化监管为手段的数字金融监管框架将加快构建。监管框架建设发展趋势主要体现在以下四方面。

（一）数字金融监管顶层设计进一步完善

目前在顶层设计上我国已经出台了大量数字金融发展规划和监管规则，数字金融监管制度也日趋精细化和具体化，一定程度上为监管机构的监管决策提供了更坚实的制度保障。数字技术的强渗透性促使金融行业混业跨界趋势明显，金融

产品、金融机构和金融市场的监管边界逐渐模糊。以蚂蚁金服为例，其金融服务的业务范围包括支付、基金、保险、银行、征信等众多领域。金融行业混业跨界这一新特征可能会导致出现监管真空和监管漏洞，甚至严重的金融风险事件，这给监管政策和规则带来了巨大冲击。因此，监管机构跨部门、跨领域的沟通、协调和监管是必然趋势，数字金融监管规则和政策的制定也将更加精细化、专门化，监管制度化进程进一步加快。

（二）数字金融新型创新监管工具进一步探索

数字金融在发展中不断创新，在创新中不断发展，针对数字金融的监管工具也需要不断创新和探索。一方面，这有利于守住金融安全的底线，防止产生系统性金融风险；另一方面，数字技术在监管领域的跨界应用和发展，催生更多新型金融产品和服务，进一步推动金融行业发展。未来在数字金融新型创新监管工具上的探索主要体现在两方面。首先，科技公司在满足“刚性门槛”的前提下，可以直接申请数字金融创新应用的测试。金融机构必须持牌照经营，科技公司则为金融行业提供技术研发和支持，因此，科技公司可与金融机构联合申请测试，金融机构提供相应的金融产品、服务创新和金融场景应用，科技公司提供研发技术。其次，数字金融新型创新监管工具助力金融行业数字化转型，推动数字金融行业快速发展。新冠疫情使居民“零接触式”金融服务需求激增，这对金融机构的线上金融服务水平和数字化转型程度提出了更高要求。未来，充分发挥数字金融创新监管工具的引导、监管作用，在保障信息、技术安全的前提下鼓励金融创新，推动金融行业数字化转型和数字金融行业蓬勃发展。

（三）数字金融监管科技进一步发展

监管科技作为数字化监管能力的重要表现形式，将进一步成熟和发展。首先，随着5G技术、大数据、人工智能、区块链等数字技术的不断创新和逐步成熟，监管科技的数字化和智能化水平将逐步提高，主要体现在三个方面：一是监管资料的数字化，消除监管与被监管机构之间的“信息孤岛”；二是监测对象行为的预测编码；三是机器模拟和智能分析。其次，监管科技的应用领域将向包括事前预测和预警、事中监测和干预、事后处置和总结的全流程拓展。目前，监管科技较多应用于监管事中阶段，即主要用于数据的自动化收集与风险态势的智能化分析，但应用场景向全生命周期拓展已经成为发展的大趋势。

（四）数字金融监管框架进一步创新

数字技术不断创新，赋能金融行业相对应的数字金融监管框架也需要不断创新。守住安全底线，包容合理创新是监管的核心理念和顶层设计的核心出发点，而这些监管规则具体实施过程，需结合监管情况来进一步创新。数字金融监管框架的创新趋势包括三部分，分别是对新产品、新服务、新业态的监管创新，监管指标体系创新，以及监管机制创新。在对新产品、新服务、新业态的监管创新方面，数字金融行业在自身不断创新的过程中，催生出大量的新产品、新服务和新业态，监管机构需在充分了解新业务逻辑和运行机制的基础上，进行合理有效的监管创新。在监管指标体系创新方面，传统金融机构数字化转型已是大趋势，未来也将会有更多金融机构基于数字技术来提供金融服务和进行风险防控，传统的监管指标通常以季度、半年、一年为周期，可能存在一定的滞后性，不能对数字金融市场实施有效追踪，未来数字金融的监管指标体系会更加完善。在监管机制创新方面，混业跨界经营已成为数字金融市场的常态，一个多元、多场景、多监管指标的监管与协调机制是未来数字金融监管发展的重要方向之一。

二、数字金融监管框架建设

面对数字金融监管框架建设中的监管规则时滞与缺失、数据权属和信息孤岛、创新监管工具适应性较差、数字化监管能力不足等问题，政府应当加紧制定包容审慎的监管规则，加快推进数据确权和融合开放，加大新型创新监管工具探索力度，加强金融监管机构数字化监管能力建设。

（一）加紧制定包容审慎的监管规则

在监管规则上，柔性监管、审慎监管、“多元联动”监督并重。一方面，金融创新产品和服务种类繁多，数字金融创新应用经过互联网的“放大效应”影响变大、受众变广、传播速度变快，容易引发羊群效应，甚至可能发生金融“灰犀牛”和“黑天鹅”事件。因此，数字金融监管要制定包容审慎的监管规则，做到柔性监管和审慎监管并重。所谓柔性监管，是指对于市场存在的问题应当更多地采用市场化手段予以监管，而非完全依赖行政手段。而数字金融的本质是金融，为了严防严惩各种金融犯罪活动，国家也制定了严格的监管规则和金融持牌经营原则，设置了“刚性门槛”，如技术安全标准、金融控股公司监管规则等，增强监管的审慎性。另一方面，数字金融发展呈现多元化，其业务模式日益丰富、细分市场日渐完善、经营业态相互交叉，这也导致金融环境的差异性和参与主体的多元性，意味着传统的单纯依靠政府的监管模式面临着巨大考验。政府部门可能需要建立与之相适应相匹配的分类分级监管体系，以此来实施分类监督；

同时，社会大众作为金融服务和产品的最终消费者，对金融服务和产品有更直观、更深刻的消费体验，引入“多元联动”公众监督机制能在一定程度上增强监管的高效性和有效性。

（二）加快推进数据确权和融合开放

在数据确权方面，海量数据是数字金融创新的基础和重要资源，要想让数据从资源变为数字资产，首要任务是解决数据权属问题，只有数据权属明晰了，数据的定价、交易、核算和共享才能更安全地开展。区块链技术的去中心化、数据可追溯、不可篡改以及智能合约等特性，能实现数据从产生到使用全流程监控与管理，有效保护数据安全和个人权益，有利于解决数据使用中的权属问题，充分发挥数据资产的经济价值。政府也应该加快制定有关数据的法律法规，加大对数据确权、数据定价、数据交易与流通的机制研究。

在数据融合开放方面，一是政府部门通过制定统一的行业标准，保证数据的传输端口和统计口径一致，减少数据共享中的交易成本，便于数据跨部门调用、协调、整合和共享。二是充分利用数字技术保障数据传输过程中的完整性和安全性，如构建综合的大数据平台等。在数据保护上，除了传统物理层和应用层的数据保护，应进一步加强数据使用逻辑上的保护。三是加大政务数据开放力度，政府掌握了大量数据资源，政务数据的开放与整合能推动数字金融行业创新与发展。通过建立政府数据开放“负面清单”，在保证国家信息安全、企业商业机密和个人隐私安全的前提下，充分利用政务数据资源。

（三）加大新型创新监管工具探索力度

新型创新监管工具的探索可以体现在两方面。一是优化企业对监管工具的测试申请流程。金融科技企业在算法模型、计算存储、数据清洗等方面具有极强的研发能力，是研发金融产品的主体力量。金融监管机构应尽早规范监管工具的安全性、稳定性、适应性等标准，并以此作为基准条件，允许符合门槛要求且持牌经营的企业在一定范围内直接申请监管工具的先行先试。监管机构则通过国家标准认证规则把好事后安全检测关口，确保监管工具经历现实金融体系的全方位测试与优化升级过程，打造符合数字金融发展需要、符合金融监管部门要求的监管工具。二是加大政府对监管工具的测试支持力度。“监管沙盒”等监管工具的试验需要在真实的金融体系中进行，政府和金融监管机构应主动引导、支持监管工具的测试工作，开辟监管工具测试的良好环境。监管机构应担负测试机构风险防控的主体责任，对测试过程中的问题做到及时发现、预警与补救。对短期无法解决的风险问题，及时进行有效补偿；对会造成长期影响的重大风险安全问题，立即中断并迅速退出测试；对第三方机构和个人造成的损失，采取专项资金、财政补贴等措施进行合理补偿，确保监管工具的测试工作有序开展。

（四）加强金融监管机构数字化监管能力建设

数字技术的蓬勃发展极大地推动了金融数字化转型，这给金融监管机构的监管能力提出了更高的要求。为了与数字金融发展的数字化、智能化特性相适应，监管机构也应加强数字化监管能力建设。一方面，监管机构利用大数据、云计算等技术实现对监管大数据的收集、整合和存储；利用知识图谱、自然语言处理、机器学习等技术实现监管预测和决策的精准性与有效性；利用区块链技术的分布式架构、数据可追溯、不可篡改等特性，实现对金融交易信息的精准掌控。另一方面，针对我国跨行业、跨部门的金融风险联防联控机制不健全的局面，监管机构可以探索建立统一的金融风险监管平台。依托大数据、云计算、人工智能、区块链等数字技术，监管机构打造专业信息平台，构建数字化监管报告系统，实现对金融风险的统一监管。同时，监管平台要引导督促金融机构加强对金融客户端与金融门户网站的实名制管理，将不同金融机构的风险信息进行交叉验证、整合分析，及时向金融机构和客户发出风险预警信号，实现金融风险在全流程、全时段、全领域的监管覆盖。

案　　例

蚂蚁集团是中国领先的金融科技开放平台，相比其他公司，蚂蚁集团在收入体量、生态系统、数据信息和金融科技等方面更具竞争力。在数字支付领域，蚂蚁集团的支付宝占据了龙头的位置，年活跃用户超过 10 亿人，其中互联网信贷产品（借呗和花呗）的活跃用户超过 5 亿人，在中国的消费贷市场占比超过 12.5%。根据澳玮咨询的统计，蚂蚁集团在理财科技市场的占比超过了 48%，是中国最大的在线理财市场。蚂蚁集团借助数字支付、信贷科技和理财科技三个板块的业务，依托自身的流量和科技赋能，积累了庞大的用户群，提供了丰富的理财产品和保险产品，成为中国最大的金融科技公司之一。2020 年 12 月 26 日，中国人民银行、银保监会、证监会、外汇局等金融管理部门联合约谈了蚂蚁集团，具体原因在于蚂蚁集团的运营存在一些问题，监管部门要求蚂蚁集团就相关业务领域重点整改。这里对蚂蚁集团的运营问题做一个简单总结：①支付交易不透明，有不正当竞争；②在一些业务领域，蚂蚁集团非持牌运营，个人信息保护不善；③不满足监管要求，资本金不充足，关联交易不合规；④存在违规信贷、保险、理财产品的销售；⑤违规开展证券业务和资产证券化业务。这次约谈之后，蚂蚁集团开始进行业务整改，以满足监管的要求，具体整改的内容有：①设立金融控股公司，保证资本金充足，满足监管的要求，相关金融业务接受全面监管；②控制借贷业务发展的规模，提升资本充足率，降低杠杆至监管允许的范围；③变换经营主体，花呗的业务涉及借贷和支付，将由银行作为经营主体满足《网络小额贷款业务管理暂行办法》的监管要求；④加强数据治理，规范个人征信的业务，蚂蚁集团向银行提供征信服务，收取相应的征信费用，不再直接参与或者减少参与贷款业务。

小　结

数字金融发展迅猛，创新层出不穷。现有的金融监管理论、方法、技术、体系已无法适应信息经济时代对金融风险进行控制的要求。因此，本章首先梳理了数字金融发展面临的风险，从传统金融数字化的风险展开，进而阐述“互联网+金融”和数字货币的主要风险。其次，从国外主要国家的数字金融监管政策和框架入手，先介绍整体思路和基本框架，然后分别对各国的监管政策和框架进行阐述。最后对中国数字金融监管采取的政策和情况进行介绍。在此基础上，本章最后一部分阐述数字金融监管的未来发展趋势，并对其框架建设提出一些思考。

习　题

1. 数字金融监管主要包括哪些方面？
2. 简述传统金融数字化面临的主要风险。
3. 概述典型国家数字金融监管的政策及框架。
4. 谈谈你对数字金融监管未来发展趋势的思考。

参考文献

［1］数字金融创新案例调研组．数字金融创新思考与案例精选［M］．北京：中国金融出版社，2022.

［2］北京大学数字金融研究中心课题组．数字金融的力量：为实体经济赋能［M］．北京：中国人民大学出版社，2018.

［3］刘易斯．数字金融革命：从加密货币到通证经济［M］．雷慧超，译．北京：中国科学技术出版社，2022.

［4］金天，杨芳，张夏明．数字金融：金融行业的智能化转型［M］．北京：电子工业出版社，2021.

［5］清华经管学院数字金融资产研究中心．数字金融 未来已来［M］．北京：人民日报出版社，2020.

［6］韩梅．数字金融发展的现状分析［J］．经济研究导刊，2022（11）：113-115.

［7］United States International Trade Comrnission. Digital Trade in the U. S. and Global Economies：part 1［R/OL］．（2013-07-30）［2023-11-01］. http：//www. usitc. gov/publications/332/pub4415. pdf.

［8］王定祥，胡小英．数字金融研究进展：源起、影响、挑战与展望［J］．西南大学学报（社会科学版），2023，49（1）：101-110.

［9］封思贤，郭仁静．数字金融、银行竞争与银行效率［J］．改革，2019（11）：75-89.

［10］黄益平，黄卓．中国的数字金融发展：现在与未来［J］．经济学（季刊），2018，17（3）：1489-1502.

［11］杨涛，高峰，吕仲涛，等．数字金融发展现状与展望［J］．金融理论探索，2022（1）：30-38.

［12］钱海章，陶云清，曹松威等．中国数字金融发展与经济增长的理论与实证［J］．数量经济技术经济研究，2020，37（6）：26-46.

［13］中国人民银行．中国人民银行印发《金融科技发展规划（2022-2025年）》［EB/OL］．（2022-01-04）［2024-02-05］．http：//www. pbc. gov. cn/

goutongjiaoliu/113456/113469/4438627/index. html.

［14］谢平，邹传伟．互联网金融模式研究［J］. 金融研究，2012（12）：11-22.

［15］中国人民银行征信中心与金融研究所联合课题组．互联网信贷、信用风险管理与征信［J］. 金融研究，2014（10）：133-147.

［16］曾燕．数字保险导论［M］. 北京：高等教育出版社，2023.

［17］财联社．证监会原主席肖钢：应采用“回应式”监管的模式应对科技创新［EB/OL］.（2019-05-25）［2022-11-30］. https：//baijiahao. baidu. com/s?id=1634501080091062291&wfr=spider&for=pc.

［18］沈建光，金天．共塑“无界金融”新生态［EB/OL］.（2019-09-09）［2023-11-30］. https：//www. financialnews. com. cn/ll/gdsj/201909/t20190909_167585. html.

［19］于怀勇．车联网在汽车运输中的应用［J］. 交通世界，2014（24）：68-70.

［20］车联网保险：汽车保险的未来发展趋势［EB/OL］.（2018-11-10）［2023-11-30］. https：//sohu. com/a/274402740_ 558573.

［21］中华人民共和国国家互联网信息办公室．中国数字健康发展报告［R/OL］.（2021-07-03）［2023-11-30］. http：//www. cac. gov. cn/rootimages/uploadimg.

［22］陈波，王锦，陈兢．大规模数字化转型：健康险公司蓄势待发［EB/OL］.（2020-07-19）［2023-11-30］. https：//www. mckinsey. com. cn.

［23］前瞻产业研究院．2020年中国互联网保险行业市场现状和发展趋势分析［EB/OL］.（2020-10-26）［2023-11-01］. https：//baijiahao. baidu. com/s? id=1681575404428758134&wfr=spider&for=pc.

［24］中国互联网金融协会区块链研究工作组．中国区块链金融应用与发展研究报告（2020）［R/OL］.（2020-04-21）［2023-11-14］. https：/ /www. docin. com/p-2344294098. html.

［25］BRIGO D，PALLAVICINI A. Counterparty risk and contingent CDS valuation under correlation between interest-rates and default.［EB/OL］.［2022-11-13］. http：//papers. ssrn. com/sol3/papers. cfm?

［26］POMPLIANO A. The official guide to tokenized securities［EB/OL］.［2022-11-06］. https：//medium. com/@ apompliano/the-official-guide-to-

tokenized-securities-44e8342bb24f.

［27］ZHANG X，ZHANG J，WAN G，et al. Fintech，growth，and inequality：evidence from China's household survey data［J］. Singapore Economic Review，2020，65（S1）：75-94.

［28］何婧，李庆海．数字金融使用与农户创业行为［J］．中国农村经济，2019（1）：112-126.

［29］杨波．基于大数据背景的计算机网络安全研究［J］．信息通信，2020（9）：136-137.

［30］梁琦，林爱杰．数字金融对小微企业融资约束与杠杆率的影响研究［J］．中山大学学报（社会科学版），2020，60（6）：191-202.

［31］赵越强．公共和私有部门数字货币的发展趋势、或有风险与监管考量［J］．经济学家，2020（8）：110-119.

［32］黄益平，杜大伟．数字金融革命：中国经验及启示［M］．北京：北京大学出版社，2023：106-121.

［33］中国人民银行征信中心与金融研究所联合课题组．互联网信贷、信用风险管理与征信［J］．金融研究，2014（10）：133-147.

［34］陈晓洁，何广文，陈洋．数字鸿沟与农户数字信贷行为：基于 2019 年欠发达地区农村普惠金融调查数据［J］．财经论丛，2022（1）：46-56.

［35］黄益平，黄卓．中国的数字金融发展：现在与未来［J］．经济学（季刊），2018，17（3）：1489-1502.

［36］欧阳日辉，龚伟．数字信贷、算法歧视与动态竞合政策［J］．南开学报（哲学社会科学版），2022（1）：78-92.

［37］欧阳日辉．提升数据应用能力 赋能贯穿数字信贷服务全周期［N］．中国经济导报，2023-05-30.

［38］李景睿，李青塬，侯卓君．数字普惠信贷、信息基础设施与家庭创业［J］．金融经济，2022（10）：3-15.

［39］董艳，谭苏航，董梦瑶，等．数字信贷对传统商业银行的影响［J］．数量经济技术经济研究，2023（2）：69-89.

［40］李仓舒，沈艳．数字经济时代下新金融业态风险的识别、测度及防控［J］．管理世界，2019（12）：53-69.

［41］沈艳，李仓舒．网络借贷风险缓释机制研究［M］．北京：中国社会科学出版社，2019.

[42] 卢馨，李慧敏．P2P 网络借贷的运行模式与风险管控 [J]. 改革，2015 (2)：60-68.

[43] 沈艳，李仓舒．网络借贷风险缓释机制研究 [M]. 北京：中国社会科学出版社，2019.

[44] ELING M , LEHMANN M . The Impact of digitalization on the insurance value chain and the insurability of risks [J]. The geneva papers on risk and insurance-issues and practice，2018，43 (3)：1-38.

[45] 李涵，成春林．保险科技研究进展：内涵、动因及效应 [J]. 金融发展研究，2021 (11)：73-80.

[46] 唐金成，刘鲁．保险科技发展模式比较与经验启示 [J]. 金融理论与实践，2020 (8)：96-102.

[47] 张引，陈敏，廖小飞．大数据应用的现状与展望 [J]. 计算机研究与发展，2013，50 (S2)：216-233.

[48] 迈尔-舍恩伯格，库克耶，等．大数据时代：生活、工作与思维的大变革 [M]. 杭州：浙江人民出版社，2013.

[49] 清华大学五道口金融学院．UBI 车险全球一览：车联网浪潮中的保险业 [J/OL]. 道口保险观察．2019-08-15.

[50] 李晓雯．物联网金融发展现状与安全问题研究 [J]. 物流科技，2017，40 (1)：134-136.

[51] 周炳，王小红．物联网技术在金融领域的应用 [J]. 物联网技术，2022，12 (4)：94-96.

[52] 武晓钊．物联网时代的金融服务与创新 [J]. 中国流通经济，2013，27 (7)：21-24.

[53] 蒋洪印，李沛强．物联网金融及其在现代物流创新发展中的应用 [J]. 商业时代，2014 (10)：20-21.

[54] 吴少驹．物联网在互联网金融中的应用 [J]. 全国商情（经济理论研究），2015 (23)：73-74.

[55] 邵平．物联网金融与银行发展 [J]. 中国金融，2015 (18)：16-18.

[56] 石永．信用体系视角探索物联网金融发展 [J]. 中国新通信，2018，20 (9)：76-77.

[57] 李雪迎．物联网金融模式下我国商业银行贷前控制研究 [J]. 中国商论，2018 (10)：37-38.

［58］郭行飞．物联网金融模式下供应链融资风险识别与控制研究［J］．现代营销（下旬刊），2018（2）：36.

［59］NAKAMOTO S. Bitcoin：A Peer-to-Peer Electronic Cash System［EB/OL］．［2023-10-28］．http：//www. bitcoin. org.

［60］许子明，田杨锋．云计算的发展历史及其应用［J］．信息记录材料，2018，19（8）：66-67.

［61］罗晓慧．浅谈云计算的发展［J］．电子世界，2019（8）：104.

［62］王韧，贾文浩，朱远．货币政策调控对数字金融业务发展的影响及其异质性分析［J］．广东财经大学学报，2023，38（5）：37-56.

［63］曹利慧，姚倩云．数字化技术在电力营销服务创新中的应用［J］．电子技术，2023，52（9）：412-413.

［64］范文仲．数字金融的创新与趋势［J］．中国金融，2023（16）：16-18.

［65］吴霜，秦李欣．小贷行业洗牌开启“增资”与“退场”并存［N］．21 世纪经济报道，2023-08-02（7）．

［66］文丰安．数字经济赋能乡村振兴：作用机理、现实困境与实践进路［J］．改革与战略，2023，39（4）：1-14.

［67］王倩，张军．金融科技赋能商业健康险数字化风控问题研究［J］．金融科技时代，2023，31（7）：20-23，31.

［68］陆宇航．大数据技术如何拓宽供应链金融的视野［N］．金融时报，2023-07-06（3）．

［69］尤建新，任佳．供应链视角下的区块链技术进步［J］．上海管理科学，2023，45（3）：13-17.

［70］向静林．金融治理的社会学探究：一个多层制度分析框架［J］．学术月刊，2023，55（5）：131-149.

［71］周文柱，陈榕，郁静娴．检察机关数字信访建设及完善路径的实践探索［J］．检察风云，2023（10）：10-14.

［72］杨然．保险业数字化转型空间大［N］．经济日报，2023-04-04（7）．

［73］郭锋．数字证券：生成机理、监管取向与合法性路径［J］．数字法治，2023（1）：130-147.

［74］沈潼．锚定目标 攻坚克难 全力推动一体化平台早建成早见效［N］．东方烟草报，2023-02-22（1）．

［75］常筱瑶．数字金融对中小企业融资约束的影响研究［J］．上海商

业，2023（2）：74-76.

［76］王定祥，胡小英．数字金融研究进展：源起、影响、挑战与展望［J］．西南大学学报（社会科学版），2023，49（1）：101-110.

［77］尹志超，王丽娜，张诚．中共十八大以来数字金融发展的居民幸福感提升效应［J］．金融经济学研究，2023，38（1）：52-64.

［78］高志刚，张雄．数字金融与农户贫困脆弱性：基于 CHFS 数据的研究［J］．新疆大学学报（哲学社会科学版），2023，51（1）：1-10.

［79］陈大鹏．坚守“金融为民”本色 服务民生消费大局［J］．中国信用卡，2023（1）：20-24.

［80］李凯伦，贾冀南，盖一博．“双碳”背景下数字金融助力乡村绿色产业振兴研究：基于河北省市级面板数据的实证分析［J］．乡村科技，2022，13（21）：5-9.

［81］二十大：定策引航开新局 立本兴邦启新程［J］．中国总会计师，2022（10）：8-12.

［82］湖北省现代金融学会课题组，邱世杰．数字金融赋能产业链供应链转型的探索与实践：基于工商银行武汉分行物联网汽车产业链金融模式的研究［J］．现代金融导刊，2022（9）：15-19.

［83］刘连舸．奋力建设全球一流现代银行集团［J］．中国银行业，2022（9）：10-13.

［84］董馨妮，傅依达，刘琳．数字金融背景下城市技术创新的快速发展及风险分析［J］．科技广场，2022（4）：38-47.

［85］王方圆，张舒琳．银行智能投顾模式面临转型［N］．中国证券报，2022-07-11（3）.

［86］王祺国．数字赋能检察侦查的进路［J］．人民检察，2022（13）：26-31.

［87］鲁钊阳，姜世梅．数字金融研究进展与评析［J］．无锡商业职业技术学院学报，2022，22（3）：20-28.

［88］惠芳婧．金融科技、利害相关者管理和银行数字化创新［D］．北京：北京外国语大学，2022.

［89］董昊．数字支付对货币乘数的影响研究［D］．兰州：兰州大学，2022.

［90］陈虎，陈健．会计大数据分析与处理技术：助推数据赋能财务新未来

[J]. 财务与会计, 2022 (10): 33-38.

[91] 周炳, 王小红. 物联网技术在金融领域的应用 [J]. 物联网技术, 2022, 12 (4): 94-96.

[92] 韩梅. 数字金融发展的现状分析 [J]. 经济研究导刊, 2022 (11): 113-115.

[93] 四部门印发《金融标准化“十四五”发展规划》明确七方面重点 [J]. 中国标准化, 2022 (5): 52.

[94] 张昕昕. 中国工商银行天水分行手机银行 App 营销策略研究 [D]. 兰州: 兰州大学, 2022.

[95] 冯珊珊, 李永梅. 区块链技术在供应链金融信用风险管理中的应用研究 [J]. 征信, 2022, 40 (2): 59-65.

[96] 徐建华. 四部门联合印发《金融标准化“十四五”发展规划》[N]. 中国质量报, 2022-02-10 (2).

[97] 詹克钰, 景茹妍. 课程类移动学习平台用户知识付费意愿影响因素研究 [J]. 现代情报, 2021, 41 (12): 89-96.

[98] 尚江凯, 张乐乐, 冯贺霞. 金融科技助力银行数字化转型 [J]. 数字经济, 2021 (11): 30-33.

[99] 汪伟, 郑颖, 阮超. 数字金融发展与商业银行转型研究进展 [J]. 金融科技时代, 2021, 29 (11): 42-45.

[100] 张楷卉. 数字金融发展趋势与监管研究 [J]. 现代营销 (经营版), 2021 (11): 43-45.

[101] 周雷, 邓雨, 张语嫣. 区块链赋能下供应链金融服务小微企业融资博弈分析 [J]. 金融理论与实践, 2021 (9): 21-31.

[102] 马芬芬, 王满仓. 数字金融与金融资源配置 [J]. 金融理论与实践, 2021 (8): 9-19.

[103] 郑万腾, 赵红岩. 数字金融发展能驱动区域技术创新收敛吗?: 来自中国 284 个城市的经验证据 [J]. 当代经济科学, 2021, 43 (6): 99-111.

[104] 傅姜来. 数字金融发展总览与研究进展 [J]. 全国流通经济, 2021 (17): 129-131.

[105] 黄少俊. 数字金融发展对居民家庭债务水平的影响 [D]. 广州: 暨南大学, 2021.

[106] 刘晓曙, 朱连磊. 数字供应链金融助力双循环新发展格局 [J]. 银行

家，2021（6）：45-47.

［107］李健．经济高质量发展的数字金融驱动机制与路径研究［D］．武汉：中南财经政法大学，2021.

［108］胡滨，范云朋．互联网联合贷款：理论逻辑、潜在问题与监管方向［J］．武汉大学学报（哲学社会科学版），2021，74（3）：131-142.

［109］庞一帆．数字金融对地区经济增长的影响研究［D］．兰州：兰州交通大学，2021.

［110］肖谢．网络小额贷款公司：发展历程及监管政策［J］．金融市场研究，2021（3）：98-107.

［111］刘少波，张友泽，梁晋恒．金融科技与金融创新研究进展［J］．经济学动态，2021（3）：126-144.

［112］姜鑫．互联网保险新规落定 这些变化你得知道［N］．经济观察报，2020-12-21（012）．

［113］王文婧．智能投顾助力商业银行财富管理数字化转型［J］．国际金融，2020（12）：35-39.

［114］陈福录．互联网贷款监管新规及对信用卡行业的影响［J］．中国信用卡，2020（12）：31-33.

［115］滕磊，马德功．数字金融能够促进高质量发展吗？［J］．统计研究，2020，37（11）：80-92.

［116］童晓力，段江娇．我国金融科技发展与影子银行规模的阈值效应研究［J］．改革与开放，2020（17）：5-9.

［117］冯兴元，燕翔，程萍．中国 P2P 网络借贷行业的发展、问题与监管［J］．社会科学战线，2020（9）：66-74，281-282.

［118］侯悦．区块链技术在合同档案管理中的应用研究［J］．兰台内外，2020（22）：19-21.

［119］钱海章，陶云清，曹松威，等．中国数字金融发展与经济增长的理论与实证［J］．数量经济技术经济研究，2020，37（6）：26-46.

［120］田霖．金融包容的逻辑起点及体系构建：兼论新背景下金融包容的推进与应用［J］．金融理论与实践，2020（4）：10-17.

［121］陶峰，万轩宁．监管科技与合规科技：监管效率和合规成本［J］．金融监管研究，2019（7）：68-81.

［122］毕新宇．ZH 银行济南分行公司业务营销体系优化研究［D］．西安：

西北大学，2019.

［123］肖钢．金融科技推动资本市场创新发展［J］．金融电子化，2019（6）：8-9，6.

［124］钟高鸣．新闻框架视阈下的成就报道研究［D］．贵阳：贵州民族大学，2019.

［125］刘世鹏．数字普惠金融发展对我国居民消费支出的影响研究［D］．武汉：华中师范大学，2019.

［126］杜宁．人工智能在金融领域的应用、趋势与挑战［J］．人工智能，2018（5）：84-92.

［127］谢健．大数据时代对高校教学管理的影响［J］．大学教育，2018（6）：44-46.

［128］王婷婷，张欢．打造“物联网+信托”模式探究［J］．天津商务职业学院学报，2017，5（6）：16-23.

［129］曹群峰，宋良荣．物联网技术在商业银行信贷业务中的应用［J］．物流科技，2017，40（12）：44-48.

［130］周明．商业银行应当重视大数据的建设与应用［J］．广东经济，2017（5）：75-77.

［131］李晓雯．物联网金融发展现状与安全问题研究［J］．物流科技，2017，40（1）：134-136.

［132］张志华．基于互联网的非货币交易对企业绩效的影响研究［D］．重庆：重庆工商大学，2016.

［133］陈昊．我国移动支付市场发展现状 SWOT 分析［J］．科技和产业，2015，15（7）：122-125.

［134］阙方平．物联网金融：一场新的金融革命正悄然来临［J］．武汉金融，2015（1）：21-24.

［135］中国人民银行征信中心与金融研究所联合课题组，纪志宏，王晓明，等．互联网信贷、信用风险管理与征信［J］．金融研究，2014（10）：133-147.

［136］郭强强，邓晶晶．浅析物联网与城市智能化［J］．大众标准化，2014（5）：52-53.

［137］蒋洪印，李沛强．物联网金融及其在现代物流创新发展中的应用［J］．商业时代，2014（10）：20-21.